BOLLINGEN: An Adventure in Collecting the Past
WILLIAM McGUIRE

ウィリアム・マガイアー
高山宏❖訳

ボーリンゲン

過去を集める冒険

高山宏セレクション
〈異貌の人文学〉

白水社

1　メアリー・メロン、1938年。カンヴァスに油彩。ジェラルド・L・ブロックハースト画。

2 （左）メアリー・コノーヴァー、サンセット・ヒル・スクール卒業。1921 年。

3 （下）ヴァッサー卒業式のメアリー。歌唱リーダーだった。1926 年。

4　メアリー・コノーヴァー・ブラウン。ジョージ・プラット・ラインズ撮影。1934 年頃。

5（左）ポール・メロンとガイドのモハメド・サイエド。ルクソールにて。1935 年 3 月。

6（右）ジョン・バレット。ヴェネチア。1935 年頃。

7　メロン夫妻が1938年に訪れた頃のユングのボーリンゲン・タワー。

8　メアリー、ポール、キャシー水いらず。アスコーナにて。1939年。

9　マジョーレ湖からカーサ・エラノスとカーサ・ガブリエッラをのぞむ。

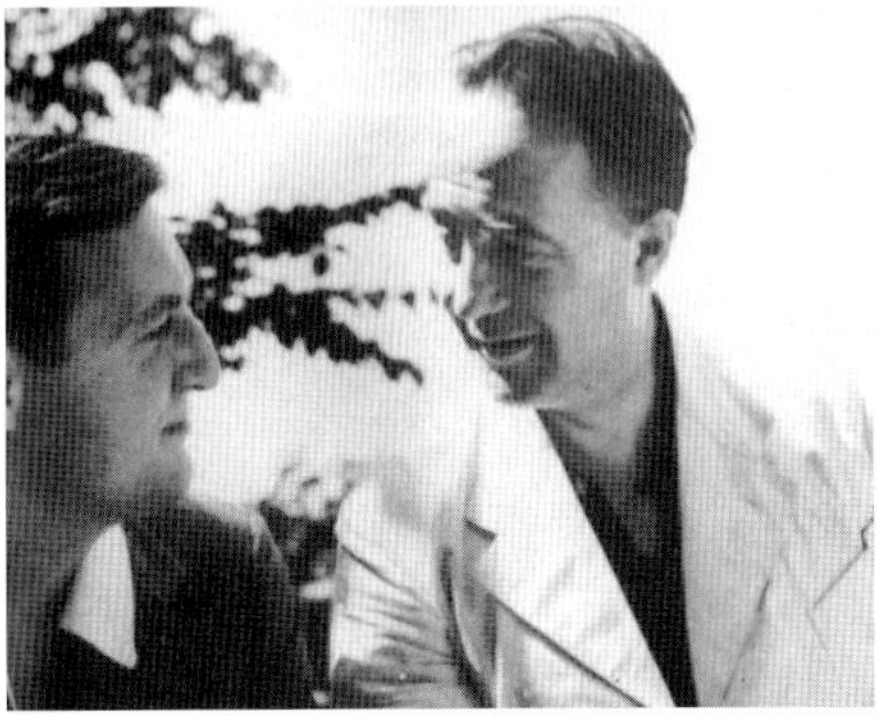

10　ポール・メロンとハインリヒ・ツィンマー。エラノスにて。1939 年。

11　メアリー・メロンとエラノスのゲスト二人。1939 年。

12　アスコーナ。

13　オルガ・フレーベ＝カプテインとC・G・ユング。エラノスにて。1933年。

14　エラノスのピクニック。左よりグスタフ・ハイアー、ユング、ケアリー・ベインズ、トニ・ヴォルフ。1935年。

15　ヨランダ・ヤコービとハイアー。エラノスにて。1935年。

16　カーサ・エラノスの象徴的紋章。オルガ・フレーベの作。

17　Genio loci ignoto（「此ノ地ノ知ラレザル地霊ニ」）。

18 （上）メアリー・メロン。オーク・スプリングにて。1944年頃。

19 （右）メアリー・メロン。1946年頃。

20 「天才通り」。ワシントン・スクエア・サウス 41 番地は右から二軒目。
『ザ・ヴィレッジャー』1947 年 9 月 25 日号。

21　スタンレー・ヤングとナンシー・ウィルソン・ロス。ローマにて。1945 年。

22 （左）ドニ・ド・ルージュモン。ニューヨークにて。1942 年。
23 （右）ハンティントン・ケアンズ。1940 年代末。

24　クルト・ヴォルフとジャック・シフラン。パンセオン社オフィスにて。1946年頃。

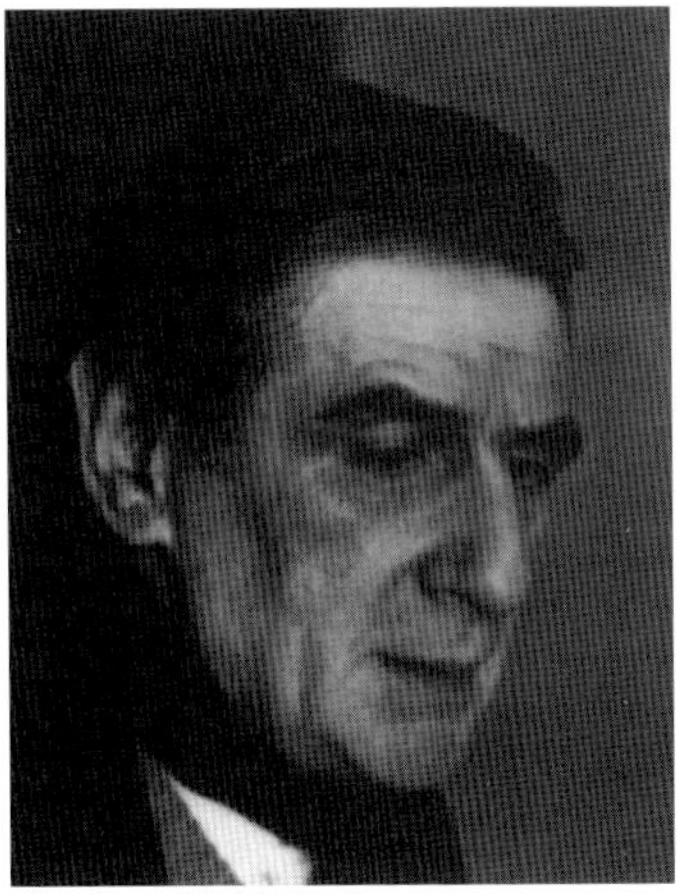

25　ヘルマン・ブロッホ。1940年代末。

26　ポール・ラディン。1940年代初め。

27　モード・オークス。トドス・サントスにて。1946 年。

28　ルクソール南方のエドフ神殿にて。左よりバーナード・V・ボスマー、アレクサンドル・ピアンコフ、ヘレーネ・ピアンコフ、ナターシャ・ラムボーヴァ。1950年1月。

29（上）ヒメーナ・デ・アングロとC・G・ユング。エラノスにて。1950年。

30（中）オルガ・フレーベ、クルト・ヴォルフ、ヒレス・クィスペル。エラノスにて。1950年。

31（下）広場。左よりジョゼフ・キャンベル、ジーン・アードマン、R・F・C・ハル、ジェレミー・ハル。アスコーナにて。1954年。

32　鈴木大拙と岡村美穂子。エラノスにて。1953 年。

33 （左）ジョン・バレット。1956 年。
34 （右）ミルチャ・エリアーデとルイ・マシニョン。エラノスにて。1956 年。

35 （上）ゲルショム・ショーレム。エラノスにて。1958 年。

36 （中）ジョン・ラヤードとエーリヒ・ノイマン。エラノスにて。1958 年。

37 （下）カール・ケレーニイ。エラノスにて。1958 年。

38　チャン・チュン＝ユアン講演。エラノスにて。1958 年。

39　ホテル・タマロでのお喋り。エラノス。1958 年。左よりハーバート・リード、ヴォーン・ギルモア、R・F・C・ハル。ジョン・バレット。

40 （上）オルガ・フレーベ。カーサ・ガブリエッラにて。1958 年。

41 （右）アドルフ・ポルトマン。エラノスの第 2 代所長である。1974 年。

42 （左）円卓。1975 年。

43　エンマ・ユングとC・G・ユング。ボーリンゲンにて。1954年。

44（上）左よりゲルハルト・アドラー、ヘラ・アドラー、フリーダ・フォーダム、マイケル・フォーダム。オックスフォードシャーのアドラー家のコテージにて。1950 年代末。

45（左）A・S・B・グローヴァーとジャネット・グローヴァー。大英博物館前。1965 年。

46（下）ハーバート・リード。ヨークシャーの荒地にて。1964 年。

47　ドロシー・レジェ、フランシス・ビドル、アレクシ・レジェ、キャサリン・ビドル。「葡萄棚」邸にて。1960 年 10 月。

48　ラルフ・マンハイム、マーシール・マシューズ、メアリー・マンハイム、ジャクソン・マシューズ。パリにて。1958 年頃。

49　チャールズ・シングルトン。1960 年頃。

50　ウィリアム・マガイアーとハンス・マイヤーホフ。バッド・ゴーデスバーグにて。1963 年。

51 （上）キャスリーン・コバーン近影。『ノートブック』と格闘中。

52 （右）バート・ウィナー。ロンドンにて。1970 年代初め。

53　キャスリーン・レイン。ロンドンにて。1950 年代初め。

54　ウラジーミル・ナボコフ。モントルーにて。1970 年頃。

55　T・S・エリオットとE・マクナイト・コーファー。1949 年頃。

56 ヴォルフガング・ザウアーランダー。
ミュンヘンにて。1965年。

57　バイ・ハル、アンソニー・ケリガン、アニエラ・ヤッフェ、R・F・C・ハル、エレイン・ケリガン。
パルマ・デ・マジョルカにて。1962年。

58 （左）カハリエ・ジャミィ。イスタンブール。左側は再建なった尖塔。1976 年。
59 （右）ポール・アンダーウッド。ダンバートン・オークス。1960 年。

60 サルディス。ローマ時代のシナゴーグ。後陣部分。のち修復。

61　サモトラケ神域のヒエーロン（神祠）。1976 年。

62 （左）フィリス・ウィリアムズ・レーマン。サモトラケ発掘現場。1964 年。

63 （上）カール・レーマン。サモトラケに向かう船上にて。1947 年。

64　東62 丁目140。つながった三つの建物。1949 年から1969 年まではボーリンゲン基金とオールド・ドミニオン基金の、それ以後はアンドリュー・W・メロン基金の本部だった。

65　ヴォーン・ギルモアとジョン・バレット。プリンストン大学にて。1971年。

66　ジョン・バレットとポール・メロン。アンティグアにて。1970年代半ば。

67　ボーリンゲン叢書。1982 年。

ボーリンゲン

BOLLINGEN
An Adventure of Collecting the Past
by William McGuire

Japanese translation published by arrangement
with Princeton University Press
through The English Agency（Japan）Ltd.

装幀　山田英春
企画・編集　藤原編集室

ジャック・バレット
ヴォーン・ギルモア
ヴォルフガング・ザウアーランダー
に捧げる

第二版への注記（一九八九年）

出版と文化の後援の世界を彩った比類ないこの冒険の物語が世に現われて七年たってみると、ボーリンゲン叢書はその分だけ一番初めの計画の完成に近付いた計算になるわけである。なお出版待ちの本がさらにS・T・コールリッジのノートブック、コールリッジ著作集、サモトラケ考古学報告、C・G・ユングのセミナー、エミール・マールの宗教図像学研究、そしてA・W・メロン美術講義。出発時の出版リストの書目の四分の三近くのものが今なお発行中であり、ペイパーバックになったものも多い。イブン・ハルドゥーンの『序説』とか『芥子園画伝』、キャスリーン・レインの『ブレイクと伝統』、C・G・ユング『書簡集』、ウラジーミル・ナボコフ訳『エヴゲーニー・オネーギン』、そしてE・R・グッデナフの『グレコ＝ロマン時代のユダヤのシンボル』といった本は縮約版となってさらに多くの読者をかちとった。ユングの著述は主題別に再編成されたペイパーバックになって、研究者にとっても、一般読者にとっても等しく有益なものになった。

一方でビル・モイヤーズによるテレビ・インタヴューもあって世間一般に故ジョゼフ・キャンベルの仕事への関心が異様に昂まった結果、ただ単にボーリンゲン叢書でのキャンベルの仕事のみか周辺関連書目に対しても大変な需要が起きた。なかんずくツィンマー、ユング、ノイマン、エリアーデ、その他エラノス会議と重ねあわされる著述家たちの人気。さらに言えば、『ニューヨーク・タイムズ』紙が「熱狂ファンから最も本物に近付いたとされている」と評したベインズとヴィルヘルム共訳の『易経』は今なお、コンパクトなポケットサイズ本で愛読され続けている。

この第二版『ボーリンゲン』のテクストは小さな訂正個所を除いては初版と変わるところはないが、巻末のボーリンゲン叢書の書目リストはよりアップデートなものになっている。

ウィリアム・マガイアー

目次

序　9
第一章　カンザスシティからマジョーレ湖へ　19
第二章　「ボーリンゲンはわたしのエラノス！」　64
第三章　蘇ったボーリンゲン　107
第四章　エラノス、ユング、神話　142
第五章　文学、美術、そして古代　213
第六章　遺産　309
出会いのアルケミア　高山宏　331
図版一覧
資料と謝意
ボーリンゲン奨学金受給者
ボーリンゲン叢書
索引

ボーリンゲン

過去を集める冒険

ボーリンゲンのユングの塔

序

一九四八年、日の明るいニューヨークの秋の一日だったが、私はワシントン・スクエア・サウス四十一番にある、十九世紀の連続住宅《ロウハウス》を一室型住居《スタジオ・フラット》に改装した建物を訪れたが、そこはボーリンゲン基金《ファウンデーション》とパンセオン・ブックスが共有する場所であった。上の階は上の階でオフィスに改装されていたが、大きな開き窓を持つ、時代ものの仕事場《アトリエ》の雰囲気を保っていた。すりへった階段をのぼり、間の詰んだ机で二、三人の女性がタイプライターや台帳とにらめっこしているかつての小寝室《ホール・ベッドルーム》に着くと、スクエアを見下ろす隣の大きな正面部屋に通された。これがメイン・オフィスで、ボーリンゲン叢書《シリーズ》の編集と副編集が使う机が（これまた隙間もあけず）並べられていたし、訪問客用にスープ皿みたいに真中が窪んだムーア調の真鍮《しんちゅう》のコーヒーテーブルを囲む二脚の安楽椅子が置かれていた。幅の広い暖炉があり、壁の上の額なしの版画は、のちになってナヴァホ族の花粉絵なのだと知れた。ボーリンゲン叢書がボーリンゲン基金が後援する出版プログラムだということを私はうすうすは知っていた。私は突然仕事を投げ出さざるをえなくなった別のフリーランスの編集者を助けるために引き受けた編集の仕事を片づけたところだった。それができたのは、ボーリンゲンとパンセオン両方の編集仕事を差配していたヘレン・ヴォルフの同意あればこそで、私は校正ゲラを叢書の編集者たるジョン・バレットに届けることになった。私はそれほど長い期間出版界にいたわけではなかった。学問の世界に見切りをつけた私は新聞雑誌の記者として出発したのち、国連事務局のなんでも屋編集者・ライターになった。独立して書きたい願いが強かったのでそこも離れ、本を出すライターではなく、向うから来るものを片はしから扱うフリーランスの編集者になったのだった。

ボーリンゲン叢書のための私の最初の仕事は『批評講義』、ジョンズ・ホプキンズ大学でとり行われた文学シンポジウム記録の校正刷りをチェックすることだった。ほんの数年前にその大学の学部生だったのでゲラへの思い入れ強く、大学名の前につく冠詞をせっせと大文字にした。この工夫が受けたらしい。というのも、まだ若く、エレガントで静かで親切というのですぐ人を魅了しさるバレット氏、そしてさわやかな美人で共感溢れるバレット氏の秘書、ヴォーン・ギルモア嬢（当時の愛称「バレ氏」、「ギル嬢」）が私にまた別の仕事を回してくれたからである。その間にも私は同じ階の奥の部屋で仕事している人たちと懇意になった。彼らは、主としてヨーロッパの有名な文学を主眼とした自分たちの出版物と併行して基金のために叢書を刊行した会社、パンセオン・ブックスのスタッフが中心だった。中庭のニワウルシの木を見下ろすこの大きな奥部屋にいるのは何人かの秘書や文書整理係であり、時には封筒書きの少年（ヴォルフの息子のクリスティアン）、それに雅びだが過労ぎみのヘレン・ヴォルフその人。パンセオンのほとんど全てをこなしているふうのヘレンはその後すぐボーリンゲンの出版物に力を貸してくれるフリーの編集者をさがす責任者の仕事を喜んで「ギル嬢」に譲った。妻君とともに何年か前にこの会社を創立していたクルト・ヴォルフは小さなホール・ベッドルームをひとりで占拠していた。基金の法律顧問で財務秘書のアーネスト・ブルックスはパンセオンの奥の部屋の一隅に机を構えていたが、「バレ氏」が副編集のヒュー・チザムと共に陣取る正面オフィスにぎゅう詰めになろうというのは、なにしろ新参者だからできない相談だった。隣の建物の地下は地区の徴兵委員会の事務所だったのが、戦争が終るとからになった。そこを占拠したのはパンセオンの販売主事で代表だったキリル・シェイバート、デザイナー兼制作主事だったジャック・シフラン、帳簿管理のヴォルフガング・ザウアーランダーであり、パンセオンとボーリンゲンの在庫であった。

ボーリンゲンでの私の次の仕事も校正段階からだったが、元々の編集者が外国へ行ってしまったからであった。その本はジョゼフ・キャンベルの『千の顔を持つ英雄』なのだが、地下鉄帰宅の車上で夢中で校正ゲラを読んだ。精神分析学との出遭いによって私はすべてのイメージに意味を見るようになる（最初はフロイトとの出遭いだったが、少し間を置いて私はボーリンゲン基金がポール・メロンとばかりかC・G・ユングとも関係があることを知ったのであった）。ムーア調コーヒー・テーブルをはさんでキャンベルと向かい合った時、私はつくるよう依頼された索引にかかっていたのだが、私の最初の索引たるその索引はおよそ索引の常道からかけはなれたものになりつつあるのに比して、その人自身は世界で一番喜ばせ易い人物というふうに見えた。元の編集者がいなくなったせいで発行予定が立たなくなってキャンベルが落ちこんでいて、活字好きでやる気があるなら誰でも歓迎という気分だったのかと察せられる。私に熱が入っているのがキャンベルを元気にした。彼が多くの神話や民話からもってきた象徴的事例、そして他方個々の人間の見た夢、抱えた幻想の間にたどられる照応関係がいかに当っているか私が口にすると、彼は大声を出した。「そうとも！　おおせの通り、全部ぴったり合ってるんだ！」

ボーリンゲンの本の内容は見たところ多岐にわたってはいるが、すべてがなんだかんだもう少し大きな構想に合致していることを私が理解するのに、もうそれほど時間はかからない。もうひとつ別の仕事が入ってこの点は一層はっきりした。私がジョー・キャンベルと、そして『千の顔を持つ英雄』の索引と巧くつき合ったというので、グラディス・レイチャードのお守《も》り役が回ってきたのである。

このバーナード大学の人類学者の傍若無人ぶりには繊細なボーリンゲンの編集者たちはお手上げだった。女史の怒りもわからないではない。居留地に幾夏も足を運んでやった孜々《しし》たるフィールドワークに基づく本、『ナヴァホの宗教』だったが、ナヴァホ語印刷に植字ミスが生じたのである。七百ページのほとんどを組み直しせずにすまそうと、体面も保て、時間も経費もおさえられる（その上、学者書評家から叩かれないでもすむ）妥協案がひねりだされた。レイチャード教授は自分の民族学論文がなぜこうまでユング心理学およびサン゠ジョン・ペルスの詩と見事に融通し合っているのか結局理解できなかった。実際、女史の「象徴研究」はユング派の人間たちにとって「おいしいところだらけ」だった。

一九四九年、ニューヨーク大学が敷地拡張を言ってワシントン・スクエア・サウス地域の取り壊しに掛ったため、パンセオンも追いたてられて西へ一ブロック行った六番街三百三十三番地に移ったが、同じオフィス・ビルにニューディレクションズ社も『ネーション』誌も入っていた。基金の方はアップタウンに寄って、東六十二丁目の落ちついた街区の、ブラウンストーンを貼った四階建ての建物に移った。私はコロンビア大学図書館近くのモーニングサイド・ハイツの自宅で仕事をし、仕事の必要があればイーストサイドやグリニッジ・ヴィレッジに出かけていった。ボーリンゲンの新社屋の図書室に故メアリー・コノーヴァー・メロンの油彩肖像画が架けてあり、一九四〇年代初めに叢書、基金双方の「創設の学母」であり、まずはヒメーナ・デ・アングロに、次にスタンレー・ヤングに編集の助けを借りて、一九四六年、その突然の他界の時までプログラムを継続していった瞠目すべき女性の存在を、私は初めて知った。日々巻きこまれた編集の俗事の中でメロンの名を耳にすることはまずなかったが、プログラムの大元の推進力はメアリー・メロンに発することを私は知ったのであった。メアリーの親友にモード・オークスがいて、女史の『トドス・サントスの二柱の十字架』の仕事をその頃、私はしていたのだが、メアリーがずっと民族学、神秘的なもの、そしてユング心理学にはまり続けという話をしてくれた。モードと同じくらい古くからの親友、ジョン・バレットからはメアリーがヨーロッパ文学、考古学、古代史に入れこんでいると聞かされた。メアリーをつき動かしていたのは神話、民話、そしてオリエントであると、ジョゼフ・キャンベルが教えてくれた。そのエジプトの宗教をめぐる本の仕事をさせてもらいだしたところだったのがナターシャ・ラムボーヴァだが、オカルトの伝統にメアリーが一貫して関心を持っていたと証言してくれた。メアリー・メロンはこの糸あの糸をボーリンゲン構想《デザイン》に撚《よ》りあげ、それをバレットがポール・メロンに懇望されるままに大いに前に進めて行ったのである。

「ギル嬢」にいただいた仕事で私はフルタイムで働き始め、「特別編集者」の肩書きをもらい、後にはやっていることに見合った「主幹」の肩書がついた。一九五一年、私はC・G・ユング著作集第一巻の版元編集者としても動き始めた――が、それこそがボーリンゲン叢書全体の要石《かなめいし》だということが私には痛いほどわかった。私から見てもボーリンゲンの中枢から見ても、私が深層心理学のもうひとつ別の陣営で個人的体験をしたお蔭で、ユング編集の業に伴う無意識への貫入というものが客観性という強みを持ち、一方では一定の快味も持っているということになった。巻から巻へ編集が進むのと併行して一年に一度、ロンドンの著作集編集者たちを訪ね、大体はチューリヒ湖畔のボーリンゲン村にある隠棲の場ということだが――実にそれこそが基金プログラムをうんだ世界-臍《オンパロス》――ユング教授その人を訪ねなければならなかった。スイスのイタリア語圏にあるアスコーナで私は著作集翻訳家と打ち合わせをし、近傍のエラノス会議の女主人を表敬訪問するのである。もし臍《へそ》がふたつあっておかしくないというのなら、このアスコーナこそボーリンゲンと対《つい》になる臍《オンパロス》なのであった。

ほとんど二十年にも垂《なん》なんとするこうした旅の間に私は東六十二丁目にやって来た多くの人々に加え、

ボーリンゲン世界の人間あまたと出会い、ともに仕事をした。そこで得たのは――理性的といわんよりは直観的にということだが――いろいろな絡み合い、もろもろの相互関係がボーリンゲンの一貫性をつくりだしているという感覚だった。一方で互いに交通し合うことのない活動領域が見えてもきた。それがメアリー・メロンとかジョン・バレットとかの頭の中では互いに通じ合っているのだ、と。

ある意味、ボーリンゲン構想というのは過去を集める、もしくは過去のある位相を蒐《あつ》める野心的な努力だったとも言える。活動全体――含まれるのは考古学、神話、民話、民族学の証拠、宗教的表現、あらゆる時代のアート、先史あるいは歴史の記録、文学――が、ユング的分析に増殖するデータが集められ、秩序立てられ、観察されるのにそっくりである。観点を変えて言えば、過去を蒐めるとは即ち一番崇高な強迫観念《オブセッション》活動なのである。どう見られようとボーリンゲンのプログラムは共同文化を豊かにすること、そしてその共同文化を共有しようと決めた個人の知と想像力の貯蔵庫を豊かにすることに行きついたのである。

ボーリンゲンの主たる刺激は外部から来た――叢書やその他のプログラムの内容ばかりか、基金が頼りにした亡命知識人や、書き手としてフェローとして係わりを持った無数の外国人学者、分析家、芸術家の滔々《とうとう》たる潮流もそれであった。しかしボーリンゲンの実動部隊《ワークフォース》――事務の人間、編集者、顧問――は主にアメリカ人だった。彼らは東部エスタブリッシュメント、そしてメアリー・コノーヴァーの出生地カンザスシティを代表しているばかりでなく、ソルトレイクシティも含め、合衆国のあらゆる地域をも代表していた。

一九四六年以降、導きの手と精神は、ヴォーン・ギルモアとアーネスト・ブルックスとの緊密な連繋をとって仕事するジョン・バレットになる。多くのプロジェクトがユングを焦点に、エラノスを播種床にうみだされたし、この界隈の外なら基金一般の神話と宗教の力に対する関心から他のプロジェクトがうみだされていった。歴史的なものも含め、美学というもうひとつメインの世界ではバレット自身が最も影響力があったし、他の活動領域もクルト・ヴォルフ、ハンティントン・ケアンズ、ハーバート・リードの構想からさまざま形になった。ポール・メロンは初めのうちは基金の代表として、後にはその委員会のトップとして監督の業にずっと辣腕を揮《ふる》った。主たる関心がボーリンゲン確立を促したそれから遠くなっているように見える場合も、寄せる共感には変るところがなかった。一九六一年、ポール・メロンはボーリンゲン基金とは「ユングの知的影響力を遠い未来にまで伸長」するものだと言い、ユングの世界との最初の出会いから四十年以上たった一九八〇年になってなお、「祖《みおや》たちの深く起動力ある記憶がどんな個人をも間断なく励起」することになる「元型的シンボル」のことがなお書けているのである。

一九五六年という早い時期に、ボーリンゲン叢書の編集顧問主任のウォラス・ブロックウェイがジョン・バレットに対して『ボーリンゲンの世紀』という本の出版を提案しているが、叢書の最初の百冊を通観してみるという企画だった。モデルにしたのは、ロンドンのナンサッチ・プレスの最初の百冊を記録した『ナンサッチの世紀』だという。ブロックウェイの頭の中にあったものの骨格は豪華カタログということで、一冊一冊についての完全なデータ、著者たちの伝記、図版等々の満載をめざしていた。ブロックウェイの提案は基本的にジョン・バレットの認めるところとなって、ブロックウェイの年俸には特別給が加えられ、ニューヨークで、あるいは基金を代表してした何回かの長めのヨーロッパ旅行の間にボーリンゲン通観の仕事がその後十年続くことになる。彼と基金との関係は一九六九年に終る。一九七二年十一月にブロックウェイが他界した時、彼のこの通観の仕事に係わるものは基金のファイルにも彼個人の書類の中にも何も見つからなかった。一方、一九六〇年代半ばのことだが、基金の管理助手をしていたメアリー・カーティス・リッターが基金活動の『二十年報告』を編み、これが一九六七年に形となって、一九四五年から一九六五年にかけてこの組織がやってきたほとんどの活動をリスト化してみせた。もっとも目配りはもう少し広く、一九四三年に叢書がオールド・ドミニオン基金の下に出発するところから始めて、一九六七年、叢書がプリンストン大学出版局に移管されるところまでが扱われている。記録ということでならこの『報告』は——バート・クラーク装本になる二百ページの赤い瀟洒な一冊に、さまざまな本から複製した図版、考古学写真などが入っている——ブロックウェイが意図していたことのあらかたを実現しているもののように思われる。

ボーリンゲンの話を、その業績、係わった人物たちのことを詳しく見ながらまとめてみたいと言ったら、ジョン・バレット、ヴォーン・ギルモア、それにボーリンゲン叢書の出版を引き継いでいたプリンストン大学出版局の局長、ハーバート・S・ベイリー二世に督励された。議会図書館所蔵の記録類調査、ボーリンゲン世界の内外の人々へのインタヴュー、それに私自身の記録や記憶、そういったものを基盤にする努力の賜物である。私の知らないことが山のようにある、だれも覚えていないことも一杯、ということが判った。メアリー・メロンとその最初期の相談役たちの頭にとり憑き、プログラムを決定させ形にさせていった着想とか目的とかの重要性——これははっきりしていた。そもそもメアリー・メロンとポール・メロンの夫妻が初めの頃、ニューヨークおよびスイスでどんなふうにつき合っていたかのそもそもが、私が書簡に目を通し、証言者の方々と話すうちに少しずつ見えてきた。それからジョン・バレットがメアリー・メロンの衣鉢を継ぐに当ってボーリンゲンがどう増殖し、豊かにされ、安定し、整理されたかもはっきりしてきた。プログラムの活力がその関心の二極——神話と美学——の間の緊張から出てくるように思えた時もある。もうひとつ別の二極があると私は思う。学術〈対〉冒険とでも言えよう。これはメアリーの没後、一層はっきりしてくる。それから批判者たちの意見では三極ありとも言う。退廃派（ヴァレリー他）、素朴派（ラディン、オークス）、そして反啓蒙派（ユング、エラノス）の三極だ、と。こういう単純な割り切り方では巧くいかない。ボーリンゲンを意識的に推進されていった一アメリカ思潮のように見る立場も然り。ボーリンゲンは単純な定義を受けつけない。ケネス・レックスロスはこれに似た出版構想など他にあるかと書き、アラン・ワッツはそれが「常ならぬ、型にはまらぬ、非常に想像的な企て」に力を貸してきたことを讃えている。下院議員ライト・パトマンにとってそれは「外国に何千ドルも送って些事《トリビア》をさらなる無意味《ナンセンス》に変えてしまうのを専門にしているように見える組織」だった。ウォルター・ミュア・ホワイトヒルは、それは「小生の知る限り何よりも、この合衆国の人間精神を高めてくれた」ものと感じた。そのポリシーが「想像的にして創造的、人文的諸価値のうちの最高のものを表現している」と正しく評価されることをポール・メロンは望んでいた。ユングにとってそれは「原子力時代の如法暗夜《にょほうあんや》に光投げてくれる灯台《みあかし》」であった。

『ヘンリー・アダムズの教育』の著者は自分の意図をこう記している。「コメントなど極力控え、確実と思える事実を、厳密に連続と見える順序に従って述べる最高に厳しいプロセスによって、あるありふれた瞬間のために人間の運動の必然的な連続を言うことが可能か自問してみたい」と。次ページから綴られるはずのクロニクルを世に送るのに、これ以上の何ができようか。

W・マガイアー

第一章　カンザスシティからマジョーレ湖へ

　ほんの数軒の家しかないボーリンゲン村は、チューリヒ湖の北端の浅くなる部分にあるザンクト・ガレンの小郡《カントン》にあり、カール・グスタフ・ユングが家を持っていたチューリヒ郊外のキュスナハトの東方約二十五マイルに位置している。もう一マイル東へ行った葦の多い水辺の端に、ユングは一九二二年、ひとつ土地を手に入れると家を造り始めた。村の近くの石切り場から未加工の石を手に入れられたし、近傍の二人の石工とともに石を割り、仕上げを施し、配置するやり方を学んだ。一九二三年に二階から成る塔が完成した。十二年にわたり時々手を加えてひとつの塔と歩廊《ロッジア》を増築する。森と水に囲まれたその家に行くには、それをさらに世間から隔離している鉄道軌道をあぶなっかしく横切っていかなければならなかった。電気も来なければ、電話もない。ユングの隠れ里、休息と更新の場で、ユングは週末や休暇にそこへ、しばしば一人で行った。ボーリンゲンの館、ボーリンゲンの塔と呼ばれたが、やがてユングや彼をよく知る人々の間では単にボーリンゲンと言えば即ちこということになった。「ボーリンゲンでは」とユングは書いている、「静寂が領してその音が聞こえる気がしたし、私は『自然としっくり和し』て暮した。思考は表面に浮かんでくると、幾世紀も遡り、従って遥かな未来を先取りする。……塔には何十年もかかって現在の形になっているのでないものなどひとつもないし、私との繋がりを持たぬものものひとつもないのである」。

一九四〇年春のある午後、メアリーとポールのメロン夫妻はチューリヒを出て、このボーリンゲンでユングとお茶の卓を囲んだ。その後、この場所の名は夫妻にとって光被放《アウラ》つ名となる。とりわけメアリーには効《き》いた。このメアリーなのだ、ポール・メロンの言葉を借りて言うなら、それから二、三年後、その「霊感受けた創立者、創設の学母」となるはずの基金組織にこの名をつけたのは。メアリーが直観的で積極性と力あふれる女性だったとは衆目の一致するところ。頭もよく、温かいユーモアに富み、人柄も温順であったと。攻めの熱情、夢をプランに変えるところがあって、ボーリンゲン基金《ファウンデーション》の初期のさまざまな構想と、その実現にいたった奨学金制度、学術出版、そして人文の学知に対する大貢献すべて、メアリー・メロンの人品が形づくったのである。

メアリーは一九〇四年五月二十五日、ミズーリ州カンザスシティにメアリー・エリザベス・コノーヴァーとして生を享《う》けた。両親の家とも長く中西部《ミドル・ウエスト》で続いてきていた。父親のチャールズ・クリントン・コノーヴァーは地元で教育を受けた医者、母親パーラ・ペティは正看護士だった。夫妻は医療の現場で出会った。大学院教育をボストンで受けたコノーヴァー博士は内科と心臓病を専門にしたが、サイコソマティック、即ち心身医学をよくした最初の医者の一人として記憶されるだろう。心理学、医学、哲学と幅広い読書家で、メアリー、そして十歳下の妹キャサリンがまだ子供だった頃、夜になると娘たちに神話や古典作品を読み聞かせしてやったのがコノーヴァー博士である。地元では声望も人望もある医師だった。亡くなった後（メアリーの両親とも九十の高齢で他界した）、地元の医療センターに彼の名が記念としてつけられた。

ほんの子供の時分にメアリーは喘息《ぜんそく》の発作に苦しんでいる。どうやら馬のほこりでまずはひどくなったもののようだ。コノーヴァー博士はメアリーを連れてカンザスシティの町を歩く時、馬の近くを通らぬように回り道をしたことがよくあったようである。娘のこの病気のため博士は心身医学を専門にするようになったし、現に自分で娘の治療にあたっている。メアリー――当時は「ミム」と愛称されていた――はサンセット・ヒル女子高に通ったが、ジョン・デューイ進歩主義でヴァッサー・カレッジの血脈をひく学校だった。フランス語は幼稚園から、ピアノも習い、校内雑誌の編集もやっているが、スポーツは苦手。宗教はコノーヴァー家ではあまり目立つものではない。形の上では監督教会《エピスコパリアン》。異国的なもの、神秘主義的なもの、オリエンタルなものはメアリーの少女時代の教育の中にはないと言ってもよい。インド生まれ、インドがらみのキプリングは沢山読んだとか、青少年向きの東インド作家D・G・ムケルジーの本は読んでいたとか、その程度である。メアリーの母親は大のフランス好きだったから夏が来るとメアリーをフランスに連れて行った。メアリーがフランス語を流暢にあやつったのもその辺だろう。名所も見歩いたし、西ヨーロッパの美術館めぐりもやっている。サンセット・ヒルを卒業すると、マサチュセッツ州アンドーヴァー近くの伝統あるブラッドフォード・アカデミーで進学準備の勉強をしている。

一九二二年に始めた七女子大のひとつヴァッサーでの生活。メアリーはお勉強家《ブルーストッキング》ではなかった。四年間の成績は「可《Cプラス》」の上。専攻はフランス語、好みの科目は音楽。心理学と聖書の時間は軽く見て、敬遠しているが、文章を発表するとか、ゲームをするとか、学生自治会に出入りするとか、も別にない。加わったクラブ活動はフランス語サークルのみ。このカレッジにいる間、馬アレルギーがおさまったというのも不思議な話だ。どころか乗馬好きになっている。もっぱら音楽でメアリー（ヴァッサーでは一貫して「ミム」ちゃん）は有名だった。いつも、そしてにぎやかに、心をこめてピアノを弾いた。ラグタイム、ジャズ、ショー音楽、マーチ、要するに元気でないとうまくいかないものがお得意だった。グリー・クラブのリーダーだし、寮階段での伝統の歌唱会やサンセット・レイクでの卒業コンサートでも、クラスの歌唱リーダーであり、そこではまとめて面目躍如である。級友たちの証言。「みんなの歌をリードするんだけど、なにかがとり憑いたみたいなの——力あって気は張ってるし、こう振《ふ》りがスタッカートなのよ。首に血管浮いてた」とか、「お祭り屋さんなのね、すぐに盛りあがっちゃうし、ものすごく入れこむ。すぐ笑うし、当意即妙だし。みんな彼女が好きだった」とか。むろんどこの世界にもいる蔭口屋も。カンザスシティの医者の娘が、金持嬢ちゃんの学校に小金持風情の娘が、とかとか。メアリーの方からは誰の蔭口もない。

ニューヨーク州セネカ・フォールズ出身のガートルード・ガーンジーはヴァッサー・カレッジ最後の一年か二年、メアリーの親友だった人物だが、メアリーが生涯にわたっていつもやりとりを続けたただ一人の学友、ということになる。ガートルードはこの大学の卒業生秘書となり、定年まで働いた。メアリーの記憶では、一九三〇年代半ば、ヴァッサーに学生のための精神的ガイダンス・プログラムを創設したのがこのガートルード・ガーンジーである。ヴァッサーの学生時代のガートルードは陸上とホッケーのチームの一員であり、専攻は経済と心理学、おまけに学生協議会の議長——というかメアリーが軽くみていたものの全て、であった。「私が宗教学課程に登録すると」と、ガートルードは回想している、「ミムが言ったものよ、『一体全体、あんなもの、どうするのよ』って。しんそこ懐疑派だったわね。でも興味はあったみたいよ」ガートルードの記憶にあるメアリー・コノーヴァーはキプリングの『なぜなぜ物語』を朗読するのが好きで、「大いなる緑灰色なすべとべとのリンポポ河の岸辺……」と、まるで彼女の父親もさもあらんかと詠唱のように読んだ。「お父様のお蔭でミムはありとあらゆる種類の文学に、とりわけフランス文学にそれこそどっぷりだったわ」他の学友たちの記憶するところ、そんな綺麗ごとではすまない。「ダンパ」、おふざけ、着物、ダンス、音楽、花束が大好きだったのだとか。

ヴァッサーを出たメアリーはソルボンヌで一年を過ごしてから、ニューヨークに帰ってコロンビア大学のフランス語学部生として一年過ごした。一九二九年初め、トリニティ・チャーチでペンシルヴァニア州アレンタウン出身のイェール大学卒業生（一九二三年）で当時広告業、後にウォール街勤めのカール・スタンレー・ブラウンと挙式。世界大恐慌のせいで就職先が必要となったメアリーは、ジョン・ベッカーがマディソン街に開いた新画廊の求人広告に応じた。そこの店長、受付け、秘書、梱包からバーテンダーまでやり、たちまちベッカー画廊の得意芸たるアヴァンギャルド芸術に精通。が喘息が再発。コノーヴァー博士はカール・ブラウンにメアリーにどうやって注射するかの指示を与えている。一九三二年夏には渡欧してフランスやスカンディナヴィアの友人たち、芸術家たちを訪っている。カンザスシティの一新聞に彼女のストックホルムの現代建築を見ての印象、ストックホルムからハンブルクへのバナナ運びの船に乗っての船旅の記が掲載された。そして一九三三年夏、メアリーとカール・ブラウン、離婚。メアリーのベッカー画廊との付合いは続き、芸術界からの友人はどんどんふえていく。イサム・ノグチ、フェルナン・レジェ、マリアン・ウィラード、写真家ウォーカー・エヴァンズ、建築家チャールズ・フラーなどなど多士済々。ジョン・D・バレット二世はこの画廊に投資してくれ、のみかハンス・アルプ、ジョルジュ・ブラック、ジャン・リュルサ、それにル・コルビュジエをジョン・ベッカー画廊のお得意様にしてくれた。このバレットを通してメアリーは北西部大平洋岸出身で、フォンテンブローで美術研究をしていたモード・オークスに会った。それから同じ北西部の出で、ドイツのバウハウスで勉強していたナンシー・ウィルソン・ロスとも会った。ナンシー・ロスがある夏に参加したスイスのアスコーナ近傍の霊性研究教団は巫女《みこ》じみた二人の女性、アリス・ベイリーとオルガ・フレーベ＝カプテインに率いられていた。

ジョン・ベッカーが一九三三年に画廊を閉じなくてはいけなくなった時、メアリーはスタイリッシュな写真家ジョージ・プラット・ラインズの助手になった。人生のその段階でメアリーはまた大きな変化を三つまで験《けみ》した。第一、新しい名、というか綽名《あだな》がついたこと。メアリーの友人、(メアリーがそう綽名していた)「フォンテンブローのモーディ・オークス」が「ミム」を「ミーマ」に変えたのだった。その響きがメアリーの気に入り、この呼び名はうけた。二つの綽名はメアリーの人生で一種の分水嶺となっている。カンザスシティ、ヴァッサー、そして初めのニューヨークの頃の知人は相変らず彼女をミムと呼んだ。新しい友人たちにとって彼女はミーマだった。名前変更に働く力学はひょっとして意想外に重要だ。名が変ることで人はひとつのペルソナの、個のより深い層の変化に直面するかもしれない。新しい名が与えられるのは魔術的な手続きであり得る、一種の再生、新しい魂の獲得たり得ると書いているのはユングその人である。俗の響きを伴うミムがたったひとつの文字が加わる変更でエキゾティックな意味を持ち得るのだ。しかし、メアリーの変化、関心の変化はゆっくりと起きた。一九三〇年代の友人の一人はメアリーが主に「派手さ、着物、あらゆる美、人と音楽」に関心を持っており、「精神分析の話はしょっちゅうしてたけれど、精神の治療などという考え自体は嫌いだったようで、『そんなの何の役に立つの』とよく言ってたけど、『私に、それ必要ない』と言いたかったのじゃないかな」と言っている。別の証言。「ミムは本当に陽気で呑気なすばらしい仲間だった。知的ではないけど、面白がれそうなものにだったら何にでも夢中になる底抜けに明るい好奇心満点の人だった」。小説家のグレンウェイ・ウェスコットはその頃のメアリーのことを回想して「会った中では一番楽しい女性の一人。しかしインテリと言えるかと言えば一番遠いかも」と言っている。

一九三三年のクリスマスの翌日はその冬はじめてのニューヨークの大雪がまだそのまま。カール・ブラウンの大学時代の級友のひとり、ルシアス・ビーブがメアリーをそり遊びに誘った。メアリーはマディソン街のレストランでルシアスに会う。そりとその乗り手は歩道のへり石のところで待っていた。ビーブは友人を連れてきていたが、ピッツバーグの若い銀行家で名をポール・メロンと言った。彼らは雪の中を昼食予定のセントラル・パーク・カシノに行った。エディ・デューチンがピアノを弾いていた。禁酒法施行以前の習慣再びということでカシノ側はシーズン初降雪の時、最初にそりで来た客にマグナム大瓶のシャンパンをプレゼントした。メアリーと二人のエスコートがこれをもらった。これが二番目の変化。

二、三週後、メアリー、ナンシー・ウィルソン・ロス、モード・オークス、そしてジョン・バレットの一団がハートフォードに車をとばし、ヴァージル・トムソン、ガートルード・スタイン共作のオペラ、『四人の聖人。三幕劇』初日を見に行っている。ナンシーはヨーロッパから戻ってきてずっと精神分析学、とりわけユング派のそれに夢中で、その日もそのことを夢中で喋っていた。メアリーは誰か別の人間に向かって「まったくのナンセンスね。誰もはまったりしないといいけど」と言ったらしい。それがそれほど日数もたたぬうちに、ナンシー、モード両名が世話になっていたユング派寄りのセラピスト、アン・モイヤーと会見、分析を受けているのである。これが変化その三だ。この頃だろうか、メアリーと仲間たちで、誰かのことをシンボルによって説明するという客間《パーラー》ゲームを発明しているのが面白い。鬼の役が部屋から出て行く。残った者で皆がよく知る誰かを選び、その誰かを象徴する音楽だか、色だか、家具だか、生地《きじ》だか、状況だか、飲み物だかを決めておく。鬼は戻ってくると、当て始める。このゲームは人気が出た。『ヴァニティ・フェア』誌は「客間の鬼ごっこ《パーラー・タグ》――新しい趣向」という記事で、このゲームの魅力を紹介した。

一九三四年という年はメアリーとポールの仲がはっきりした年であり、メアリーがユングを発見した年でもある。メアリーは英語で読める限りのものは全部読破。とりわけ『魂を求める現代人』と、ユングを有名にした最初の本、彼とフロイトの訣別《けつべつ》の印となったドキュメント、『無意識の心理学』で、後者は一九一六年に分析家でユング派の擁護者であった医学博士ビアトリス・M・ヒンクルが英訳していた。ヒンクルは翻訳者としてはあまりうまくないと蔭口を叩く者もいた。英訳ユングはいくつもの点で不十分なものであったが、『無意識の心理学』はユングに係わっていこうと思っている誰しもを魅了せずには措《お》かない本だった。性に基礎を求めぬリビドー理論がめざされ、現実のでなく象徴としての近親相姦《インセスト》が論じられている。ユングはその集合無意識（the collective unconscious）の観念の礎《いしずえ》を定め、オシリスからハイアウォサにいたる英雄たちに嘉《よみ》される広汎の文化の宗教、神話、文学から引いた夥《おびただ》しい併行事例をもってそれを支えた。理解にはもう一歩だとしても、眩惑的な効果を発揮した。仲々目端《めはし》が利く出版者がタイトルをつけた『魂を求める現代人』（一九三三）は近作十一篇から成る論集で、ユング思想のハイライトを要領よく大観させてくれる話題――夢分析、類型、人生の各段階、フロイト、文学の心理学、そして「精神の問題」――について区々詳述してくれる。タイトルからして「内向型」人間の目を引かざるを得まい。晦渋《かいじゅう》を極めるかと思えば常識と明晰に即《つ》き、メアリーがヴァッサーで出会った何ものにも似ず、その後に出会おうと考えていた何ものともちがったこれらの文章と、メアリーは格闘する。そしてそうなると当然ポールもまた巻きこまれずにはすまない。

一九〇七年に生まれたポール・メロンは部分的にはピッツバーグ育ち、また母親の郷里イングランドで育ったとも言える。彼の幼年期の印象は（と、ジョン・バレットがこの友人への回想記に記すには）「イングランドの田園――ウィンザー・パーク、テムズ川での舟遊び、ダートマスの海岸――を背景にすると生彩がある。戦後もこの夏期旅行は続くが、たび重なる旅行の第一回目はナショナル・

ギャラリー、テート美術館、ウォーレス・コレクションを巡る美術館探訪だった」。ポールがイェールに入学したのは一九二五年、メアリーはヴァッサーの最高学年であった。ポールの学部での関心は文学と学問であった。一九二九年にイェールを卒業すると、ケンブリッジ大学に移って文学士号取得、学問より英国の暮しと書物蒐集に目が向いた。教育とか出版とかに向いたのかとも思われるが、一九三一年、ピッツバーグのメロン・ナショナル・バンクに就職。その期間、父親のアンドリュー・W・メロンは一九三二年、三三年に大英帝国への大使をつとめたので、ポールも外国が多かった。陰気なピッツバーグに戻ってもニューヨークに逃げだすことが多かった。こうしてくだんのそり乗り、セントラル・パーク・カシノ、そしてメアリーという流れに。メアリーとポール、一九三五年二月二日に挙式、旅客船「レックス」号でナポリへ新婚旅行に出た。この旅行で彼らはエジプトに行くとハウスボートをチャーターして、ナイル川をアブ・シンベルまで遡行した。この旅行計画を助けたのがイェールでポールより三年上級だったジョン・バレットだった。大学時代はほとんど面識がなかったが、ポールがメアリーと出会って以降、友情が深まった。バレットはエジプトに旅したことがあったし、トマス・クック社の主任ガイド、モハメド・サイエドとは懇意だったから、夫妻のナイル旅行する船の手配を頼んだのである。ポールもメアリーも垣間見る古代エジプトの異貌につくづくと感動した。その頃までに夫妻はユングに随分なじんでいたから、経験中のことの中に神話的なものを見る感覚を持っていた。それをはっきりわかるよう封印しておこうと、二人は結婚指輪をカイロの市場《スーク》のひとつにいた鍛冶屋につくらせている。

　エーゲ海のクルーズから戻ったばかりのバレットと落ち合ったパリで一週か二週ぐずぐずした後、メアリーとポールはピッツバーグに、ウッドローン・ロードにあったアンドリュー・メロン所有の陰気なヴィクトリア朝風のマンションに戻った。やがて二人はニューヨークに逃げ、東七十丁目に小さな家を借りる。そして今や二人して、アン・モイヤーおよびその夫でユング主義の医療をやっていたエルロ・ファン・ウァヘーレンの分析の世話になっている。ポールとメアリーは彼らと仕事をし、勧められる本を読んだ。チューリヒでは、ユングのセミナーの注を編んだメアリー・フットがメロン夫妻から「入手可能な本すべて」を見つけてくれないかという火急の連絡をもらっている。メアリー・フットは十二巻のセミナー冊子をピッツバーグに送った。

モード・オークスが自分とメアリーの合同誕生日を祝おうと、一九三六年五月二十五日にピッツバーグに出かけて来た時、彼女はメアリーがアンドリュー・メロンの好意をかちえていることを感じた。「その頃のミーマ、喘息が悪化する前の彼女の姿を一番正確に描いてみるとすれば、こうなるか」とモードは回想している、「ミーマが部屋に入って来ると、太陽が入って来たように感じるはずだ。燦々《さんさん》と輝いていた。静かなポールとは対照的にともかく陽気なのでポールの父親はいっぺんに彼女が気に入った」。誕生日はクモの巣《スパイダーウエブ》パーティが売りだった。モードが書いているところでは「どのゲストにも一枚、糸のついたカードが渡され、この糸が家中を、椅子の下、卓の上をうねくり回る。自分の糸を手操《たぐ》り続け、最後に行きつくと、それが賞品。そういうわけで、メロン氏を含む全員が床《ゆか》をはい回り、クローゼットに入ったり出たりすることとなった」。

一九三六年、アンドリュー・メロンが国家に寄贈するつもりでナショナル・ギャラリー・オヴ・アートのために発注した最初の建築図面が日の光を見《め》たし、十二月三十日にはポールとメアリーに娘キャシーがさずかったが、メアリーの妹キャサリンにちなむ名である。一九三七年一月には、メロンによるギャラリーの建物および絵画彫刻類の寄贈をルーズヴェルト大統領が受けいれた。七ヶ月後、アンドリュー・メロン他界、享年八十二。ポールはウッドローン・ロードの家をチャタム・カレッジに寄付、彼とメアリーはヴァージニアの田舎、アッパーヴィル近傍のロークビーという名の馬の種付け農園に居をかまえた。ナショナル・ギャラリー・オヴ・アート館長職を継いだポールはワシントンにいなければならないことがふえていた。彼とメアリーは定期的にニューヨークに行って分析を受けた。

一九三七年十月、ユングがイェール大学に招かれて、「科学と哲学から見た宗教」を論じるテリー講座を行うことになった。講義主題は「心理学と宗教」。その少し前にユングは彼がどっぷりはまっていた古代オカルトの伝統たる錬金術について詳しく講じた。ユングは自分が分析している患者たちが夢や幻想に見る象徴が、古代の神秘宗教、神話、民話、お伽話に出てくる象徴と似ており――あとでそう結論づけるのだが――錬金術のような秘教的カルトの奇妙な定式に出てくる象徴とも似ていることを発見していた。この発見こそ集合無意識、そしてそこに位置を占める元型（archetypes）をめぐるユング理論の基礎になるべきものであった。ルネサンスとそれ以前に主としてラテン語手稿の形で記録されている錬金術の厖大文書類こそ、夢や幻想の象徴的内容とパラレルになったものの沃野だった。イェールでの講義が終るとユングはニューヨークに赴き、分析心理学協会の後援を得て東七十三丁目のマクドゥーエル・クラブで五部構成のセミナーをやった。「個性化過程の夢象徴」というのだが、前の年の夏、メイン州ベイリー島といって、分析家のクリスティン・マン、エスター・ハーディング、エレナー・バータインの避暑地であった所で行ったセミナーの延長戦であった。ポールとメアリーはファン・ウァヘーレン夫妻を介して参加できることになったのでピッツバーグを出てセミナーの各部会に顔を出した。最後のセッションでモード・オークスが二人に加わった。

ユングの主題は難解を極めたが、分析されている一科学者の連続夢に焦点が当てられていた。夢の中の象徴は、とユングは言う、錬金術のそれとパラレルである、と。ユングがタオの象徴のことを描写し始めるとポールは頭がくらくらした。二日ほど前の夜、ポールが見たのがその夢だったのだ。「それは私に強烈な印象を残した」とポールは言った、「私の分析のときに出てくるものには大して興味を持つことができなかったのに」。メアリーは後日、ユングに宛てた手紙にこう書いた。「私、黒い大きな帽子で演壇の真下に坐っておりました。先生のお話が始まりましたが、私、ひとことも理解できませんでした。でも、こう考えました。『意味はよくわからないけれど、絶対私に深い関係がある、と』。そして関係大ありだったのです」メロン夫妻とモードはそのあと、ユング表敬のサパー・パーティに招かれる。モードの回想によると、ある瞬間ユングは騒々しい人々から顔をそらすと、大きな骨の握りのポケットナイフを出して木片を刻み始めた。あとでユングはモードとメロン夫妻と一緒に坐ったが、テーブルの上には食事と同時に供されるはずのキャンティワインのボトルがあった。ユングは悠然とナイフをとり出すと、そのコルク栓抜きを使って栓を抜くと、ワインを注いだ。これはポールの記憶にも残っていた。サパー・パーティは随所で盛りあがる。クラブのメンバーは「勇敢な空中ブランコ乗り」の節で歌を歌った。歌詞はこんなふうだ（医博エレナー・バータイン作詞）。

ユング、いろんな働きを論ず、思考がいかに愚かか、
感情がいかに自我が変装したものにすぎないか、
直感も感覚もいかにまっかな嘘をつくか、
それらは自ら知りたいと思うものを手に入れるだけ！

ポールとメアリーはチューリヒで治療を受けたいと少し言葉を交しただけ。崇拝者の大部隊がユングを連れ去ってしまったのだ。

一九三七年十二月六日、ロークビーにいたポールはユング宛てに手紙を書いている。「メロン夫人と私は三年にわたりニューヨークに於てアン・モイヤー・ファン・ウァヘーレン夫人と一緒に働いて

参りました。この方のお蔭で先生が本年十月にニューヨークでなさいましたセミナーに我々出席することができました。次の五月、六月にチューリヒでも是非先生のセミナーに出てみたいので、それが可能か否か知りたくてこの手紙を認《したた》めております。それからまた先生の御都合次第で短くても長くても結構でございます、個人的な面談をお願いできれば幸甚この上なきところでございます」

ユングの秘書マリ＝ジャンヌ・シュミットは、セミナー出席は可だが、二人が個人的にユングに会うのは多分不可能と返事している。しかるに一九三八年三月、ポール、メアリー、そして娘のキャシーは英国への旅に出た。ロンドンに滞留中、メアリーとキャシーは当時名だたる肖像画家だったジェラルド・ブロックハーストに肖像を描いてもらっている。メアリーは高級洋装店ヴァレンティーナがメアリーのためにデザインした暗い緑のケープを身にまとい、トスカーナと見紛う美観を背景にポーズをとっている。装飾品は金の腕輪から四つ葉のクローヴァーのペンダントがさがっているものひとつだけ。ポールからの贈り物だった。メアリーの衣裳は時代のハイファッションだが大学のガウンという見立てなのだろうか。メアリーはガートルード・ガーンジーに、単純で古典的、威厳があって時代がわからないようだと良い、と言ったのだそうだ。ものごとを真摯に考える婦人のように描かれたかった。「いつかこの絵のようになれるといいのに」と言っていたようだ。身近な人々の中には型にはまっていて固い、メアリーがそうであったようにきらきらした快活な感じが出ていないと言う人もいた。ボーリンゲン基金が一九四九年、東六十二丁目の家に居を構えた時、このブロックハーストの一幅が書庫、即ち客との面会があり、レセプションが行われることもあった部屋の暖炉の上方に架けられた。基金の活動の期間、メアリーは彼女が動かし始めたあの活動、この営みを、静かで学のある、かなり厳格な存在感を以て宰領したという感じだ。

メロン一家は五月上旬、チューリヒ入りした。メアリーは心理学協会でのユングのニーチェ『ツァラトゥーストラ斯く語りき』セミナーに参加した。一九三七年六月以後、セミナーに一度切れ目が生じたが、ユングがエラノス会議、イェール、ニューヨークで講演し、インドに赴き、赤痢に罹《かか》って帰ってきた時期がそれに当る。ユングは五月に講義を再開。開口一番、「また懐しのツァラトゥーストラだ！――まだ扱ってない章のあれこれに目を通すにつけ……うんざりする。特に文体がそうだ」と言ったという。しかしセミナーには活気があり、メアリーもいつの間にか取り巻きのチューリヒ組の目立ったメンバーになっていた。この取り巻き側近グループにはエンマ・ユング、トニ・ヴォルフ、バーバラ・ハンナ、ケアリー・ベインズ、アリス・ルイソーン・クロウリー、メアリー・フット、マリ＝ルイーズ・フォン・フランツ、ハンス・バウマン、ユージン・ヘンリー等が含まれていた。

会議要録を見るに、この議論中、メアリーは少なくとも二度発言している。ユングは第四十六章「幻視と謎」の章を講じながら、眠っている間に口に黒い蛇が這って入ってくる眠れる牧夫の話とパラレルな例を誰か言えるかと問うた。「ヨナです」、メアリーが大声で言った。「成程」とユングは答えた。「ヨナは鯨に呑み込まれたが、鯨の中に這い入ったわけではない。鯨がヨナを捉えたのだ」。聴衆からいろいろな推測が続いたが、ユングは言った、「そう、実際のところ、私の知る限り正確にパラレルと言えるものはないのだ」。しかしメアリーはもう一度くらいつく。「ミトラ儀礼におけるアイオーン像は獅子の頭をした神ですが、口に蛇をくわえています」。すると、ユングが「そうじゃない。蛇はアイオーンをぐるぐる巻きにしており、蛇の頭はライオンの頭の後方から前に突き出ている。デウス・レオントケファルス、即ちズルヴァンカラーナ、無限に長い時間を意味するイランふう、ツァラトゥーストラ的観念の諸神混淆的象徴なのだが、ここでのシンボリズムとは何の関係もない」。それからネヴァダ州エルコ出身のジョゼフ・ヘンダーソン博士がほとんど正解とおぼしきパラレル事例を挙げた。「ホピ族インディアンたちは口に蛇をくわえて踊ります」、と。

ユングのセミナーは彼の巧く働く方法の重要な特徴であった。いくつもの目的があった。ユングからすれば新しい思いつきを鍛える手段だったし、材料の幾許《いくばく》かは（全てではない）彼の後の著述の中に再び顔を出す。多分、このセミナーという形式が、彼には出版の意図のなかった材料の公開のチャンスを与えもしたのである。セミナーのメンバーのほとんどがユングの分析を受けている人間であるか、チューリヒにおける分析者であり、その人の許可がセミナー出席の条件であった人物であるかしたので、セミナー体験自体がはっきり心理療法の働きをしていた。いかなる形のユング・インスティテュートも実現していない段階で、これらのセミナーは分析者志望の人たちの訓練の形式をとってもいた。それに、なんといってもユングの人に教えたい熱を満たしてくれたのではなかろうか。一九〇五年から一九一三年までユングはチューリヒ大学医学部で、精神神経症と心理学の講義を持っていた。そこを退いたのは、フロイトとの訣別の後、「私自身の知的状況と言えばただ単に疑い、また疑いでしかなかった」からであった。一九二〇年夏には知られている限り最初の英国講演をコーンウォールでしている。この時の記録はないが、一九二三年の時のものは記録がのこっている。以降、セミナーはチューリヒのカリキュラムの標準課程となっていき、ユング即興の談話も学生側からの質問やコメントも速記にとられ、転写され、マルティグラフ化され、本当に選ばれた一定読者——セミナーのメンバーと、分析者もしくはユング自身から許可をもらった人間——をのみ対象とする、グレーの斑《ふ》の入ったボール紙表紙の冊子として発行された。一九二〇年代から第二次世界大戦勃発の時まで、ユングは心理学協会で五回にわたって英語によるセミナーを開いたが、何年か連続してというのもある。加えて一九三三年から一九三九年まで今度はドイツ語による公開講座を連邦技術学校（Eigenössische Technische Hochschule 略称ＥＴＨ《エー・テー・ハー》）で定期的に開いたが、スタイルはセミナーとちがっておらず、これらも同じように記録され、翻訳され、マルティグラフ化されていった。

メロン（あくまでメアリー。ポールではない）は一九三八年、心理学協会でのツァラトゥーストラ・セミナーに参加している。もう一度一九三九年の秋にも参加しているが、この時はＥＴＨの講義の幾つかにも加わっている。こちらは聖イグナティウス・デ・ロヨラの『霊操』をめぐるもので、ドイツ語だし、メアリーには仲々理解のいかない講義であった。メアリーはセミナーや講演のあらゆる刊行物を購入し、それらには注記や傍線が入っている。セミナーのテーマは「夢分析」（一九二八―三〇）、「幻視の諸解釈」（一九三〇―三三）、「クンダリーニ・ヨーガ」（一九三二）、「ニーチェのツァラトゥーストラの心理学的分析」（一九三四―三九）である。一九三六年から一九四一年にかけて子供の夢に関するドイツ語によるセミナーが間欠的に開かれ、こちらも一部が翻訳されている。メアリーの野望のひとつがこのセミナー群を活字にすることだったのだが、この構想は当時なお異端的なものであった。かなり後になってユングの同意を得られて、これらのセミナーはボーリンゲン叢書プログラムに含まれるはずである。

セミナーの最初期の筆写仕事はユング女子団《ユングフラウ》（Jungfrauen）だれかれの仕事だったのだが、一九二九年にこれを引き継ぎ、以後これを担当し続けるのは、人脈中一番目立つ存在の一人で、かつ最も内向型の一人たるメアリー・フットである。メロン夫妻もフットには魅力を感じていた。一八二七年、コネティカットに生まれたメアリー・フットは背の高い、非常に優雅な女性だったが、チューリヒに十年もいたのにとても自嘲の勝った、かなりニューロティックな性格だった。若い頃はそれなりに名の通った肖像画家であり、ワシントン・スクエア、パリ、そして北京でいろいろな暮しぶりであったようだ。友人にはイサドラ・ダンカン、ヘンリー・ジェイムズ、メーベル・ドッジ（のちルーハン）、ガートルード・スタインらがおり、舞台芸術家をやっていたニューヨークのロバート・エドモンド・ジョーンズは、ユングとトニ・ヴォルフの分析を受けていたが、メアリーにチューリヒ行きを勧めた。

メアリー・フットは一九二八年に到着し、三十年もそこに留まり、くだんのセミナー群の編集によってユング世界の真のキーパーソンになる。これらのセミナーを彼女は選ばれた少数者に予約購読の形で原価で売った。最初フット女史の仕事は少ない収入で大変だった。後にはアリス・ルイソーン・クロウリーからたっぷり援助を受けられるのだが、このクロウリー女史というやはりニューヨーカーだった人もこれはこれでロウアー・イーストサイドにあったネイバーフッド劇場での同僚だったロバート・エドモンド・ジョーンズの知己を得て、ユングに口ききをしてもらった人物なのである。初期のセミナー本の幾つかが絶版と判った時、メアリーとポールも資金提供して、メアリー・フットが新版を出すよう促した。実質これが二人のユング本出版への実際的援助の嚆矢《はしり》となるのである。

もう一人このセミナー群像中に目立つのが、これまた画家で、チチェスター聖堂参事会の長の娘、バーバラ・ハンナである。一九二九年一月にユングの分析を受けようとしてチューリヒにやって来て、二度と去ることがなかった。ハンナはセミナーの記録の仕事に加わり、自らも分析家、講演者、ユング著述の翻訳者となり、文学のユング派的解釈をめぐって書く人間になっていった。ハンナと昵懇《じっこん》だったマリ＝ルイーズ・フォン・フランツは最年少の奥の院側近メンバーで、かつ最も深い学殖の持ち主であったが、ユングと仕事をする以前に古典言語学の博士号を得ていた。錬金術の古文書はほとんどが中世ラテン語で記されているわけだし、ユングの錬金術関連の仕事のほぼ全域にわたり、調査をし、書誌を整えていたのがこのフォン・フランツ博士である。博士もまた分析家、講演者、著述者となった。

エンマ・ユングを除けば、側近グループの中でユングに一番近しいのはトニ・ヴォルフだった。二人の結びつきはユングがまだフロイトと一緒に仕事をしていた頃にまで遡る。彼女はカール・ユング、エンマ・ユングと一緒に、あの有名な一九一一年度のワイマール精神分析学会に出向いた人間である。

一九三〇年代後半には、ユング派分析家でユングの次に人気のあったのが女史であった。細かい、陰険、尊大、とかとか評判は芳《かんば》しくなかった。トニ・ヴォルフはいつもセミナーに出ているわけでもなかったが、ユングに代ってテクストを吟味するのは、エンマ・ユングでなければトニ・ヴォルフであることが多かった。女史は、バーバラ・ハンナの説明によれば「分析の人間は同じ関心を持つ他の人々と会えて、意見交換ができ、仲間を持つことができるそういう場所が何が何でも欲しかった」から、一九一六年にユングが創設していた心理学協会の責任者の地位に長くあった。この協会にきちんと財政援助をしたのは、一九一三年から十年間チューリヒに住んでいたアメリカ人患者、イーディス・ロックフェラー・マコーミクである。当時ユングの出版物の幾つかの経費の面倒をみたのもこのマコーミク夫人だったし、ユング著作集のスポンサーになりたがっているという噂もあった。メアリーとポールがチューリヒにやって来る頃、夫人は亡くなって数年たっていたが、心理学協会の中には一個の伝説として生き続けていた。トニ・ヴォルフがメロン夫妻を協会の催事に誘い、そこで二人はこのアメリカ人先輩の存在を知った。イーディス・マコーミクが協会のために買った蔦《つた》のからまる暗い別邸《ヴィラ》は後にユング研究所《インスティテュート》の本部となる。

メアリーとポールがセミナーのメンバーで一番大きな魅力を感じ、一番親しい友人同士になったのはケアリー・ベインズだった。一八八三年、ケアリー・フィンクとして呱々《ここ》の声をあげた、ケンタッキー州ルイヴィル育ちの女性。ヴァッサー・カレッジ時代（一九〇六年）には、当時英語を教え後には医者、そしてユング派分析家になるクリスティン・マンの学生だった。ケアリー・フィンクは一九一一年にジョンズ・ホプキンズ大学で医学修士号を得たが、医業には就かなかった。最初の夫はスペインからカリフォルニアに入ってきていて、同じくジョンズ・ホプキンズの医学修士だったハイメ・デ・アングロである。後にアメリカ・インディアンの民話や言語について書く著述家として高名になる人物。一九二一年、ケアリーはヒメーナという小さな娘を連れてチューリヒに行くが、その地でユングの勉強をしていたクリスティン・マンに誘われたのである。ケアリーはすぐに分析心理学に夢中になった。一九二五年、ユングのチューリヒ・セミナーのひとつを筆写し、回覧させた最初の人間となった。ケアリーはユング夫妻の親友になった。一九二七年、彼女は英国人精神分析医で、当時ユングの医療助手をしていた医学修士のH・ゴドウィン・ベインズと結婚し、ユングの二著を共訳した。何年間か二人、カリフォルニアで暮している。H・G・ベインズはバークレーで開業していて、サンフランシスコのベイエリアに分析心理学を最初に持ちこんだのがこの人物である。ケアリーの方は、これもセミナーへのアメリカ人参加者だったW・S・デルと一緒に『魂を求める現代人』の共訳をした。メロン夫妻が一九三八年に彼女に会った時、ケアリーはユングの勧めで、リヒャルト・ヴィルヘルムが『易経』をドイツ語にしたものを英訳する仕事にかかって八年目のところだった。ちょうど訳の第一稿ができたところだった。メロン夫妻は自分たちで占断を試みる手助けをケアリーに頼んで、メアリーが占筮《せんぜい》してみると、切れ目ない線六つでできた最初の卦《か》たる「乾為天（ch’ien）」を得た。「爻《こう》辞《じ》」にいわく、「創造の力が働いて崇高なる成功裡に終り／忍により助長される」。そして「卦画」には「星宿運行は力に溢れ／斯くて傑れたる者、強力不撓《ふとう》の者たるを得る」と出た。メアリーは興奮を隠し切れない。「ベインズさん、あなたの英訳を出版するお手伝いをさせていただきたいわ。私、『易経』が欲しい！」と叫んだ。ケアリーはゆっくりどもりがちに答えた。「御厚情いたみいります。けれどもうロンドンの本屋さんとの契約に署名してしまっているので」。しかしメアリーはまさしく「忍」の人、「強力」かつ「不撓」の者だった。ベインズまたしかり。結果、ベインズ／ヴィルヘルムの『易経』は十二年の後にボーリンゲン叢書に入ることになる。

『易経（*I Ching*）』、英語でいう『変化の書（*Book of Changes*）』は、リヒャルト・ヴィルヘルムの想定では悠々三千年の命脈を誇る中国の古典である。伝統的に占易の手掛りとして重用されてきた。切れ目ない線（陽 ⚊）と切れ目ある線（陰 ⚋）六本からなる卦《か》（hexagrams）六十四通りを基礎とする。幾星霜、六十四の卦《か》のそれぞれが名前と、それぞれの象徴的意味を獲得し、それらは「爻辞《こうじ》」「卦画」「卦辞」と呼ばれる格言風占辞に表現され、これに孔子はじめ代々の中国賢哲たちの釈義が加えられてきた。『易経』は三枚のコインを投げあげる擲銭《てきぜん》というやり方か蓍《めどき》という植物の茎のひと束を使う筮竹《ぜいちく》というやり方で占断を得る。得られた卦《か》に付いた辞、即ち神託を頼む人の問い、問筮に対する答ということになる。ユングは『易経』を一九二〇年頃に見出したのだが、ジェイムズ・レッグが一八八二年にしていた英訳が手掛りで、何年にもわたって実験を試みている。リヒャルト・ヴィルヘルムによるドイツ語訳が一九二四年に出た後、二人は出会い、友人になっている。ヴィルヘルム監修の下に英語訳という計画が一九二九年に立案され、ケアリー・ベインズが翻訳権を二百五十ドルでドイツの出版社から取得したが、この出版社、余り多くの読者は得られまいと踏んでいたものか。ヴィルヘルムが一九三〇年に他界、以後ケアリーの訳は遅々として進まない。この訳に関心を持つのは主に東洋学の人間たちだと考えられていた。もちろんユング派の人々がいる。彼らにとってそれは核心的なドキュメント、無意識という営みを解く鍵なのである。ユングその人の著作より、またエラノス講話群よりも先に、メアリー・メロンが手ずからの出版を決意した最初の相手がこの英訳『易経』なのであった。

ツァラトゥーストラ・セミナーが夏の休みに入ると、ケアリー・ベインズとファン・ウァヘーレン夫妻が、メロン夫妻に是非にもアスコーナに赴いてオルガ・フレーベ＝カプテインに会うべきだと言いだした。なんとも絶好のタイミングだった。ユングがアスコーナで休日をとる予定だったし、そこでポールとメアリーそれぞれと個人的に会ってもよいとまで言ってくれたのである。ケアリーが娘のヒメーナと一緒にその夏、マジョーレ湖を見下ろすオルガ・フレーベの邸、カーサ・ガブリエッラでオルガと過ごすことになってもいた。メロン夫妻はオープンカーでサンゴタール峠を越えて南に向かい、はるか高みから村と湖を望む雅びな伝説の建物、「真理の山《モンテ・ヴェリタ》」ホテルで十日を過ごす。夫妻はカーサ・ガブリエッラにもよく顔を出して、お茶を囲んではオルガ、そしてケアリーと、ユングの本を良い訳で出す必要があるという話をし、またオルガの本や、元型的絵画を蒐めた彼女の「エラノス文庫《アルヒーフ》」を見て回り、象徴絵画で一杯で講演台も印象的なカーサ・エラノスの講義ホールをのぞいたり、エラノス講演者たちが取り囲んで会食を楽しんだ大きな円卓のある贅沢なテラス・ガーデンをそぞろ歩きした。エルロ・ファン・ヴァへーレンの言い方では「オルガがポールとミーマに呪文をかけた。すぐにかちりとはまっちゃったんだ。オルガも魔法使いならミーマもそう。だから即、火がついた」。後年、メアリーはオルガに手紙を書いて、「カーサ・ガブリエッラのテラスに一歩足を踏み入れた時、まず頭をよぎったのが『あっ、ここ私の居場所』という思いでした」と書いている。夫妻はアスコーナをあとにする時、グレート・マザーをめぐるエラノス会議の本について出資し、オルガがそのアルヒーフに入れる元型的絵画をさがしに次の冬にローマとギリシアに行く旅行にも出資するということを約束していた。

アスコーナ最後の日、六月二十九日、ポールとメアリーはそれぞれでユングとの面会の約束をとりつけた。メアリーは後日、その時自分が言ったのが『ユング博士、私たちお金を持ち過ぎています。一体どう使えばいいのですか』という言葉だった、と言っている。いずれにしろユングは、翌年から定期的にチューリヒで二人に会うことを約束してくれた。夫妻は七月一日、「オイローパ」号に乗ってブレーメルハーフェンを発った。

ユング心理学との出会いですっかり目ざめたメアリー・メロンの抗い難い創造欲、総合への渇望が、アスコーナでオルガ・フレーベに会ったことで急に激しく一点に収斂《しゅうれん》していった。そこアスコーナこそはヨーロッパ異端思想の新展開が宰領し、長年かけて団々と花ひらいていた地だったのである。

ボーリンゲン世界を代表する声のひとつ、それがオルガ・フレーベ゠カプテインであった。一八八一年、オランダ人を両親としてロンドンで生まれ、そしてブルームズベリーで育った。父親のアルベルト・カプテインはウェスティングハウス・ブレーク&シグナル社ロンドン支店長で、写真家だった。母親ヘルトルーデ・ムエイスケンは哲学的アナキズムの人間で、社会問題を論じ、ジョージ・バーナード・ショーやプリンス・クロポトキンの友人だった人。オルガはやがてチューリヒで応用芸術を学び、宝飾や刺繍を行い、父親の暗室助手をつとめた。彼女がよく言っていたことだが、娘時代にこうして現像フィルム上の輝く映像に夢中になった経験が後日、彼女がイメージの元型的要素に対して抱いた関心を形づくったのであろう。オルガはさらにサーカスのリングに舞う曲馬師であり、スキーヤーとして受賞したりもし、一説によるとモン・ブラン登頂をやってのけた女性第一号でもあった。オルガはオーストリア人音楽家、イヴァン・フレーベと結婚したが、イヴァンはオーストリア軍のために空中写真を撮っていて墜落事故で命を落としてしまう。イヴァンが亡くなった後、双子の姉妹が生まれたが、うちの一人は知能に障害があり、何年か後、ナチ支配下のドイツで命を喪ってしまう。

一九二〇年頃、オルガと父親は安静療法先にということでアスコーナのモンテ・ヴェリタ・サナトリウムにやって来、この小さな町を好きになった。カプテインは娘のためにカーサ・ガブリエッラを購入し、彼女のことではたっぷりと金を遣った。オルガは多くの芸術家、詩人たち、興味深い人間にやって来るよう誘い、その一方で神智学、ローマ・カトリック、東洋思想などにあれこれと意味をさぐることを止めなかった。オルガの友人一統の中には、法王に選ばれたがっていたドイツの神秘詩人ルートヴィヒ・デルレート、汎ヨーロッパ主義を唱えるフランスの金持ディレッタンティ、アンドレ・ジェルマン、偏倚な旅行家で奇怪な服に夢中、カール・ファン・フェクテンの言い方を借りると「清く洗練ある野卑」の芸術に夢中のアラステア、オルガ一人椅子をと言い他の連中は草の上に坐る道《タオ》講義をモンテ・ヴェリタで行ったマルティン・ブーバー、それに元ドイツ皇帝の金庫番だったエドゥアルト・フォン・デル・ハイト男爵などがいた。この男爵は一九二〇年代中葉にモンテ・ヴェリタの眺望絶品のてっぺん部分を買い、豪華ホテルを建て、自らの東洋美術の蒐集品でこのホテルを飾った。オルガの友人に神智学の指導者アニー・ベザントとジドゥ・クリシュナムルティの師弟もいる、とそういう噂もあった。

アスコーナそのものが十九世紀末以降、前衛的な思想、道徳の前哨基地になっていた。自由思想家、ヌーディスト、著述家、ダンサー、政治的急進派、ユートピア主義者、導師《グールー》たちが次々と入りこむ。ざっと一覧してみるだに、レーニン、トロツキー、バクーニン、クロポトキン、ヘルマン・ヘッセ、シュテファン・ゲオルゲ、ルドルフ・シュタイナー、メアリー・ウィグマン、イサドラ・ダンカン、ハンス・アルプ、パウル・クレー、エミール・ヤニングス、エミール・ルートヴィヒ、そしてエーリヒ＝マリーア・レマルクと、綺羅星の如くで目くらむばかり。一九〇八年に神経異常を発してユングの治療を受けた反体制派心理学者オットー・グロスはやがてアスコーナに夢中になり、かつてのユングの言葉によると、「いつもいつもアーティストや文士、政治熱狂派、その他ありとあらゆる種類の自堕落連中の所に顔を出し、アスコーナという底なし沼にどっぷりはまって嫌悪すべく惨めなどんちゃん騒ぎにうつつをぬかしていた」。

いずれにしろ舞台は今も昔も自然美そのものの地だ。マジョーレ湖の北端、ロカルノから二、三マイルも南下した地点にある小村アスコーナは真南にイタリアを望む山ふところにある。湖の両岸にはレポンティン・アルプスが険阻に聳立《そびえた》つ。気候温順につき棕櫚《しゅろ》、サボテン、キョウチクトウ、薔薇、竹などが簇生している。「真理の山」の山裾にある古い村、といえばそれだけでピクチャレスクだが、そう見えるように気配りされてもいる。曲りくねった狭い小路だらけ、古い石の家々の化粧漆喰には色褪せた黄や赤の斑《ふ》が振り散らかされているし、庭々を囲う壁や鉄の門にも古拙の趣がある。南に向けて狭い断崖道の曲りが一条、イタリアに通じている。一マイルちょっとも行くと数軒の家でモッシアの村があり、道と湖にはさまれ、かつてはテラス状になった葡萄園だった狭い険しい場所にカーサ・ガブリエッラは建っている。誰にも見当がつかないほど古い館は、美しい地所もろともに、オルガ・フレーベの世襲財産だった。

変容の過程が一九二〇年代、オルガの人生そのものにも働いていたのだろうか。オルガが隠そう、隠そうとしていた時期のことだ。オルガが、理想主義的なキリスト教原理、オカルト原理に基づくユートピア共同体を創立させようというルートヴィヒ・デルレートの夢に深く影響されていたのは間違いない。そのメンバーは「師」の下で錬金術と禁欲生活を実践するというものだったが、デルレートはその場所をアスコーナと決めていたようなのだ。一九二八年、オルガはその地所に湖を見はるかす講演ホールを、目的をよくは明かさないままに建てた。ゲストハウスも併設し、ヒンドゥーの儀礼をして、これをカーサ・シャンティと名付けた。一年か二年してオルガは合衆国に赴き、コネティカット州スタンフォードにアリス・A・ベイリーを訪ねたが、「秘密教団（Arcane School）」という名の運動を宰領したかつての神智学の人間である。ナンシー・ウィルソン・ロスが大いなる尊厳と好意と一徹の人と呼んだこのベイリー夫人は意識の向上、洋の東と西の架橋を目的としている点でオルガの全《また》き同族だった。「チベット師」と呼ばれているところをみると「神智学導師」の一人かと思われる神秘な人物と一緒に起居していたが、この相手はベイリー夫人を「上智」に献げられた沢山の本を書くための手立てと考えており、また瞑想によって予め定まった精神開発の基準に達した新人たちをアリス・ベイリーを通して組織に参会させた（オルガはこうした選ばれた族《うから》にはなっていない）。二人の女性は霊性研究教団（School of Spiritual Research）を創設。一九三〇年に出発し、夏の終りにオルガの地所で、オルガの宰領の下に会合をもった。大体は秘教派《エソテリック》の講演者には、たとえばローマから来た精神総合（psychosynthesis）の運動の創始者たる神経病学のロベルト・アサジョーリとか、ロシアのアレクサンデル大公とかがいた。参加費無料。ある夏の参会者を見ると、ナンシー・ウィルソン・ロスとかアン・モイヤーとかの名が見える。アリス・ベイリーの業務は若きオランダ人、エルロ・ファン・ウァへーレンが担当した。

強い女が二人、ということで、オルガ・フレーベとアリス・ベイリーの衝突、口論、そして訣別はいずれ避け難いところで、霊性研究教団も終熄。ベイリー夫人は、当地は美しいかもしれないが、その影の部分に「靡乱《びらん》と古《いにし》えの邪悪」を抱えていると怖れていた。その昔の黒ミサ崇拝の中心地でなかったのか、と。オルガの方は東西の出会いの場を創るという方に気乗りしていった。一九三二年十一月、オルガは、マールブルクにいた神秘主義研究家、洋の東西の宗教の比較研究者、ルドルフ・オットーのもとを訪れた。「私が玄関のベルを鳴らし」とオルガは書いている、「すると創造の瞬間のひとつに入っていたことになり、まるで舞台みたいに、カーテンがあがったのだった」。オルガの講義プログラムにオットーは好意を示し、ギリシア語で皆でする饗宴を意味する「エラノス（Eranos）」を名前にしたらどうかと言ってくれた。オルガが第一号講演者として当てにしていたのはハイデルベルク大学のインド学教授、ハインリヒ・ツィンマーだった。「この方は熱狂的に応じてくれた」とオルガは書いている、「まるでずっと前からエラノスを知っていたみたいだった」。オルガがこの人物を知ったのは国際誌『ヨーガ』誌上で、一九三一年に出た同誌は一号のみ。この同じ手掛りからオルガはもう一人別のインド学者、ヤーコプ・ヴィルヘルム・ハウアー、仏教学のライス・デイヴィズ夫人、支那学者《シノロジスト》のエルヴィン・ルーセルを知ることにもなった。オルガは一九三〇年、ダルムシュタットのヘルマン・カイザーリンク伯爵の「叡智の学校」――もうひとつエラノスの先達《モデル》となった機構である、勿論――でユングに会った。アリス・ベイリーがユングを霊性研究教団に招こうと言っていたが、時期尚早と感じたオルガが反対、とそういう経緯があった。今こそその時と、一九三三年八月の第一回エラノス会議《ターグンク》にオルガはユングを招く。テーマは「洋の東西に於るヨーガと瞑想」。ユングは招きに応じ、彼が個性化と呼ぶ心理過程について講じた――分析を通した、他の霊的訓練の何かを通した一個の全人格の達成のことである。ユングが依拠したのは彼が相手にしたアメリカ人患者が分析の間に描いた一連の絵だった。あれこれを通じ、エラノス最初の二、三年でユングが次第に――彼が気乗りしようがしまいが――エラノスの中心人物となっていった。

エラノスで喋る者、聴く者ともに最初のうちはほとんどがドイツ人だったが、段々と国際的な人の出入りとなっていき、オルガが大好きだった口癖では、ナチが政権を握ったその同じ年に創立された会議は徐々にナチへの抵抗勢力になるべきものとなった。といって、オルガの意図としてはあくまで非政治的なものであった。その意味では第一年目の講演者名簿が仲々面白い。フランクフルト大学支那研究所の所長職を故リヒャルト・ヴィルヘルムから継いだルーセルは早晩、ナチ政権によって大学の職から追いだされるはず。公的発言は許されなくなるはずだ。マールブルクの宗教学教授、フリードリヒ・ハイラーはナチスによるニュルンベルク法の発効に抗議して職を辞すはずである。ローマ大学で初期キリスト教史を講じていたエルネスト・ブオナユーティ教授はファシスト党への恭順承諾を拒否したため解雇され、あまつさえモダニズム運動に加担の廉《とが》を以てヴァチカンから異端宣告を受けてしまうはずである。ハイデルベルクで既に四面楚歌の窮状にあったツィンマーは一九三八年に大学を追われ、逃亡生活に入ることになる。一方で、ミュンヘン出身の神経病学者でユング派分析者でもあったグスタフ＝リヒャルト・ハイアー医学修士のごときはナチズムにすっと入り込み、一九三七年にはナチに入党している――そうであるのに、一九三八年、エラノスで再び話をしたり、人さまざまだ。

一九三三年のユングはあらゆる現実となんとか折り合おうと苦労していた様子が如実である。その夏、チューリヒに本部を置くできたばかりの心理療法国際医学会の会長職を引き受けている。メンバーそれぞれの国に国内学会を持ち、ドイツのそれが最大。ユングにはベルリンの官僚体制との接触は避けられず、どうしてもナチ・シンパという批判を免れきれなかった。今なおもやもやとあとを引いている問題だ。同じ夏、ラジオ・ベルリンで体制派の神経医学者と対談している。さまざまな誘導尋問に対するユングの答は、ドイツにおける事象にユングが同意していないにしろ寛容だという印象を与える。気配りと曖昧の間とみえなくもない。しかしまさにその同じ日、メンバーのうち少なくとも四人がやがて逃避行を余儀なくされるユダヤ人である分析心理学者グループの週間セミナーを開始しているのだ。そこに自らも出席していたバーバラ・ハンナが書いているところによると、当時ユングは「新政府にもドイツの将来にも批判的」だった。一九三四年五月、セミナー参加者の一人、医学修士ジェイムズ・カーシュ（その時、パレスティナにいた）に宛てた手紙の中でユングはこう書いている。「心理療法国際医学会名誉会長として私は［第四代会長］クレッチュマー氏退任後の学会をとても見捨てられるものではありません。ドイツ人同僚医師諸君からは同職に復帰をと矢の催促で、小生でなくどなたがされてもやることになるはずの仕事、即ち国際学会に対する小生の義務を……国際組織の大枠を維持しつつ、それをドイツ学会に巧くなじませることで果たせよというのであります。……小生の提案で、ドイツ系ユダヤ人医師諸君が個人として国際学会に参加できるとする特別条項が承認されました」。ユングは一九四〇年まで会長職に留まったが、一九三六年時点で既に寛容のふりも気配りのふりもかなぐり捨て公然とナチ運動批判の挙に出ていた。後に中央情報局（ＣＩＡ）の長官となるアレン・Ｗ・ダレスが書いているところでは、彼は一九三六年のハーヴァード大学三百年記念会議でユングと出会い、「目下の独伊の状況について長時間話しこんだが、彼の口にしたことで反ナチ党、反ファシスト党の確たる感情以外のものをそこに感じたことなどなかった」。ダレスが中央情報局《シー・アイ・エー》の前身たる戦略事務局《オー・エス・エス》（ＯＳＳ）のベルン事務所の所長をしていた第二次大戦の間、ユングとダレスが深い付合いにあった点には後にまた触れる。

インド学の泰斗の夫人だったクリスティアーネ・ツィンマーの後日の回想によると、「最初はこれらの事態の大方を彼の集合無意識を通して見ていた。ひとつの興味深い現象を観察し続けてはいたが、その現象が一体どこに行きつくものか彼にもよくは分かっていなかったのだ。どこか少々破滅的な快感をもって観察しているうちに現実がぬうっと姿を現わしてきたのだ」。

結局のところオルガ・フレーベは、講演から、あるいはその後の討議からも、要するにエラノスから政治を排除しようとしたのだった。一九三四年の会議でこのルールを破ったのはチュービンゲン大学インド学の教授、Ｊ・Ｗ・ハウアーで、インド・アーリアの神秘主義を講じた。聴衆とのくだけたやりとりの最中、ハウアーがドイツ目下の政治状況の弁護を始めたのだった。ユダヤ思想のある面を講じていたマルティン・ブーバーが話題をマイスター・エックハルトのことに変えたので、ことなきを得た。勿論、ハウアーには二度とお呼びはかからない。その後ハウアーは、ゲルマンや北欧ゲルマンの書きものや習俗に基づいた「宗教」たる「ドイツ信仰運動」の開祖と指導者となる。ナチ政権と折り合い良い運動であった。ユングは一九三六年のエッセー、「ヴォータン」でハウアーを批判し、二人は袂《たもと》をわかった。

他にこの一九三三年に講演した人間の中にはパーリ仏教の英国における権威者、ライス・デイヴィズ夫人もいて、おそらくは非政治的な人物だった。さらに三年間講演に戻って来ている。エラノス初期には女性講演者が他に三人いる。一九三八年に喋った英国人考古学者のV・C・C・コラムもその一人だが、率直に過ぎる人柄、ケルトの地母神の話をしていて、どういう成行きかオルガ・フレーベを怒らせてしまった。その後は生涯一切、女性はエラノスの演壇からは慎重に排除されてしまう。オルガは他の女性と同じ基準で働くのが苦手、と周囲は等しく感じていたようだ。ところがメアリー・メロンとはうまが合った。大分後で一種信条告白の形で、こうオルガは書くことになる。「ユング、メアリー、そして私にはひとつはっきりしたライフワークがあって、同じ力によってお互いつなぎとめられていた。一人一人は独立し、冷徹、孤高なのだが、三人縒《よ》りあわさっていた。……メアリー・メロンがこう叫んだのを今でもよく覚えている。『ボーリンゲンはわたしのエラノス!』、と。彼女もまたユングの仕事に、それからエラノスに没入したのだ。メアリー、ユング、そして私は同じパターンで動いた。同じパワーにエネルギーを汲《く》み、それによって互《かた》みに結び付けられていた」、と。

オルガが繰り返し言ったように、エラノスはプランとかプログラムで動いたわけではない。オルガ・フレーベにとってそれは、彼女と直観的なつながりを持ち、どこか一個の元型《アルヒエテユプス》のようなところを持つ精神によって生動するなにものかなのだった。オルガがエラノスの有名人、その炎の守護者、テーマを直観的に選《えら》み、喋り手を集め、彼らの交流を組織立てる興行主《インプレサリオ》であった限りにおいて、彼女の個性化への熱烈な旅は完成していた。さらにユングとその思想はオルガの中核を占めていた。形の上ではオルガは一度としてユングの分析を受けてはいないのだが、しかしどう見ても生涯を通じてユングの被分析者《アナリサンド》であった。彼女とユング、彼女の個性の残り半分、彼女と逆向きの彼女との関係を、第二次世界大戦中にスイスにいたアメリカ人、メアリー・バンクロフトはこういうふうに観察している。「フレーベ夫人はアスコーナまでの道をユングと二人で歩いていた——歩き、喋り、また喋りながら——そしてユングはオルガの横を大股で歩き、パイプをくゆらせ、こちらは聞き役。オルガはいつもの恰好——大きい帽子、流行《はや》りそうにない長いゆったりした着物、そして首輪の代りになにか秘密の神秘的意味のこもった『物』が鎖かビーズかのようにぶらさがっていた。何か隠秘な護符《タリズマン》を持っているのだという印象を与えたが、ある意味ではユングこそそれ、その護符だった。その奇なる力で彼女には何だってできる——何だって組織化できる——というふうだった。生涯、大地から一インチか二インチ浮いて生きている人間の一人、という印象を私は受けていた。が、こうした会議を何度も組織する以上、非常に実際的な人でもあるはず、と私は思っていた」。

実際、会議はオルガが言っていたようにプランもプログラムもないものなどではなかった。運営業務は大変なものだったが、オルガはひとりで、しかも効率的にやってのけた。冬の間に次の夏の会議のテーマを決め、大半はかつて喋ってくれたことのある人々の中から人選する。広告とプログラムがすぐに印刷され、投函される。宿泊施設の予約、昼食夕食のケイタリング予約、そして交通運搬の段取りを地元当局と進めること。エラノスはいつも八月中旬から下旬にかけての約二週間、会議を催した。通常、講演者はだれしも午前一杯をまかされ、講演を二部とか三部とかに分けることもできた。幕間に講演者には一杯のシャンパンがふるまわれ、ぎっしり窮屈な席から解き放たれてほっとした客たちは屋根付きのヴェランダで交流し、喫煙しながらカリスマ的人物、とりわけ大御所ユングと言葉を交そうとチャンスをうかがうのである。あるいはホール下の石の水浴場から湖へドボンという手もあった。フラウ・フレーベの鳴らすドラが講演の開始や再開を告げる。客からの質問は禁じられていた。昼になると人々は三々五々、水浴場に行ったり帰宅したりするが、講演者やゲストと会話してみたらどうかとオルガに招かれている人たちはその限りではなかった。後日オルガが回想して、こう書いている。「緑色の大円卓がテラスにしつらえられていて、学者たちが真に出会う場となっていた。曼陀羅が形をとったらこうなるという趣があり、この偉大な象徴の全ての性質がそこにそっくり映しだされていた。一番重要な話はそこで交されたから、この円卓はまさしく創造の輪なのだということが徐々にはっきりしてきた」、と。

一九三五年のことだが、ユングが講演で使った古代錬金術手稿の絵に刺激されてのことと思われるが、オルガ・フレーベの頭に、ユングの書きものを補うものとして、もろもろの元型を例示する絵を体系的に蒐《あつ》める構想がうかんできた。このプロジェクトはすぐにオルガの本務となり、オルガはユングの命を受けてローマ、パリ、ロンドンなど、ヨーロッパのどこへなりと回り、古代フレスコ画他の絵画、彫刻、手稿類の挿画《イリュミナチオ》、原始時代の、民衆の芸術品を探索、購入して歩いた。オルガはこれらを、いずれエラノス文庫《アルヒーフ》（Eranos Archive）と呼ばれるものの中に元型別に分類していった。他にこれといった場所がなかったので、それらはカーサ・ガブリエッラのオルガ自身のベッドルームに集積されていく。

一九三八年時点でオルガはそのほぼ全財産をエラノスのことで遣い切っていた。講演そのものは謝金なしということだったが、旅費、宿泊、娯楽、出版のコストは莫大だったのを、絵画蒐集のコストも含め、オルガは切り盛りし切った。一九三八年春、オルガはニューヨークのロックフェラー財団に支援を頼んでいるのだが、なしのつぶて（ひとつには一九三〇年以前のオルガの事跡について情報不足というのが理由だったらしい）。そこへメアリーとポール夫妻の方からの訪問、運命の導きといわいで何か、だ。

一九三八年度のエラノス会議のテーマは「グレート・マザー」だったが、新しい呼びものが登場した。エラノス・アルヒーフからの写真が引き伸ばされて、講演内容を強力に支えたのである。ニューヨークの分析心理学協会のヒルデガード・ネーゲルが絵のコレクションを自分の協会に持ち帰って展示した。エラノスはこうして合衆国デビューを果たした。それらの絵は最後にはエーリヒ・ノイマンの画期書『グレート・マザー』の礎《いしずえ》となるはずである。

オルガは探索行に出る。ローマでは自分自身の蒐集の他、メアリー・メロンの希望で、ヴァチカン教皇庁図書館所蔵の『神曲』挿画手稿の写真撮影の希望を出していて、メアリーへの手紙にこう書いている。「これはまるで未知の世界です。聖母《マグナ・マーテル》のこの領域にこうして足を踏み入れるのはなにしろ聖母崇拝が現に生きていた場所だけに、北方諸国の芸術館で聖母の画像を入手するのとは意味がちがいます。見つけられる元型的表象は全て蒐集しようと思っています。……即ち十字架刑、洗礼、冥府降下、復活、龍との戦い、等々……グレート・マザー講義のアメリカ版出版をお助けいただくに際しましての寛大と御理解に対しメロン氏にはいくら感謝してもし足りません」、と。クレタ島では「生涯最大の心理学的経験」をしたオルガである。メロン夫妻の寛容さに促されてオルガの足はオランダ、ロンドン、パリ、ボン、トリーアなど、「いずこにても絵画探索」する旅に向かい、ついにはベルリンに達した。そこでは次期会議に呼びたかった三人の講演者のことで当局から形式上の許可を得なければならなかったのである。

一九三三年の最初から、エラノスでの講演は『エラノス年報 *Eranos Jahrbücher*』という、ベージュ色のリンネル装の年鑑として、ユダヤ系ハンガリー人の血を引くダニエル・ブロディ博士のやっているチューリヒの出版社、ライン社から刊行された。オルガは英語によるエラノスという夢をみていた。一九三八年の冬一杯、メロン夫妻はグレート・マザー講演を一冊の本にしたくてニューヨークの出版社、ジョン・ファラーに掛け合っている。ケアリー・ベインズがニューイングランドに戻って英訳者をさがし、ユングが序文を寄せたが、エラノスの神秘思想をアメリカ人に説くには大して役に立ったわけでもない。この本は形になることはなかった。何年かしてエラノス選書六巻がボーリンゲン叢書に入ることにはなるのであるが。

ヨーロッパの暗くなる一方の世相だったが、ポールもメアリーもチューリヒにいてユング流の分析治療を受けようという思いは挫けない。一九三九年七月、二人は海路ジェノヴァに着くと、アスコーナに北上した。その年のエラノス会議のテーマは「再生のシンボリズム」だったが、二人は全回出席している。メロン夫妻にとっておそらくユングに次ぐ魅力的講演者はハイデルベルク大学で神話学を講じ、その頃までにはナチス・ドイツに別れを告げてオックスフォード大学に転出していたハインリヒ・ツィンマーであった。ヒルデガード・ネーゲルも一九三九年の会議に参加していた一人だが、ニューヨークの分析心理学協会のために報告した文章の中でツィンマーのことをこんなふうに書いている。「途方もない言葉の芸術家だ」と。「気分昂揚していたり、イタリア葡萄酒のグラスを手にしていたりすると、言葉が噴出する様、まるでアイスランドの間欠泉《ゲイザー》か、ジェイムズ・ジョイスか。その話を聞くと、もうこれはシャンカルが舞っているのを目のあたりにしている感じ。神話のオーケストラである」、と。ツィンマーのエラノス講演、「インドを通してみた死と再生」は、ドイツ語がよくわからないメロン夫妻には敷居の高いものだったはずだが、ツィンマーの英語は変は変なのだがピリッとした仲々流暢な英語だった。ほとんどの日、オルガ・フレーベはテラスの大円卓で側近グループのするランチにポールとメアリーを招いてくれたので、二人はユングやツィンマーと確実に親しくなったばかりか、フランス人イスラム学者のルイ・マシニョンとも仲良くなった。マシニョンの熱のこもった喋りにフランス語のできるメアリーの反応はすばらしかった。マシニョンの名はメアリーの出版予定者リストに確実に載った。もう一人いて、チャールズ・オールベリーというケンブリッジ出の若い英国人の学者で、マニ教について講じた。メロン夫妻はオールベリーがお気に入りで、メアリーはオールベリーの本も是非一点と決めていたようだ（オールベリーは英国空軍のパイロットになったが、一九四三年撃墜されてしまった。C・P・スノウは小説『光と闇と』の主人公をこのオールベリーをモデルに書いている）。ユングには最初講演する気はなかったようだが、他の講演から刺激を受けて気付いてみると「再生の諸相」という講演をすることになり、これが会議の掉尾を飾った。ユングの急拵《ごしら》え講演は再生の秘儀をコーランからの例を引いて終った。眠れる七人の伝説、イスラムの天使エル・キードルの伝説。これはルイ・マシニョン賞玩のテーマである。考えてみると、会議そのものがマシニョンの「回教世界に於る再生」なる講演で開幕していたのであった。

一九三九年のエラノス会議の直後、別種の重要会議がもたれている。ユング、ケアリー・ベインズ、トニ・ヴォルフ、それにメロン夫妻、その他数人の有志が集まったが、オルガの資金がほぼ底をつき、いよいよカーサ・ガブリエッラを売る覚悟をしようとしていたからである。「カーサ・ガブリエッラは残さなくてはならない。我々にこの円卓は必要だ。講演後、どうしても寄り集まる場所が是非にも必要だ」と、ユングは言った。金勘定をオルガと二人でやってきたエルロ・ファン・ヴァヘーレンがどれだけの金が必要か算定し、彼、彼女のそれぞれがいくら拠金すべきかを提案した。結局のところ、メロン夫妻とスイス人の大金持フリッツ・アレマンが危機を逃れるための金を出し、これからもそうし続けると約束して落着。友人たちの行動も知らぬげにオルガは、過去のエラノスをみるにフランス人とドイツ人の講演者がほどよくバランスがとれているし、今後は国際的な姿勢がさらに重要になるという話を得意げにした。オルガは既に一九四〇年度会議の計画を進めていた。テーマはキリスト教とグノーシス主義の起源ということに決していた。

八月末、メロン夫妻はサン・ゴタール峠を越えてチューリヒに向かった。メアリー・フットが二人がプラーテンシュトラーセにアパルトマンを見つける手助けをしてくれたが、ユングのセミナーのある心理学協会からも、ユングが講義する連邦技術学校《エー・テー・ハー》からも近いということだったからである。二人がユングおよびトニ・ヴォルフの分析治療を受けるということ、メアリーがユング女性団《ユングフラウエン》の一人にドイツ語を教わるということに加えて、メロン夫妻はチューリヒのユング派たちの生活にどっぷりはまりこんでいく――ユングのセミナー、ユングのレクチャー、クラブ図書室での読書、ティー・パーティにカクテル・パーティ、アルプス登山、美術館、音楽会、劇場、そしてチューリヒでの優雅なショッピング。九月一日、ドイツがポーランドに侵攻してもスイスでの暮しに大きな影響はなかった。もっともユングは九月五日、メアリー宛てにこう書き送ってはいた。「現下の愉快ならざる状況ではあなたはスイスを離れられたものと思っていました。残られて、我々が迎えようとしている同じ運命に立ち向かおうとされている勇気には感服致します」、と。湿気の強い曇りがちのチューリヒの秋の訪れとともにメアリーには喘息《ぜんそく》の激しい発作が繰り返されるようになる。メアリーは気を張っていたが(連邦技術学校のドイツ語講習に顔を出してさえいたが)、健康すぐれず中断が続いた。アローサで予定のスキー休暇も喘息の発作が出て中止。三月には急性虫垂炎の手術の余儀なきにいたっている。

戦争がどうあろうと、オルガ・フレーベはメロン夫妻からもらった一千スイス・フランを支えに、一九三九年十月、ケアリー・ベインズを伴ってニューヨーク行きの船にのった。拡大されて三百にもなんなんとする「グレート・マザー」絵画を分析心理学協会で展示し、それらの絵、そしてエラノスについて自身講演するためだったが、もしナチスがスイスを占領した場合、それらをそっくりアメリカに移そうという心積りもあったようである。それからもう一度ロックフェラー財団にエラノス支援を頼もうともしたし、プリンストン大学にそのキリスト教美術索引の付属物ということで彼女の文庫《アルヒーフ》に関心を向けさせようともした。いずれの試みも実を結ばず、年末にはオルガは帰路につく。

四月、ポール・メロンとユング二人、休暇をとってロカルノにいた。メロンの回想によると、「私はアスコーナとロカルノの背後にある丘に歩いて登ったが、仲々人の姿も見かけぬほど高い所だった。彼は落ちついた静かな人であったが、快活で卑猥なユーモアのある人でもあった。しかしユング博士のことで私が一番よく覚えているのは博士の直截《ちょくせつ》さである。考えもダイレクトだったし、表現にも無駄がなかった。どこにでもある素朴な宗教の祠《ほこら》みたいなものについての言葉、『それは、これらの人々の父祖が彼らの自然神を崇めたその同じ場所にあるのだが、危険を孕む場所にあることも多い、悪を祓《はら》うためにね。これほど文明化され迷信と無縁になった我々だが、もう少し迷信を持ち、自然に近付いてもいい——悪魔を心に住まわせておいていいのじゃないかな』とかとかである」。ティチーノ州の空気にはなお黒ミサの名残りが漂っていると言った時のアリス・ベイリーの畏《おそ》れを思いだす。

そして四月二十九日、ついにと言うか、メロン夫妻はユングから彼のボーリンゲンの隠棲の塔に招かれる。ユングは孤《ひと》り待っており、三人は長く話し合った。メアリーは、ユングの本を中心に据えた出版事業を開始する彼女の心積りを口にし、ユングは同意して頷くのだった。ボーリンゲンの哀歌ぴったりの魅惑の風情、その寂寞《じゃくまく》、そして時間を越える陰と陽の交錯がメアリーの心を深く捉えて、メアリーは彼女の企画構想にこの誰も知らぬスイス片田舎の土地の名を付ける決心をしたのだった。メアリーのチューリヒ逗留はもうひとつ別の結果ももたらしたが、それはユングの思想から出てくる学知のあらゆる方向——宗教、神秘主義、民俗学、考古学、象徴研究、そしてわけても錬金術——への関心がメアリーの胸裡に燃えあがったことであり、そのあらゆる書という書を手に入れずに措《お》くかというオブセッションであった。実際にメアリーはユングの蔵書リストを秘書からもらって、ユングの蒐集をそっくり真似しようとした。本屋を通じて錬金術関連の本を幅広く蒐めた。メアリーの古代錬金術の本や手稿は、後にポール・メロンが引き継いでいったが、現在はイェール大学図書館の架蔵になる。もしドイツ軍の侵攻でユングが戦火の下スイスを逃げ出すしかなくなったとしても――現にユングの名は秘密警察《ゲシュタポ》のブラックリストに載っていたのだ――自分の蔵書のかなりな部分が大西洋の彼方、オーク・スプリングのメロン邸にあることを知って驚いたであろう。

冬の間静かだった戦争は突然大噴火した。危険はもはや無視し難いものになった。五月三日、メアリーは幼い娘、乳母、一家の執事と一緒に海路ジェノヴァに発っている。メアリーは口座に資金を預けて去ったが、メアリー・フットの秘書エミリー・ケッペルが本や贈答品などなどを買うことができるようにということであった。ポールはさらに分析治療を受けるため居残っていたが、やがて家族の荷物を梱包し船荷にすると二週遅れであとを追って発った。ドイツは低地帯諸国とフランスに侵攻していた。イタリアが参戦し、スイスは完全に枢軸国に包囲されてしまった。ほどなく灯火と食料配給の管制が始まるはずであった。

ユングが六月にメアリーに宛てた手紙には、アメリカとの交信はすべて遮断されるだろうとある。「どうやら夜の帳《とばり》がヨーロッパにおりてきてしまいました。我々がいつ、どういう状況で再会できるものか、いや、そもそも再会できるかどうかさえ神のみぞ知るです。ただひとつ確かなのは裡《うち》なる光は、これを消す能わずということです」。エラノスの光はまさに風前のともしびだった。オルガが一九四〇年八月に招いていた外国人講演者候補は旅行もままならなかった。そこでオルガはいわば象徴としてのエラノス会議を演出する。ただひとりの講演者にスイス人数学者のアンドレアス・シュパイザーを招いて「プラトンの未知の神」という演題で喋ってもらう。「どうか私ひとりのために御講義いただくわけに参らぬでしょうか」とオルガは書いた、「私が聴衆の代表、先生が講演者の代表ということです。いつものように私の二語三語で会議《ターグンク》を開始します。そして先生の講演が終了しましたら、庭でお昼をいかがでしょう。赤ワインのキャンティのボトルをあけましょう。それで一回分の会議、完結です！」想定外にも四十人もの参会者を得たが、ユングも来て、ここでもいきなり準備なしの「三位一体の心理学」講演を行った。会合の後、ユングはメアリーにこう書き送った。「我々はまだ、ドイツが我々を滅ぼすかもしれないと虞《おそ》れています。それがドイツに何の益になるのか理解できませんが、ただドイツ人の心性を理解すべき基準がどうやら理性ではないことは分かってきました。完全に反理性にして神秘的です、永遠の王国をめざした誤まれる追求なのだ、と。そういう人々は悲惨であるばかりか、悲惨を広げていきます。……ヴォルフ嬢は良き市民でしたが、救急隊の運転手の訓練を受けました。鉄の廃材の塊が錆びつき形も歪んでいくみたいな感じです」。

メアリー・メロンのボーリンゲン構想が準備される年月、メアリーはほとんど熱狂という感じにユングのことで頭が一杯、ユングの思想を熱烈に咀嚼し、消化していった。メアリーの変らぬ関心は今やユングの著述の刊行と、ユング思想の合衆国への浸透に向けられていた。ちなみに帰米後、分析治療は再開されていない。もう少し熱量は低いが、オルガ・フレーベおよびエラノスへの忠誠心も強く、エラノス会議の本を刊行しようと願うばかりでなく、エラノスの地所を守ろう、オルガの個人的安全を確保しようという気概も強かった。

ボーリンゲン出版《プレス》をメアリーは最初、彼女の冒険と呼んでいたし、一九四〇年末に出版した時、プロフェッショナルとはほど遠い内容だった。ツィンマーの勧めもあってメアリーは、ベニントン・カレッジを卒業したばかりのヒメーナ・デ・アングロを編集者に決めたが、一九三六年以後、夏はカーサ・ガブリエッラで過ごし、エラノスの会議にも顔を出していた女性である。ユングのチューリヒで育っていたから分析心理学には親昵し、エラノスの環境にはなじんでいる上に、ドイツ語、英語のバイリンガルである。ボーリンゲン出版の編集局はコネティカット州ワシントンの、彼女の母ケアリー・ベインズの実家だった。ケアリー・ベインズ自身、『易経』の英訳で苦労の真最中だった（ポール宛ての手紙に「私の墓碑には『易経に占い殺されし者』という悲しい銘句が入ることでしょう」とケアリーは書いている）。ヒメーナとベニントンでの同僚だったベティ・ミルズがケアリーを助け、エラノス本の翻訳者たちを督励し、翻訳を編集し、他の手稿類を調査した。ポール・メロンは一九四〇年秋、アナポリスのセント・ジョンズ・カレッジに学籍登録したが、カレッジ学長ストリングフェロウ・バーが、二人のドイツ人亡命学者とともにボーリンゲン出版の顧問になってくれた。一人は美術史家エドガル・ウィント［エドガー・ウィント］、そしてもう一人がその前の夏に家族とともに渡米してニューロシェルに落ち着いていたハインリヒ・ツィンマーである。秋にはメロン夫妻が出費して招待したオルガが再び合衆国を訪れた。オルガはパンアメリカンの旅客機でリスボンを発ち、フランクリン・ルーズヴェルトが大統領に三選が決まったタイミングの合衆国に到着した。象徴狩り名人のオルガは早速ドル紙幣に印刷された合衆国の国璽《こくじ》（Great Seal）に、その畏敬すべきフリーメイソンの象徴類と銘句《モットー》「諸時代ノ新シキ秩序（*Novus ordo seclorum*）」に吉瑞《きちずい》を感得した。早速エレナー・ルーズヴェルト宛てにその意味を伝え、大統領にも教えるべきだと書き送った。十一月十一日の休戦記念日に無名戦士の墓に立ってルーズヴェルトは選挙後はじめての公式演説をしたが、その題がずばり「諸時代の新しき秩序」であり、最後をなんとも名文句で締めたのである。「現在を遥かに越え、この刹《せつ》那《な》を遥かに越え、人類の未来に我等を待つ永遠の真《まこと》を我々は認め、これに礼《いや》を尽くすものであります」。いっそエラノスの澄空にこそ似つかわしい言葉ではなかっただろうか。

メアリーは分析を受ける義務的な百時間を既にクリアしていたのでニューヨーク分析心理学協会の準会員として迎え入れられていた。その会合にメアリーが出ていたという記録はないが、協会でオルガが合衆国の国璽について話す時には出かけたのかもしれない。ポールとメアリーはオルガのためにディナー・パーティを開いた。あわただしくてフランスのビザが取れないオルガが三月にヨーロッパに帰る時には、ドイツのビザを取り、リスボンからシュトゥットガルト経由でチューリヒに入った。オルガがバミューダの税関を通る時、ドイツのビザと不思議な象徴的な絵の入ったポートフォリオが英国情報部の目を惹かなかったのだろうか。

メアリーとユングの往復書簡はたびたびにおよび、とても打ちとけた内容のこともあった。一九四一年四月十八日付けのユングの手紙を見ると、彼が「非常に疲憊《ひはい》し、此度の戦争の無意味さにつくづく嫌気がさしている。ただの破壊にすぎない。全体どうして人類は成長できないのでしょう。この世の君《きみ》はたしかに悪魔なのにちがいない。フレーベ夫人があなたのこと、あなたの仕事のことで楽しい知らせを送ってよこしています。夫人は絶好調だったようですね。……どんなにぶ厚い黒雲が全ヨーロッパに垂れこめているか想像もつきますまいね。悪と重いぐうの音も出せぬ圧力からだれしも逃げたいと願っているのです」。ユングはメアリーが書き送っていた夢を分析して、こう続けている。「また是非アスコーナにいらして下さい。世界全部を覆う闇は濃くなる一方ですね。あなたがそういう夢を見ることで私は運命に感謝したい。でなければ世界は西半球で余りにも虚無ということになるでしょうから」。

エラノスの講義の本だけがメアリーのボーリンゲン企画で動きそうな相手だった。ジョン・ファラーの所で刊行という交渉は進んでいなかったし、もっとプロフェッショナルな進行が必要なことを痛感していたヒメーナは、メアリーが大学出版局と繋がりを持つべきと提案した。ポールはイェール大学に近付き、そこの創立者でトップのジョージ・パームリー・デイとその編集者たちを相手の議論が一九四一年を通して続いた。最終的にデイがボーリンゲン企画刊行の正式な計画を打ちだしたが、これをメアリーは一蹴した。イェール側が出版する本の選択は自分たちが行う、そしてイェールの心理学の教授たちを編集委員に加えることを主張したからで、メアリーはこれでは自分のユングへの至情に水がさされるというふうに感じたに決まっている。

一方、七月末にはメアリーは電信でユング六十六歳の誕生日の祝辞を送って、ふたつ新しい変化を伝えている。ヴァージニア州オーク・スプリングの新居の定礎、そして棟上げの報告がひとつ、そしてポールが合衆国騎兵隊に志願入隊したということがひとつ。カンザス州フォート・リレーの騎兵隊補充員訓練センターで基礎訓練を経験してから、そこの騎兵学校スタッフに乗馬術教育官として加わり、命令を受けた。そこで一年を過ごした後、一九四三年春、海外任務となる。ポールがフォート・リレーにいた間、メアリーはカンザスシティの実家に近い所に一軒家を借り、ニューヨーク、オーク・スプリング、ホーブ・サウンド、そして生まれ育った町にそれぞれ時間を割いて暮した。

アメリカ人たちの支えに力を得たか、オルガ・フレーベはエラノス・アルヒーフの構想を、拡張された絵画蒐集、参考図書室、夢と幻視部門、テキスト部門を以て一層展開する作業に集中することができ、ユングの若くて明晰な研究者、マリ＝ルイーズ・フォン・フランツを助手に雇った。一九四一年の八月初めの会議には三人の講演者が選ばれた。ユングは「ミサに於る変容の象徴」という、さるカトリック神父とのインタヴューの発展した主題をめぐって長々と論じた。スイス人作家で筆相学のマックス・プルヴェールがグノーシス主義について喋り、もう一人これも新参加のカール・ケレーニイも同じだったが、これこそやがてエラノスの支柱の一本となるべき人物である。一九四一年にケレーニイは生国ハンガリーの古典哲学の教授だったが、一九二九年からずっと高名な古典学者W・F・オットーに師事し、その後トマス・マン、そしてユングと密な関係を結んだ。ユングは一九三九年、聖母子の研究でケレーニイと協働作業を始めた。ユングはケレーニイをオルガに推薦していた。一九四〇年、オルガは飛行機をチャーターするとローマに飛び、ケレーニイの協力をとりつける。一九四二年、ナチの支配下で連合国側との接触をとろうと腐心していたハンガリー首相ミクローシュ・カーライはケレーニイを、アスコーナに居住の在スイス文化使節に任命した。一年後、ドイツ軍がハンガリーを占領するとケレーニイと家族は永久亡命の道を選ぶ。エラノス講演者の中でもとびきり劇的ということで名が通っていた。白髪はたてがみのように蓬々《ぼうぼう》とし、奥目は炯々《けいけい》と相手を射抜く。鷲《わし》さながらの横顔。あたりをはらう堂々の威風。さながらシャーマンという風貌であった。

ハインリヒ・ツィンマーは一年半もしないうちにアメリカの新生活にすっかりなじみきっていた。一九四〇年六月に家族とともにニューヨークに着くと、ヘンリー・R・ジマーと名乗り始めた（出版社は元々のドイツ名にこだわったが）。ツィンマーは一八九〇年、同じ名の有名なケルト学の泰斗の息子として生まれた。ベルリン大学でヨーロッパの文学と言語の研究を始めた。ゲルマン語学をやるうちサンスクリット語に入り込み、気付けばインドに係わる全てに魅了されていた。一九一三年、ベルリン大学でヴェーダ文献中のバラモン階級の門閥をテーマに博士号を取得した。第一次大戦中ずっとドイツ軍籍にあり、無傷で生還、大学世界にも復帰。生き残ったために「幽霊じみた存在、他界より訪える客《まろうど》」を自覚していたらしい。一九三八年まで教授をつとめたハイデルベルク大学で、それまで従ってきていた伝統的な解釈パターンを諦棄して、独自のインド観を表明できる境位を得た。喋りも巧み、巧思妙算の人、根が真面目、厳格ですらある。心眼を以て真理を見据える偉大な才を謳《うた》われた。一九二〇年代末、ツィンマーは学生の一人と結婚したが、このクリスティアーネ・ツィンマーこそはオーストリアの詩人で劇作家のフーゴー・フォン・ホーフマンスタールの娘だった女性である。

インドのタントラ思想に親懇していたツィンマーは処女作、『芸術形式とヨーガ』の中でカルト理解をインド芸術に適用してみせた。いろいろあるがとりわけ曼陀羅（サンスクリットで言う、瞑想や象徴的用途の幾何学的な円環の形式）の研究書として、これがユングの目にとまって、一九三二年の両者の出会いを準備した。二人はツィンマーの仲間のインド学者で、まだナチに関係して身を落とす前のJ・W・ハウアーを介して会うことになる。ユングがチューリヒでのクンダリーニ・ヨーガのセミナーにハウアーを招いた時、ハウアーがツィンマーを伴って来、ツィンマーはツィンマーでヨーガの諸類型について喋った。これが契機でツィンマーは各都市のユング派協会から講演を頼まれることになった。彼とユングの交友は一九三三年、第一回のエラノス会議の演壇に共に立ったことで動かぬものとなった。

一九三八年にはナチのユダヤ人迫害は苛酷を極めだしていたし――ホーフマンスタール家には部分的にユダヤ人の血が流れていた――歯に衣着せぬ体制批判をしてきていたツィンマーは教授職を解かれてしまった。ツィンマーの家族はドイツを去り、ツィンマーが無給の一年契約の職を与えられたオックスフォードに移った。辛い時期だったが、一家はライムント・フォン・ホーフマンスタールの元の妻だったアリス・アスターに助けられた。ツィンマーは古典学者のC・M・バウラと友人になったが、バウラが後に回想しているところでは、バウラはどんな学者を相手にしようが「天才」という呼び方はしたくなかったものの、ツィンマーを評するにはこの評言を使う他なかったというのである。一九三九年八月、ツィンマーと家族はエラノス会議に参加し、そしてそこでメアリー・メロン、ポール・メロンと知り合った。ビザ発給を二年待たされた後、十歳、八歳、六歳の三人の息子を抱えて一家は一九四〇年六月、護衛を受けたジグザグ運転の船で合衆国へと発った。船上で友人になったのが英国人写真家のセシル・ビートンであった。セシル・ビートンは日記にこう書いている。「強さと沛然《はいぜん》たる雨の如き精力の持ち主だ。情報部関係らしく、最初の二ヶ月でドイツ敗れたりと知ったとか言っている。頑強にして楽観的、揺るぎない確信を持っていて、こちらはのろのろした貝の気分にさせられる。頭の働きが尋常でない。それがツィンマーという男だ」。

ツィンマー家はクリスティアーネの叔母の住むニューロシェルに家を借りる。友人に事欠くことはない。メロン夫妻、ケアリー・ベインズ、ヒメーナ、その他エラノスで出会ったアメリカ人ユング派の人々にどんどん加わるドイツ人亡命知識人多数だ。ツィンマーは時々、分析心理学協会で講演したし、十一月にはジョンズ・ホプキンズ大学の野口英世医学史講座で喋った。夫婦で一九四一年春にはカリフォルニアに車を転がし、シカゴや太平洋やグランド・キャニオンの絶景に驚いたりしている。ニューメキシコのタオスでは、一九二五年以来ユングの友であったプエブロ・インディアンの賢者マウンテン・レイクにも会うことができた。この大陸横断の旅を一括してツィンマーは「一種静かに咆哮する勝ち誇る幽霊じみた蜃気楼という風情だが、圧倒的で、時には奔騰するアメリカン・ライフの現実」には呆然とする他ないとしている。

一九四一年秋、ツィンマーはコロンビア大学哲学・心理学・人類学部の客員教授に任命された。非常勤で、半ばは大学から、半ばは失職した外国人学者救済のためにつくられた組織のひとつから出される給料は高くない。ツィンマーはインド芸術、インド哲学、インドの芸術と文化に見る神話と象徴の連続講義をブッシュ・ミュージアムで行ったが、これはロウ・メモリアル・ライブラリーの屋根裏部分に置かれたインド芸術のつつましいコレクションであった。この美術館のキュレーターであったマルグリット・ブロック博士が分析心理学協会でツィンマーに出会い、この職に就く手助けをしてくれたのであった。この連続講義を聴講し始めたのはひと握りの人間だが、その一人が頭角を顕わしだしていた神話学のジョゼフ・キャンベルであった。ツィンマーはまるで巨大講堂満杯の聴衆に向かうかのごとき講義をし、聴衆も徐々にふえて五十人とかその辺の数になっていった。メアリー・メロンがこの講義に参加したことを示す記録はない。しかしメアリーとヒメーナが仕事の細かいことどもをめぐっていつもツィンマーと接触を保っていたのは間違いない。ツィンマーがコロンビア大学講義に展開してみせた創造的な学知は、とメアリーは決心した、是非とも自分で活字にしようと願っている本の一冊にしてみよう、と。ハインリヒ・ツィンマーはボーリンゲンの冒険の師となり、導き手となったのである。

第二章　「ボーリンゲンはわたしのエラノス！」

一九四一年十二月一日、ということは日本によるパール・ハーバー攻撃の六日ほど前のことだが、ポール・メロンはヴァージニアの州法の下でオールド・ドミニオン基金を設立した。当時ポール自身、フォート・リレーで二等兵卒《プライヴェート》だったから、手続きその他はワシントンとリッチモンドでドナルド・D・シェパードが取り仕切っていた。一九二七年以来、まずはアンドリュー・メロンの、それからポール・メロンの法律・税務顧問をつとめ、一九三七年の設立以来、ナショナル・ギャラリー・オヴ・アートの秘書、財務、総務顧問をつとめた人物である。基金の理事はメロン家の商売相手の二人、アドルフ・シュミットとジョージ・ワイコフ、そしてメアリーであった。オールド・ドミニオンは型通りの文化支援事業《フィランスロピー》で、人文科学、教養教育、芸術、精神衛生、環境保全を謳い文句にしたが、数年の間は主として戦時救済事業に注力している。

一ヶ月たった一九四二年一月六日――その間にアメリカは参戦――ボーリンゲン基金がニューヨーク州法に基づいて法人設立。メアリーを代表者とし、理事にシュミット、二人のニューヨークの弁護士、セント・ジョンズ・カレッジ学長ストリングフェロウ・バーを抱えていた。基金使用のレターヘッドを見ると本部はコネティカット州ワシントンになっているが、実務はワシントンDCの方でドナルド・シェパードが大番頭然と仕切っていた。法人設立説明書によると「業務は主にニューヨーク市で行われる」となっているし、その目的として「教養教育、諸科学、その他の文化事業一般の学務研究を督励、促進、発展」させることと謳っている。編集会議はツィンマー、バー、エドガー・ウィント、ヒメーナ、ケアリー・ベインズ、そしてベティ・ミルズで行う。ヒメーナが後日に回想しているが、「メアリーは最初からこれが大きな冒険にならずにはすむまいと見通していたから、我々の為すところ、手紙のやりとり、全てを後の時代が見て面白いと思うように記録するのが私の任務となった」のである。

一月末、ヒメーナがオルガ・フレーベに「最大の問題は口火を切るに相応《ふさわ》しいのはどの本かということです。『易経』でも悪くはないのだけど、もっと一般的でもっと知られているようなものがいいと思う」と書き送っている。彼女は、メアリーがエラノスのアンソロジー一巻を出す代りに、丸一巻の年鑑を出そうと決めていたとしている。とりわけても、インド・アーリア神秘思想における自我の問題をめぐるJ・W・ハウアーの一九三四年講演は絶対はずす必要があった。ハウアーは「ドイツ信仰運動」の指導者であったことでナチ体制にしっかりと取りこまれていた。「お国が戦争している時に、〔この講演を〕我々が最初にやることのひとつとして刊行するなどということはあり得ない。……我々の事業の目的そのものを台無しにし、そもそも我々が何らかの文化的働きをすることを全くできなくしかねない」。ハウアーの講演がいかにすぐれているにせよ、移行期の編集者だったユージーン・ジョラスがベインズ＝ボーリンゲンの仕事場を訪ねた時、ハウアーの名を耳にするや否や「あの糞ったれのナチ野郎のどこがいいって！」と叫んだそうだが、ハウアーは邪魔者という感じはボーリンゲンのスタッフだれしもの胸中にしっかりとあった。

一月三十一日にユングが、二ヶ月前のメアリーの手紙に対して書いた返事の手紙は、花や食品や本のクリスマス・プレゼントを受けとったことへの感謝を述べている。「今メロン氏は軍におられるんですよね」とユングは書いている。「この方の心理には、まだ目には見えていない何かに拾いあげられるのを待っているというところがあると、私はいつも感じていました」、と。「お手紙のことにふれないことがあるにしても、非常に注意深く読んではいます。大西洋の向う側からの知らせは本当に嬉しいので、是非またお書き下さいますように。ヨーロッパの状況、言詮に絶しますね、少なくともスイスで見聞きする限り。想像し得る最悪の不安です。あらゆるものが束《つか》の間のものだし、生きているのが、時計の刻みのように一日刻みなのです。この時計はいずれまた誰かがもう一度ネジを巻いてくれるものかどうか知らないのです」。

イェール大学との交渉ごとも再開された。デイが最初に出した業務提携案はずっと棚上げされていたが、二月三日、彼の別の提案があった。どんな本もイェールから活字になる場合、必ずその編集者と理事会の同意と裁可がなければならないといった条項が入っていた。いかなる草稿であろうと、まずこういう点をイェールとクリアしていないまま契約関係をとり結んではいけない、とデイは基金に忠告した。メアリーにとって愉快な話ではなかったが、しかし最終判断は保留。一方でメアリーの編集スタッフは忙しかった。ヒメーナはコネティカットとニューヨークの間を、会議また会議でいつも往復していた。一方、バーとツィンマーは契約進行と調査は順調という認識でいた。ツィンマーはユニオン神学校で友人のパウル・ティリヒに話してみると約束した。それに彼自身、コロンビア大学でしたインド哲学の講義を基にした本を一冊書くつもりでいた。思考とヨーガ体験が内在的に、というか本質的に同じものと主張する本を、である。

ヒメーナはその頃ニューヨーク大学美術研究所で教えていたエドガー・ウィントにも相談をもちこ

んでいる。ヴァールブルク研究所のうんだ精華たるこの人物は観念、象徴、イメージの歴史に――とはつまり図像学《アイコノグラフィー》に関心を持っていた。「二人で昼食を一緒した」と、ヒメーナはメアリーに書き送っている、「本当に助けになる、本物の関心を抱いている人物です。本当に凄い編集陣です！ 我々が必要としているものがこの人物とともに見つけられたのじゃないでしょうか。夏の終る頃までに我々のために何かひとつと言ってくれていましたので押してみると、まさしく記念碑的な作であることが判りました！」蓋をあけてみるとミケランジェロの宗教的シンボリズムを扱った堂々の三巻本で、その第一巻が既に「出発に必要と望まれていた、牢固として重要な何か」を示していた。ウィントはユング派でこそなかったが、観念が団々と咲きこぼれる豊穣の角《コルヌコピア》であった。ヒメーナの目を同様な展望を持つ仕事に向けさせたのはウィントである。ジャン・セズネックがハーヴァードでしたフロベール講義が本になるのを待っていたし（セズネックの別の作品、『神々は死なず――ルネサンス芸術における異教神』は一九五三年にボーリンゲン叢書の一冊となる）、ジョージ・キュブラーとチョーンシー・ティンカーのイェール大学講義もそうだった。ウィントの師エルヴィン・パノフスキーがプリンストン高等研究所でした講義もあった（パノフスキーも最後にはボーリンゲンの著者となる）。一九四三年に刊行が考えられた本というのは、つまりメアリーの抱えていた方向性が読みとれるものということだが、他にはH・G・ベインズ、アンドリュー・ギッブ、トニ・ヴォルフ、それにエンマ・ユング（未完成の聖杯論）、ツィンマーによる「インド美術便覧」。それから批評家ウィリアム・トロイの単行論文は「贖罪山羊《スケープゴート》としての芸術家」といった。ツィンマー自身も人さがしをしていて、一人の候補としてコロンビア大の美術史家、マイヤー・シャピロを推してきた。「この人物は、たとえばガブリエルといった大天使みたいな存在で、後期のインドの神々の間では別に珍しくもないような呪いをかけられて仮に化身《アヴァター》となって、マンハッタンのロウアー・イースト・サイドの暗い棲家に再び生まれ落ちる仕儀となったそういう人である。率直な性格、かつ一種の天才。……良い原稿をもらえるものと思う」、と。ツィンマーはウィントと非常にうまが合ってボーリンゲン・プログラムについても自由に意見交換し、「天界のイデア界と俗世の象徴界との間を突然ブランコにのっているかの如く上へ行き、下へ降り……ギリシアの秘儀と『魔笛』の間を、輪廻転生説とホガースの間を上へ行き、下へ行きする」のだった。こういう豪華絢爛の割りには実際に形になったものは多くはないが。

メアリー・メロンにとっても豪華絢爛の日々であったかもしれない。カンザスシティとニューヨークの間の往還の合間に、ポールがセント・ジョンズ・カレッジで勉強していた頃しきりと讃嘆していたアナポリスの十八世紀様式のハモンド＝ハーウッド邸を厳密にモデルにしたオーク・スプリングのジョージア朝邸宅の築造を取り仕切っていた。アメリカ南西部に、ナヴァホ族に焦点を合わせた博物館を創設することにも関心を寄せた。友人たちのあるグループに加わってニューヨークの東五十四丁目の、ジンラミーのプレイヤーたちがよく行く1―2―3クラブでのサパー・クラブを支援した。こういう見たところ無限かと思われるメアリーのエネルギーがまず集中すべきは、しかしどうしてもボーリンゲン基金のことでなければなるまい。

二月末、メアリーはユングに自分の構想を細かく説明する手紙を書き送る。彼の著作集を出版したい旨《むね》、初めてはっきりと提案したのである。「私には先生のお仕事の全てをひとつずつ、美しく堂々とした同じ版型の本として刊行し、人々が、しかも順々に読めるようにしたいという悲願がございます」、と。メアリーはまた「美しい革装」でユングの奇書、『死者への七つの説教』を刊行したいのだが、とも書いている。一九一六年、ユングが匿名私家版として出していた擬似グノーシスのファンタジーである。メアリーは続けて、「先生の御仕事への私なりの貢献ということでこの出版社を先生と御一緒に要石として、先生の御教えを世に広めていきたいという目的で設立した以上、先生が御自身の御本がどう扱われるのが一番良いとお考えになるのか知っておくのが私には今最も重要なことなのです。この出版社が堂々たる誇り高い出版社になることを切に願っており、必ずやそうなるものと……世界は混乱をきわめつつあり、それだけに先生の御仕事が、人間についての、人間の魂の歴史についてのリアルで、学識にも想像力にも富んだ本を出せる人の御仕事が命を保ち、人々の手に入るようにするため私にできることをすることが重要になると思っております。私にできることはそれくらい、でもやりとげたく。是非にも先生の御言葉、御力添えをたまわりたく」。

メアリーの手紙が届くのに六週間ほどもかかり、ユングからの返事が戻ってくるのにも、四月十日の日付けからして、同じくらいかかっている。返事は細かい点に立ち入りながら、あくまで慎重である。『七つの説教』については、メアリーに待つように言う。「材料をいろいろ足そうと思いながら何年もぐずぐずしてきました」。実際、アドヴァイスとは言っても要は待てということだった。自分のスイス版著作集のあとでということにして欲しい、その一部は目下改訂中なのだし、と。それからロンドンのキーガン・ポール社は一九一六年以来、自分の本を出し続けてくれているのだが、ケレーニイと二人で書いた聖母子論にこの出版社が興味を示している、と。ユングはボーリンゲンの隠れ家にいたのだが、そのことでつけ加えて、「ここにいると車がないので大問題です。昨日も夕食のソーセージ二本買うのに一時間半も歩かねばなりませんでした。占領下の悲惨は言語に絶します。空気が嘘と噂でふるえていて、正しい情報か偽の情報か区別するのはほとんど不可能です」。こうした戦争初期のメアリー宛てのユングの手紙は手書きが多いが、長く、心がこもっているし、愛情さえこもっている。分析者が相手に感情を転移する、精神分析で言う感情転移（countertransference）の好例である。

メアリーはメイシー百貨店と赤十字を通じてスイスにいる友人たちにコーヒーだの砂糖、バターやオリーヴオイルの包みだのを送り続けていたが、オールド・ドミニオンを使ってもっと広汎にヨーロッパで苦しんでいる人々に援助の手を差しのべようと考え始める。ドナルド・シェパードに言って、スイス、それから連合国で救済事業をやっている窓口をさがさせようとした。その報告を待っている五月中旬のこと、メアリーは弁護士の一人、フランシス・カーモディがロング・アイランドの自宅から出した手書きの手紙を受けとることになる。ちなみにクレイグ・レナードというのはもう一人の弁護士である。

親愛なるメアリー

今夜クレイグ・レナードがたずねてきて、ミルズ嬢に、とても驚いていると言って伝えたことがあります。どうやらお嬢さんたちは、スイスにいる人間と本の出版のことで手紙をやりとりしたり電報を送ったりしているらしいですね。

おそらくは御存知でしょうが、「利敵行為禁止法」が、直接にしろ間接にしろ敵と交渉する行為に厳罰とか投獄とかで対処しようとしています。お嬢さん方はスイスの代理人の方々とやりとりしているだけなのでしょうが、その相手方の人間がドイツその他の敵側の人間とのやりとりがあるかもしれないし、そうなるとボーリンゲンとその仕事を実務したり管掌したりという人間は実に危うい立場に追いこまれる可能性があります。

御存知のように国から外に送られる電信はすべて検閲されています。お嬢さん方からスイスに送られる電信が定期的に発信されている加減で、どうも間接的に敵とやりとりしているのではないかという嫌疑が既にかけられているやもしれません。一旦疑われだすと、ボーリンゲンの事務方や代理人の人々がいかに潔白であろうとも、どうなっていくものかは予断を許しません。あなた様と御主人様のことで申せば、最終的に解決はするにしても、ごたごたはいやとお思いでしょう。当局は「持てる者」をなんとか晒《さら》しものにしたいとやっきですし、それが共和党員ともなると徹底してやるでしょう。このこと呉々もお忘れなきよう。

やたら大騒ぎをとかお思いにならないで下さい——思いますに……起こり得る結果は少々剣呑ですから——そうです、あなた様と御主人様が人々の前で非国民呼ばわりされる大悲劇です——

私といたしましてはどうしても二点、お願い申しあげる次第です。

ひとつ。お嬢さんたちにただちにお電話を入れて、合衆国の外に、多分英国もですが、外にいる何者ともあらゆるやりとりをただちに、そして良しと言われる時まで全部やめるようにお命じ下さい。

ひとつ。あなた様がスイスにお持ちの口座からいかなる目的であるにもせよ、これ以上の御支払いを絶対になされませんように。……

カーモディはメアリーに、ニューヨークに赴いてもらえば相談したいと言い、「お嬢さん方には当面立ち止まって」いただき、外国にいる人間とどういう約束をしたかは逐一メアリーに報告するよう言っている。「こういうことを申しあげる不躾《ぶしつけ》をお許し下さいますように——しかし、こうでもいたしませんと、あなた様と御主人様が私に置いて下さっております信用に報いぬ最低の怠慢と言われても仕方ありません」。

ドナルド・シェパードは状況を理解していた。シェパードは連邦調査局《エフ・ビー・アイ》J・エドガー・フーヴァーの第一秘書、エドワード・A・タムに会って、英国情報部からの報告を基にFBIがオルガ・フレーベ＝カプテインの周辺を調べていることを知らされる。英国情報部は、一九四一年三月にオルガがバミューダを通関した折りにドイツのビザを持っていたこと、荷物の中になにやら怪しげな絵を持っていたことから不審人物とみなしていたのであった。ＦＢＩの人物ファイルはその件の一ヶ月後から始まっている。調査官たちはフォート・リレーにいたポールを質《ただ》し、メアリー、ケアリー・ベインズ、ヒメーナ、ロックフェラー財団から、ついにはオルガがニューヨークにいた間逗留したバルビゾン女性専用ホテルから聴きとりをした。シェパードも承知だったが、基金の企画内容はドイツや日本がスパイ活動をする時に用いる典型的な偽装だった。ＦＢＩは、オルガが外国人スパイである証拠を何も見つけられずにオルガ・フレーベのファイルを閉じることになるだろう。しかし一九四二年、戦局が一段と厳しくなってくると、ＦＢＩはシェパードを通じて基金に「スイスにおけるあらゆる活動、通信、資金援助を明確に断つように」勧告する。「気付かぬうちにそれらが結局は利敵し、重大な結果、深刻な面倒を引き起こしかねない」、と。シェパードがポールに送った手紙によると、タムは「とても好意的でメロン財団との密な連絡を喜んでいた。ＦＢＩは基金の背景にある動機が完全に利他的かつ純粋なものということに何の疑いも持ってはいないと考えられますが、しかしこの御時世ですから、嫌疑のかかっている何者とも接触しない、組まない、交渉ごとをしないのが一番肝心なのではないでしょうか。本人に直接嫌疑がかかっていなくても、嫌疑のかかっている人間と行き来ある人物が相手であってもです」。こうして「聞き及びますところ、間違いなく枢軸側の考えに反対しておられる御様子」とはいえ、ユング博士とて同じ範疇の人間にならぬとは限らないのは「なにかの伝染病に晒《さら》され、御本人は罹病していなくても隔離されることがあるという状況を考えるとおわかりかと」。

タム氏はさらにメアリーが公式の書簡を出してはどうかと忠告したが、スイスとコンタクトをとって、基金が戦争期間中そこでの活動を停止しつつあることが記録として残るようにせよというはっきりした忠告であった。ポールはカンザスから電話を入れて、メアリーによく考えるように言う。シェパードが下書きしたものを「オーク・スプリング」の字の入った便箋にタイプで打ち直させ、自署し、五月二十五日付けでユング宛てに投函した。

親愛なるユング博士

主人と私とで、戦争期間中のボーリンゲン基金のこれからをめぐって出てきた問題について話し合いましたが、それと申しますのも御存知のように、私がたちあげましたこの基金は博士よく御存知の啓蒙的仕事、即ち心理学他の科学と教育の分野の研究学術の進歩に資するためのものであるからです。当基金が考えていますのは、科学の領域で毎年六冊ほどのコストがかかり過ぎて普通では出版されそうにない書物を研究者や教育機関が読めるように出版することです。こうして当基金は教育に寄与し、放っておくなら散佚必至の学者たちの原稿や書物を後世のために保存することを社是としております。主人と私が、博士が心寛《ひろ》やかに大なる貢献をされております心理学の学徒、研究者でやってきましたこと、博士が一番よく御存知の筈でございます。

私は事態をボーリンゲン基金委員会のメンバーやその他の人間とも話し合い、かつ現在は臨戦の非常時でもありますことから、戦争期間中は私どもの活動を、特に私どもの書物の印刷のための原稿や材料を外国から入手いたしますことを手控えた方が良いというふうに決心いたしました。そして実際にも外国での全活動を停止と決めたのですが、これには通信のやり取り、財政的援助も含まれます。現在までアスコーナのフレーベ・カプテイン様にこれらの本の探究研究のためにさせていただいてきた援助などでございます。

御存知でないといけませんので一言お耳に入れておきますと、我が国政府が発効させた利敵行為禁止法というものがあり、我が国市民が直接にしろ間接的にしろ敵性国の人間と交渉することを禁止する重たい条項が含まれております。基金のメンバーや雇い人がスイスにいる人間と原稿や調査研究のことで通信するに際しまして何かの利敵行為があったという話は我々の知る限りございませんでしたが、もしこういう活動を続けていくなら、いつの間にか、我々の与り知らぬところで、そういう人間たちが、我々が適切な対処をしてきた禁止された人間たちの仲間になっていないとも限りません。我々のだれも、直接間接を問わず利敵のいかなるやり取りも望まなければ、そういう人間に援助の手を差しのべることも望まないのは当然のことですし、主人も私自身も我が国がこの戦争に勝って、枢軸国とそれが象徴するものが挫かれるのを心より願い、そういうことを口にしている以上、まさしく当然至極のことです。

　こういうわけで主人と私の現在の考えは、スイスにおける全活動の停止しかないだろうということで、そこにいる人間との通信も、ボーリンゲン基金のための材料の購入、および研究調査、原稿の準備、その本のための材料の収集に係わっているだれしもへの援助も停止になります。ひとりこうすることでのみ、直接間接いずれかは問わず敵と接触しないですみ、場合によっては助けてしまうことにならないですむものと確信するにいたりました。そんなふうになってしまうことは今一番危惧しております。

　もしも博士の方から、私どもがスイスで活動を停止するということで影響が出るとお感じの人々がいるのなら、以降我々（主人、私、基金）に援助を頼むとか通信するとかは期待できないようだと御忠告いただけますと助かります。

　ボーリンゲン基金のために企てました素晴らしい教育プログラムに支障をきたすこと必定のこういう行動をとらねばならないとは残念至極のことながら、知らないうちにであろうと何であろうと、何か敵を利すること、あるいは批判を招くことだけは避けたいと考えています。戦争終結の時まで、基金の活動をこの国の国内で集められる原稿や材料のみに限定して行いたいと存じます。

呉々も御自愛あって御健勝にお過ごし下さい。

拝具
メアリー・メロン

ユングはこの悪い報せを、「予期されたヨブからの知らせ！」というコメントを付けてオルガ・フレーベに伝えた。

メロンの弁護士たちはFBIの勧告に従う仕事にとり掛った。メアリーがオールド・ドミニオン基金に言ってスイスにおける慈善活動にしようとした貢献も停止となった（もっとも、英国、ギリシア、ポーランド、オランダ、ロシア、そして中国への戦時救済活動への拠金は継続）。ポールとメアリーのスイス銀行の口座は閉じられ、資金はピッツバーグのメロン・ナショナル銀行に移された。スイスにいる人間との通信記録は調査用にFBIに渡された。オルガ・フレーベとのいかなる接触もはっきり禁止する指示が出る。オルガとユングに特に大きな友情を感じていたケアリー・ベインズは編集部を辞した。

暫時の凪《なぎ》が来る。こういう展開こそ『易経』の示すところの何よりの証拠だとツィンマーが言った。遅滞また道《タオ》と調和しているわけで、円環する潮流に逆らわぬが賢明、と。ツィンマーはボーリンゲン著者として有望な人間を淡々とメアリーに推してきた。まずはジョゼフ・キャンベル。「賢明かつ直観に秀でたアイルランド人。精力的、健全、生命力旺盛。インド関連の造詣大」というのであった。もう一人は美術史家、哲学者のアナンダ・K・クーマラスワーミー。「私の専門ではその論文を読むたびに人を劣等感でさいなむ、それほどの活力ある精妙な想念の飛翔……彼の秘教研究の素晴らしい論文の数々が科学雑誌のあちこちに埋もれている」。もう一人、ニューヨーク大学のカール・レーマン教授は古代芸術と宗教の関係に関心を持っていて、開戦前はサモトラケで発掘作業に没頭していた。そしてツィンマー自身。「ボーリンゲンもの《スタッフ》」にずっとはまり続けであった。

メアリーはもっと早い段階で出版に係わるもっと別種のアドヴァイスを求めていた。もっと大胆なアプローチが欲しかった。大学出版局はその性格上、メアリーの念頭にあったようなプログラムには、融通がきかず仲々ぴったりこない印象だった。メアリーは商業出版に目を向けようと思う。ハーコート・ブレイス社の編集者、スタンレー・ヤングをナンシー・ウィルソン・ロスがメアリーに引き合わせた。実は二人は婚約中だった。ヤングは編集部に加わり、ヒメーナが五月二十五日に召集した会議で、ヒメーナがヤングをツィンマーとウィントに引き合わせた。三人は編集者を一人見つけなければならない。ヒメーナの仕事がこれこれとはっきり言いつけられたことなどないのだが、彼女は徐々に手を引いていくつもりでいた。締めくくり作業に掛っていた。ある原稿をパウル・ティリヒに返却し、その時、プロテスタンティズムと戦争について書いてみたらと助言している（「彼はこの辺では有名でないので、出版社に関心を持ってもらえるようには思えなかった」）。モーニングサイド・ハイツにいた時には他の原稿をコロンビア大学の人類学者、ルース・ベネディクトに返却している。そしてスタンレー・ヤングに助けを借りてニューヨーク出版界に職を得ようとしていた。ヤングはメアリーから機構設計図を描いてほしいと頼まれて、包括的な「出版メモ」を提示する。ヤングの助言はかつてメアリーが受けたどの忠告提言よりもプロフェッショナルなものだった。ヤングの切り口ははっきりと商業出版志向のもので、メアリーが必要と感じていたところに果然近かった。もっとも初めはメアリーの霊感源が奈辺《どこ》いらにあるのかほとんど認識できていなかったはずで――そうでなければ、彼思うに一寸発音しにくい「ボーリンゲン」なんて名前、落としてしまいましょうなどとは間違っても言わなかったはずだし、ライプニッツ、ヴォルテール、ヒューム等を企画に持ちだすことなど絶対にしなかったはずである。

委員会メンバーのそれぞれに意中の編集者候補があったようである。ウィントはメトロポリタン美術館版画部の学芸員補佐、ハイヤット・メイヤーを推し、バーはハーコート・ブレイス社で編集をやっていたランバート・デイヴィスを望み、ツィンマーは是非ジョゼフ・キャンベルをと主張した。ヤングにはこれという人選案はなかったが、メアリーは彼が人選するように言った。六月に彼は休暇をとって、どうするか考えてみようと思っていた。しかしまさにその時、基金の顧問弁護士たちがこれまた過激な決断に出たのである。ポールは同意を与えていたし、メアリーも渋々同意していた。六月二十三日、基金は完全解消をとげたのである。十日後、第二信が、今度はドナルド・シェパードの署名入りでユング宛てに発信された。五月二十五日付けの手紙よりは短簡直截にして、少しく含みももたせ最終的な見通しに希望をのぞかせる。先の一通にはメアリーが心ならずも署名していた。実際、第二信のシェパードの草稿にメアリーが随分と手を入れているのである。

冠省

私はメアリー・メロン夫人の顧問弁護士をつとめておる者ですが、四月十日付けの先生の御手紙に御返事をお送り申せ、最終の手紙を出して以後に何をどう致したのかお知らせ申し上げよという夫人の御意向であります。数週前にメロン夫人が先生に手紙を差し上げ、臨戦態勢に入った結果、外国にある人間とのやりとりについて我が国市民にさまざまな制約が課せられている現況に鑑み、夫人並びにボーリンゲン基金執行部の人間で相談を致し、戦争期間中あらゆる海外活動を、とりわけスイスに於て中止するの他なしという決定に到ったということをお知らせ致したやに聞き及んでおります。

メロン夫人から先生宛て書簡発信の後、戦争期間中の基金の業務に就きまして関係者で更なる協議を重ねて参りましたが、戦時下である云々の条件の下に国境を越える性質の出版をすることに伴う諸困難に鑑み、メロン夫人におかれてまして、活動一切を中止とすることが基金にとって最善とお考えになるに到りました。よって基金そのものを解消解体ということに決しました。従いまして基金執行部の指示により、その弁護士団は法人の完全解消解体の手続きをとらせていただき、かくて当基金は最早存在致しません。この解消解体に伴い、ボーリンゲン基金の残余資金はイェール大学に移管され、イェール大学出版局がその教育業務に使うことになっております。

夫人は御自分が教育の進歩に必須かつやりがいありと信ぜられているものが状況により中挫の止むなきに到りましたこと、とりわけ心理学分野に於て先生の御仕事を本にして世に問う業に生じた遅滞に大変失望されております。しかしながら夫人からは、自分はこの計画になお深甚の関心を持ち続けており、戦争終結して状況が好転し次第、基金を再建致し、先生が構想され、四月十日付け御書簡に於てお示し下さいました御仕事をただちに形に致したい意向であるとお伝えせよとのことでございました。御手紙に書名がありました本の刊行の件、もう一度基金が活動を始める時までどうぞ御失念なきようとの夫人の御希望でございます。……

イェール大学出版局は基金の僅かな残金の他にエラノス講義の英訳完成稿も託されていたのだが、それらを出版することに興味はなく、ファイルの中から姿を消してしまった。ケアリー・ベインズ訳の『易経』もあずかりながら、専門的過ぎて多くの読者を期待できないという理由で企画化しなかった。

「利敵行為禁止法」などというものを口実にし、自分の仕事を汎《ひろ》く普及するためとかいう基金の解消を宣する、およそメアリー・メロンらしくもない冷たい手紙を読んでユングが激昂したとする記録は何もないが、後日にチューリヒのユングの友人たちがケアリー・ベインズにユングが怒っていた話をしている。たしかに三年間、ユングからメアリーに宛てた手紙は数少ないし、それも情の通わぬ他人行儀な文面でしかない。皮肉と言えば皮肉だが、この時期ユングはスイスの戦略事務局《オー・エス・エス》欧州局長だったアレン・ダレスと頻繁に会っている。現下の展開に対するドイツ、イタリアの「気味悪い指導者たち」のとり得る反応について、ダレスは心理学者ユングの意見が聞きたかったのである。後のダレスの回想によると「政治の流れを見るのにユングの判断は実に大きく役立った。ナチズムとファッショが表わしているものに対するユングの大きな反感はこれらの会話からもはっきりしていた」。

七月末、メロン夫妻は電信でユングに六十七歳の誕生日を祝い、七月二十二日に息子ティモシーをさずかったことを報告している（メアリーはオルガ宛ての手紙で息子をティモシーと名付けたのは、新約聖書の中でティモシー［テモテ］がポール［パウロ］の仲間であり、友人であるからだと書いている）。それ以外、チューリヒ、そしてアスコーナに向けての音信は途絶えた。しかしエラノス消息はオルガ・フレーベが分析心理学協会に出していた手紙によって知られていた。第十回目となる一九四二年の会議は「神話、グノーシス、錬金術のヘルメス的原理」をテーマとして、ユング、ケレーニイを含む五人の講演者を揃えていた。「かつて最も統一のある、最も平和、最もヒューマンなエラノス会議」とオルガは書いている。「第一象徴学《シンボロジー》研究所のための礎《いしずえ》ができました。集合無意識が次第にさまざまな元型にと分類され、混沌が秩序と化していっております。この研究所は元型世界の存在を科学的精神の持主にも納得いく仕方で証明するのに力を発揮すると信じます。……アメリカが参戦して以降、海外から入金がありませんが、調査研究は遂行できそうです」。ユングが助け船を出して、オルガはスイスの文化財団プロ・ヘルヴェティア、そして連邦技術学校《エー・テー・ハー》から多少の支援を得られた。それでも十一月、オルガはユングに手紙を書いて、アメリカの状況がなおよく摑めないと嘆いている。「何かはっきりとしたことさえわかれば辛い気持ちも少しはやわらげられるのですが」。

一九四三年初め、一年半の休眠状態の後にボーリンゲン・プログラムは再び動き始める。スタンレー・ヤングはなおハーコート・ブレイス社にとどまっていたが、メアリーはなお一層彼にボーリンゲンの編集者職を継いでもらいたがっていた。一九四二年十二月六日、ヤングはナンシー・ウィルソン・ロスと結婚していた。メアリーはピアノで「ウェディング・マーチ」を弾いた（し、その後はブギウギを弾いた）。一月、メアリーはブロードウェイに掛ったヤングの喜劇に二万ドル投資した。芝居は二週間で終っている。インディアナ出身のヤングは多才な文学人間であった。パリの『ヘラルド』紙のために記事を書くかと思えばウィリアムズ大学で英語を教え、『ニューヨーク・タイムズ』紙に書き、商業出版の編集者をやり、詩と一篇の小説を発表し、ブロードウェイに既に二作ほど掛けていた。ヤングの書いたもので一番有名な作には彼の名前が付いていない。『姉とぼく――あるオランダ人逃亡少年の日記』といって、どうやら十二歳の少年の作とされるものをスタンレー・ヤングが戦争作家委員会に仲介した。彼はかなりな額の印税をオランダ戦事救済局に寄付し、彼が書いたものだということは死後明らかになった。戦争中、よく編集仕事を放りだして、『サタデー・イヴニング・ポスト』誌のために戦時通信員の役を果たしている。彼は、六月にボーリンゲン叢書が正式に出発する何ヶ月も前から、メアリーのポケットマネーでボーリンゲンの仕事を始めている。

ポール・メロンはその頃、陸軍中尉になっていたが、一九四三年の春の間、東洋で数週を送り、ヨーロッパ勤務の声が掛るのを待っていた。ワシントンではナショナル・ギャラリー・オヴ・アートのことで調べものをし、そこで美術館の新しい秘書、総務・財務の顧問のハンティントン・ケアンズに出会った。ドナルド・シェパードが自分の後任に選んでいた相手ということになる。シェパードはオールド・ドミニオンのトップということもあり、多忙を極めていたのである。ポールはメアリーの、オールド・ドミニオン傘下に彼女のボーリンゲン構想を復活させようという考えに賛成だった。五月、ポールは英国に向かう輸送船中にいた。ロンドンの戦略事務局《オー・エス・エス》の特命作戦部門に配属され、ヨーロッパ占領地に落下傘降下で潜入する諜報員の訓練指導と監督に従事した。

　メアリーはイェール大学出版局からの刊行は諦めていた。解答を出したのはツィンマーだった。二月、彼はメアリー宛てに「あなたの目的にこれ以上なくぴったりと思われる編集者がいます。クルト・ヴォルフです。編集術、販売術ともにあなたの構想にぴったりと思います」。この進言は一年前にスタンレー・ヤングがその出版メモで言っていたこととも通じていた――商業出版で巧くやっている相手と組めというのである。二月末、メアリーはワシントン・スクエア・サウス四十一番地のパンセオン・ブックス社事務所でヴォルフと会い、根本的なところでただちに合意に達した。ヴォルフの出版社がメアリーの本を出版刊行するということになった。パンセオン・ブックスは当時、ニューヨークで多分一番若い出版社であった。一九四三年一月に法人化し、初回発行本のリストにヤーコプ・ブルクハルト、シュテファン・ゲオルゲ、シャルル・ペギー、エーリヒ・カーラーの名を掲げていた。

　実際、クルト・ヴォルフはニューヨークでも一番有名な出版人の一人であった。一八八七年にラインラントで生まれると、まだ大学生であった時に出版業を始めている。ライプツィヒとミュンヘンのクルト・ヴォルフ書店《フェアラーク》は第一次大戦前後の現代文学にかけてはドイツ屈指の出版社であった。一九二〇年代半ば、ヴォルフは二番目の会社、イタリアに基礎を置いて、美術の学術書を五ヶ国語で出すことをめざすパンテオン・カーサ・エディトリーチェ社を設立した。ナチス興隆とともに（ユダヤ人を母親に持つ）ヴォルフは出版業資産を解体し、ドイツを去って終戦後まで戻ることはなかった。一九三三年に若い美術史研究家・編集者で語学に堪能なヘレン・モーゼルと結婚（クルト・ヴォルフが初めてヘレンにしたプレゼントはユングの「ヨーロッパ人による注解」の付いたリヒャルト・ヴィルヘルム訳『黄金の華の秘密』だった）。二人はスイス、フランス、そして最後はイタリアに住み、いつも西欧思潮との接触をたやさなかった。ナチス・ドイツを離れ、外国への脱出を狙う友人たちがヴォルフの邸宅に逃げこんだ。一九三八年、イタリアも危険になると、ヴォルフ夫妻と幼い息子はフランスに移り、パリに住む。しかし戦局はすぐ彼らに追いついた。大変な苦労――抑留と離別――をして後、やっとアメリカのビザを入手、一九四一年二月にピレネー越えを断行。ポルトガル船でニューヨークにたどり着いたのが三月三十日、ヴォルフ五十四歳。資金源の大部分は断たれていた。十二月には支援者を見つけて出版社設立の見通しが立つ。ミュンヘン時代の友人で当時マサチュセッツ州ケンブリッジ在住のクルト・フォン・ファベール・デュ・ファウアが七千五百ドルを、そして彼の義理の息子のアメリカ人、キリル・シェイバートが同額を提供してくれたのである。

　パンセオン・ブックスは一九四二年二月二十六日、法人設立。事務所をワシントン・スクエア・サウスの「天才通り《ジーニアス・ロウ》」と呼ばれた街区のヴォルフのアパートに置いた。この呼び名は創造力ある人々が――ウィラ・キャザーが、ジョン・スローンが、リンカーン・ステフェンズが、ジョン・リードが住んでいたことに因《ちな》む（残念、ヘンリー・ジェイムズが、というのは伝説だ）。シェイバートはアメリカ市民というので社長になった。最初に雇ったのは、ミュンヘン時代、家族ぐるみでクルト・ヴォルフと付き合っていた若いドイツ人、ヴォルフガング・ザウアーランダーだった。ある日ヴォルフ家の玄関に軍隊式に立つと「一命賭《と》してお役に立ちます」と言って、まずは在庫管理の事務を引き受けた。

反ナチのプロテスタントたるザウアーランダーは一九三九年、画家のヨーゼフ・シャールルと連れ立って、おそらく万国博覧会見物のためにニューヨークに来たのだが、二人ともそのまま居ついてしまった。ヴォルフ一族に後にもう一人逃亡者《エミグレ》が加わる。ジャック・シフランである。バクーに生まれ、サンクトペテルブルグに育ったシフランはロシア革命後パリに移住し、出版人として業をなした。一九三〇年代初め、フランスやその他の古典作品を専門に出すプレイヤード書店を設立し、一九三七年にはガリマール社と合併した。パンセオン社では副社長、デザイナー、制作主事、そしてフランス語書籍の編集を引き受けた。こうした人々が制作と刊行のスタッフとなり、メアリー・メロンの手となり足となって動き出すことになるだろう。メアリーがいかに幸運だったかを、二年ほどしてヘルムート・レーマン＝ハウプトが『アメリカの本』の中で書いたことが見事に示しているので引いておく。「パンセオン・ブックスについて何より重要な点は、一冊としてどうでも良い本、ただ単に人気のある本を出していないこと、金になるからということでのみ出された本がないという点である。書名一覧を見てもどの本も疑いようのない文化的価値を持つか、決定的な芸術的意味を持つかし、あるいはこの難しい時代が抱えた知的、霊的なディレンマを解くことに貢献しようとする敢為でない一冊もないのである」。

クルト・ヴォルフが一九四三年四月二十二日付けの手紙でメアリー・メロンに提言したことが、時々細かい点を修正しながら二十五年ずっと続く出版の関係の基準となり、パターンとなっていった。

親愛なるメロン夫人、

自分と同じくらいアメリカ人がヨーロッパ思想に深く通じているのにヨーロッパ人が驚くのは貴重な経験です。全然別の付合い方になっていくことでしょう——何を言い、何をしようとも、同じ根から栄養をとってきたわけですからね。

私があなたの指示通り、本の制作を全力で管理し、制作コストをぎりぎりちゃんと抑えるように致します。基金は制作コストをそのまま支払いますが、著者への支払い、制作と販売に係わって出来《しゅったい》する現金の出費を含みます。……パンセオン側でなされる仕事――私自身の仕事と管理の仕事に対しては――そして会社と会社設備、販売機構の経費に対しては月額二百五十ドルで十分と思います。この支払いで制作と宣伝、計画と制作管理、通信、著者、編集者、挿画家、印刷屋、装本家等々とのやりとり、再版業務の管理、販売促進計画の一切がまかなえます。こういうことに決めてもらうとパンセオンは実際の制作コストに気をつかわずにすみます。私としましては区々の場合について、ひたすら本に良かれとだけ考えて自由な立場で意見を申し上げられることになります。

しかしパンセオンが制作を全く自由にやれるようにと望む以上、会社は販売には懸命にならなければなりません。こういう理由から私と致しましては現実の販売に係わる業務に対して純益の一割を考えていただければと考えております。……

メアリー・メロンのボーリンゲン計画に対するハインリヒ・ツィンマーの貢献はいろいろであった。メアリーがボーリンゲン叢書の第一巻としてモード・オークスの仕事に端を発する本、『二人、父祖に戻る所――ナヴァホの戦争儀礼』を出そうと決心するに到ったのもツィンマーの入れ知恵があったからだった。メアリーにクルト・ヴォルフを推薦した同じ手紙の中でツィンマーはこう書いた。「モードが呪医たちから手に入れてきたこの驚くべき材料がいかに気に入ったか述べる必要もありません。これらの絵で優に一巻編めますよ。あんまり文章を入れずに一種のアトラスということで、そうなれば絵画のシンボリズムを扱うシリーズとしては最高の第一巻目ということにもなるでしょう。この材料はこの国の中で成長してきたものですし、アメリカ人のロマン主義にも無意識へのノスタルジーにも大いに訴えかけるはずです。この地の地元の神々がこの讃美によって宥《なだ》められるならば、神々はあなたが他の圏域――中国、インド、キリスト教、タロウ・カード――のシンボリズムに手を広げていくことも良しとしてくれるのではないでしょうか。さらに言えば、アメリカ・インディアンについての本ということで、いわゆる『秘教主義《エソテリズム》』には腰が引けがちな出版社や学者たちからも大きな関心を持ってもらえるのではないでしょうか」。

実際にボーリンゲン奨学生第一号になり、ボーリンゲン著者第一号になったのがモード・オークスである。一九〇三年に生まれ、シアトル近くの、インディアンの塚が多い島で成長したモードはインディアンたちの過去を意識していた。モードはニューヨークのアート・ステューデンツ・リーグで学び、パリで学び、グルジェフの「人類の調和的発展研究所」に惹かれてフォンテンブローで学ぶ（研究所に入ってはいない）。パレ・デュ・トロカデロの民族誌展覧会でプリミティヴなアートとシンボリズムに興味を持ち、本を蒐め始めた。一九二〇年代にジョン・バレットと知己になったが、イェール大学でバレットの学友であったいとこのジェローム・ヒルを介しての付合いであり、一緒に旅行して、ヨーロッパで映画を撮ったりしている。一九三四年頃にモードをジョン・ベッカーの画廊でメアリー・コノーヴァー・ブラウンに引き合わせたのがバレットだが、そのすぐ後、モードはナンシー・ウィルソン・ロスと会い、三人は昵懇《じっこん》になる。ナンシーはモードに、アン・モイヤー・ファン・ウァヘーレンの所で――ちょっとでいいからユング派の分析を受けてみることを勧めた。モードは、一九三七年、メロン夫妻と一緒に顔を出したニューヨークのセミナーでユング自身と会っている（その夜、彼女は城の壕《ほり》に赤いバラが咲いている夢を見た）。モードの印象ではユングの言うことが彼女のプリミティヴなアートとシンボリズムへの関心と一致していた。モード自身の描く絵が象徴的なものを表現し始める。

一九四一年初め、メアリーとポールのメロン夫妻がオルガ・フレーベのために開いたディナー・パーティのゲストの一人がモード・オークスだった。モードの回想によると、「ディナーの最中に、フレーベさんが『私はあなた方アメリカの人間がよくわからない——あなた方は自分がどんな遺産を引き継いでいるのか知らない。アメリカ・インディアンのこと、何もわかってないのよ』と大声を出したの。私は衝動で声をあげて『何があっても行ってナヴァホのシャーマンたちと一緒にやってみます』と言っていました。私はグラディス・レイチャードがナヴァホ族の砂絵のことを書いた本をずっと読んできていて、色とデザイン、解釈に夢中でいたのだった」。ポールが本気かと言って聞いた。「もちろん」というのがモードの答。「でも私には何の力もありません。大学も出ていないし」。ポールは、すぐドナルド・シェパードに手紙を書いてみるように勧める。シェパードは、まだメロンのさまざまな基金が設立される前だったが、ポールとメアリーにいろいろ進言する諮問委員会のトップだった。こうしてモードは少々の奨学金に与ることになる。

二、三週後にはモードはニューメキシコ州クーリッジのナヴァホ居留地の近くにいて、ナヴァホの儀礼を観察し、記録を始めようとしている。枝を泥で固めた小屋《ホーガン》に住み、画布《イーゼル》に向かっていた。少しずつ年寄りの呪医たちの信頼をかちえ、儀式に招かれ、彼らが金属粉末、色砂、花粉や花で地面に描く「砂絵」を模写することを許される。モードがフィールドワークでとったノートはメアリー・メロン宛てにタイプで打った手紙に、水彩を施した鮮やかなペン画が添えられたものという形をとっていることが多い。こうしてモードは、ナヴァホのジェフ・キングという長老の言い方では、戦いに出て行くナヴァホ戦士たちに施された祝禱の儀礼を記録していった。それが今は合衆国軍隊に入営していくナヴァホの若者たちの上に施されていたわけである。齢《よわい》八十のジェフ・キングは茶色の包装紙にクレヨンで砂絵を模写するモードを、通訳を使ってあれこれ指導した。一九四三年初め、モードはニューヨークに戻り、材料をまとめ、それに目を通したハインリヒ・ツィンマーが出版をメアリーに勧めた。モードの仕事はアメリカン・インディアンの人類学を専門にする二人の学者もこれに目を通して高評価を与えた。ハーヴァードのクライド・クルックホーン、そしてバークレー校のポール・ラディンである。

ツィンマーにはまた別のインスピレーションが湧いた。モード・オークスの砂絵、そしてジェフ・キングによる儀礼次第をモードが文字にしたものに加えて、ツィンマーの弟子たるジョゼフ・キャンベルが比較神話学の立場からナヴァホ神話に学術的かつ読んで楽しいコメントを併載してみようと思い付いたのである。キャンベルは一九〇四年にニューヨークに生まれ、一九二六年にコロンビア大学で中世文学を研究して修士号を取得してからパリ大学に移った。有名なシルヴィア・ビーチのシェイクスピア書店でキャンベルはジェイムズ・ジョイスの『ユリシーズ』を目にした――「一瞬、全近代世界が開示された！」キャンベルは後日、「ジョイスはカトリックであったから、象徴を手ばなすことなき方途《みち》を見出し得た」と言っている。一年間のミュンヘン暮しが続くが、そこでキャンベルはドイツ語に通暁し、サンスクリットと仏教の勉強を始め、ユング、ディルタイ、そしてオスワルド・シュペングラーを発見することになる。神智学の導師ジドゥ・クリシュナムルティとも若さの瑞々《みずみず》しい出会いを閲《けみ》するが、これが神智学とは言わないまでも東洋思想の刻印を彼に遺すこととなった。世界恐慌の時代は小説を書いたり、サンスクリット語やロシア語を勉強したり、シュペングラー、マン、ユング、そしてレオ・フロベニウスを読んで過ごした。一九三四年、キャンベルはサラ・ローレンス大学で文学を教え始めたが、この大学には三十八年間とどまる。一九四〇年代初め、キャンベルは二つ、互いに通じ合わぬこともない企てに精力を注入する。ひとつはヘンリー・モートン・ロビンソンとの共著で『「フィネガンズ・ウェイク」を解く合鍵《スケルトン・キー》』を書くこと、もうひとつはスワーミ・ニクヒラナンダを助けて十九世紀タントラの聖者スリ・ラマクリシュナの福音書を訳し進めること。ニューヨークのスワーミのラマクリシュナ・ヴィヴェカナンダ・センターでキャンベルは初めてハインリヒ・ツィンマーと出会い、その後すぐコロンビア大学のツィンマーの講義に出始める。一方では五番街のジョゼフィン・クレイン夫人の知的サロンでエドガー・ウィントと知り合いになってもいる。どうやら早晩ボーリンゲン叢書と出会う宿命だったわけだ。

モード・オークスとツィンマーの間も巧くいったし、ツィンマーはモードの住いでタロウ・カードのシンボリズムについて何回か続けて内輪のレクチャーを始めた。三月初め、ひどい風邪をおしてレクチャーをした。肺炎を発し、数日後の三月二十日、ハインリヒ・ツィンマー他界。享年五十二。一九四三年末にモードのナヴァホ儀礼論が本になった時、それはツィンマーへの献辞で始まっていた。「ボーリンゲン叢書の確立に欠かせなかった、そしてそれを前進させていこうとするだれしもから寛《ひろ》やかな忠告と援助がなくなったことを惜しまれて逝《ゆ》いた人へ」の献辞であった。メアリー・メロンは遺された三人の息子の教育と、ツィンマーの未完の著作のボーリンゲン叢書での刊行を固く心に期した。ボーリンゲン奨学金を延長してもらっていたキャンベルは英語、そしてドイツ語の講義ノートや原稿の断片の混沌たる堆積を神話学、哲学、インド芸術の四巻本にまとめあげたが、これが死後もハインリヒ・ツィンマーの名を世上に高からしめることとなる。

一九四三年の春の間、まだボーリンゲン叢書が正式発足する大分前のことだが、メアリーは、必要なら自分自身の資金を切り崩しても、もろもろの計画に果敢に手を染めつつあった。クルト・ヴォルフには『二人、父祖に戻る所』の印刷の準備を急《せ》かせた。モード・オークスのグアッシュによる絵をシルクスクリーンの図版にせよと注文を出したのだ。モードはナヴァホ本来の材料をいろいろと——砂、花粉、木炭、乾燥させた花を——ニューメキシコから持って来ており、これで色が決まった。新プロジェクトもいろいろとあった。古代エジプトのピラミッド文書を故ジェイムズ・ヘンリー・ブレステッドが訳したものをニューヨークのメトロポリタン美術館のラドロウ・ブルが編集という作品がコネティカットのワシントンの方に持ち込み稿として郵送されてきていた。ヒメーナがそれをメアリーの所に持っていくと、八年前のエジプト新婚旅行のことを懐しく思ったか、メアリーは少なからず乗り気になったのだった。カール・ウィットフォーゲル教授の中国社会史の仕事が太平洋関係協会の後援、オーエン・ラティモア、チャールズ・ビアド推薦ということでスタンレー・ヤングの目を惹いていて、ヤングは「見たところ画期作のようだ」と言っている。パンセオンはスイス人の若い著者、ドニ・ド・ルージュモンの『悪魔の分け前』という題の一著を検討中だったが、これをクルト・ヴォルフはボーリンゲンの出版リストの方により相応《ふさわ》しいと考えていた。

メアリーの創造熱はこの一九四三年の春、別の息抜きを見つけてもいる。資金を提供して「魔法のパイロット」という子供向きのラジオ・プログラムをつくろうとした。監督は女優ビアトリス・ストレートと教育家のネリー・コーニッシュ。八本の台本《ほん》が発注されている。すべて神話や民話がテーマで、メアリー本人も一本書こうとしたようだが、書けなかった。「魔法のパイロット」自体もだめだった。企画趣意書にはプロデューサーの名がひと通り並ぶが、「良い」子供番組の時代はまだ少し早かったか。メアリーは読み聞かせをした自分の子供二人に加えて、戦争が終るまでということで二人の英国人の子供の面倒を見る役を引き受けていた。自分の郡《カウンティ》で戦争債の運動を促進し、大きな成果をあげたとして感状を受けている。相変らず錬金術関係の本や手稿を集めているし、希覯本であろうとなかろうと、ユング派にとって関心のありそうな本なら他の本でも蒐集した。実際に錬金術伝承《ロア》も研究していて、一九四三年五月にはイーサン・ヒッチコック将軍の『錬金術と錬金術師』を精読しているのだが、その解釈は、錬金術師たちは実際には心理学と宗教に係わっていたとするユングの見解を一八五七年という時期に先取りしたものであった。メアリーはスタンレー・ヤングのようなユング派でない友人たちに、H・ライダー・ハガードの小説『洞窟の女王』のようなユング派の古典的作品を読むように勧めている。そこで「女王」と呼ばれた人物はずばりアニマの元型《アーキタイプ》を表現しているというわけである。

　五月、スタンレー・ヤングはメアリーにボーリンゲン叢書最初の広告のために原理なり目的なりを文章にしてもらいたいと頼む。メアリーはオーク・スプリングの手入れの時間を割いて綱領文の下書きに知恵を絞った。すぐヤングが編集に掛ったが、良い文章とは思えず、書き直しを頼む。読者にとってボーリンゲン叢書など全く聞いたこともないものだということを呉々も忘れないで、とスタンレー・ヤングは言った。メアリーは角ばった字体で改稿する。手の入った箇所は多い。

　こうして初めてお目見えのボーリンゲン叢書は、人間を自分自身との関係で考えようとするあらゆる領域の書物を提供しようとする試みである。必然的にあらゆる領域に相渉《わた》らなければならないが、人間が自らの意識の問題にあらゆる方向から近付いてきているからである。この問題は歴史上今この時代ほど顧慮されていない時代はない。人間が自らを殺すに暇《いとま》ないのに何故そうするのか――自らは何者か、そうすることで何者になるのか考える時間がない。そしてまさにこの理由で――即ち重みが逆の側に掛っているが故に――意識に目を向けている少数の人間は、たえず滋養を与えてくれ間断なく更新させてくれる人間の中の部分、それなくては生存することさえできない部分への信をさらに強めざるを得ない。

我々が現在捕われているところの生存競争の間にも、ヨーロッパ、アジア、そしてこの国においても人間意識の進化をめぐる本を書いている人達がいて、そのことの記録は既に書かれているが、無視されているか、多分英語に訳されていない。過去の時代から我々にと遺されてきた、あるいは現在書き継がれているそうした記録はこの時代にあって特別に重要なものであるから、我々が引き継いだもの全てを失いたくないのなら、永遠の人間の意識獲得闘争の各段階におのがじしの参照点を持つのでなければならない。我々はまた、語られつつある新しい言葉を――我々は何で、それは何故であるかを表現しようとする新しい努力を――理解しようとしなければならない。

哲学と**宗教**のふたつのみがこの探究のための主な道筋だとするのは誤った考え方である。意識という努力は我々の裡《うち》なる相反物を一致させ――我々が自らと世界との関係の中で何者たるのかを発見させ――我々自身の底の部分を認め結果として［メアリーはここで中断し、線を引いて抹消すると「努力は」以下を書き直して、こう続ける］我々の裡《うち》にあって互いに角逐し合う幾つもの部分を一致させる。もし巧く相関させられないと、この部分あの部分が個別に強調され過ぎ、人間の中で人間自身のどの一部分かへの過剰な傾斜をうみだすに到るだろう。人間というものは部分の総体としてのみ説明がつくのだし、自分自身のあらゆる側面を認め、そのひとつひとつに然るべき場を与えることでのみ――それらがおのがじしの適所を得て調和して働くようになることでのみ――意識となり得るのである。怒りと憎しみが良い例だが――その適所に於て理解するならば戦争は回避され得るはずなのだ。

してみると**哲学**と**宗教**のみ、この問題の二大重要要素というわけではない。あらゆる形式に於ける芸術、神話、心理学、考古学、人類学、民族学といった新しい知見、言葉そのものの歴史も同じくらい重要である。何故ならばそれらによって人間の深さと広さが示されるからだ――人間自身の多様な表現、彼の内なる、外なる多彩な経験が。

してみるとこの叢書は英語圏の人々に、彼らが人間の精神または意識は狭く限定されるものではないということを理解するのを助ける過去および現在の書物を知らしめることを目標としている。精神または意識は実に予期せぬ多くの場所に見つけられる、多様な側面を認めることで、人間自身内部に存する一者（the One）を見つけられるのである。

メアリーは少なくとももう一度、自ら手を入れており、スタンレー・ヤングも「前のより直截かつ力がこもっていて遥かに良くなった」と考えたようだ。ただ、どこかに「ボーリンゲン」という名前の説明があった方が良いという不満はあった。叢書のどの広告を見ても「ボーリンゲン」の説明はないので、多くの読者は頭をひねったはずだし、メアリーの仲々面倒臭い綱領文からの転用もない。メアリー自身は自分の草稿が気に入りで、ジョン・バレットが叢書の編集者になった時にはこれを読ませ、「これが私の本音」と言ったそうだ。一九四三年秋、叢書の初めての宣伝広告が出た時、メアリーの綱領文はほんの一部分が名残りをとどめていたに過ぎない。「当ボーリンゲン叢書は人間意識の進化に貢献する過去と現在の本を読んでいただこうとする試みである。本叢書はとりわけ哲学、人類学、考古学、心理学、神話学、比較宗教学、そしてあらゆる形式の芸術に目を向けようとする」と、いたって簡単明瞭な広告だった。

一九四三年五月二十六日の金曜日――ということはメアリー三十九歳の誕生日の三日後だ――オールド・ドミニオン基金の常任理事たちはワシントンに集まって、ボーリンゲン叢書をオールド・ドミニオンのプログラムとしてたちあげることを正式に決めた。一九四三年六月十五日から始まる一年間の予算の内訳は次のように決まった。書物制作に二万ドル（うち三千ドルはクルト・ヴォルフの報酬）、営業、宣伝、賃貸料等に六千ドル、著者への前払い六千ドル、スタンレー・ヤング給料八千ドル、彼の秘書（ベティ・ミルズが復帰していた）給料千五百ドル、臨時費五千ドルで、総計四万六千五百ドルであった。スタンレー・ヤングを二年契約の編集主幹と定めた契約書簡は六月十七日に署名されたが、「非合理な考えや理論を広めたり、そうして広められた情報を非合法なものとする性格を帯びていたりする」本は出版しないことという特記条項を含んでいた。制作、出版、宣伝、販売をパンセオン社に委ねるこれまた二年間の契約は、草稿を手だれの出版業弁護士メルヴィル・ケインが書き、ドナルド・シェパードが目を通し、六月二十四日に署名発効した。叢書の編集部は東五十一丁目三十八番地のヤング夫妻のアパートから出発した。八月になるとクルトとヘレンのヴォルフ夫妻が「天才通り」に別のアパートを見つけ、ワシントン・スクエア・サウス四十一番地の三階から出ると、ボーリンゲンはワシントン・スクエアを見下ろす正面部屋二室を借りた。

　メアリーは目立つ社章《コロホン》、というか、最高にユング的な意味でシンボリックな社のエンブレムを望んでいたが、意中には左右相称の円輪である「マンダラ（mandala）」があった。一九一六年という早い時期にユングはその形が心の統一ないしはそれを目指す衝迫を象徴することを認識していて、それにサンスクリット語“maṇḍala”からとって「マンダラ」の名をつけていた。心の動揺する人生の時期にあってユングは毎朝、円輪具足のマンダラ図を描くしかなかったようだ。モードに教えられてメアリーが選んだのは八本の輻《や》を持つ輪《ホイール》であった。仏教もしくはジャイナ教のシンボルである。メアリーがはっきり決められるようにとクルト・ヴォルフが送りつけたのがルドルフ・コッホ著の『記号の本』で、何ヴァージョンかが載っていた。別のページをめくっていてメアリーはもっと気に入りの絵柄を見つけ、これは新しい便箋の印刷になんとか間に合った。このコロホンが後にボーリンゲンそのものとなるはずである。コッホによると「この護符はグノーシスの世界観に起源を持つ。それは自然の四大を表徴している。これについてはそれ以上のことは知られていない」そうである。ボーリンゲンの共同体ではずっと「グノーシスの車輪（Gnostic wheel）」として知られてきた。車輪というよりは十字であるのだが、グノーシスの研究家たちはわからないと言っている。いずれにしろ古いマンダラなのではある。

メアリーのシンボリズムと古代の叡智に対する関心は深まっていた。叢書にプラトンの『ティマイオス』と『クリティアス』を、十八世紀のネオプラトニストでその古典的伝統に対する解釈がオカルティズムの人間に受けが良かったトマス・テイラーの訳で入れたのはメアリーだった。それはナターシャ・ラムボーヴァ提案のサブシリーズ、「大古典復刊」の第一巻目となる。ラムボーヴァのシンボリズム、神話、神智学、周辺民話の講義にはモード・オークスがずっと出ていた（ナターシャ・ラムボーヴァは頼まれれば星占いもやった。七月にスタンレー・ヤングの占星図を前にして、スタンレーが雑誌の仕事でテキサスに飛ぼうとしていることを知っていたラムボーヴァは彼に電話をいれて占いでは衝突事故に遭うと出ているから行くなと言ったそうだ。スタンレーは飛行機に乗り、怪我ひとつなく帰って来た！）

一九四三年夏にメアリーの事業がいかに気分的に昂揚していたかが、モード・オークスがメアリーに書いた文面からも窺える。一部引用してみると、「チューリヒのユング、ニューメキシコのジェフ・キング、天国のツィンマー、私たちは何か大きな企て、創造の力の一部分なのです。あなたはその中で非常に重要な役割を果たしています。多分それがあなたがこの黄金の荷を負わされている理由なのでしょうし、あなたがまことのミーマである時にあなたが太陽の象徴のようであることの理由なのです。あなたは既にもう、内にも外にも黄金に変性することを始めている錬金の道士ではないでしょうか……ぞくぞくするくらい素晴らしいのはあなたが――我々が――みな生き、挑戦を受け、働き、そして……この荒廃の世界で創造的な何かを保とうと努めていることです」。メアリーは自分でも本を一冊書き始めていた。ニューイングランドの超絶主義者マーガレット・フラーの研究である。この創造熱はユングとの交流が上向きになったことのせいかもしれない。なにしろ一年前の例の「利敵行為禁止法」云々の書簡事件以来、直《じ》かにユングの肉声に接することはずっとできていなかったのだ。

スイスと合衆国の間の郵便は一九四三年三月以降、途絶していた。が、七月になってスイス人でアルフォンス・ヘッテンシュヴィラーという名の、シュトゥットガルト、リスボン、バミューダ経由の危険な空路を飛び、ユングとクリスティン・マンの友人でもあった郵便飛行士が、メアリーに外交官郵袋に入れて手紙を送ってあげられるが如何と言ってきた。メアリーは早速六枚もの長文手紙を綴ってユングにボーリンゲン叢書の近況を伝える一方、ユングの本の英語翻訳権を自分に委ねる旨の返事をいただけないかと伺いを立てた。ユングは六ヶ月も何の返事も書かない。たしかに執筆に忙しかったが、それまでに比べて特段に多忙というわけでもなかった。十年間で初めてエラノスのプログラムにその名がなかった(十四世紀の神秘家オピキヌス・ド・カニストリスについて飛び入りで講演し、筆記は残されたが印刷はなしということが一度だけあった)。プログラム「古代太陽崇拝と光のシンボリズム」はスイス人が三人と避難者三人で講演者はもう定員一杯だったし、フランスは完全にドイツ占領下にあったが、マシニョンとヴィロローというフランス人二人が講演内容をアスコーナに送って読んでもらおうとしていた。ユングはその頃オルガ・フレーベを襲った面倒に巻き込まれてもいて、これが彼の幻滅気分に拍車をかけたかもしれない。この年の早い時期にオルガは自分がスイスではナチ・シンパということでうとましがられていることを知るのだが、告発者の一人、フォン・デル・ハイト男爵はモンテ・ヴェリタ・ホテルの所有者かつ初期のエラノスの友人であった人物。彼自身もナチとの関係を告発されていた。ユングの提案があってオルガはベルンのアメリカ公使館でアレン・ダレスに相談する（彼女は知らなかったが、ダレスは実際には戦略事務局《オー・エス・エス》の局長だった）。ダレスはオルガの状況を調べてから、告発に何の根拠もないと報告し、これでオルガは晴れて潔白の身となった。ほとんど同じ頃、ドナルド・シェパードはメアリーのボーリンゲン叢書を、これも敵性国の人間でもある避難者に委ねていることに不安を感じていたので、このクルト・ヴォルフにも戦略事務局のチェックを掛けた。右翼とのつながりは出てこなかった。ある情報によれば「共産主義寄りの人間と付合いがある」という話だったようだ。クルト・ヴォルフの嫌疑もほどなく解かれる。彼と仕事をしていて不都合、非合法な点などまるでないと言ってくれたハンティントン・ケアンズの介入もひとつあったもののようである。

　その夏に出入りのあったボーリンゲン・プロジェクトを挙げると、キャンベル、ロビンソン共著の『「フィネガンズ・ウェイク」を解く合鍵』、フランス人研究者ジャン・ヴァールのキルケゴール研究、そして全二十五巻の「中世神秘家叢書」。スタンレー・ヤングは紙の配給を戦時生産委員会に訴えるに当り、この最後の二点を実際に制作中だった他の本とともに挙げて、「アメリカの大学、高等学校にとっていくらその重大さを褒めても褒め過ぎということはない」と言い募った。ボーリンゲン叢書は一九三七年に計画成立したものと報告している。希望の紙配給は受けいれてもらえ、本の制作は進み、叢書の初めてのカタログが一九四三年の秋に出た。そのシーズンの刊行は『二人、父祖に戻る所』であるが、一九四四年にはツィンマーの『インドの芸術と文化に於る神話と象徴』、『易経』但し「C・G・ユング博士の貴重な注解付き」、『古代エジプトのピラミッド文書』、プラトンの『ティマイオス』及び『クリティアス』、ドニ・ド・ルージュモンの『悪魔の分け前』、そして『イブン・ハルドゥーンの序説』が刊行予定されていた。プラトン対話篇と『悪魔の分け前』は一九四四年に刊行。ツインマー本が一九四六年、『易経』一九五〇年、イブン・ハルドゥーン本が一九五八年に刊行。『ピラミッド文書』は出なかったが、一九一一年に書かれていたブレステッド博士のテクストが現時点でのエジプト学に照らしてみると最早時代遅れということが結局はっきりしてしまったからであった。

ボーリンゲン叢書第一巻、『二人、父祖に戻る所』――十八インチかける二十四インチのシルクスクリーン図版十八点に一冊のブックレットに文章をおさめてバクラム装の画集にしたもので、八ドル五十セント――は一九四三年十二月十五日に発刊された。まずナショナル・ギャラリーでモード・オークスがナヴァホ絵画をグアッシュで描いたオリジナルの模写絵の展覧会があり、ボーリンゲン叢書事務局でのカクテル・パーティがあって、先行広告となった。カクテル・パーティにはヘンリー・セイデル・キャンビー、エドワード・オルデン・ジェウェル、エーリヒ・カーラー、トマス・マン、ポール・ローゼンフェルド、モンロー・ウィーラー等が顔を連ねた。『二人、父祖に戻る所』の書評は大好評で、一年たたぬうちに重版しなければならなかった。

一九四四年刊と宣伝された本のうちルージュモンの『悪魔の分け前』と『イブン・ハルドゥーンの序説《プロレゴーメナ》』はメアリー・メロンの元の構想にはなかったものである。後者については言い出し役はハンティントン・ケアンズである。ケアンズがボーリンゲン人脈に入ったのは早くも一九四三年三月時点のことで、彼がナショナル・ギャラリーに入り、前任者のシェパードが彼をポール・メロンに引き会わせた後のことである。ケアンズはただちにメアリーに会い、ボーリンゲン叢書に一冊是非加えろと即坐に提案したが、それがヘンリー・ミラーに勧められてパリで一九三六年に仏訳本を購入して以来ずっと熱狂し続けてきたイブン・ハルドゥーンの『歴史序説（*Muqaddimah*）』の英訳であった。メアリーは『序説』など聞いたこともないし、大体ユングとは何の関係もない相手なのに大きな興味を持った。メアリーは（W・M・ド・スランによる一八六二―六八年にわたった）仏訳本をジョン・バレットに読ませて報告させたが高評価だった。五十万語になんなんとするこの大作をだれに翻訳させるかも決まらないうちに、メアリーは最初の叢書カタログに近刊予定ということで載せたのだった。

アラビア人学者イブン・ハルドゥーンは今ではチュニスと呼ばれている場所に生まれ、最終的には七巻で完結するはずの包括的世界全史の序論および第一巻ということで一三七七年に『序説』を著した。導入部はほとんど百科全書的な細部耽溺を以て歴史哲学と社会学の問題を広汎に論じるが、それ自体でひとつの完結した作として読まれてきていて、アーノルド・J・トインビーをして言わしむるならば、「かつてどこの誰かが書いたその種の何よりも疑いなく最も偉大なる雄篇」なのである。ケアンズはアメリカ人のアラビア研究家たちの中に英訳者を見つけようと考えていたが一向に甲斐なく、人探しはさらに数年も続いた。

ハンティントン・ケアンズもクルト・ヴォルフと同様、メアリーにとってはまさしく掘出しものだった。ケアンズは一九〇四年、ボルチモアに生まれ、同地のシティ・カレッジという名の高校で学び、法律家への道をめざしていた。一九二二年に卒業後すぐH・L・メンケンが忠告して、頭を腐らせるだけの教養学部などスキップして、真直にロウ・スクールに行けと言った。こうしてケアンズは一九二五年、メリーランド大学のロウ・スクールを優等で出て法学士号を取得、そのままボルチモアで法律の仕事を始めた。一九三四年には合衆国財務省の特別法律顧問に任じられて、税関で押えられたいわゆる猥褻文学・美術品の事件の調停に当ったが、ほぼ三十年付き合った職も徐々に扱う件数は減っていた。一九三七年には総務副顧問役として財務省スタッフに加わり、ワシントンに移った。とにかく猛烈な勉強家なものだから、実に多くの主題に亘《わた》って瞠目すべき博識を誇っていた――人類学、法哲学、プラトン、文学批評、二十世紀詩、そしてメンケン等々について。実際、「その百科全書派的知識と広範な知的関心は驚くべきもので……哲学者にして高等数学者たるこの人物はいつだって喜びと驚きの子供のような光被《オーラ》の只中に生きているように見えた」。一九七九年、ケアンズ七十五歳の誕生日を言祝《ことほ》いでポール・メロンが寄せた賛辞《トリビュート》である。

ケアンズの名は一週毎のラジオ放送プログラム、一九四〇年から翌年にかけてマーク・ヴァン・ドーレンとアレン・テートとともに担当した番組、「学びへの招待」によって一挙に全国区になった。ドナルド・シェパードの目は既に財務省時代に惹いていたし、ケアンズがナショナル・ギャラリーの仕事を選ぶのは予め決まっていたこととも見える。一年もしないうちにケアンズは(ジョン・ウォーカーと協力して『ナショナル・ギャラリー名画選』を出していたが、ひとつひとつの図版と向かい合わせにエリオット、ヴァレリー、ダンテといったところからの冴えた引用文を添えている(メアリーはケアンズが同書を彼女には推薦せず、ランダム・ハウスに持って行ったことを残念がった)。一九四〇年代一杯、ケアンズはナショナル・ギャラリー、ボーリンゲン、それから積極的な社会生活といったものに邪魔されることもなく、法律、哲学、芸術、文学、そして人類学の大著を七冊書いたし、かたわら戦時下芸術・歴史遺産保護救済委員会の秘書をつとめ、ジョンズ・ホプキンズ大学で講義した。

ドニ・ルージュモンは完全な亡命者というわけではなかった。グリニッジ・ヴィレッジの大学区域でパリ風カフェを売りにしていたレストラン「ラファイエット」は亡命者たちのたまり場だったが、そこにはよく顔を出していた。このスイス人は一九〇六年にヌーシャテル州クーベに生まれたが、万国博の文化使節に政府から任じられて一九四〇年にニューヨークに赴いた。その年のもっと早い時期にハーコート・ブレイス社から出していた『愛と西欧』〔『愛について』〕によって文名が確立していての渡米だった。パール・ハーバー奇襲の後、友達がいないわけではなかったが、生活に窮した。一ヶ月かけて『悪魔の分け前』を書いてブレンターノ社から刊行し、それからヴォイス・オヴ・アメリカで、フランス語放送を編集する仕事に就いた。当時ハーコート・ブレイスにいたスタンレー・ヤングは『悪魔の分け前』に興味を持ったが、彼が戦時特派員としてフロリダに出掛けている時に彼の会社が出版を断ってしまった。それは次にパンセオン社に回り、ルージュモンとは旧知の仲のシフランはその気になったのだが、ヴォルフは新会社がやるにはリスクが大きいと主張した。スタンレー・ヤングはボーリンゲンでやる可能性をさぐる。ヤングはメアリーに書く。「今のエッセーの体裁では一寸薄過ぎるか、と。書き足すように勧めるのが宜《よろ》しいでしょう。彼の最高の本で彼を押しだせるのであれば今出版するに値する数少ない書き手の一人たることは間違いありません」、と。ヤングはルージュモンをメアリーに引き合わせた。ランチョンの終る頃にはルージュモンが戦時情報局を辞めて数ヶ月間奨学金暮しをしつつ、何章か書き足してそれなりの厚さの本に仕上げてはどうかという話になった。メアリーは静かに書けるようにルージュモンをオーク・スプリングに呼ぶ。一九四三年八月、財務委員会が六ヶ月の奨学金をルージュモンに認め、彼は出版契約書に署名した。こうして第二番目の奨学生、第二番目の著者がドニ・ド・ルージュモンになった。こうしてルージュモンは秋じゅう、リトル・オーク・スプリング、新しい方のジョージ王朝風邸宅から少し離れたこの古い農家で仕事をした。その時の経験は後にフランスで出版された彼の日記にこんなふうに記されている。

十月十九日　御主人が戦争に行かれている間メアリー女史がひとりで差配している広大な王国の文化的区域瞥見。ワシントンの国立美術館……心理学と神話学の最先端的研究を専一に出版する出版社。若い書き手に生きるのに必要なものを保証しながら見返りは要求しないすばらしい奨学金制度。もうひとつ、あれこれの慈善活動、二つの大学、赤十字。それから、我々エリートの大方に欠けたこの想像力、即ち我々の時代の神話、その深い力に対する直観をこそ示している……さまざまなプロジェクト。

そんな莫大な出費をこうした揺るぎない構想のために一人の女人が引き受けるなんていうことがヨーロッパにあってあり得るか。我々はずっとアメリカ人は野蛮人だと言い続けてきた。しかし権力を我々はどうできていると言えるか。ヒトラーという獣にゆだねてしまっただけ……

十月二十一日　新しいカード・ゲーム発明——未来予測のまったくの新方法——だれしもをただの十五分で分析し切る……その研究が我々の大霊感源になったC・G・ユング氏の全作品集をメ女史はアメリカで出そうと骨折り中。

ここのつになるメアリーの娘さんはペガソスが存在すると思っていて、大好きみたいだ。彼女のために原っぱにペガソスがある日、というかある夜降りてこられるようにまあるく糸杉を植えた。彼女は毎朝かけつけて、真新しいひずめ跡がないか、草をしらべて回る。

ルージュモンは友人アレクシ・レジェのことをメアリーに教える。言わずと知れた、詩人サン＝ジョン・ペルスの本名。詩人は議会図書館の顧問をして安い給金をもらっていた。ルージュモンは詩人の作何篇かをメアリーに見せ、詩人が外務省の書記官の長をやっていたことも話す。「これほどボーリンゲン奨学生にふさわしい者はおりますまい」と言って、ルージュモンはメアリーに会うことを勧める。メアリーは興味を持ったが、踏みきれない。「まだその時じゃないと思う」とメアリーは言った。「時期尚早じゃないかな」、と。

加筆された『悪魔の分け前』の英訳者としてスタンレー・ヤングは何人か考えていた——ジュリアン・グリーン案、バート・ウィナーとヒルダ・アウエルスパーグ伯夫人共訳案、とかとか——が、ハーコン・シュヴァリエに決めた（別の英語版訳者は詩人のキャスリーン・レインである）。この本に反対した人間もいた。ドナルド・シェパードはそもそもが教育的な本でもないし、論争必至という理由で反対。ハンティントン・ケアンズは一読、こう考えた。「本質的に合理主義への攻撃。意図としては真面目で、我々の道徳的価値観を安定させる結果、我々がいま一度、善、そして悪の如何なるべきかはっきりした定義に思い到らざるをえなくなるはずという意味に於てはたしかに教育的な本ではある」。ボーリンゲン叢書の第二巻目として同書は一九四五年初めに出版され、大きな反響があった。ハンナ・アーレントからホイッテカー・チェインバーズまで、書評子は「深遠」、「明快」、「不思議に美しい」という評を寄せた。ルージュモンはその一方でボーリンゲン本としてもう一冊、『ゲームの規則』という、ヤングがシェパードにした説明の言葉を借りるなら「タロウ・カード、チェスその他の伝統的ゲームとその背後にあるシンボリズムの心理学的意味の研究」の出版契約に署名している。契約の期限は一九六〇年代の末ということだったが、結局本は書かれなかった。さらにもう一冊、フランス語で出されていた『劇的人間像』の英訳本の契約もあった。メアリー・メロンはこの英訳を計画しながら、最終的には断念し、企画は宙に浮いたのである。

ルージュモンの日記には「若い書き手」へのメアリーの「見返りは要求しないすばらしい奨学金制度」の話があったが、メロンのいわば課外の活動のひとつもそのたぐいだろう。ポールに「メアリーの厩舎」とも呼ばれたメアリーの「五年計画《ファイヴ・イヤー・プラン》」である。「プラン」はオールド・ドミニオン、ボーリンゲンふたつの奨学生プログラムと密接につながっており、ひとつの実験として最後はそれらの奨学金に影響を及ぼしもするはずのものだった。それまで与えられていた数も少ない奨学金は額も期間も十分のものとは言えず、受ける側の昨日今日の必要に応じるだけのものだった。メアリーはもっと長い期間のもの、哲学的にも社会的にも根拠あるもので、著者にしろ芸術家にしろ糊口の資に煩わされないで仕事に専念できる奨学金をつくってみようと思っていた。この構想はルージュモンから出た。少なくともルージュモン本人がそう言っている。彼は、オルテガ・イ・ガセットの書いたものを読むと中世スペインの倫理では上の者は自分の下の者たち——廷臣、兵士、聖職者——に給料として払わないで各自の社会的地位、宮廷での機能に従って金を払えばよいことになっていたようだと言った。「それ、それ！」とメアリーが大声で応じた。「奨学金ってそうでなくちゃあ！」メアリーはスタンレー・ヤングにそう言って細かい点を詰めさせようとし、彼は演劇・文学担当の弁護士、ジョン・F・ウォートンの協力を仰いだ。当時英国にいたポール・メロンもドナルド・シェパードを通して同意の旨つたえてきた。この「プラン」に従ってメアリーは、著者に五年間にわたり年払いの奨学金を供与することにした。著者の方では仕事できる時間のすべてを創造的仕事に当てること、五年の間に開始した／もしくは完了した文学作品の収益に対してその二割をメアリーに与えること、そして半年に一度、進捗状況の報告を出すことを約束する。四人とかその辺の数の著者が選ばれることになろうか。実際には四人が選ばれ、それぞれが一年にどの位の収入で現在の暮しぶりが支えられるか尋ねられ、メアリーはそれを奨学金の金額とした。ファイヴ・イヤー・プラン奨学生とその金額は、開始の一九四四年で言うなら、ルージュモン七千五百ドル、小説家ジョン・ハイド・プレストン六千ドル、文芸批評家にして『ニュー・リパブリック』誌編集者マルカム・カウリー五千五百ドル、そしてスタンレー・ヤング一万ドルであった。例外的事態も同意あって認められた。ヤングは週二日をボーリンゲン叢書の仕事に充《あ》ててよいことになった。そちらはそちらで給料をもらうのである。カウリーは『ニュー・リパブリック』誌に月間書評を寄稿してよい。それで会社の生命保険もつなぐことができた。

この四人の他にファイヴ・イヤー・プラン奨学生はいない。「メアリーの厩舎」がそれ以上展開しなかったことの理由はよくわからない。多分、条件完全適合という候補者がそれ以上見つからなかったのだろう。いずれにしろボーリンゲン基金奨学金本体の方は発展し、後になると少なくとも一点では、こちらもメアリーのファイヴ・イヤー奨学金の方式の影響を受けることになる。ボーリンゲン奨学金は普通は一度に一年分が支払われるのであったが、基金はプロジェクトが完成を見られるようにさらに一年を追加更新することが多かった。しかし、あらゆる出費を賄《まかな》える額に奨学金を設定することと、パーセントによる償還の方式は二度と現われない。

もらった五年でスタンレー・ヤングは一冊の小説、一篇の長い物語詩ほかの詩、七つの戯曲（二篇はラジオ台本）を書いた。戯曲のひとつは『ピックウィック氏』といって、ニューヨークでもロンドンでも批評家受けは良かった。また別の一篇はブロードウェイには手は届かなかったが、元型的要素ありというのでユングに褒められたウィリアム・スローンの小説、『夜歩く』を戯曲にしたものであった。一九五〇年にファイヴ・イヤー・プランが終了するとヤングはまた出版稼業に戻り、ファラー・ストラウス社の編集長におさまった。この会社はファラー・ストラウス・アンド・ヤングと名を変えた。一九五四年に会社を辞したが、死ぬまで株主の一人だった。

ルージュモンは「プラン」によって『目的の道徳』という本一冊（出版企画された）、『アメリカに生きる』という本になるエッセー群、『深みで唸《うな》る』という本になるエッセー群、そして、ヨーロッパでの一九四〇年とニューヨーク、プリンストンにいた一九四一年から一九四六年にかけての自分の暮しを綴った『両世界日誌』を書いた。一九四七年にルージュモンはヨーロッパに戻るとヨーロッパ運動（European Movement）に係わる。何年かそれに没頭するが、やがて主な仕事はこの運動のリーダーの仕事ということになる。彼がファイヴ・イヤー・プランの御世話になっていた最後の二年でルージュモンはヨーロッパ連邦主義の構想をめぐる記事を一杯書いたが、これらは後に『ヨーロッパのチャンス』という一冊にまとまった。

ファイヴ・イヤー・プラン第三の奨学生ジョン・ハイド・プレストンはアメリカ史に係わる数冊の本で高い評価を受けていたが、ブラック・マウンテン・カレッジをめぐる長篇小説を書いていた。三部作になる大作。プレストンの暮しは病、事故、そして家族のごたごたで仲々巧くいかない。問題の小説も未完に終った。

カウリーとの契約は最も少ない奨学金の額なのに、最高最大の質量の仕事に結びついた。書いた記事・書評は百二十以上。それに講演は無数、幾篇かの翻訳、そして五冊の本が加わる。最初の年に『ポータブル・ヘミングウェイ』を終えると、ダブルデイ社と契約してアメリカ文学史を書こうとする。以後、時間の大半はこの文学史のための読書に費やされた。それからすっかり人気下火になっていたウィリアム・フォークナーの仕事に没入していく。フォークナー作品は一作を除いてすべて絶版だった。フォークナーの偉大さに確信を持っていたカウリーはヴァイキング社に行って自分に『ポータブル・フォークナー』をやらせてくれと頼む。これはフォークナーと密に連繋しての仕事となる。『ポータブル・フォークナー』はフォークナー批評を急転換させた。カウリーの努力の結果、フォークナー本の復刊ブームが起きた。これらの顚末《てんまつ》すべてをカウリーは一九六六年刊の『フォークナー＝カウリー・ファイル――書簡と回想、一九四四年―一九六二年』に書いているが、その献辞は「メアリー・メロン（一九〇五―一九四六）に。長く感謝をこめて」とある。

『ポータブル・ホーソーン』とか『ホイットマン全作品』とか呼ばれてもよいような仕事も含めて、カウリーのアメリカ文学を巡る仕事は大変な骨折りだったが、彼のアメリカ文学史は結局幻の名著に終り、最後にはカウリーはダブルデイ社との契約を解消した。一九五四年、ファイヴ・イヤー・プランとの取り引きを終らせる段にジョン・ウォートンに宛てた手紙の中で、「貴下の事務所の記録に残していただきたいのですが、メロン夫人との契約こそ小生の人生の一大転換点でありまして、契約終了後もずっと何の重大問題もなくやってこられましたし、実にメロン夫人の御蔭をもちまして小生のささやかなる成功もあるのだと付け加えたいと思います。もし小生がカトリック教徒でありますなら、夫人の御霊前に蠟燭の火を絶やすこと無いに相異ありません――心の蠟燭は現にずっと燃えております」と、カウリーは書いた。

一九五八年五月、メロン家の顧問弁護士たちはメアリーのファイヴ・イヤー・プランを終了させることにした。収益の二十パーセントの償還の話だが、どの道カウリーからの入金以外大したことはなかったのが、底をついていた。ピッツバーグのメロン・ナショナル・バンクにジョン・ウォートンが書き送った手紙には、こうある。「もちろん著者たちは筋を通す方々ですから、何かの拍子に入金がある場合には御本人たちが直《じ》かにその旨書いてくると思います」。

第三章　蘇ったボーリンゲン

一九四一年、ということはメロン基金設立より前のこと、最初のボーリンゲン奨学生制度による奨学金はモード・オークスに与えられたが、これはやがてオールド・ドミニオン基金に引き継がれる。こちらはその監督下にボーリンゲン叢書があった時分に、メアリーのプログラムとみなされていた他の奨学金をいくつも出した。モード・オークス以外にこうした奨学生を挙げてみるとヘルマン・ブロッホ、ポール・ラディン、ナターシャ・ラムボーヴァ、マックス・ラファエル、そしてポール・ローゼンフェルドがいる。この人たちの関心領域の広さが、一九四五年以降、蘇ったボーリンゲン基金の下で続けられていった奨学金プログラムの如何なるかを典型的に示している。

ポール・ローゼンフェルドは一九二〇年代の知のルネサンスの導きの精神の一人であった。音楽と文学の批評家、小説家、そしてあらゆる芸術分野に亘《わた》り新しい生き生きした才能の擁護者。ローゼンフェルドは文学ジャンルについて考えていた本を出してくれないかと思ってスタンレー・ヤングに近づいてきた。ヤングはメアリーに「ローゼンフェルドほどの大批評家が本格的な商業出版社でなくうちを選んでくれたのが面白いじゃないですか」と言っている。メアリーはローゼンフェルドの申し出を気に入り、一九四三年十一月、オールド・ドミニオンは彼に月額百ドルの補助金を十八ヶ月間供与する。一九四五年、彼は供与延長を希望し、奨学金は同じ条件で更新された。が、一九四六年七月二十一日、ローゼンフェルドは命取りの心臓発作で急逝。享年五十六。彼の本は陽《ひ》の光《め》を見ることはなかった。

　初期のボーリンゲン奨学生たちは、ほとんどがドイツ起点の、ヴォルフ夫妻やツィンマーをアメリカに移動させたのと同じ亡命知識人の動きの一部分と言える。ヘルマン・ブロッホは、ジェイムズ・ジョイスを含む外国人の友人たちが彼を助けてオーストリア脱出を果たさせた後、早くも一九三八年秋に渡米していた。ナチの秘密警察に逮捕され、五ヶ月間投獄されていた経歴を持つ。処女作は過激な実験小説、『夢遊の人々』で、一九三二年の刊行。これは第二次大戦までの戦間期の社会瓦解を分析してみようとしたヨーロッパの重要作品のひとつと評価されている。一九三八年から一九四二年にかけて、あれこれの奨学金を頼りにニューヨークで暮しながらもうひとつの傑作長篇、『ウェルギリウスの死』を書いた。一九四二年から一九四八年までブロッホはプリンストンのエーリヒ・カーラーの住いに寄寓して、集団《マス》ヒステリーの心理学的研究を専一にしていた。ロックフェラー財団の奨学金が終了したため、一九四四年二月に彼はクルト・ヴォルフに言われてスタンレー・ヤングに訴えてみる。不安でたまらぬブロッホを一年も待たせたオールド・ドミニオンだったが、月額二百ドルで十八ヶ月間供与、出版契約込《こ》みという話になった。しかし、ブロッホのマスヒステリー研究はボーリンゲンからは出なかった。英語でということすらない。未完のまま、死後かなりたってからドイツ語で刊行されている。しかしボーリンゲン叢書に対するブロッホの貢献は重要だ。ジョン・バレットはブロッホに、ラシェル・ベスパロフ『イーリアス論』とホーフマンスタールの散文一巻本を紹介する長いエッセーを書いてくれと頼む。ブロッホはホーフマンスタールを心理学的に、批評家として、そしてオーストリア同郷人として読んだ。ブロッホは顧問としても、読者としても役立った。ブロッホの辛口の評があってサルトルの『存在と無』はボーリンゲン叢書に入らなかった。一九五一年、ブロッホは、イェール大学の就職話に夢を託してその直前に引越していたニューヘイヴンで心臓発作を起こして他界。彼の死の前にオーストリア、合衆国の双方でいろいろなグループがブロッホにノーベル文学賞をというので心ひとつにして運動していた。

エーリヒ・カーラーは一九三八年秋に、友人ヘルマン・ブロッホの渡米に先駆けてヨーロッパをあとにしていた。これも、その年の初めに渡米していた友人のトマス・マンの提案で、プリンストンに住んだ。ボーリンゲンへのカーラーのお目見えはミュンヘン以来の知己、クルト・ヴォルフ、ヴォルフガング・ザウアーランダーの取りなしで実現した。彼がよくワシントン・スクエアの事務所に顔を出して著書、『人間、万物の霊長』のことでパンセオン社と話しこんだ一九四三年以来、彼はボーリンゲンの相談役であり、叢書に入れる入れないで原稿を沢山読んだ。一九四七年、奨学生に選ばれ（二年間、月額二百ドル）、「人間意識の進化と変容」についての一著刊行をめざしたが、これはやっと一九六四年になって『歴史の意味』というタイトルで刊行される。長い間待たれていたカーラー自身の本のボーリンゲン叢書入りは一九七三年、『物語の内面化』の刊行を以て実現したのだが、その三年前にカーラー自身は他界してしまっていた。

最初のボーリンゲン奨学生、著者の一人がマックス・ラファエルだが、画商クルト・ヴァレンティンと、一九三八年にガリマール社がラファエルの『認識のマルクス主義理論』を出した時にガリマールにいたジャック・シフランの紹介による交流である。ラファエルはニューヨークで窮乏生活を送っていたが、一九四四年三月に先史時代の洞窟絵画に関する本のレジュメをヤングに送り付けてきた。提案は受けいれられ、（ボーリンゲン翻訳集団の一人になるはずの）ノーバート・グターマンが訳したものがボーリンゲン叢書第四巻として一九四五年秋に出版された。当時余り知られていなかったアベ・ブルーユの旧石器時代芸術についてのあれこれの本からとったコロタイプ図版に飾られた量として僅か五十ページのテキストは、洞窟絵画は原始的ではなく、凡そ芸術作品が持つ本質的な性質を持つものであることを力説していた。ラファエルは同書を「自由の為に闘うフランスとスペインの人民」に献げている。一八八九年にポーランドのあるゲットーで生まれたラファエルはベルリンで労働者たちの学校で教鞭をとりながら、哲学と経済学と美術史の研究に励んだ。知的関心の広さはそのセミナーの幾つかのテーマを一瞥してみるだけでたちまち窺知されよう。曰くレンブラント、アリストテレス、マイスター・エックハルト、神秘主義、トマス・アクィナス、曰くヘーゲル、マルクス、レーニンの弁証法的方法、曰くドーリア式神殿、等々。ナチ台頭に伴ってドイツを離れてパリに移り、そこでは芸術社会学やフロベールについて書く。戦争勃発と同時に強制収容所に収監。大変な苦労をした挙句、マイヤー・シャピロとクェーカーたちの助けを借りて占領下フランスを脱出、一九四一年夏にニューヨークに到着。メトロポリタン美術館に籠って新石器時代のエジプトの壺器類の研究に打ちこんだ。ボーリンゲン叢書では二冊目になる『先史時代の壺器とエジプト文明』がその成果で、一九四五年、ラファエルはボーリンゲン奨学金を受けとる。メアリー・メロンの彼に対する気遣いをジョン・バレットが引き継ぎ、基金は彼の仕事の大半をノーバート・グターマンにそう言って訳させた。が、一九五二年、ラファエル自裁。プロジェクトは中止となった。一九六〇年代に、一九三四年来の知己だったハーバート・リードの関心、スペインの民主主義の大義に賭けたラファエルの衣鉢を継いだヴォルフガング・ザウアーランダーの関心が機縁でラファエル復権の動きが起こった。もう一冊、『芸術の要求』が一九六八年刊行。リードが伝記を兼ねた序文を寄せている。一九三〇年に書き始められたこの本は、セザンヌ、ドガ、ジォットー、レンブラント、そしてピカソを研究した本である。

人類学者のポール・ラディンは懐疑派で合理主義の人物――だから彼が早々と幾つかの線でつながっていたボーリンゲンの世界でははっきり珍種《ララ・アヴィス》である。一九二〇年より前、バークレーにいてハイメ・デ・アングロと妻のケアリー、後のケアリー・ベインズと知り合いだった。ケアリーとは一九二五年にチューリヒで再会。二人ともユングのセミナーのメンバーだったわけだ。ラディンはユング派だったことは一度もないし、ひょっとしたらユングと接触することでさらに懐疑派になっていった可能性も、ずっと友情は続いていったにしろ、ある。一九三〇年代末、ラディンはナンシー・ウィルソン・ロスに出会い、彼女を通じてモード・オークスに出会った。モードのナヴァホ熱は既に昂進していた。そのモードの仕事の案内役にラディンがなった。メアリー・メロンと一緒にフロリダから北へと車をころがす旅をした時、モードはノース・カロライナのブラック・マウンテン・カレッジへと足をのばしたが、そこではラディンが何年か教えていて、彼女らを紹介している。やがてラディンはメアリーの初期の顧問役の一人となるはずである。

ラディンは一八八三年、ユダヤ教会の導師《ラビ》の子としてポーランドに生まれたが、一年後にはニューヨークシティに移り、そこで育った。コロンビア大学で偉大な人類学者フランツ・ボアズに師事し、そこで一九一〇年に、ウィスコンシンのウィネバゴ族の間でのフィールドワークを基に博士号取得。ラディンといえばカナダ、メキシコ、カリフォルニアその他諸所のインディアンたちの間でのフィールドワークでも知られているが、ウィネバゴ族の研究はずっと彼のインディアン崇拝の初心をとどめ続けた。一九二〇年代にはケンブリッジで五年を過ごす間に心理学者W・H・R・リヴァーズの下に研究を続け、フィスク大学で過ごす三年間には昔の黒人奴隷たちの生活と改宗経験を研究した。世界恐慌の時代とそれに続く時代には再びバークレーにいて、生活保護を受けたりしながらインディアンの言語を研究し、サンフランシスコのベイ・エリアの少数民族《マイノリティーズ》を研究したり、書いたり、教えたりの暮しぶり。ラディンの初期の著作の影響力は大きかった。とりわけ『哲学者としてのプリミティヴ・マン』（一九二七）、『人種の神話』（一九三四）、『プリミティヴな宗教、その性格と起源』（一九三七）、『インディオたちの南米』（一九四二）のそれ。

　一九四三年十一月、そんなラディンが『生と死の道』の未完成稿を送った相手がモード・オークスだった。早くも一九〇八年にウィネバゴ族の呪医《メドシン・マン》からもらっていた同族儀礼劇をラディンなりに脚色したもので、魂の他界往還と白人による破滅の脅威を主題にしていた。一九四四年四月、メアリーからの勧めがあってオールド・ドミニオンの財務委員会は年三千ドル五年間の奨学金を与え、この作品を完成させることにした。結局、一九四五年にボーリンゲン叢書第五巻として刊行の運びとなった。マーク・ヴァン・ドーレンの序文は人々に喜んで自分の人生のことを話しださせるラディンの才能を讃えている。この奨学金はボーリンゲン奨学金へと繋がって、ラディンの残りの人生を支えることになる。ラディンの方では奨学金供与の申し込みや原稿を読んで報告をあげ、書き、編集し、エラノス会議で講演し、メアリーに、後にはジョン・バレットに幅広い問題について意見を述べる役を果たした。

　ボーリンゲンの初期の忠告役といえばもう一人、エドガー・ウィントがいるが、よく宗教画に出てくる紋章を図像学的に研究したハーバート・フリードマンの『ゴシキヒワの象徴』を叢書《シリーズ》の一冊として出せと勧める役で登場する。フリードマンは幾つかあるスミソニアン博物館のひとつで鳥類担当の学芸員をしてしていた。この本はナショナル・ギャラリーのデイヴィッド・E・フィンレーから持ち込まれたが、裁可を得て一九四六年にボーリンゲン叢書第七巻として刊行された。典型的ボーリンゲン本とは言えないが、ナショナル・ギャラリー経由ということで、六年後にポール・メロンが設立するA・W・メロン講義の構想を先駆けすることになった。

モード・オークスは『二人、父祖に戻る所』の後、次のプロジェクトを考えている。一九四三年から一九四四年にかけてモードはナターシャ・ラムボーヴァがそのアパートで催していたシンボリズム、神話、占星術、神智学思想のクラスにずっと出ていた。ラムボーヴァの当面の関心はシンボリズムがどこでも普遍的パターンをとることで、彼女に言わせれば全てアトランティス大陸の参入秘儀に起源を持ち、これが新世界・旧世界の先史時代に四方に拡散していった結果なのである。マヤ、そしてインカ両文明の秘密が明らかになってみると、アトランティス起源を必ずや立証するはずである。モードの方がこの理論に本気で入り込んでいたかどうかは別として、コロンブス以前の過去を自らの研究計画の基礎にしようと思ったのは間違いない。ラムボーヴァはモードに読む本を教え、比較象徴学の手ほどきをしたし、オールド・ドミニオン基金は一九四四年初め、月額二百ドル六ヶ月間の奨学金をモードに、背景研究のため供与した。モードはメキシコとペルーのインディオたちの中でフィールドワークを始め、一九四四年八月、オールド・ドミニオンはさらに年額四千ドルの奨学金を出す。

十月、既にガソリン配給カード、フィルム(これも欠乏中)、パスポートを手に入れていたモードは一九四二年型シボレーで出発する。メアリー・メロンに絵入りの走行日誌を書いている。十月終りにはメキシコシティに到着してミゲル・コバルービアスと計画を練ると、相手はグァテマラに集中するように言う。モードは車を売ると、一九四五年一月十日、グァテマラシティへ飛ぶ。そしてキチェ語を話す地域の中心にあるチチカステナンゴへ向け、八時間バスにゆられた。安宿にいて、研究し、観察を続けた。四月、議会図書館のためにフォルクローレ採集中の音楽学のヘンリエット・ユルチェンコに会う。探険隊の写真撮影係になって、チュチュマタン山脈の遠い谷のはるか上に上って原始そのままのキチェの村々に足を踏み入れた。

ナターシャ・ラムボーヴァはふらりと飛行機でやってくると、インディオたちの宗教についてモードの書いたものを読んで、マヤの起源をさがし、アトランティス由来のものに見える象徴的形態のあれこれに意見を述べた。モードはグァテマラシティでの発見物のひとつ、というか一人にラムボーヴァを会わせた。フラビオ・ロダスという国立博物館の高齢学芸員で、キチェ族の古代聖典でキチェをマヤと結び付け、ラムボーヴァの推測ではアトランティスと結び付けている『ポポル・ヴフ』をスペイン語に翻訳しようとしていた。モードはロダスの仕事をボーリンゲン・プロジェクトとして有望とみていた。

ラムボーヴァが帰っていくと、モードはインディオが祖《みおや》たちの宗教をなお実践しているぽつんと孤絶した村を捜し続けた。互いに離れた部落《プエブロ》が政府による伝達機構、道路、公立学校、そしてカトリック教会の圧力によってどんどん変貌中だった。一九四五年八月、トドス・サントスのことがモードの耳に入る。チュチュマタン山脈の高所にあるこの村にはモードから見て三つの美点があった。道路がないので歩いて行くか馬で行くかしかない。カトリック聖職者が住んでいないので伝統儀式が抑圧されている気配がない。そしてマムの名で知られるインディオは古代のマヤ暦で暮しを続けている。以上の三点。彼らは招かれざる客には刀を使うという評もあった。スペイン語のできる友人一人と馬でこの村をさがしたずねた挙句、一九四五年十一月二十日に村に到着した。比較民族学、薬物、マヤ文明、シンボリズムの本を詰め込んだ荷物がラバの背にゆられて山を越えてやってきた。モードは下手だがちゃんと通じるスペイン語を使えたし、学ぶスピードも速かった。やがて使える程度にはキチェ語の語彙も身につけた。村には「薬師《くすし》」の振れ込みで入った——月に数百という人数に薬物治療を行っている。二年ほどさる病院の緊急病棟や手術室でヴォランティアで働いたり、赤十字の救急治療のコースをふたつとっていたりということが役に立ったのである。

モードは一年半、トドス・サントスに住んだ。村で一人の異人であるばかりか、荒涼たる広大なあたり一帯でもたった一人の異人であった。半年もすると村人たちにも受けいれられ、「マティルダさん《ドーニャ・マティルダ》」と呼ばれた。現にすっかり村の医者だったのである。村の宗教指導者《ヒマーネス》（*chimanes*）の信頼をかちえたのもナヴァホ族との付合いの時と同じだった。ヒマーネスからはマム族の宗教儀礼のことをこと細かに教えてもらうことができた。モードの本、『トドス・サントスの二柱の十字架』は一九五一年にボーリンゲン叢書第二十七巻として刊行されている。また別の出版社から出た『風吹く場所の彼方に』は彼女のトドス・サントスでの暮しを一般読者に向けて書いたもの。ふたつの本ともモードがメロン夫妻、そしてジョン・バレット宛てに書いたこと細かな手紙をもとに、周到に注を施したものである。『二柱の十字架』に序文を寄せたポール・ラディンは、この本が「学術の訓練を受けてきた人類学者には非常に厄介な」相手だと書いているが、それはインディオたちのキリスト教以前のマヤ文明についてのかつて知られていないデータをモード・オークスひとり得ることに成功したからだ——そして彼女はこれを正統ならざる方法論を以て、学術訓練なしにやりおおせているからだとしている。モードの示しているのは「そこいらの人類学者一統、見習って然るべきクォリティの精妙な観察力と歴史的洞察力である」。そうラディンは書いている。

ナターシャ・ラムボーヴァがボーリンゲン世界に入って来たのはモード・オークスのつて、二人が一九四一年、ニューヨークで出会った後のことである。外見も、やっていることも、第一名前からして異国ふう《エキゾティック》だが、ナターシャ・ラムボーヴァはばりばり生粋《きっすい》のアメリカ人だ。一八九七年にソルトレイクシティでウィニフレッド・ショーネシーとして生まれた。母親は指導的なモルモン教徒の家族の出、父親は陸軍将校でローマ・カトリック教徒、娘はソルトレイクシティの聖堂で受洗させた。彼女はサンフランシスコで育ち、教育は叔母で装飾家のエルシー・ド・ウルフの指導を受けてヨーロッパで終えた。美術館と神話に魅了されている。十代で家をとびだし、バレー団に入り、ここで名がナターシャ・ラムボーヴァに変る。バレー団はロサンジェルスで終演。一九二〇年までは映画の衣装デザインをやっている。一九二三年、絶世の美男俳優ルドルフ・ヴァレンティノと結婚、夫に劣らぬほどのハリウッドの有名人になった。彼女の母親、そして富める香水業者だった義父ともども、ラムボーヴァもヴァレンティノも揃って心霊思想とオカルトにはまっていく。一九二六年にヴァレンティノと離婚すると、ニューヨークで幾つかの職を転々とする――舞台に立つ、新聞記事を書く、衣服をデザインする、等々。彼女は古代宗教、神智学、そして全般に亘《わた》るオカルトにどっぷりだった。一九三三年にはマジョルカ［マリョルカ］島に住んでいて、アルバロ・デ・ウルザイス伯爵と結婚している。二人で一九三五年にエジプト旅行をした折り、ラムボーヴァはツタンカーメンの墓を発見した考古学者ハワード・カーターとルクソールで出会い、交した会話の影響があとを引くことになる。スペイン内乱の間はマジョルカを去って、南仏の母親の城館《シャトー》で研究を続けた。

第二次大戦勃発の直前にラムボーヴァはニューヨークに戻り、占星術本の出版社のために書いたり、講演したりした。分析心理もやり、そのやり方を書いているが、ユング派との接触のことは出てこない。比較宗教学、シンボリズム、神智学界隈の話をするクラスを開き、予約があれば占星図を書いてやったりもしている。エジプト仕込みの託宣の術もよく使ったが、砂に押しつけた掌《てのひら》の跡を読むというものだった。そういう相術のため友人につれていかれたジョン・バレットはそこで初めてラムボーヴァと出会った。ラムボーヴァはクラスに出ていたモード・オークスを通じて、ボーリンゲン・プログラムの展開具合を熟知していたし、そもそもがテイラー訳によるプラトンの『ティマイオス』篇、

『クリティアス』篇で始まる「大古典復刊」構想をメアリー・メロンに提案したのがこのラムボーヴァなのである。この第一巻目は絶妙にも古典学教授Ｒ・Ｃ・ケイツビー・タリアフェロの序文を付けてボーリンゲン叢書の第三巻に入った。惹句がラムボーヴァによるものだが、彼女自身の解釈がよく窺える一文である。「『ティマイオス』は古代人の宇宙誌を解く最重要の鍵にして、世界の諸神話に哲学的パターンと心理学的意味が底流していることを証す。『クリティアス』は失われたアトランティスの島のこと、中米のマヤのものを典型とする多くの原始の時代の人々の伝説的歴史に登場する大洪水のことを語る。……テイラー［は］……疑いもなく近代で最も深遠なギリシア哲学者にして翻訳者たる人物である」というのである。「大古典復刊」という名での続刊はなかったのだが、プラトンに対する関心をボーリンゲン叢書ではハンティントン・ケアンズが引き継いでいったし、トマス・テイラーの名はキャスリーン・レインの本の中に再び現われてくる。

一九四五年、オールド・ドミニオンはナターシャ・ラムボーヴァ提案の「普遍的象徴比較学のための文庫《アーカイヴ》に重要な宇宙誌的象徴を蒐集」しようとする彼女を援助しようと、五百ドルの補助金を出す。その設立のためにこの補助金はボーリンゲン基金に渡されたが、一九四六年初めに更新された。ラムボーヴァ提案のシンボル文庫はむろんあのオルガ・フレーベのエラノス文庫《アルヒーフ》の線に沿うもので、元型的な象徴の蒐集を専一に考えていた。一九四五年末にラムボーヴァはメアリー・メロンと相談し、このアーカイヴから一冊本をつくろう、ついては著者はインド文化復興運動のＡ・Ｋ・クーマラスワミーが良いという提案をする。アーカイヴ蒐集の材料を貫く中心的テーマは占星術、神智学、そしてアトランティスからとられるだろう。ラムボーヴァのメアリー宛ての手紙にこうある。「人々が少しずつ、目的と人間発展に普遍的パターンがあることを理解させられることが必要で、その証拠が我々の無意識の象徴の源泉と目《もく》すべきアトランティスという過去のイニシエーション秘儀に対する知識によって与えられる――あなたもおっしゃられたように、アトランティスの崩壊と現在に於る反復のサイクルが人々に現在の状況の如何なるかを理解させることでしょう」。ラムボーヴァの「普遍的象徴比較学のためのアーカイヴ」はそういうものとしては結局実現しなかった。もっとも、そのために彼女が集めた材料は彼女自身、その後十年をかけて骨折り続けることになる論文、「古代シンボリズムに於る神話パターン」の基盤となるのであるが。

ナターシャ・ラムボーヴァのシンボリズムやオカルトの伝統に対する入れ込みはもし状況がちがっていたら、ボーリンゲン・プログラムにもっと大きな影響を与えていたにちがいないと感じる人もいるだろう。重要な位置を占めていたのはエジプト学《エジプトロジー》で、メアリー・メロン自身が一九三五年のナイル旅行以来夢中で、ボーリンゲン叢書のカタログ第一号にブレステッドの『ピラミッド文書』を入れようとした熱と目敏さについては前に触れておいた。相手をもう少し丁寧に見て専門家の話を聞いてみればブレステッドがいかに時代遅れになっていたのかすぐわかっただろう。しかし、それは互いに相関する二つのプロジェクトを引き出した。ジェイムズ・H・ブレステッド二世が自分自身の本を差し出した。エジプトの召使い像のカタログだが、これが一九四八年、ボーリンゲン叢書第十三巻となる。それから最初父ブレステッドの原稿を編集するのが仕事だったラドロウ・ブルだが、メアリーに当時カリフォルニアに住んでいた八十五歳の秀れたエジプト学の教授、ジョージ・スタインドルフに奨学金を出すように勧めた。時たま出るボーリンゲン「救済」奨学金の一回であった。後にボーリンゲンはスタインドルフのコプト語文法書の出版も援助することになる。

メアリーのプログラムを撚《よ》りあげるもう一方の糸、アメリカ・インディアンの人類学の方でも一九四四年初め、フランツ・ボアズの秘蔵っ子でバーナード・カレッジ教授だったグラディス・A・レイチャードの『ナヴァホの宗教』の厖大な原稿を何とかしようという話し合いが進められていた。クロード・レヴィ＝ストロース、ロマーン・ヤーコブソン、ポール・ラディンの高い評価を得た彼女の仕事は余りの出稿料で、当面の紙不足がおさまるまでそのままにしておくしかなかった。思いきり削られ、手を入れられて一九五〇年、ボーリンゲン叢書第十八巻として刊行されると、書評の学者たちからアメリカ・インディアン研究の金字塔という評価を得た。

ハンティントン・ケアンズは数年の間、暇をつくっては不思議な構想の本をずっとつくり続けてきていた。ジョージ・セインツベリーの批評書を、『大英百科事典』中の記事からとって一巻編集していたのだが（『フランス文学とその巨匠たち』、クノップ社、一九四五年）、その時にひとつアイディアが浮かんだ。セインツベリーが最上級を瀕用することに気付いたのである。その例をめいっぱい集めてセインツベリーに感心されたのだが、その時ケアンズは「これ、体系的にやってみよう」と思い付いた。その方法を「プラトン、アリストテレスから始めて重要な批評家たちをずっと読み込み、彼らが引用可能なくらいに短い詩とか文章をとりあげているなら必ずそっくり引用し、批評家の鑑賞の文を付ける」と書いている。一九四四年末、ハーヴァード大学出版局が興味を示したので、ケアンズはハーヴァードが本にできるようにオールド・ドミニオンから助成金を出してはどうかとメアリーに提案してみた。「彼女はそれ、自分でやりたい、叢書のために良いわ、と言った」と、後日ケアンズは回想している。「叢書向きではないと思ったが、しかし彼女はそうした。叢書に対する彼女の態度が随分広くなっているのだった」。ケアンズはこの千五百ページに及ぶアンソロジーに『芸術の限界』という題を付けたが、このギリシア詞華撰中にあった句である。これは一九四八年にボーリンゲン叢書第十二巻として刊行され、学界でも巷間でも大評判をとった。『芸術の限界』は叢書中、最も成功した本のひとつであり続けている。

一九四五年五月二十三日、欧州戦域略章・青銅星章に輝く少佐ポール・メロンがヨーロッパ戦域から帰郷してみると、メアリーが出版構想にユングから正式の許諾がとれないで心配し困惑しきっていた。実際、後にヒメーナ・デ・アングロが言っていることだが、メアリーは「限界を広げ過ぎ、余りに広大な領域に自らを薄く延べ過ぎた。これほど多くのことに巻き込まれていなかったら、一点集中はわけないことだっただろうに」。ボーリンゲンのこと、子育て、オーク・スプリングの建物管理、その他あれやこれやあるその上に、喘息《ぜんそく》の治療とでもいうのか農園をポニーの引く馬車で回るのを好んだ。はっきり同毒療法《ホメオパシー》と言ってよいこのやり方で元気になるように思われたし、本気で、いかにも得意気に馬に乗り始めた。しかし六月になって猛烈な喘息の発作に襲われる。その年最初の発作だったが緊急入院し、医者からは安静を命じられた。

ワシントン・スクエアを見下ろすボーリンゲンの事務所ではスタンレー・ヤングが、従軍記者として出掛けない限り、週二日仕事をしていた。重荷を背負っていたのは、詩人、短篇小説家で『コモンウィール』誌のスタッフだった秘書のカッポ・フェランだった。クルト・ヴォルフの秘書も作家編集者のガートルード・ベックマン。デルモア・シュウォーツと結婚していたこともあった女性で、ヴォルフが手紙の中にどういう内容を盛りたいか説明すると、彼女は彼の綺麗なドイツ語に見劣りしない綺麗な英語にしてくれるのだった。一九四五年六月にパンセオン社とオールド・ドミニオンの間の二年契約が切れることになっていたので、ヴォルフとヤングの二人で新契約の下書きをつくる。一年に六冊という計画を基に年三千ドルの手数料、プラス売り上げの十パーセントということだったのを、年に五冊は必ずとして一冊について千二百ドル、プラス十パーセントということにした。そっくり百パーセント増しの金額となったが、パンセオンの仕事に見合う増額だった。ドナルド・シェパードは戸惑ったが、契約は一年ぽっきりのものと考えていた。しかしメアリー・メロンとスタンレー・ヤングはクルト・ヴォルフに同ずることを決め、ヤングも戦時下生産委員会のやり方だとボーリンゲン叢書はパンセオンの紙配給分と結び付いているので、出版社を変えるのは賢明とは言えないと考えた。こうして改めて二年契約に署名がされた。

ジョン・バレット二世は五月十五日に編集補としてボーリンゲンのスタッフに加わり、週二日の勤務に就く。メアリーはバレットの月給を百五十ドルとした。一年か二年、バレットは時々にパンセオン、ボーリンゲンのためにいろいろ目を通した――イブン・ハルドゥーンの『序説』の仏語訳などどだが、この本についての彼の報告は経験もそうだが関心の深さが窺えるもの。イブン・ハルドゥーンの描く地中海世界に自らも通暁していたのだ。

バレットは一九〇三年にニューヨークシティに生まれ、ニューヨークとコネティカット州グリニッジで育った。グリニッジは海峡べりに一家が避暑の家を持っていた場所で、後にバレットは一年中ここで暮すことになる。イェールの哲学科を卒業したバレットは何年か旅また旅の暮しをする。一九二六年から翌年にかけての冬には友人たちと一緒にエジプトに旅行して旅行業者トマス・クック父子会社の屋形船《ダハビア》でナイル遡上をした。テル・エル・アル・アマルナのイクナートン神殿ではボストンのビザンティン研究所設立者のトマス・ホイットモアに出会った。ホイットモアが一行にこの大神殿を案内しながらした生き生きした講義がきっかけになって、古代近東に対するバレットの深い関心に火が点いた。バレットは翌年またその地を踏み、川を遡上してアブ・シンベルからワディ・ハルファまで上っている。旅は続いてついには地中海全体を巡り、東地中海《レヴァント》全域を、ヨーロッパの全てを征覇した。一九三〇年代、たまさかニューヨークへの戻り旅の途中で、ベッカー画廊と知り合い、メアリー・ブラウンと知り合い、そしてつまりはイェールでの学友ポール・メロンと旧交を温める。一九四〇年、メアリーがヨーロッパから戻る時、バレットは彼女のボートとすれちがう。彼の回想するところ、メアリーはユングとエラノス講義を出版するつもりと「昂揚した感じ」で喋っていた。第二次大戦中は志願して、アンドレ・モーロア、アン・モーガン、エルザ・スキャパレルリなどなど、包囲されたフランスの多くの友人たちとフランス救済事業団の調整委員会で働いた。

一九四五年七月半ば、オールド・ドミニオン理事会はスタンレー・ヤングとの契約（年俸八千ドル、プラス逆のぼって払うボーナス二千ドル。加えてファイヴ・イヤー・プランからの支給分もあった）の二年延長を求め、ジョン・バレットの雇用を正式承認し、「出版予定の本を点検し、全巻が教育的という枠におさまっているか確認する編集主幹の仕事を助ける」というハンティントン・ケアンズの役どころはそのまま続けてもらおうということになった。ケアンズはそれらの本が法に触れることを試みていないか、政治的プロパガンダではないか、宗教、法律、道徳に敵対していないか、中傷や名誉毀損を含んでいないか、等々を判断しなければならなかった。「理事たちは軽薄とか常軌を逸したと思われる本、主題について知識が不足した本、異端説に執して当該分野の専門家からみて一般的な教育的価値がない本を出すことを嫌っている」のだ。大学の授業で使ってもらえそうな本、「学者たちが読みたがるとか権威として通るとか」いうことが大事だった。

こういうことがシェパードがケアンズに宛てた書簡に書いてあったが、これがボーリンゲン叢書の金科玉条ということになる。信用のおける読み手の手紙で有望そうとなった原稿であっても、金庫を握ってもいる理事会の諒承を得る必要があったわけだが、その本がたしかにプログラムに入るには、それが「一九四五年七月十日付けのシェパード氏の書簡にある条件に合っている」とお墨付きをくれる「ケアンズの手紙」を俟《ま》たねばならなかった。初めのうちはケアンズ自身、元の原稿を読むこともしばしばで、彼の手紙は相手が法的に問題ないと確認するものであるばかりか、要約と分析をした明断な文章を含んでもいて、本の惹句《ブラーブ》になった。やがて叢書のスタッフがふえてくると、ケアンズは校正段階で目を通し、たった一行の「ケアンズの手紙」を書くだけになった。たまさか原稿に拒否権を発動したこともある。

一九四五年十月の初め、スタンレー・ヤングから、出した本、出しつつある本、出そうとしている本のことを語る上機嫌な報告が出てきた。と思っていたら一週間後、突然の辞職願いだった。自分自身の著述活動に専念したいという話である。「編集はジョン・D・バレット・ジュニアに譲ろうと思う。出版界の新人」と、ヤングは『パブリッシャーズ・ウィークリー』に書き、その折りを捉えてボーリンゲン叢書がパンセオン・ブックスとは別の存在で、「商売としても大きな穴をあけないだろう」学術書の出版をことし、書き手にまで奨学金を出していることを記している。バレットは叢書の編集補に、年俸五千ドルでと決まった。ヴォルフ夫妻にバレットは自分の経験不足と戸惑いを伝え、忍耐と助力を乞うている。移譲は問題なく終った。

ほぼそれと同じ頃、ポール・メロンはオールド・ドミニオン基金を再編しようと決心した。ドナルド・シェパードに細かい点を詰めるように言っている。ボーリンゲン叢書の活動は「大学出版局の線に沿って設立される新しい教育基金」に移される。ボーリンゲン基金は一九四五年十二月十四日、ヴァージニア州で法人化を認められた。その目的を示すに当って法人設立認定証は昔ボーリンゲン基金認可の時の文言を繰り返しているのだが、活動するはずの文化領域に教養教育と科学ばかりか宗教と哲学が加わっている点が新味と言えば新味である。ポール・メロンは基金に寄付の証書を作成しているが、湾岸石油《ガルフ・オイル》の株千二百五十株、七十七万五千七百十八ドル七十五相当、それに現金で二万五千ドルを寄付している。法人の役員と理事はリッチモンドの弁護士たちだが、後に身を引き、代りにポール・メロン、メアリー・メロン、ハンティントン・ケアンズ、ジョージ・ワイコフが常任理事に、そして役員はメアリーが社長、ケアンズが副社長、アーネスト・フェイドラーが秘書、ドナルド・シェパードが総務相談役、チャールズ・ジンスナーが財務と秘書補と決まった。

基金が法的にも動きだしたのは一九四六年一月のことである。それに対しオールド・ドミニオンがパンセオン社、バレット、ケアンズと交していた契約内容の引き継ぎを行った。既に出版した書物五点、出版予定の八点（ブロッホ、ルージュモン、ローゼンフェルドの本は結局未出版。フリードマン、ケアンズ、ラファエル、ツィンマーの本は出版）、ラディン、ラファエル、ブロッホ、ラムボーヴァ、オークスに対する奨学金、それに各種の版権、出版権、選択権、許諾権、株券、紙、調度、電話リスト、等々。予算案承認。一九四六年度分は総額八万二千ドル。メアリーはまたしても自分の基金の長《ちょう》になった。

新基金が一月二十二日に行った最初の寄付行為は一万五百ドルを議会図書館に、ケアンズ提案の企画のため寄付したことであった。現代英米詩人の自作朗読を録音して残そうという企画である（後にはこれにさらに一万八千ドル投入される）。二番目の慈善企画はグァテマラシティのフラビオ・ロダスを助成して、彼にキチェ語の『ポポル・ヴフ』をスペイン語に訳してもらおうとした点で、そうなればこれを特にモード・オークスが自分の本の中に使えることになるはずである。

一月半ば、カッポ・フェランがヤングとともに辞めていった時にバレットの秘書になっていたガートルード・バックマンが突然辞職する。バレットはフランス戦時救済事業の四年間に一緒に働いていたヴォーン・ギルモアのことを思い出す。有能かつ知的かつバイリンガルな女性として記憶されていたから、秘書にと誘ったら、快諾を得た。彼女は一九一一年にニュージャージー州ペイターソンに生まれ、そこで育った。父親はパリ相手のシルク輸入業者で、彼女をパリのコレージュ・モンモランシーに入学させた。ヴォーンがソルボンヌの入学許可をもらったところで一九二九年のウォール街の大株式暴落《クラッシュ》が起き、実家に帰る他なかった。彼女はビジネス・スクールに通い、フランス語が役に立つ職場で働いた、五番街のサクス百貨店とか、である。戦争中はフランス救済調整委員会の受付け兼秘書をマジソン街のヴィラード邸ファーンストック翼にあった事務所でやっていた。ヴォーンがバレットの秘書になった時、出版などまったく知らない世界だった。そこでコロンビア大学の出版のコースに入り、ヴォルフ夫妻やシフランの言うことに耳を傾けたりしてあっという間に、秘書業をこなす他に版権や許諾権、契約、外国での諸権利などに精通していた。

『易経』はなおボーリンゲンの作業日程表上の永遠のテーマのままである。ケアリー・ベインズは何度も翻訳終了間近と広告しては、磨きをかけ誤訳を直すといって撤回する。随分待たされたユングの序文がやっと一九四五年末に彼女のもとに届き、しかしその翻訳に三ヶ月もかかった。長いとか難しいとかではなく、彼女の感覚に合わないものだったからだった。ユングは彼女にこう書いている、「ショックで死なないといいが。小生は自分が『易経』以上の存在とは思えないし、そうなると一切『易経』自体に委ねるのが一番と思うのです」。この本をヨーロッパ人の精神の前に出してみせるというユングの意向を『易経』がどう思っているか、『易経』に尋《と》うてみたというのだ。託宣を読み解いたユングは『易経』が新しい本を良しとしているという結論に達した。合理主義の人たちがユングのことをどう見るか懸念しているケアリーにとって、これは嘆かわしい事態だった。彼女はメアリーに「致命的なショックではないけれど、たしかに頭くらくらしてしまいます。これでまた最後まで誤解と中傷がいっぱい続いていくことを考えるとね」と書く。ユングの書き直しを望んだのだが、メアリーはこれには批判的だった。一九四六年二月、彼女はバレットに書いている。「ユングにああ書け、こう書くなと指示するだの、彼に代って心配するなど、何様と思っているのでしょう。たしかにユング・ファン一般のだめなところです。彼が神秘家だの反合理だの呼ばれて批判されるのを怖がっているの。でも、彼はいろんな意味で神秘家だし、それが強味でもある。自分でも反合理と認めているのだし、第一でなければどうして『易経』のことなんかわかるんでしょう。『易経』が合理でない、とどうして言えるのか、そもそも我々こそ反合理ではないのか、と。……いずれにしろ私は彼のこと、我々のこと、一切懸念しておりません」。序文はユング原文のままということになった。一方、ケアンズの忠告もあってケアリーによる『易経』訳文には学者のチェックが入り、大部分の個所について高評価を得られた。

英国人人類学者、分析者、ジョン・ラヤードが書いたユング派的な『兎の夫人』をメアリーは出そうとしていたのが、ユングが事例の材料に不満ありとしたので、出版予定をはずされた。一方、ユングはニューヨークの分析者、医学博士のM・エスター・ハーディングの『下泳ぐもの』を良しとしている。一九四八年、『心的エネルギー――起源と目標』という名で出版された本である（ボーリンゲン叢書第十巻）。一九四六年夏、ポール・メロンがこれを編集しようとした――彼が編集畑に手を突っこんだのはこの一回だけだ。最初のうちこそポールの編集を、少しばかり完全主義だが、たしかに改善だと感じていたハーディング博士だが、一寸不安になってきた。「残りの部分も同じように一杯直さないといけないとお思いになっておられないように祈ります」と、ポールに書き送っている。「そちらで取り除かれた行句、科学的でなく詩に過ぎないということのようですが、私、復活させていきます。というのはそうした行句こそが読者の理解力のより深いところにある層に、後背地からいろいろ谺《こだま》してくるものがあって強く訴えるのだと確信しているからです」。ポールも頑固だったし、読んでコメントしたケアンズも「平凡」とか「初歩的過ぎる」とか「論点から逸脱」とか言って、ポールの力になった。八月にポールはメイン州沖のベイリー島にハーディング博士がエレナー・バータイン博士とシェアしている避暑地「ジ・インナー・レッジ」に行って著者とやりとりした。編集会議は二人の博士のバードウォッチング趣味のため中断しがちで、ポールが手を入れた各章についてほとんど何の同意にもいたらなかった。多事多忙のポールは編集を諦めざるを得ず、別の編集者が引き継いだ。書いた方は編集のために「霊性」が本から失われたという感じをずっと抱いていた。しかしユングは序文を寄せてき、出版された本は好評に迎えられた。

ジョン・バレットが叢書のために受けいれた最初のプロジェクトはバレットその人の関心の方向を典型的に示していた。ユング派の興味を惹く象徴的な素材は一杯あるにはしろ、はっきり分析心理学と繋がるものはない。『北アメリカに収集された古代近東の印章集成』という野心的企画の第一巻ということで、イーディス・ポラーダがブリッグズ・ブキャナンと協力してカタログ編集したピアポント・モルガン図書館の収蔵品通覧の労作だった。『印章』は一寸した偶然から叢書に入ることになったのだった。一九一二年、ウィーンに生まれたイーディス・ポラーダは考古学で一九三五年にウィーン大学から博士号取得し、その直後オーストリアを去り、合衆国に移っている。一九四〇年、アメリカ哲学協会はJ・P・モルガンの印章（seals）のコレクションを分類し、カタログにした功績でイーディス・ポラーダに助成金を出した。大体は筒状の小さな石の工作物に、普通は神話の風景が小さく彫られている。これを湿った泥に何か儀礼的もしくは商取引上の理由で押し当てたもの。ポラーダは印影をとって写真撮影し、シンボルを描写しなければならなかった。作業はイェール、シカゴその他の学者たちで成る古代近東印章委員会が監督した。五巻本の予定だったが、戦時下のこと、基金の類が動かない。イーディス・ポラーダもその時々の仕事でしのぐ――織物デザイン、家具を絵に描く、教える、とかとか。妹のヒルダがパンセオン社に雇われると、イーディスもそこにパートタイムの事務として入り込んだ。それが一九四六年初めのある日、イーディスは印章写真を持ち込んでロシア童話の本のための神話的な絵と見比べていたのだが、それを偶然、彼女の肩越しにヴォルフが目にとめ、すっかり気に入って、その画帳を少し借りたいと言った。ヴォルフはそれを下のバレットの所に持って行ったが、バレットも夢中になった。委員会との契約成って、第一巻は上下二部で一九四八年、ボーリンゲン叢書第十四巻として刊行された。イーディス・ポラーダは再び学界に復帰し、最後はコロンビア大学の美術史と考古学の教授にまでなった。戦時の厳しい御時世のことだから、第二巻の準備にはかかっていたものの、『集成』はそれ以上の続刊を見ることはなかった。

もうひとりウィーン出身者がいる。音楽学のヴィクトル・ツッカーカンドルは一九四五年、彼とはヨーロッパ以来の付合いがあったヘルマン・ブロッホが間に入ってバレットと会う。ウィーン大学で博士号取得したあと、ツッカーカンドルはオペラや交響楽の指揮者、音楽評論家、教師をしてきていた。一九四〇年に渡米するとボストンの防空施設で機械工として働く一方、ウェズレー・カレッジやニュースクール・フォー・ソーシャル・リサーチで教鞭をとった。哲学的探究の具として音楽を考える本を形にしたいと思ってボーリンゲン基金の奨学生に応募してくる。ケアンズが思うには、ツッカーカンドルの理論は「非常に筋が通っているが、主要論点の幾つかは、展開こそないけれどもシュペングラーが既に論じている」。奨学金は供与された。一九四八年、ツッカーカンドルはアナポリスのセント・ジョンズ・カレッジの音楽監督、教員に任じられ、そのまま十六年間教職にある。その『音と象徴』は一九五六年と一九七三年にボーリンゲン叢書四十四巻の上下二巻本として刊行されたが、下巻の方は著者他界後八年目の出版である。一九六二年にアスコーナで引退する時の、ツッカーカンドルからバレット宛ての書簡に、こうある。「小生の人生がいかに貴君及び基金に深くからんでいたのかと改めて強く感じないわけにはいきません。貴君が小生をアメリカに渡ってもの書きをするようにして下さった上、セント・ジョンズにもつれて行って下さったので、抽象的な考えが実践でも通じることが理解できました。エラノスと繋げて下さったのも貴君であります。予想もせぬ新しい可能性がくさぐさ、そこで小生に開けて参ったのです」。

　バレットから見て特別に関心を惹く方向がもうひとつ、一九四六年初めにジャック・シフランからもたらされた。シフランはパリで、ブルガリア出身の書き手、ラシェル・ベスパロフと知りあっていた。一九三〇年代にベスパロフが発表した哲学や文学の記事がジャン・ヴァール、アンドレ・マルロー、アンドレ・ジッドなどの注意を惹いていた。ニューヨークに難を逃れてきていたベスパロフはヴォイス・オヴ・アメリカのために台本を書いたりしていたが、一九四三年、マサチュセッツ州マウント・ホリオーク大学で音楽を教え始めた。シフランは自分の出版予定表によってベスパロフの長大なエッセー、『イーリアス論』を出していたし、その一冊をバレットに渡してもいた。この叙事詩の主要人物たちを、ユング派的とは言えぬまでも元型《アーキタイプ》的に論じたもの。バレットは丁度、『ポリティック』誌にメアリー・マッカーシーの英訳で訳載されたシモーヌ・ヴェーユの「『イーリアス』、または力の詩」を感心して読んだばかりのところであったから、ベスパロフの仕事はバレットと、そしてメアリー・メロンの注意を惹いた。バレットはこの二篇のエッセーをまとめて出したいと思った。ドワイト・マクドナルドの提案もあって、メアリー・マッカーシーにベスパロフ英訳の仕事が回った。彼女は七百五十ドル欲しいと言ってきた（千語につき四十ドル一寸という計算だ）。高すぎると言われた時のマッカーシーの答や良し。「これは当方要求の最低線です。お金が入り用なので、小説を書いた場合の時間とのバランスを考えてということです」。訳文は見事なものであった（もっともヴェーユのエッセーは権利関係でいろいろ巧くいかず、加えることができなかった）。一九四七年、『イーリアス論』がヘルマン・ブロッホ序文で、ボーリンゲン叢書第九巻として刊行された。そしてラシェル・ベスパロフには「美学と永遠なるもの」というテーマで一冊を、というので奨学金が出た。奨学金申請を支持したマルローもジッドも、彼女の「道徳と知力の高い質」「展望の深さと、批評精神の精妙、透徹」を言った。しかしながら一九四九年四月、ラシェル・ベスパロフは老齢の母親を殺し、自裁して果てた。経緯は不明である。

一九四六年になると、混乱と猜疑の霧の中でずっと推移してきたユング著作集出版の計画にどうにか見通しがついてきた。メアリーはやると決めたことに、ユングとのやりとりが戦時下すっかり断絶していたのに、一片の疑念も持っていなかった。一九四三年六月という早い時期にメアリーはスタンレー・ヤングにそう命じて、アメリカにおけるユング本の版権関係を調べさせていた。再びメルヴィル・ケインを雇って、版権登記所に一覧表を出させた。英国で印刷され輸入されたのに版権がとられていないものもあった。ハーコート・ブレイス社は『魂を求める現代人』、『心理学的な類型《タイプ》』、『黄金の華の秘密』、それに『分析心理学論叢』を持っており、ドッド・ミード社は『無意識の心理学』と『分析心理学に関する二つのエッセー』、ファラー・アンド・ライン社は『個性の統合』に、問題含みながら、ユングの次作に対するオプションを握っていたし、イェール大学出版局は『心理学と宗教』を持っていた。以後、スタンレー・ヤングが、次いでジョン・バレットが権利をボーリンゲンに移すという話で多くの出版社と長い、長い交渉に入っていく。

一九四三年夏にメアリーのユング宛ての長い手紙がアルフォンス・ヘッテンシュヴィラーの外交官郵袋に入って運ばれて以降、ユングからの返事は一九四四年一月まで来なかった。郵袋から出てきた無署名の手紙は、メアリーの出版計画を褒めながらも、法律の上で厄介が多過ぎて正式の返答はできないと書いてあった。何もかも巧くやれればいいのだが、と。ヘッテンシュヴィラーは出版されたばかりの、バーバラ・ハンナ訳『心理学と錬金術』一冊を携えていた。その後、ユングが重篤な病に罹ったため、一年以上ぴたりと音信が途絶えてしまう。一九四四年二月十一日にユングは雪の道で転倒し、右足の腓骨を骨折。病院で錬金術文書に目を通しながら心臓の血栓症に苦しむ。他にも二つの血栓が肺に入っていた。何週間も死に瀕し、意識がなくなることもしばしばだった。この期間にユングは途方もない幻視体験をしたと『回想・夢・瞑想』に書いている。地球を離れ、一千マイル彼方の宇宙空間から丸い地球を振り返り見ているという幻視だった。六月になってやっと仕事再開。前年に引き受けていたバーゼル大学臨床心理学の学科長職も辞さざるを得なくなった。八月のエラノスにも顔を出せなかったし、ボーリンゲン・タワーに足を運ぶことさえできなかった。

一九四五年三月、ヘッテンシュヴィラーの外交官郵袋でもう一便届く。ユングが「現下の不確かな条件に鑑みて」自分の著作集の出版権をメロン夫人に与えるわけにはいかないと決したというのである。英国および合衆国で『心理学と錬金術』の出版はキーガン・ポール社にさせるとして、契約を交すことにしたという。ユングの言うには、メアリーが自分の本の刊行にかまけることなく、別の著者との付合いを考えた方が賢明と思うというのである。メアリーはただちに当惑の気持ちを電報で伝えた。自分としてはボーリンゲン叢書の中に「錬金術文庫」という企画を立て、ユングの著作に併せて古い錬金術文書の復刻もしてみたいのだと伝えた。電信によるユングの返事は素気なかった。「すまないが、アメリカとのやりとりがとぎれ、戦況もよくわからない間にキーガン・ポール社との話が進んでしまいました。九拝」。メアリーはキーガン・ポールから『心理学と錬金術』のアメリカ出版権を譲ってもらう運動を始めるも、このロンドンの出版社は別にもうひとつアメリカの会社にオプションがあると返事してきた。最後にスタンレー・ヤングがキーガン・ポール社の専務取締役セシル・A・フランクリンに手紙を書いて千ドルの前払いを切りだし、ボーリンゲン叢書のうしろにはメロン財団がついていると書き送った。丁重な返事があって、交渉できるかと書いていた。

ヨーロッパで戦争が終り、伝達手段が回復されると、ユングとメアリー・メロンの往復書簡も復活した。九月、ユングは一年前の病状と驚くべき幻視の話を生き生きと書き送り、次の一文で銘柄「グレンジャー」のパイプ煙草を送ってもらえると有難いと書き足している。メアリーが十一月に出した長い返事を見ると、いつもの息せききった語調で、どういうふうに「錬金術文庫」とユングの本を出していくつもりかを書き綴っている。「是非御力添えをいただいて、御仕事をまとめて後世に伝えたいのです」、と。「それがボーリンゲン叢書の骨格となるのです」、と。それから一九三七年のユングの錬金術レクチャーで初めてユングの姿を目にした時のことをまたぞろ回想して、「私は隣の席の方と同じくらい先生の仰有ることがわかってなかったと思いますし、周りも皆そのようでした。しかしこれが私の人生そのものになるとは感じていました。私の命のある間に形にしたいのです」。メアリーはユングの健康を気遣う。「この厳しい冬、どうか御自愛専一に。週十一ポンドのバター、脂、砂糖を送らせていただきます」。一ヶ月後のユングの返事は心なしかさらに素気ないもので、ロンドンのキーガン・ポール社が彼の全作品の刊行を計画していることを知らせてきた。特殊な「錬金術文庫」など展望をもてるのかと言いながら――「こういう難解な内容を理解できるのは本当にひと握りの学者だけではないでしょうか」――食物の小包ももう送らないでくれと言い足していた。小包を郵便局で受けとろうとすると配給量を諦めなければならないからというのだ。もっとも十六世紀のパラケルスス二巻本というメアリーが送った贈りものは嬉しく受けとっている。それからタバコなら、銘柄は問わず、であった。

ユングの英国出版社は戦時下、エアグラフ(airgraphs)、即ち空中縮写便でユングとやりとりし、この有利さをとことん利用した。たしかにメアリーとユングの間は外交官郵袋が結んだが大した量にはならなかったし、それに何にしろ早く決着をつけるのは嫌というユングの腰の重さがどうにもならない。メアリーの過熱気味の熱狂のスタイルがユングを面倒臭がらせたのかもしれない。ユング自身の言う八つの個性タイプで言うと、メアリーはさしずめ「外向的直観型」に見えたかもしれない。彼女を知っているが被分析者としたことはないというあるユング派分析家は、「今まで会った人で一番外向型の人物」と評した。ユングもかつてメアリーを評して「計画過多の人間」と言ったことがある——実現しそうにない夢の計画を抱える人間だ——メアリーの手紙も、熱と誠実さで一杯なのだが、ユングから見てビジネスライクではないし、子供じみていたのかもしれない。一方、実務的なロンドンの出版社は、一九一六年の『無意識の心理学』以来、ほぼ三十年に亘《わた》ってユングの本を手堅く刊行し続けてきていた（この会社は実際には二つの会社、ジョージ・ラウトレッジ父子会社とキーガン・ポール・トレンチ・トゥルブナー社の連合体で、ユングの本はキーガン・ポールが印刷しながら、営業はラウトレッジのレターヘッドで行われていた。一九四七年十二月、二つの会社はラウトレッジ＆キーガン・ポール社になった。ごく最近までの百年間、社屋はセント・ポール大聖堂そばの、ブロードウェイ・ハウスと呼ばれる古い建物の中にあって、人々はこの社屋に行くには肉の卸《おろし》売り店街を抜けて行かねばならなかった）。一九四五年十一月、同社の編集主任の一人で、詩人、評論家のハーバート・リードがキュスナハトのユングに会いに行って著作集刊行の構想を切りだし、ユングの同意を得るところまでいった。ユングの同意を得たリードは、ロンドンで開業していたユング派分析家のマイケル・フォーダムを編集長に招いた。

リードの書簡ファイルには一九四六年一月四日の日付けのデスク・カレンダーの一ページがあって、「アメリカでの全集版。パンセオン・ブックス、ポール・ミレン夫人（Mrs. Paul Millen）」と走り書きされている。リードがかつてボーリンゲンの出版計画のことを聞いたことがなかったのはたしかだ。メロンの名もどうやら初耳だったらしい。一九四六年三月、リードはイェール大学で芸術の話をするのに合衆国に赴いた。その後でクルト・ヴォルフが彼をメアリー・メロン、ジョン・バレットのいるワシントン・スクエアの事務所に連れて行き、あっという間に原則共同企画の話がまとまった。編集と翻訳のコストはボーリンゲン持ち。メアリーとしては編集者として、というか編集者の一人として、スイス出身の臨床分析家でロンドンからニューヨークに来たばかりのヴィオレ・ド・ラズロを入れたかったのだが、リードは自分の方の候補者フォーダムには既にユング自身の同意をとりつけてあると言ってきかなかった。メアリーはまた翻訳はケアリー・ベインズにやらせたい意向だったが、ケアリー自身、この大任を引き受けることについて「あれやこれやの恐怖と不安」ありとして断ってきたこともあって、ここでもリードは自分の側の候補者としてR・F・C・ハルの名を挙げてきた。リードが何年も付合いのある英国の詩人で翻訳家である人物である。

旅の次の目的地のシカゴからキーガン・ポール社に報告をする手紙で、こうリードは書いている。「この企画については我々は油脈を掘り当てました。大きな点でも細かい所でも何か不一致が生じるようには思いません。もちろん、我々がメロンの名を知る以前に同じ考えを既に持っていたことははっきり言っておきましたし、私がチューリヒに行ってユングに会ってきてあるというのが、こうなると効《き》きました」。バレットはバレットでこの合意は大成功と思う。ボーリンゲンはアメリカでの独占権をラウトレッジから無償《ただ》で手に入れられるからである。いずれにせよ基金はこの刊行のコストは負担する用意をしていた。メアリーはユングにこう書いている。「ボーリンゲン基金はこの計画の実現に必要な財政援助を引き受けることができます。主人も私も、先生の御本のこと、私どもと同じくらい大切に思っているハーバート・リード氏のような方に巡りあえて本当に嬉しく思っております。奇跡のような成り行きと感じております」。

ユングはフォーダム博士が「ドイツ語の微妙な所にちゃんと目が届かない」のを感じて、これもユング派分析家のゲルハルト・アドラーを組ませてはどうかと提案する。アドラーはドイツ語を母語にしている上に、英国に十年も住んでいるから、と。アドラーとフォーダムが共同編集者となり、これにバランスをとる裁定者としてリード自身が加わることになる。

ハーバート・リードはやがてボーリンゲン世界に際立った位置を占めることになる。それもユングの本のせいばかりではなく、だ。リードは一八九三年、ヨークシャーの農家に生まれ、地方大学で教育を受けた。第一次大戦では武勲に対して勲章を受けたが、その戦時下に詩を書き始めたら、早々と文名があがった。一九三〇年代には詩人、文芸評論家、美術史家、現代芸術評論家、そして出版社編集者と、五つの顔を持つ有名人になっている。一九二四年のさる記事の中でこそ精神分析を批評の具として扱ってはいるが、ユングへの注目は大分後のことである。リードの詩的かつ幻視的な小説、『緑の子供』(一九三四)がユング的と呼ばれることがあるが、それを書いている頃、リードはそれほどユングを読み知っていたわけではない。一九三七年のある作で芸術家の心理をめぐるフロイトの理論の説明をしているが、ユングへの言及はない。それが『芸術による教育』(一九四三)になると、ユングは「神話、象徴の形をとり、表現にしっかり係わる集合的現象に対する解釈に於てはフロイトより段然成功している」と言うまでになる。その頃にはもうリードはユングの出版社、キーガン・ポール社の社長になっていた。

一九〇四年生まれのケンブリッジ大学人、マイケル・フォーダムは医学を学び、神経生理学と心理学を専門としていた。「青年精神分析家ということで」と彼は書いている、「比較的教育のない妄想性分裂病者の研究に私は時間を費やした。もしユングが正しいとすると、私の患者の妄想の内容をフレイザーの『金枝篇』の中に見つけられるはずと考えた。で現に見つかったから、抗っていた疑いの思いが霧消し、私はチューリヒに行ってユングに会い、私の人生で最も貴重な繋がりのひとつがこうして始まった」。フォーダムは英国ユング派のトップ、H・G・ベインズの分析を受け、訓練を受ける。一九三六年にはゲルハルト・アドラー、ヴィオレ・ド・ラズロ他の人々と一緒に開業分析家協会の立ち上げに尽力し、関心を児童心理学に向け、その領域での第一人者となった。キーガン・ポール社は一九四四年、リードの伝手《つて》でフォーダムの『子供の生』を刊行している。

フォーダムの同僚のゲルハルト・アドラーは一九〇四年ベルリンの生まれ。心理学の博士号をとって精神分析派ソーシャル・ワーカーとなった。ジェイムズ・カーシュからユング派の分析を受け、カーシュに勧められてチューリヒに赴く。一九三一年から一九三四年にかけてユングやトニ・ヴォルフと仕事をし、定期的にベルリンに戻っては、ドイツがナチスに呑み込まれていくいやましに困難になる状況下で医業に励んだ。一九三六年にロンドンに移住。ユングの援助もあってそこで医者として立った。

リチャード・フランシス・カリントン・ハルは一九一三年の生まれである。医者になる勉強から始めて、やがて詩とジャーナリズムに転じた。一九三〇年代の大部分、ミュンヘンで暮し、ドイツ語を勉強し、リルケを訳し始めた。一九三八年に帰英するとロンドンの文学界でハーバート・リードに会い、リードにものを書き、本にしてはと勧められた。戦争中は北ロンドンのブレッチレー・パークの陸軍省の極秘「超《ウルトラ》」暗号センターで暗号解読の仕事をした。戦後は主にキーガン・ポール社の仕事だがプロの翻訳家をし、哲学書を専門に訳した。ハーバート・リードが彼をユング著作集の翻訳者にどうかと言いだした時、ハルはユングの心理学のことなど知らなかった。マイケル・フォーダムは後日、ハルとの初対面の時のことを、こう回想している。「背の高い、優雅で仲々の押し出しの人物が、握りが銀の籐《マラッカ・ケイン》の杖を手に私の部屋に入ってくると話しを始めたが、かなりな吃音《どもり》だった。あまり有望そうにも思わなかったが、大変回転の良い頭脳と、余計なことをせずに要点《エッセンシャルズ》を摑む能力を持っているらしいことがすぐはっきりしてきた。現にその通りの人物だということがわかった。

メアリー・メロンは一九四六年の夏の間、スイスに行ってユングに分析してもらい、エラノスに出席し、著作集のビジネスを片付ける予定でいた。ユングもボーリンゲンの塔に引っ込むはずのところ、八月の二週ほど他の予約を入れないでおくことにしてくれた。しかしその後、七月半ばに突然メアリーはこの予定を変更した。一寸した手術の予後がかんばしくないというのが理由らしかった。バレットが代理でヨーロッパに行くというので、メアリーの指示、そしてチューリヒの鍵となる人物の人となりのメアリーなりの評定を並べた書類を渡された。たとえばメアリー・フットについてメアリー・メロンはこう記している。「器《うつわ》大きい。そこの人間同士、感情の上でどういう関係にあるか、彼女から聞ける。とても弱い。あまり健康良くないと思う。ディナーにはバウア・オ・ラックのホテルに連れだし、シャンパンとキャビアで元気づけてあげるように」。バレットはそうした。トニ・ヴォルフについてのメアリー評は「ユング博士一のお弟子さんで、長年、ユング自身見るに及ばないと言った患者たちの多くを自分が引き受けることで先生を助けてきた。私も優に三ヶ月、彼女に分析してもらった。非常に厳格、とても尊大で厳しいが、仲良くなってみると心優しい気の付く人物。ユングその人を除くと、あなたが会うべき一番重要な相手」ということになっていた。

ユングにはメアリーはこう書き送った。「ジャック・バレットとはもう十五年の付合いで、主人とも私とも最高の親友の一人という人物です。氏はこの叢書の肝心の意味を呑み込んでおり……機能面を完全に掌握しているばかりか、もっと肝心な点ですけれどその背後にある理念もしっかり頭に入れていて、私がその理念を展開しようとするのを一所懸命助けようとしてくれます。力を抜かず、良心的、感受性豊か、一徹さも具《そな》えています。ヨーロッパじゅう旅し、長い間そこに住んでもおりますが、同時に生粋《きっすい》のアメリカ人なのです」、と。バレットはユングと会った途端、通い合うものを感じたし、これは少し後のトニ・ヴォルフとの面会でも同じだった。エラノスでのオルガ・フレーベとの面会はこれも人と人との出会いの勝利だった。エラノスの会議《ターグンク》終了後、カーサ・ガブリエッラでビジネスの会議が開かれた。ユング、ハーバート・リード、フォーダム、そしてバレットの四人。重要な問題は残らず大体の合意に達した。直後のメアリー宛て書簡にバレットは書いた。「大なる昂揚感をもって離れました」、と。

バレットはオルガとカーサ・ガブリエッラのことの処理も依頼されていた。この件ではメアリーから、この件全体に非常に慎重なドナルド・シェパードからみっちり指示《ブリーフィング》を受けていた。メアリーはオルガと文通できたのはやっと一九四六年二月のことだった。もっとも困難をしのぐ資金はずっと送っていた。一九四二年以来の休止は、要するに連絡を遮断されていたのだから仔細を述べる必要はない、とメアリーは書き送った、「我々が別にそうさせたのではありません、ある日突然巻き込まれていて、やれと言われたことをやる他はありませんでした」、と。着いたら何もかも説明できるでしょう、と。「あなた様の地所の一部を購入することでお力添えしたい件で話し合いを始めたいと思います。あなた様が一生そこをお使いになるのが良いと我々は考えています。……給料でエラノス管理者としていていただき、衣食も足りて、ただひとつ、我々にも時々使わせていただくというのが最善だと存じます」。メアリーは八月八日付けでもう一便投函。バレットが出発した直後のことだ。自分がヨーロッパに向かって発つべきかどうか『易経』に尋《と》うてみたというのである。筮竹《ぜいちく》を並べるのは一九三九年にカーサ・ガブリエッラでやって以来のことである。まず「卦辞《かじ》」として第十五の卦《か》が出た。謙遜と読めた（ケアリー・ベインズは最終的にはこれを温順と訳している）。そして「爻辞《こうじ》」には第四十七番の卦が出て、こちらは困憊《こんぱい》と読めた。「長い間、何の意味も引き出せなかったが、徐々に易が私に何を伝えようとしているか窺えるようになってきた。その一切が現に実現したのだ。何ごとにもこれ以上ないほど謙遜であらねばならなかったのだし、そしてずっと、今なお本当に困憊しているではないか。要するに、その時に非ずという占断なのだ」。旅行中止に手術もいかにもの口実となってくれていた。

カーサ・ガブリエッラ購入計画をめぐるやりとりには実に激しい部分があった。バレット対オルガおよび三人のスイス人弁護士たちの会議。本当に面倒な話で、結論が出せない。バレットはドナルド・シェパードに議事録を送り、メアリーには「御夫婦とは長い一夜、いや長い数夜を語り明かさないといけないようです。私は彼女がよくわかり、彼女の信頼も得られたように感じているのですが、なにしろ簡単に書き送れそうにないことだらけなのです」と書いてきた。

九月末に戻ってきたバレットはオーク・スプリングでメロン夫妻相手に全体の流れを口頭で報告した。メアリーはユングとチューリヒ、オルガとエラノスの話を聞きたがったが、カーサ・ガブリエッラの面倒な話を耳にして戸惑い、銷沈してしまい、そちらの手続きに係わり続けるべきか、いやエラノス講義を活字にすることに執すべきか悩み始めた。今やオルガの呪縛にかかってしまっているのはバレットの方で、エラノス本の出版計画を、講演が出してくる豊かな材料のためだけにでもと言って擁護するのだった。

一九四六年十月十一日は快い秋の一日であった。メアリーとポールは朝早くキツネ狩りに出掛けた。ここ一年かそこら、メアリーはすっかり乗馬が好きになっていた。といっても薬を入れた噴霧器は必ず持参していた。狩りを終えて帰宅の途についた時、喘息《ぜんそく》の発作が起きた。噴霧器は故障しており、発作は漸時ひどくなっていった。オーク・スプリングに戻るとすぐベッドに横になり、事態は好転するかに思われた。しかし午後浅く、また発作。メアリーの心臓がもたないほどの強烈な発作だった。ポールに残した臨終《いまわ》の際《きわ》のひとこと、「しなきゃいけなかったことばっかり」。享年四十二。

翌日、バレットがオーク・スプリングに着くと、すぐポールからひとことがあった。「ジャック、きみがぼくと一緒にやってくれるんなら、こんなことになったからと言って、メアリーがやろうとしてたことを一緒にやらないでいいってことにはなるまいね」

葬儀は十月十四日の月曜日にオーク・スプリングで行われた。質素な棺を農園の花が飾った。小さな発条《ばね》付き馬車に棺をのせると、メアリーがかわいがっていた仔馬《ポニー》二頭が曳《ひ》いた。棺担《かつ》ぎが車の両側につき、参列者はポールとキャシーを先頭に、後方に不揃いな列をつくってつき従った。コノーヴァー博士夫妻は車中であった。埋葬は随分前から農園にある小さな墓地のユリノキの下だった。その界隈の監督派教会の牧師が読みあげた祈りの文句の中に、メアリーが指輪に刻んでおり、ユングが大好きだった聖句があった。「そしてモーゼが荒野に蛇を上げたが如くに人の子また上げらるべし」、と。

メアリーの死ぬほんの数日前、モード・オークスはトドス・サントスを離れ、八時間馬上にゆられ、それからバスに乗ってグァテマラシティに行って、チフスの予防注射を打ち、パスポートを更新しようとしていた。報せが彼女に届くのが遅れた。かねてより自分の旅の仔細をボーリンゲンの事務所やメアリーに伝えるモード・オークスではなかった。彼女の行動を知るのは弟だったから、この人物が新聞でメアリーの死のことを知り電報を打った。モードは信じられず、ポールに電報を打って真偽を尋ねた。その通りだという返事はジョン・バレットから来た。

その後、というかトドス・サントスに戻ってから、モードはキャシー宛てに母親のことを書き送った。「私にとってお母様ってまるで太陽の光みたいな人でした、そんな力強い人でした。私たちの友情みたいの、めったにない。いつも思っていること、お互いにあらいざらいだったもの。ひとりぼっちの時、何か大事なことを決めないといけない時、ああ、お母様がここにいてくれれば必ず助けてくれるはず、とそう思う。自分の部屋に行くか、きれいな所に行くの。手に何かお母様がくれたもの、お母様のものだったものを握ってね。それから静かにお母様のことを考える。それからまるで隣に坐ってらっしゃるみたいに尋ねるのよ。答え、返ってくるわ、絶対に」

何ヶ月か前の七月、トドス・サントスで休暇をとってニューヨークに来ていた時、そのモードがジョン・バレットと一緒にオーク・スプリングに向かった折りのことだ。メアリーがモードにカードで運勢を占ってみてくれと頼んだことがあった。モードはカードを忘れてきていたことを知った。メアリーが言ったそうである。「モーディーったら、そんなこと初めてじゃあないの。わざと忘れてきたのね。何か良くないことがカードに出そうって、わかってたのね」。

「わざとなんかじゃない」とモードは答えた、「でもほんと、不思議」。

第四章　エラノス、ユング、神話

一九四六年十月末、メアリー・メロン他界から三週間もたたない頃だが、ポール・メロンにはいろいろ重い懸案が残されたうちに、メアリーのファイヴ・イヤー・プランをどうするかという問題があった。続けて欲しいというのがメアリーの遺志だったが、金を出すかどうかは結局ポール次第だった。十月二十八日にポールはジョン・バレットを通じて「厩舎」の人間全員――ヤング、プレストン、ルージュモン、カウリー――に連絡をとらせている。「貴殿のお書きになるものに就て貴殿とメアリーの間でできている約束はメアリー他界によっても何も変りないことをお伝え致しておきます」、と。カウリーは『ニュー・リパブリック』誌にメアリーとボーリンゲン叢書の記事を書いて、彼女の出版事業が「短い期間で志には満たぬもの」であったが、そういう仕事をした人物であることを巷間に知らしめたいと言ってきた。各紙死亡告知欄を見ても、メアリーのボーリンゲン事業のことは触れられていなかったのだ。『ニューヨーク・タイムズ』紙にいたってはメアリーの結婚前の名、コノーヴァー（Conover）をよりによってカンヴァース（Converse）と誤記した上、「女史は心理学に大きな関心を寄せ、パンセオン・ブックスを創設した」と書いていた。翌日に訂正記事が出たが、誤報含みの記事は既に他の新聞に転用されてしまっていた。ピッツバーグの『プレス』紙が良い例だし、オーク・スプリングに出回る地元紙、ウォレントンの『デモクラット』紙など、メアリーの地域貢献活動のことしか書いていない。メロンはカウリーからの申し出を丁重に断った上で『パブリッシャーズ・ウィークリー』に短い告知広告を載せることにはした。一部引くと、「ボーリンゲン叢書を創設、編集にも係わることをもって、哲学、人類学、芸術、比較宗教学の分野で、商業出版社が仲々手の出せない、学術的なるが故、多くの読者を期待できない本の刊行を可能にした」、とある。

メアリーにはもっと長く持続する記念物、というか記念の制度が他に何かあるべきだった。一九四九年春、オールド・ドミニオン基金が二百万ドルをヴァッサー・カレッジに寄付してメアリー・コノーヴァー・メロン教育推進基金が設けられることになったが、「いかなる学生であろうと知的、情操的、社会的な最高度の達成を目指す者を援助」するのが目的と謳《うた》った。基金は当時、ヴァッサーの卒業生秘書をしていたかつてのメアリーの友人、ガートルード・ガーンジーの頭に浮かんだものを、オールド・ドミニオンのトップ、アーネスト・ブルックス二世が中心になってプランしたものだった。実際には精神分析に拠るカウンセリングのプログラムで、一九二九年に短期ながらユングとともに学び、やがてフロイトに即《つ》き、最後は両者混淆の医業に行き着いた精神分析医、カール・ビンガーが初代所長をつとめた。ヴァッサーのプログラム、イェールにおける似たプログラムは現在なお実践されている。一九六一年にオールド・ドミニオンはヴァッサーに、美術と音楽のふたつのメアリー・コノーヴァー・メロン講座を開かせた。カンザスシティのサンセット・ヒル・スクールは、メアリーが一九二一年クラスに属していた高校だが、メアリー・コノーヴァー・メロン記念科学館が一九四九年に寄贈された。メアリー自身、一九四四年の新館基金に最初に拠金したのだったが、メアリーの没後、オールド・ドミニオンから出た五万ドルで建物は完成したのである。メロン夫妻の二人の子供、キャサリンとティモシー（当時十一歳と六歳）が寄贈式に参列した。ポール・メロンがスピーチをして、教育は「頭を明晰にし、心を寛《ひろ》やかにする手段」であるというメアリーの教育観を目に見える形にしたシンボルがこの建物だと言った。しかしあれこれ言っても、メアリーを最も息長く記念するもの、それはボーリンゲン基金、そしてボーリンゲン叢書を措《お》いて他の何があり得ただろう。

一九四六年十一月、ポール・メロンはボーリンゲン基金総裁に選ばれ、ジョン・バレットはボーリンゲン叢書編集者に任ぜられる。冬越しに二人はオーク・スプリング、ホーブ・サウンド、ニューヨークで多くの時間をともに過ごし、基金の未来を議論し尽くした。メアリーのボーリンゲン計画は必ず続行するとポールは決心していたし、メアリーが重要と考えていたプロジェクトは何ひとつ見落とされてはならないと考えるのはバレットも同じだった。プログラムのユング的核心《コア》はこれからもずっと中核であることに変りない旨、メロンはユング宛てに書き送った。もしメアリーこの世にありせば、彼女のプログラムはさらに一層はっきりとユング色を強めていたのではないだろうか。一九四一年から一九四二年にかけての彼らの議論を回想するなかでヒメーナ・デ・アングロは、メアリーが新しいこと、大胆なことを目指していたこと、とりわけても元型もろもろと、集合無意識（the collective unconscious）が美術、文学、夢と幻想にどう現われているか説き明かす本を出版しようと心を砕いていたこと、いかに出来上ってしまった学者や学界の既成の線に関心を持っていなかったかを語っている。

しかし叢書が発展していくなか、むろんユング著作集は除いて、メアリーが考えていたような厳密にユング的なものを論じていると言える本は、実は本当に少ない。そうでない本の多くも大なり小なり、分析心理学の主張を証しているとは言えるにしても、である。一方に、ユングへの学恩なり親近をはっきり表沙汰にするキャンベル、ケレーニイ、ツィンマーといった人々の本があり、他方にはユング思想とはまるで無関係な、主に人類学、美術、文学の、バレットがプログラムの間口を広げてくれるものと判断した本が並立していた。メアリーがのっけから、このプログラムがユングという神域の外にある本も含めると考えていたのもたしかで、その証拠にヒメーナ・デ・アングロに有望な書き手をさがすよう言った中に、パウル・ティリヒも、ルース・ベネディクトも、ウィリアム・トロイも入っていた。メアリー自身、エドガー・ウィントの指導を受けようともしていたし、最初のボーリンゲン叢書の予定書目にはイブン・ハルドゥーンあり、ドニ・ド・ルージュモンありであるし、最初期の奨学生にはポール・ラディンあり、マックス・ラファエルあり、そしてポール・ローゼンフェルドあり、という状態だ。この相反物の一致（union of opposites）そのもののありようは実はボーリンゲン基金の活動の全域を一貫していた。一方には見る者が**神話**（Mythic）と呼ぶに相違ない、分析心理学、シンボリズム、宗教、反実証主義、プリミティヴなもの、そしてとりわけプラトニズムがそうだが永遠の叡知（perennial wisdom）がある。他方には遥かに律義な**美**（Aesthetic）の世界が、芸術史、学としての文（literary scholarship）の世界が、翻訳文学があり、もちろん人類学、考古学、そして文化史などもこちらに入る。並立しながら相互干渉（interrelations）もしばしばであった。ボーリンゲンの**神話**面が**美**の面に滋養を与えるのはよくあることだったし、**美**が**神話**を明るませるのはそこでは当然のことだったのである。

基金が理事会とその財務部の支配下に続く中、バレットなりの方向性がゆっくりと表に出てくる。流れからいって、ポリシーの打ち出しだの本格的プログラムだの、出る幕ではない。決定もよく考え、よく議論されて、記録にも残らぬもろもろの手続きをへて慎重に下された。何が手中にあり何が手中にないのかについての動かぬセンス、というかコンセンサスがあった。初期段階でバレットは、長年カーネギーやロックフェラーの慈善事業を仕切った後、プリンストン高等研究所の初代所長をつとめた（一九三〇年から一九三九年まで）堂々の八十翁、エイブラム・フレクスナーと話し合うことで随分勉強できた。耳に入るボーリンゲンの出版物に好奇心が湧いたフレクスナーは「だれだろうと責任者に」電話をかけてきて、基金に顔を出したいのだがと言った。それから何年か、フレクスナーとバレットは月に一度、昼食をともにするのがならわしとなる。バレットが後に回想しているが、彼が「ボーリンゲン流の考え方や態度」を打ちだすのにフレクスナーが大きな力になったとのことである。

メロンは決心する、今後骨折りも、経費もふえていくはずだから、基金予算を倍額にしよう――八万二千ドルを十六万ドルにしよう、と。そして彼はそれを現金の寄付によって実行した。一九四八年には再び倍化して、三十一万五千ドルにしている（その後、年毎に増加。但し、幾何級数的にとはいかない。百万ドルの大台乗りはやっと一九五八年になってのことである）。スタッフもふえた。一九四七年一月、ヒュー・チザムが編集補に雇われた。一九一三年にプラザ・ホテルで生まれ、一九三六年にはイェールで学級詩人になり、ケンブリッジのキングズ・カレッジを出たチザムは大戦中はイタリアで救急車の運転をし、詩を発表していた。彼の熱狂とは対蹠的なユング、ツィンマー的伝統のゲルマンぶりとの均衡が仲々だった。十月にはアーネスト・ブルックス二世がボーリンゲン基金の法律顧問、秘書補、収入役に任ぜられた。一九三〇年にはイェールの学生、法律の学士号はハーヴァードから、そして戦争中は戦略事務局《オー・エス・エス》に、という経歴の持主である。

手始めにブルックスは出版企画を持つ他の基金類――カーネギー国際平和基金、カーネギー基金、アメリカ学術協議会、等々――が何をやっているのか調べて、ボーリンゲンの活動を再編成しようとした。徐々にドナルド・シェパードの果たしていた役割を引き継ぎ、ボーリンゲン基金の管理部門の面倒をみることになる。といっても、関心のままにオールド・ドミニオン基金の方に目が向くようになって、一九五六年にはそちらの総裁になるのであるが。この両方の相談役に、一九三三年にドイツを去って危険多いパリで暮した後、関心を持ってくれたマイヤー・シャピロ等の尽力で一九四一年にニューヨークに来ていた社会科学者のジークフリート・クラカウアーを起用するのに働いたのがブルックスだった。クラカウアーは高名な映画批評家で、ボーリンゲン奨学金を得て『映画の理論』（一九六〇）を書いた。一九五二年から、一九六六年の死の時までクラカウアーは、ものになりそうなプロジェクト、原稿、奨学金応募書類などについて、ボーリンゲン、オールド・ドミニオンの両方に知恵を貸した。

アスコーナで一九四六年八月にユング本をめぐってなごやかに行われた会議のあと、ジョン・バレットは元気が出て「大いなる昂揚の感情」に溢れたのだが、しかし解決しなければならないことだらけだった。とりわけ契約の問題。冬じゅう、契約書の細かい文字がシェパードとキーガン・ポール社の弁護士たちを悩ませた。一九四七年三月二十日、キーガン・ポールと基金の間の契約がワシントンで署名され、ここで初めてボーリンゲンの財務委員会は「これで基金はプロジェクトを推進すべしという感じ」を慎重に記録にのこし、そしてポール・メロンは「現下提案の契約下に生じた不利益」に対しては資金を投入すると約束した。契約はそれぞれの営業範囲の分担を細かく決め、いわゆる編集委員会（ユング、リード、バレット）が一切を監督することとした。編集者・翻訳者の雇用、価格、判型、装本その他を監督するのである。また執行部準委員会（リード、フォーダム、アドラー）は内容を決め、翻訳と編集を監督することになった。キーガン・ポール側は編集準備と刊行の責めを負い、ボーリンゲンが経費を負担するのである。

その一方、キーガン・ポール、ボーリンゲン、それぞれがユングと交す契約書稿を別々にチューリヒに送った。ふたつ別個の同意事項書を受けとったユングは困惑し、ふたつをひとつにしろとは言わないが、一致した内容にしてほしいと言ってきた。大西洋を跨いで集中的なやりとりがあって、弁護士たちはほぼ同じ書式に到達した。一九四七年八月二十五日夕刻、これまたエラノス会議（テーマ「人間」）会期中のアスコーナはカーサ・ガブリエッラで、あれこれの契約書に署名がなされた。ユングの署名にはオルガ・フレーベが立ち会った。キーガン・ポール社代表として署名したのはセシル・フランクリンで、立ち会い証人はその息子のノーマン。ノーマンは自分の名前の下に「大学生」と書き足している（現にオックスフォードの学生だった）。リードもいた。ボーリンゲンの代表団はまずメロン（ボーリンゲンの商談でスイスに赴いたのはこの一度だけ）、バレット、そして短期間、チザムであった。メロンは字句訂正された書類にユングとふたり、署名したが、契約書はワシントンに持ち帰ってハンティントン・ケアンズの署名をもらわねばならなかった。多分ケアンズはキーガン・ポールとの契約にも署名した人物だからということだったのだろう。ユングは仲々に抜け目のない売手で、ふたつの出版社が売った最初の五千部については十五パーセントという珍しいほど高額の印税を望み、受け取った。五千部以上は二十パーセントにする。第一巻は、戦争、天災、政府統制がない限り、三年以内に刊行することという付帯条項にユングは執着した。一九五三年までに三度、ユングはいやいや一年の延期を認めている。『心理学と錬金術』が出る年までに、ということである。

ロンドンでひと呼吸入れてメロンとバレットはリード、フォーダム、アドラーと会って、翻訳はハルに、と決めた。試訳させてみて全体で良しということになった作は、スイス人批評家、ハンス・シャーアーの『ユング心理学の中の宗教と魂の癒し』である（一九五〇年にボーリンゲン叢書第二十一巻として刊行）。ハルの年俸は五百ポンド英貨に設定された（キーガン・ポールから見れば高過ぎる額だった）。こうしてハルは『心理学と錬金術』英訳にとり掛った（これを著作集の第一巻にせよと言い張ったのはユングである。内容としては一九三九年刊の『個性の統一性』と同じものだったが、英訳がユングの気に入らなかったのである）。フォーダムはアドラーとリードと相談しながら著作集となるべき本を集め始めた。契約ではユングが書いたものは、刊行、未刊行を問わず、すべてを入れることになっていた。

ハルはエセックスのある村に妻のジョーンと三人の幼い息子とともに住み、『心理学と錬金術』も訳了していたところ、一九四七年十一月末、医師がフォーダムに書いたことに従えば「本当にひどい急性灰白髄炎の発作で四肢に障害を生じて」、郡の病院に担ぎ込まれた。いわゆる小児麻痺《ポリオ》である。そのまま八ヶ月の入院。最初は手も足も動かせなかった。一月、病床に仰向けになって、『感情転移の心理学』を訳しては妻に口述し始める。その頃、ハルが自分の本の翻訳者に指命されたことを聞かされた（ポリオ罹病のことは耳に入っていない）ユングがフォーダムにこう書き送っている。「こういうやり方は好きでないと言っておきます。翻訳についていかに決断されたのか是非知りたい。ハルという方と経歴について小生は全く知りません。……これから先、少なくともそちらの決定の経緯を知らせてもらいたいし、こちらの意見も御聴取願いたいと思います」。『感情転移の心理学』はバーバラ・ハンナが現在、鋭意英訳中のはずです、とユングは付け加えていた。リードは適当にいなそうとする。ハルが選ばれたのはリルケやアルフレート・ヴェーバーの訳者だからである、と。しかしユングは自分の書くものはリルケやヴェーバーのものとは全く違う、ハルの訳を見ないうちに速断はしたくないと返事してきた。次の夏、キュスナハトの邸での（年に一度の恒例となっていた）リード、バレットとの会合の席上、ユングはハルの訳した一章分に目を通したが、「素晴らしい」と感想を述べた。これに比べるとミス・ハンナの訳は随分とぎこちない、と。ユングはハルを英訳者に決め、バーバラ・ハンナはその相談役ということにされた。それから長い年月、ハルは彼女のアドヴァイスに大いに助けられる。

四月二日、ハルはやっと起き上り、数歩歩くことができたが、まだタイプライターは打てない。新しい国家医療制度のお蔭で百五十ポンドの社会復帰助成金がもらえたので、ハルとしては電動タイプを買おうとしたが、当時電動タイプは合衆国でしか売られていない。英貨を外に持ち出すことはできない。結果、基金はハルにＩＢＭタイプライター一基を買い、バレットが一九四八年、「モーレタニア」号で渡英した時にサウサンプトンで降ろした。早速、英国税関にこの機械は一九四九年五月まで留め置かれてしまう。ハルの手許に届いたのは、彼が退院して家族とともに南岸のスワネージ近くの狭苦しい小屋に移って後のことである。発電機を回してこのタイプライターと、そして国家医療制度で手に入れた一人移動用の「ソロカー」を動かす。ユングがハルの「火炎車《かえんぐるま》」と綽名したこの機械でハルは適当に動くことができた。結局手足は自由にはならなかったが、そのことが彼の仕事の妨げになることはなかったようだ。

フォーダムの相談役はアドラー、リードの他、同じ頃出版したジークムント・フロイト心理学の標準本企画の編集と翻訳をしていたジェイムズ・ストレイチーもいた。彼らの意見を基本にフォーダムは、年代順、テーマ分類を巧く組み合わせたユング著作集十八巻のプランを立てた。一九四八年、仁義かと、その写し一部をボーリンゲンの事務所に送った。一方、バレットはバレットでヴィオレ・ド・ラズロとウォラス・ブロックウェイにプランを練らせていたのだった。ブロックウェイは、かつてシカゴで『西洋世界の偉大な書《グレート・ブックス》』を編集した人物で、クルト・ヴォルフの進言があってボーリンゲン叢書の編集顧問になっていた。彼らは全く別の全集構想をつくり上げ、ユングと、ロンドンの編集陣に送付した。「深謝」、とリードは返事してよこす、「しかし我々としては現行のプランで行きます。」と。ボーリンゲンによるこの企画への貢献は専ら経費負担のみという感じである。しかし、一九四九年にブルックスが書いているように、アメリカの著作権法によると輸入できる冊数は千五百部のみだった。それ以上の部数になるなら、アメリカ市場を良しとする著作権の関係上、これはアメリカで印刷する他ない。英国出版界はさらに突然、深刻な紙不足に見舞われた。こうして原稿整理と印刷はボーリンゲンの仕事となり、ラウトレッジ&キーガン・ポールの仕事は英国市場に紙を輸入することになった。厳密に取り決められたのは英国版、米国版、常に同時発売ということだった。ロンドンがそのまま司令塔だった。編集部は、ペンギン・ブックスと『国際精神‐分析学ジャーナル』の編集主幹、得がたい何でも屋のA・S・B・グローヴァーを連れてきた。グローヴァーは暇をみてはユング著作集の書誌と索引づくりに目を配り、ラテン語、ギリシア語、フランス語を必要に応じて訳し、ローマ・カトリックの典礼、仏教やヒンドゥー教の教理から精神分析学の語彙まで万般の助言をくれた。長命の人生の中で、スコットランドに根を持つ独学者たるグローヴァーは幾つかの宗教的、また政治的な信条は譲らなかった。その博識博覧、その精力、その機知はロンドン出版界の伝説だった。一九六五年に他界するまで編集者たち、ハル、そしてニューヨーク事務所と非常に折り合い良くやったし、他界後は未亡人のジャネットが索引づくりを引き継いだ。アラン・グローヴァーはその編集術の粋をユングの本ばかりでなく、ボーリンゲンの多くの本に注ぎ込んだのであった。

一九四九年八月、キュスナハトでの会合でユングは再び『心理学と錬金術』のハルの訳業を褒めあげた。「私のどの本のどの翻訳よりも良い」との絶讃。バレットはリードとともにロンドンに飛び、スワネージに赴くと、ハルに年俸を倍にすることを告げた。一九五一年秋、さらに手当てが上ったところでハルと家族はスイスに移住した。最初の冬はチューリヒ近く、湖から大分北にある小さな町、フェルドバッハで過ごし、ユング、主なユング派の人々と会った。気候や土地に問題があったようで、翌年にはアルプスを南下してアスコーナに移る。ここは近傍の大きな町ロカルノとともにマッジァ川の平たい三角州の上にある。ハルでも「ソロカー」に乗って自由に動けた。ハルの家族はオルガ・フレーベと仲良くなったし、今は近くの山の村テーニャに住んでいたヒメーナ・デ・アングロとも仲良くできた。一年に一度か二度、ユングもチューリヒから、エラノスのため、また休暇ということで南行してきて、ハルと翻訳の問題点で議論したりした。

しかるに出版の工程は問題だらけだった。一九五三年初めにはリードに宛てユングは「あらん限りのきつい言葉で著作集刊行の遅滞に不満をぶちまけ、そちらの連中が実はユングの仕事を邪魔したいのかとまで言ってきた」ので、リードは共同編集者たちにそのままを伝えた。ユングの苛立ちも分からないではない。もう七十と七歳、病気がち、なのに著作集は一向に形にならない——メアリー・メロンとの約束が一九四〇年代初め、キーガン・ポールからの提案が一九四五年、そのあともろもろ、合意だの契約だのばかりだ。キーガン・ポールが一九四七年に出した『同時代のことども』という薄い本——政治や社会をめぐるエッセー六本をまとめたが、ボーリンゲンは出版予定なし——を唯一例外として、ユングの新しい本は英語では一冊もなかった。その辺のことはヒメーナ・デ・アングロが一九四八年半ばに見ていた状況とほぼ一致する。彼女はバレットに、ユング著作集のプランは「メアリーにとって重大関心事だったこと、つまりユングの本をできる限り迅《すみ》やかに手に入るようにすること、そして後にはそれを決定的装本に仕上げること、というのを完全に無視しています。人々はユングが生きている間にユングの仕事に近付けるチャンスを奪われているのです」と書いている。

結果の編集部再編でハル、グローヴァー、そしてボーリンゲン付き編集者（私のこと）は、毎年ユングと個人的に会えるなど、行動がもっと自由になった。ロンドンの編集者たちは助言したり、監督したりするだけ。一方、ユングは一九五三年度末に『心理学と錬金術』が刊行されたばかりか（ボーリンゲン叢書第二十巻のユング著作集中の第十二巻）、彼の著作中からヨランダ・ヤコービが編集した引用アンソロジー『心理学的思考』も出たので大いに心宥《なだ》められたはずである。一九五四年初め、感動のユング、こんなふうにバレットに書き送っている。「ボーリンゲン基金は合衆国では例外中の例外なのに違いありません。誤解と凡庸の大海の只中の小さな島とでも言いましょう。人文学が完全に欠ける時に教育水準にとってそれが何を意味するのか、私は理解できていませんでしたが、ポール・メロン氏の寛大な援助を得てボーリンゲン基金を構想されたメロン夫人の偉大さに改めて頭《こうべ》を垂れたく思います」。

さらに、こう続く。「ヨーロッパの人間が、自分の国を見ていても一向わからぬこういう精神の境地を理解するのがいかに困難か、改めてお伝えいたしておきたく思います。合衆国にいる私の弟子諸君は大体が教職にあるのですが、彼らから難しさの話を聞かされるたび、自然科学の一方的教育のもたらしてしまう効果には大きな衝撃を受ける他ない。であるからこそ、そちらの基金の文化的重要さが改めて嬉しいのです。まさしく原子力時代の如法暗夜《にょほうあんや》に光投げてくれる灯台《みあかし》であります。私の本がどんどん動いているようですね。本が印刷所から出てくるスピードには実にびっくりさせられております。万事そうやって回していただいている厄介に対し、小生のいらいらに対するそちらの忍耐に対し、一人の人間としまして深謝致すの他これなく」。

ユングの翻訳者讃はなお続く。一九五八年八月、幾つかの哲学用語の翻訳についての質問に答えて、ユングはハルにこう書き送っている。「読み易く理解し易い英文にしていただく方が、言語学的、哲学的に正確にしようとして文章を難しくしてしまうより余程よろしい。……小生のドイツ語原文の意図を汲む訳文をつくり出すそちらの術と判断力に全幅の信を置くべきかと考えます」。さらに三ヶ月ほど後には、こうである。「これだけは言わせて下さい。……そちらが御訳に投入されました厖大な骨折りに感謝。貴君の筋の通った御提案で、貴君のこの御仕事への没入が単なるプロの仕事である以上のものと改めて思い知った次第。命を吹き込んでいるのですから」。

ユング著作集が始まった頃、関係者一統――ラウトレッジ&キーガン・ポールやパンセオンの筋金入りの編集者を含む――だれしも、一年に二、三冊のペースかな、とすると十八巻本だから一九五〇年半ばには完結かという見通しでいた。二十年ほども遅れるなど、だれも考えていなかった。ユング自身、分析の医業が終ったあともっとたっぷり時間をとって書くのに専念して非常にたしかなペースで新しい本を書き、古い作品を改訂する努力をした。書名で言えば『アイオーン』、『神秘的結合』、『シンクロニシティ』、『空飛ぶ円盤』、『発見されざる自己』、そしてもっと短い作、序文、書簡、等々をそれこそ溢れるばかりに。編集作戦の兵站線《へいたん》はニューヨーク、ロンドン、チューリヒ、アスコーナ、(そして後には、一九六一年のハルの移住があって)マジョルカまで伸び、それまでだれもが現実としては思いもしなかったさまざまな問題も生じた。さらにハルの翻訳者としての才能を頼りにボーリンゲン、ラウトレッジ、パンセオンがいろいろと翻訳仕事を持ち込み、ハルもハルで喜んで片はしから引き受けていったのだ。著作集のテクスト巻の最終刊は一九七六年、カーサ・ガブリエッラでの最初の会合から三十年の日子を経て完結した。第十八巻は『シンボリック・ライフ』といい、ほとんどが元の分量に書き足された八百ページの雑文集である。索引・書誌の数巻が刊行されるのはさらに一九七九年を俟《ま》たねばならない。ハルはユング書簡集の巻の話にも、自伝的な『回想・夢・瞑想』の話にも巻き込まれた。この後者はクルト・ヴォルフのアイディアで、ヴォルフは一九五六年にユングに対して、秘書兼分析者で著述もするアニエラ・ヤッフェと一緒にその準備に掛ってくれないかと打診している。バレットとリードは最初、翻訳はハルに頼もうと決めていた。ところが、自伝など自分の科学的仕事の中からはずし、別の会社(とはつまり、パンセオン社)の手で出すべきだと決めていたユングはやがてはっきり他の人間をと言い出し、クルト・ヴォルフはリチャードとクララのウィンストン夫妻をその任に雇った。一九六一年のユング他界の後、ユングの語彙のことで面倒が多く、ハルを呼び戻す必要が生じ、結局ハルはウィンストン夫妻の共訳者となった。

一方でハルは、ユングがフロイトに親懇する段階以前のかなり専門的な連合実験を専らに扱う第二巻、『実験的探究』の英訳仕事からは解放されていた。これはチェコ出身の分析心理学者で言語学、言語療法を専門とする医学博士、レオポルド・スタインの手に委ねられた。スタインはプロのライター、ダイアナ・リヴィアーをアシスタントにした（ユング派だが、フロイトの訳者、分析家ジョーン・リヴィアーの娘である）。スタインは一九六九年に他界、問題の巻は一九七三年に刊行される。

一九五七年八月にユングがセミナーと書簡の出版に同意した時、著作集の一部に入るか、付録巻になる予定だった。しかし結局は無関係とされ、ボーリンゲン叢書の別のプロジェクトとされ、別の巻数の数え方のナンバーが付くことになった。死後出版となる英語セミナー選集（ボーリンゲン叢書第九十九巻）は古くからのユング派の人々のパネルとの協議でつくられる予定だったが、ハルの編集になった。ユングは編集者は極力手を入れないことを主張したが、訂正や注釈は許していた。ハル他界の後、この編集を引き継いだのは不肖、私である。書簡集についてはユングは、アニエラ・ヤッフェ、ユングの娘マリアンネ・ニーフス＝ユング（スイス版著作集の編集者）、そして委員長で編集主幹のゲルハルト・アドラーから成る委員会に委ねたいとしていた。ニーフス夫人は一九六五年に他界したが、書簡選集のドイツ語版、英語版がアドラーとヤッフェの共同作業で進行した（ボーリンゲン叢書第九十五巻。一九七三年、一九七五年）。マイケル・フォーダムはこういうプロジェクトに係わっていないが、彼には都合良かった。組織立てるのが好きというフォーダムは、彼が一九五五年に創設した年二回発行の『分析心理学ジャーナル』誌の編集に忙殺されていたからだ。長年、この『ジャーナル』はボーリンゲン基金から補助金をもらっていた。

一九〇六年から一九一四年にかけての、とはつまり二人が精神分析学運動の仲間であり、その期間中の大部分の時期、良き友人であった時期に当るが、フロイトとユングの間の往復書簡は、アーネスト・ジョーンズの『ジークムント・フロイト――生涯と作品』（三巻。一九五五年）に言及され、引用されて以降、果然さまざまな揣摩臆測《しまねた》の対象になってきていた。一九五〇年代後半、書簡出版というアイディアは、ユング、リード、バレット、ギルモアの年一回の会合（最後は一九五八年八月）で一再ならず提案されていた。クルト・ヴォルフも出ていたが、書簡全体に目を通していて、摘要までつくっていた。ヴォルフは著作集の付録としてはどうかと言い、たちまち意見の一致をみた。しかし二、三日してユングの気が変り、出版は一九八〇年代までなしということになる。「そんなものに特に意義ありと思えない」と、一九五九年のあるインタヴューでユングは言っている。一九七〇年、フロイト家とユング家がやっと共同で出版し、材料を交換し合おうということに決した事情は『フロイト／ユング往復書簡集』を編集することになった私の同書序文に詳しい。アン・フロイトとジークムント・フロイト著作権会社はフロイト書簡を翻訳する担当として、いつものボーリンゲンの翻訳者たちの一人、ラルフ・マンハイムを良しとした。ユングの方はハルが当然至極の人選であった。これがハル最後の仕事となる。良くて五分五分というハルの健康は、彼がニューヨークで過ごした一九七二年から一九七三年にかけていよいよ不調になっていった。それでもその一年でフロイト宛て書簡訳了、著作集第十八巻訳了、そしてセミナーの編集に着手している。だが、そこまで。マジョルカに戻り、やがてイングランドに戻って、そこで一九七四年十二月、没した。

最期近くハルは友人に「ぼくの使命は完遂。もうやりたくない。我が道を行けるのが嬉しい！」と言ったという。ハルの「使命」とはユングのおよそ四百万語を訳し、そっくり反芻《リサイクル》することに尽きた。著作集、書簡、インタヴューを訳し、『回想・夢・瞑想』で共同作業をすることに加え、セミナーを英語、ドイツ語で読み、他の未公開の書簡やインタヴューも沢山読んだ。こうしてユングの書き綴ったほとんど全ての語がハルの脳の回路を一度は通っていった。ハルが一度、フレッド・ホイルの小説でユングの愛読書だった『暗黒星雲』に登場する、外宇宙の**存在**から高電圧な知恵と科学知識をさずかってしまうケンブリッジの数学者に自分を擬したことがある。ケンブリッジの人は滅んでいくしかなかった。

実際、ボーリンゲン基金の鷹揚さを証すものである他ないが、ユング本は大西洋など存在しないかのごとく、ロンドン、キュスナハト、アスコーナ、そして後にはパルマをつないでユング、ハル、グローヴァー、フォーダム、そして私自身、個人的に話し込めるところが強味だった。キュスナハト、あるいはボーリンゲンにユング御大を訪ねるのが年毎の編集者旅の忘れ難い頂点《やま》だった。進行中の本の報告をし、ユングの的確な質問に二、三答え、自分もこれは何のことを言っているのか、とか二、三質問するというやりとりが終ると、よろず何事をも話題にしてユングがほとんど催眠術にでもかかったかのように喋る独り語りを私は聴くのである——御大がまさに栓をあけようとしているスイスのワインのこと、アルプスからやってくる気象のこと、（私が行こうとしていた）アインジーデルンで見落としてはならぬもののこと、（空飛ぶ円盤を研究していて関心が向き始めたらしい）現代の幻想的で新表現主義的な絵画のこと、昔飼っていた犬のこと、サラダのドレッシングの混ぜ方のこと（を、大きな木の匙で混ぜてみせながら）、アメリカ原住民や黒人に対する不正、御大の同僚弟子何人かの欠点のこと、読み終ったばかりの探偵小説のこと、ローマ教皇が前々日に言ったことに不満であること、とかとか。そして毎八月にはユングがリード、バレット、ギルモアと年一度、作業方針に係わることを論じ、今手をつけている新作の値踏みをする会合がもたれた。最後の新作と言うべきが、ユングの死の十日前に完成している。ユング師弟によるエッセー集で、ユングが商業出版社のために編集した『人間と象徴』への長い寄稿文である。死は一九六一年六月六日、もう少しで八十六回目の誕生日というところでやってきた。以降、この八月の会合《コロキー》にはユングの遺族やユングの弁護士も加わり、建築家ヴァルター・ニーフス邸の庭でのティー・パーティという形で行われることが多かった。この建築家はユングの遺著管理人であり、言うまでもないがマリアンネ・ニーフス＝ユングの夫である人物である。

ボーリンゲン叢書の本を、とにかく一冊は一冊と数えるなら約三分の一がユング的と言える内容である。ユングその人の本（著作集、書簡集、インタヴュー、なお工程中のセミナー、共著たる『心理学的思考』と『言葉とイメージ』）は叢書の十二パーセントである。十四巻はユングの弟子筋が書いていて、これが五パーセント。ユング文化圏《オービット》の本と呼べるものが他に三十七巻ある（エラノス回路で加えられたものも含めるが、その中にはショーレムやマシニョンの本のように実際にはユング的でないものもある）。これが十三パーセント。これらの総計で三十パーセント。残りの七十パーセントのかなりなものが、著者や編集者が特にはっきりユング的というわけでなくても、どこかユング的関心やユング的効用は持っている。こうして宗教、シンボリズム、プリミティヴなものに係わるものは何であれ天秤をユング側にかたむけるだろう。

自著が刊行されたユング派の人々――七人いる――の中で、全体への影響が一番強かったということになれば、それはヨランダ・ヤコービだろう。ユング周辺では珍しい外向型の一人。チューリヒでは、その卓越した組織力で「機関車」と綽名されていた。一八九〇年にブダペストで、ユダヤの家系に生まれたが、ローマ・カトリックに改宗し、戦間時代はウィーンに住み、文化連盟（Kulturbund）の講義プログラムを指導した縁で、ヴァレリー、ホーフマンスタール、バルトーク、ツィンマーと知己となった。ユングとも知り合ったが、初めて彼女が一九二七年に講師として呼んだのが機縁である。

ヤコービはアドラー心理学、フロイト心理学をともに通過したが、一九三三年、ヒトラーが権力を握ると、ユングの所で訓練を受けようと決心した。ユングはまず博士号を取得するように勧め、一九三八年、ナチスのオーストリア併合の後、ウィーン大学で心理学を学んで医学博士号を取ると、着の身着のまま、スイスに逃げた。ユングは彼女を弟子として、また患者として受けいれた。翌年ヤコービが出した『C・G・ユングの心理学』という入門書は現在まで随分版を重ね、八ヶ国語に訳されている（基金はその英訳がイェール大学で出版されるのを助成した）。メアリー・メロンは一九三九年に出会ったものの、ヤコービを好きになれなかったが、バレットの方は気に入ったようで、ヤコービは基金の現実的な顧問役として一目置かれていく。ヤコービが編成したアンソロジー二点が叢書に入った。ひとつは『C・G・ユング——心理学的思考』。そしてもうひとつが『パラケルスス選集』。十六世紀スイスの神秘主義的医師で、ユングに大きな影響を与えた人物の著述から文章を集めたもの（ボーリンゲン叢書第二十八巻。一九五一年）。

著述もし、精神療法家でもあり、分析訓練中の身でもあったヨランダ・ヤコービだったが、オルガ・フレーベと同族の絵の収集家でもあった。ユングは著作幾点かの図版集めのために彼女を雇った。そしてボーリンゲン奨学金をもらって、ヤコービは患者たちの「無意識の絵画」の相当量の絵画庫《アルヒーフ》をこしらえた。もう一回は同奨学金を基に『C・G・ユングの心理学に於る複合／元型／象徴』を書いてもいる（ボーリンゲン叢書第五十七巻。一九五九年）。ヤコービはユング派の誰彼に好かれたわけではない。内向型集団の中の外向型人間の宿命だ。しかしユングは彼女を高く評価し、ヤコービは一九四八年のユング研究所設立に当っては指導的役割を果たしたし、そこで教えたし、施療院《クラトリウム》には二十年勤めた。スタート時にはボーリンゲン基金の援助に頼ったが、基金は長年に亘《わた》りユング研究所の研究と教育のプログラムに十五万ドル以上寄付した。元型一本槍のチューリヒを訪ねる者にとって、装飾も精神もウィーンそのもののヤコービのアパートはもてなしも温かい、ユーモアと明晰の島であった。ヤコービはユング生誕百年を祝うプラン推進の只中、一九七三年四月に没した。文字通り仕事机につっ伏しての死であった。

エーリヒ・ノイマンはオルガ・フレーベとユング二人で発見した掘り出しものだった。二人のお墨付きということでボーリンゲンは一九四八年、彼に奨学金を給付、さらに長々とその延長をしたし、叢書として出版してやった冊数は、勿論ユングを除いてだがユング派著述家中随一である。ノイマンは一九〇五年ドイツに生まれ、文学とユダヤ神秘思想を学んだ後、医学校に入った。博士号を取らないうち、一九三四年にナチスのドイツを離れなければならなくなった。ユングの分析を学び、自らもテル・アヴィヴで分析医開業。一九四七年にヨーロッパ再訪、アスコーナで休暇を過ごすためだったが、そこで幼ななじみのゲルハルト・アドラーにフレーベとバレットに紹介されることになる。ノイマンは翌年のエラノス会議（テーマは「神秘的人間」）で初めて講演するが、その後は毎年のように、いつも基調講演者格で喋り、それが一九六〇年秋の死の直前のエラノス会議にまでいたる。一九四七年にノイマンに会ったオルガ・フレーベは彼を元型的な絵を集積した彼女のエラノス・アルヒーフに招じ入れたが、ノイマンがイメージの元型的カレゴリーについて次々に書いてくれそうと大いに期待できると思ったからである。手始めが「女性的なるものの元型（Archetypal Feminine）」であった。長い間オルガがただの一覧《カタログ》として見ていたものが長いテキストとして形を変え、それに大半はエラノス・アルヒーフのものだった二百五十点の絵が図版として入った。世上名高き『グレート・マザー――その元型の分析』の誕生である。人によっては内輪だけの言葉遣い《ジャルゴン》とか奇抜な図表とかの使い過ぎを難じたりしたが、とにかく実に広範に愛読された。オルガ・フレーベが望んでいたような元型特化の本はこれ以上ボーリンゲン叢書には入らない。ジョゼフ・キャンベルのユング以前の『千の顔を持つ英雄』が大体似た線のものだったくらいだ。その種の元型研究こそメアリー・メロンが奨励し、出版しようとしたはずのもの、とはヒメーナ・デ・アングロの証言である。

エーリヒ・ノイマンはユングの弟子の中、一番独創的かつ創造性に富むとはたれしもの認めるところで、アドラーの言葉を借りるなら、「ユングの仕事に基づき、そしてそれを継ぐことが予め決められているかのように思われたのは彼ひとり」だった。ボーリンゲン基金側にもそういう受け取り方があり、多分ユングがノイマンに肩入れしていたことも一因であった。ボーリンゲン叢書にはノイマンの『意識の起源と歴史』が（第四十二巻。一九五四年）、アプレイウスの名作を女性心理学の研究とみてコメントを加えた『アモールとプシュケー』が（第五十四巻。一九五六年）、『ヘンリー・ムアの元型的世界』が（第六十八巻。一九五九年）、そして芸術心理学のエッセー集、『芸術と創造的無意識』が入っている（第六十一巻。一九五九年）。

ハーディング、シャーアー、ヤコービ、そしてノイマンを除くと、弟子筋で叢書に名をとどめるのはあと三人。リンダ・フィアズ＝デイヴィッドの『ポリフィルス狂恋夢』は有名な揺籃期本《インキュナビュラ》のひとつでもあるルネサンスの象徴的幻想奇譚（*Hypnerotomachia Poliphili*　メアリー・メロンの収集本の中に一冊あり）の研究（第二十五巻。一九五〇年）。ゲルハルト・アドラーの『生ける象徴』はユング派年報中にも過激で知られた事例研究である。中世の錬金術文書で多分著者は聖トマス・アクィナスだろうとされている『立ち上るアウローラ *Aurora Consurgens*』をマリ＝ルイーズ・フォン・フランツが手掛けたもの（第七十七巻。一九六六年）。ユング自身が著した錬金術本を除けば、メアリー・メロンが一九四五年に錬金術文庫で刊行したかった唯一の仕事である。

二十五回に及ぶ心理学関係奨学金のうち十四件がユング派の企画である。他の種類の奨学金でもはっきりユング派、もしくはエラノス的な方向性を持っているものが何十とある。大雑把に言って全奨学金の八パーセントほどのものがユング派のものと言える。しかし、長期に亘《わた》るものもあり、投入された金額は莫大だった。

ユング研究所と『ジャーナル』に寄付する以外にも基金の多額な寄付金が国際応用心理学研究センターというところに流れ込んだ。一九五三年に開始、十年間に九万六千ドルの寄付。英国人の国際公務員（国際労働機関《アイ・エル・オー》、ユネスコ）でユングのファンでもあったP・W・マーティンのプロジェクトであった。ハーバート・リード、エンマ・ユング、ゲルハルト・アドラー、それからプリンストン大学教授ハドレー・カントリル等、マーティン支持者は多かったが、ケアリー・ベインズのごときは熱狂的で、「マーティンは人間を越えている」からとか言っていた。マーティンはロンドン近傍、サリーの田舎に問題のセンターを設立、「深層の無意識の研究に科学的方法を入れていき、得られる結果を、現在世界を混乱させている闘争的な生に当てはめる」ことを目指すと号した。「心理学的に健やかな成熟した男女」の小集団が集まって、「深い無意識と接触」し、結果をみるということらしいのだが、一九五九年、監査に入った基金の副総裁ジャクソン・マシューズの報告にはどうあるかと言うと、徐々に初心が忘れられ、士気は落ち、「話が大きくなり過ぎ、『究極目標』とかが幅をきかし過ぎ、世界救世ということが強調され、宗教的動機ばかり強くなっていて、もはや科学的実験とはとても言えない」。ボーリンゲンが一九六一年、最後の寄付をした時にはマーティンの研究所はそのほぼ全精力を、シェイクスピアの芝居を書いたのは実はソールズベリー伯ロバート・セシルであったということを立証しようという「研究」に注いでいた！

心理学関係の寄付だともうひとつ、一九五二年にニューヨークのジークムント・フロイト・アーカイヴズに与えられた寄付金がある。アーカイヴズの秘書をしていた有名な精神分析学者の医学博士クルト・R・アイスラーが二月、個人的にポール・メロン宛てに経済的援助を申し込んできた。「そちらの主たる現代心理学への関心がC・G・ユング博士に向けられていることは百も承知の上で」とあった。アーカイヴズは過去も現在も、フロイトによる、フロイトを巡る記録類を集めることを目指していて、これらは議会図書館に、二〇〇一年までという制限付きで預けられている。一年ほど考えた挙句、基金は二万ドルを寄付した。後になって一九五三年、ジョン・バレットはユングに、キュスナハトでアイスラーと会って話してみることを提案している。「二時間ほど、非常に楽しくて為になるお喋りだった」と、後にアイスラーが回想している。やりとりを書きとったものが議会図書館にあるが、例によって制限付き。ボーリンゲンは後にアーカイヴズを通して、アーネスト・ジョーンズにフロイト伝を書くための助成として四千ドルを供与した。その時講演のためにニューヨークに来ていたヨランダ・ヤコービが、迷っていた基金にこの助成を強く勧めた。後にジョーンズはアーネスト・ブルックスに、そうしたお金の「お蔭で、そうでなければこれ位というのより随分早く、そしてもっと肝心な点だが、遥かに徹底してこの本を完成させることができました」と書き送っている。同じ鷹揚さでユングはジョーンズに自分とフロイトの往復書簡を伝記執筆のために見て良いと許可している。ジョーンズはフロイト伝の中でユングの雅量の大きさと「滅多にない実り多い生産的な暮し振り」のことに触れている。一九五五年、アーカイヴズにさらに一万ドルが寄付されて、フロイト的性格を持つ企画への寄付金も三万四千ドルの総額となる。アイスラーはボーリンゲン宛てに「もしそちらの御理解と寛大なる御力添えと云うものがなければ……我々がこうして事業を続けていられますものかどうか甚だ疑わしいのであります」と書き送っている。

フランス人は特にユング思想にはまったということはないが、それでも第二次大戦の前に、神経精神病学の医学博士でチューリヒで訓練された分析家のロラン・カーエンを中心にユング派の小さなグループは存在していた。基金は一九五七年から十一年間、カーエンがユングの著作を、彼と周辺がフランス語に訳して出版するのを援助した。カーエンはいろいろな刊記を持つ二十点ほどを、統一された体裁を持つ英国、スイス、イタリアの出版とは何の関係もないまるでランダムなプログラムによって出版した。一九六〇年代末にフランスおよび仏語圏スイスのユング派運動はひとつの専門集団を擁して活気あり、ユングの著作のほとんどをフランス語で読むことができた。

メアリー・メロンが他界してしまうとオルガ・フレーベは、ボーリンゲン基金ないしはポール・メロン個人が彼女の地所を買いとり、彼女がそこの管理者ということでやっていく望みを諦めざるを得なかった。そうは言いながらも彼女もエラノスも動いていく。メロンもバレットも参加した一九四八年八月の会議《ターゲンク》では参集者に、オックスフォード大学のドミニコ派神学者ヴィクター・ホワイト神父、元ベルリンのラビのレオ・ベック、オランダ人グノーシス学者ヒレス・クィスペルに、ケレーニイ、マシニョンにラーナー神父といった大御所たちの名が並んだ。前の年に初めて参加していたスイス人生物学者アドルフ・ポルトマンが科学界のスポークスマンとして威光を放ち始めていた。エラノスの自己更新する力は未曾有の輝きを放つかに見えた。一方、オルガ・フレーベがメロンに台所事情を伝えると、メロンは絶望的な数字を前にして相手を救う新しい基盤を提示する他なかった。ボーリンゲン奨学金をオルガ・フレーベの講義企画、絵画探究、出版事業に対して三千ドル、ポール個人の懐から彼女へ三千ドル、そしてこれもポケットマネーでエラノス基金へ三千ドル。オルガには生涯、年俸が支払われ続ける。ボーリンゲンは望まれるまま、遠方からの講演者招待の旅費も負担した。皮切りは一九四八年、テル・アヴィヴからエーリヒ・ノイマンが、プリンストンから数学者のヘルマン・ヴァイルがこれで招かれた（ヴァイルは病気で来られず、講義は代読されて後に出版）。オルガ自身、一九四七年末の三ヶ月に及ぶ合衆国旅行のために別口の資金提供を受けている（基金が移民局に対して彼女の身元保証人になって、ということである)。

バレットがエラノス論文集刊行のプランに再び手をつけていて、これがいつもの元型的ヴィジュアルとカリスマ的講演者捜しとともにオルガの時間を占領していた。彼女の作業工程表《アジェンダ》に名のあがっていたのはジョゼフ・キャンベルだった。ツィンマーが死後遺していったものに対するキャンベルの仕事がオルガに強い印象を与えていたからで、早速にもエラノス論文集の編集者にという懇請となった次第だ。キャンベルと基金は意見の一致をみ、かくてキャンベルは一九三三年から一九四八年までの『エラノス年報 *Eranos Jahrbücher*』を一巻百ドルで通読して出版計画を立てる仕事の契約書に署名する。そしてその英訳者としてクルト・ヴォルフが強力推薦してきたのがラルフ・マンハイムだった。一九〇七年にニューヨークで生まれたハーヴァード卒業生。マンハイムはずっとヨーロッパで過ごし、諸語を、ドイツ語、フランス語、イタリア語を修得し、ヘブライ語とアラビア語をかじっていた。一九四二年にはホートン・ミフリン社に請われてヒトラーの『わが闘争』を英訳している。巧く訳せたが、呪われた本だ。「私が唯一、良くすまいと一生懸命だった唯一呪われた書」と後に彼は書いている。ヨーロッパで軍諜報の二等兵として働いた後、フリーランスの翻訳家としての仕事を再開する。試訳を見たオルガは彼に白羽の矢を立て、バレットも大賛成ということで、かくて千語十ドルの契約を以て(当時としてはかなりな高額)マンハイムはほとんど全てのエラノス講義録を英訳する大事業に突入していった。結局、六十七の講義がマンハイムの訳で刊行をみ、訳した他の多くのものが刊行待ちであった。ボーリンゲン叢書のためにノイマン、ヤコービ、ケレーニイ、コルバン、バッハオーフェン、アウエルバッハ、ヴァレリー、バービンガー、そしてフロイトを訳したのも彼である(ひとりでこれだけ!)。全部で二十巻。R・F・C・ハルを例外とすれば、これだけの量をこなした翻訳者は他にいない。一方、パリに住みながら、最も多産で多彩で熟練のアメリカ人翻訳家の一人としての文業もなしたのだから神がかりである。

一九四八年、基金の本部がワシントンからニューヨークに移り、ドナルド・シェパードが引退、以後実務の責任はバレットとブルックスが共同して負う。ワシントン・スクエアの足の踏み場もない部屋部屋をからっぽにしなければならなかった。ニューヨーク大学が「天才通り」と一ブロック全体をつぶして新校舎をつくろうとしていたのだ。パンセオン社は一ブロック向うの六番街三百三十三番地に事務所を借りていたが、ボーリンゲンは二マイルほど住宅地《アップタウン》寄りの東六十二丁目百四十番地の改修なったブラウンストーン化粧の建物に入り、オールド・ドミニオン基金との共用ということにした。新社屋に皆が入ったのは一九四九年二月二十三日のことである。

収支表を眺めながらオルガ・フレーベが見落としてしまっていた点が、支払いの迫った抵当物件のこととか、幾つかあった。一九四八年九月、オルガは再びポール・メロンに頼んで、湖辺の彼女の家屋敷ばかりか向かいにある土地——木に覆われた険しい丘を買いとってもらおうとした。六エーカーほどあり、当時の土地価格で五万ドルの買物だった（丘は、オルガがケレーニイにしたという話では古代ドルイドの王の墳墓ということだった）。オルガはそれが生前メアリーが考えていたことなのだとメロンに思い出させようとした（が、ポール・メロンはその前の五月にレイチェル・ランバート・ロイドと再婚していた）。メロンは断固峻拒し、オルガの弁護士に書簡で「エラノス基金は見るところスイスでしっかり確立しているわけですから、スイスの人々の中からもっとお金を集めることができて然るべきと愚考致します」と書き送った。オルガ・フレーベは恐慌《パニック》に陥った。ポール・メロンが友情に見切りをつけるつもりか、と。ポールはそういう人間ではなかった。一九五〇年の秋、彼は新妻を連れてオルガの所に訪ねて来る。三人はカーサ・ガブリエッラの陽の当るテラスの円卓で会食したが、当然そばにはオルガが建立した小さな石碑があって"*Genio loci ignoto*"という碑銘が刻まれていた。「此ノ地ノ知ラレザル地霊ニ」と、それは言っていた。しかし、湖畔ということで牧歌的な気象がよく骨冷えする陰鬱で霧もよいのそれに変るレポンティンアルプスの長い冬の間、オルガは彼女の古い石造りの屋敷でひとり思いに沈湎《ちんめん》しながら、次の年の講演の企画を練り、講演者として来てくれそうな人々に手紙を書き、エラノスの意味を後世に伝えるすべ等、とつおいつ考えていた。そういう折りふし、オルガは身近に霊異《りょうい》の迫るのを気として感じるのだった。一度などそれは、二十年も前に没した、オルガが一度もまみえたこともないリヒャルト・ヴィルヘルムだったりした。

ツィンマーの死後、ジョゼフ・キャンベルは師が遺した文業を漁《あさ》って三巻本に纏《まと》め上げた。一九四八年、その三巻目の『インドの哲学』を、コロンビア大学での講義のひとつのノートを基に完成させる。巧くつながらない所はツィンマーが使っていた本から再構成した。取材源(と言えるのだろうか)がもうひとつあった。キャンベルは書いている、「その章を続けるために、答が必要な問いを書きだしてみるということをよくやった。そして目を閉じてそういう質問を瞼の裏の師に発してみる。返ってくる答を書きとめるのだ。ツィンマー先生のお声はなおも私の耳朶に生き続けていたのである」、と。キャンベルは一方でA・K・クーマラスワーミーの助言を仰いだ。セイロン生まれの英国人インド宗教学・美術史の泰斗は永遠の哲学(perennial philosophy)の権威でもあり、彼がボストン美術館のインド・コレクションの学芸員だった時、ツィンマーがわざわざ会うのにボストンまで赴いたという相手。ツィンマーはメアリーにクーマラスワーミーを採用するように言い募っている。クーマラスワーミーは自分からの引用が一杯含まれたツィンマーの書巻に注を付けてくれた。クーマラスワーミーを創造的影響源としていた人々にはキャンベルの他にも、ミルチャ・エリアーデ、ステラ・クラムリッシュ、キャスリーン・レイン等、錚々たる顔ぶれが並ぶ。一九四七年九月、七十歳でそのクーマラスワーミーが没すると、未亡人ドーニャ・ルイーサが長年に亘《わた》って亡夫の論文の整理を、継続するボーリンゲン奨学金の援助と、まずはキャンベル、続いてウォラス・ブロックウェイの指導を受けて進めた。ドーニャ・ルイーサの大業はさながらオデュッセウスの妻ペネロペの織る織布、ついに完成を見ぬ運命だった。ドーニャ・ルイーサが一九七〇年に他界してみると、クーマラスワーミーの論文も書物もボーリンゲン基金に遺贈されていることが判った。それらはプリンストン大学に移管され、美術と哲学の論文を集めた二巻本の土台となった。編集したのはクラムリッシュの学生だったロジャー・リプシーだが、彼は加えてクーマラスワーミーの生涯と事跡を追った姉妹篇の著者ともなる（第八十九巻。一九七七年）。

キャンベルはツィンマーに会う遥か前から自分自身の本を書き始めていた。彼のフロイト、ユング、シュペングラー、フレイザー、フロベニウス、クーマラスワーミー、等々の巨匠との邂逅の産物たる『千の顔を持つ英雄』のことだ。それは某商業出版社との契約を以て始まったのだが、相手の熱意のなさに嫌気がさしてキャンベルは契約廃棄、話をクルト・ヴォルフのところに持ち込んだのだった。最初その気になったヴォルフだったが、つく読者が余りに僅かなように思われて話を断る（後日キャンベルに謝罪して、なにしろ一九一七年にシュペングラーの『西洋の没落』に駄目出しをしてしまった自分だからと言っている）。ヴォルフにも言われて、キャンベルは原稿をボーリンゲンに持ち込む。一読、読んだ者たちは熱狂した。「重要な本と、いくら言っても言い足りない」（ブロックウェイ）。「長い読書遍歴の中で、おそらく最高の本」（ケアンズ）。『千の顔を持つ英雄』（ボーリンゲン叢書第十七巻。一九四九年）は創造的文学作品に出るナショナル・インスティテュート・オヴ・アーツ・アンド・レターズ賞を獲得した。『易経』の次にということではあるが、ボーリンゲンでは一番よく知られ、マーケットでも一番成功した本である。二十万部出たということは、満足を遥かに越えた売れ行きだし、ペイパーバックだと年平均で一万部出る。外国語訳は枚挙に寧日《いとま》ない。意外なところからと言うべきだが、エラノス・アルヒーフを霊感源にした元型研究の本というオルガ・フレーベの夢は、こうしてキャンベルの画期作によって実現した。

一九四九年十一月、一年掛りの『エラノス年報』全巻読破の後、キャンベルは、百四十本のエッセーを要約し、地理、宗教、長さ、学問分野という区分で分けた上、読んでベストと思った七十八本を七巻本分に纏めてみせた短簡な報告書を出してきた。彼の構想の各巻のいかなるかを大変雄弁に論じている。「読む者はゆっくりした悠々たるペースで、人間が霊の力を人として経験する単純極まるお伽話《とぎ》そのものの原点から一番直近の物理学者たちの発見にと、そしてその先へ、我々の知の縁《ふち》を越えた辺《あた》りまで歩を進めていくことになるだろう」、と。「この集成は壮大な守備範囲と、衝突と議論の本当にスリル溢れるクォリティを持っている」、と。バレットはこの構成法を気に入ったが、オルガ・フレーベは駄目だった。オルガはキャンベルに、自分は「全巻をばらばらにした挙句、自分勝手な見出しをたてて組み立て直すあなたのやり方に大変困惑」していると書き送っている。「私個人の困惑というのではすまない。私はエラノスではありません、エラノスに仕える者です。エラノスのどの集まりの講演者も、一人一人が中心的主題と、そして我々がエラノスと呼ぶ動的な力に各個が結び付いているという一点でひとかたまりを成しています。どの巻もがひとつの元型的な観念を中心的主題として持ち、講演者は自らの講演をその大枠の中で組み立てます。すべてがユングの元型的世界の発見に基づいており、元型のエネルギーに触れた者だれしもが何か無限に強力なもの、無限に生命と創造力に満ちたものに、そう、創造する力そのものに向かい合っていることを理解するのです。講演はひとつの中心を巡って動いていくのですが、この中心は誰か個人などではない。我々がエラノスの名で呼ぶものなのです。**探究**でもあれば自己でもあれば**霊魂の道**でもある。実のところ、パラドックスでもあり非合理のものなので、それを定義することはできませんが」。

オルガは元々の巻構成を残したかった。キリスト教への、地中海世界への戦後の転換を強調するつもりだった。キャンベルのやり方が合理的に過ぎると感じていた。キャンベルは彼のテーマ的な分け方に執し、一九三〇年代の東洋的材料を表に出したかったし、グレート・マザー講義の多くを二級品と感じて拒否した。甲論乙駁が一番激しくなった頃、オルガはバレットに手紙を書いて、「このたびの面倒で私、よくメアリー・メロンのことを思いだすのです。エラノスについて彼女が直感的に捉えていたこと、まさしくその通りだったのだ、と。考えることが性急、思い付きでバランスを欠いていることも多かったのですが、それらの後側には文化の新しい形式にとって重要なことどもへの稀有な洞察がいつもあったのです。彼女が一九三八年にこの地に来た時、エラノスが何か分かっていたのだと思います」と言っている。さて答は妥協しかなかった。『エラノス年報精選論文集』がやっと刊行された時（叢書第三十巻。一九五四年—六八年）、あるものはしっかり一定の年報に密に即していたし、あるものは数巻に渉《わた》る材料から集められたものだった。序文を見るとオルガ・フレーベとキャンベル二人の協調ばかり、オルガが喚起したがっていた真の「万有の共感」ばかりが書かれている。

キャンベルは一九五三年のエラノス会議に聴集の一人として顔を出して後、一九五七年、一九五九年に自ら講演する側になって戻ってきた。彼の最初の出現後、オルガ・フレーベはボーリンゲン基金がキャンベルと、その妻でダンサー、振りつけ師のジーン・アードマンの指導の下、アメリカ合衆国にもエラノスに似たプログラムを設けるべきだと言い募るようになる。オルガはポール・メロンに「エラノスを宰領し、力を与えもしているダイモーン、そのために石碑をたてよとユングが私に申したこともある『此ノ地ノ知ラレザル地霊』……［が］業務全体を導き、背中を押してくれる力なのです。初めてメアリーがこの地に見えた時、これを感じたのです。そして彼女がアメリカの地にもエラノスをと計画した時に彼女を捉えたのもこの影響する力だったのです。憶えておられますでしょう」と書き送った。アメリカ版エラノスは見果てぬ夢に終る。しかしオルガ・フレーベは晩年にかけて自国での評価があがった。エラノスは宗教の現象学を趣味としたオランダ女王ユリアナの関心を惹いており、女王は本棚に『エラノス年報』全巻が揃った書斎にオルガを招き、ティータイムの会話を交した。女王は数年に亘《わた》り侍女の一人をオブザーヴァーとしてエラノスに送り込んでいる。そして一九五六年にはロンドンのウォーバーグ研究所がオルガ寄贈の全絵画アルヒーフを受けいれた。オルガは（ボーリンゲン経費で）アルヒーフを撮影した写真を、チューリヒのユング研究所とニューヨークの基金に送った。基金に送られた方を管理したのはニューヨークにおけるユングの弟子、ジェシー・E・フレイザーで、彼女はプリンストン大学のキリスト教美術目録をモデルに、内容を編集、カタログ化し、拡張していく。名も「元型象徴研究アーカイヴ（Archive for Research in Archetypal Symbolism ARAS）と改め、ユング、ヤコービ個人のコレクションからの写真も足したものが一九六九年、ニューヨークのC・G・ユング基金に移されたが、机、参考書、カード・ファイルと一万三千枚の写真で一フロアーがそっくり埋まっている――カーサ・ガブリエッラのオルガ・フレーベの寝室の二百枚ほどの写真と比べると、まさしく隔世の感がある。

最初のボーリンゲン基金の編集者だったヒメーナ・デ・アングロは基金終了後、アメリカ国軍出版（EAF）の編集をし、さらにその後は季刊文学誌『キマイラ』の編集をしていた。一九五〇年にはアスコーナに戻ってエラノスでオルガ・フレーベの助手をつとめながら、ニューヨークの基金との繋ぎ役《リエゾン》もしている。元のつとめ先に一九五〇年のエラノス会議の模様を報告して、こんなことを記している。一九三九年以来縁が切れていた彼女を驚かせたのは、「どの講演も元型という考え方を当り前のことのようにしている点だ。この脈絡でユングの名を出す人間など一人もいなかった。かつてなら［講義］材料は元型的イメージが存在することを証す実証的証拠を並べようとしたものだが、今では講演者はそうしたイメージが存在することを議論の大前提として始まるのだ。……集合無意識の理論がこうして受容されているとなると、学術の多彩な分野をひとつの包括的な人間学にと統合しようとするエラノスの根本的な目的が成就されることになるだろう」、と。後にヒメーナはボーリンゲン基金の援助で撮られた一九五一年のエラノス会議の（皮肉なことにサイレントの）映画化にも力を貸している。しかしやがてオルガ・フレーべとの仕事からは抜けた。オルガは他の女性たちと折り合い良くやっていくことが、相手が秘書とか下働きとかなら別だが、できなかったのだ。講演者としても一九三八年以来、女性は一人も呼んでいないし、講演者が妻同伴で来ると苛立つのだった。第一、実の娘ともほとんど交通がない。エラノスへの忠誠がこういう排除をうんだ。オルガはヒメーナに書き送っている、「どうやら最後まで我が道を——ひとり——行く他ありません。みんなで徒党を、なんてありえない。私に命ある限り、エラノスと私は一体なのです」。結局、ヒメーナ・デ・アングロは、『エラノス年報精選論文集』の編集顧問として、一九五〇年代を通してボーリンゲン基金の方の仕事を続けることになる。

オルガ・フレーべはもうひとつの危機も乗り越えた。エラノスは自分の死とともに終るだろうというのがオルガの口癖だったが、一九五〇年代末にスイス人の哲学者、著述家のヴァルター・ローベルト・コルティに足をすくわれかけたことがある。コルティは豪華図版で高名な雑誌『ドゥ』の編集者で、一九五五年の四月号をエラノス、ユングの特集号にした。コルティはプラトンの学園アカデミアもどきのものを設立することを悲願としていた。ルートヴィヒ・デルレートのユートピア学園と似ていなくもない。オルガはコルティにその自分のテーマで講演しないかと誘い、彼をボーリンゲン奨学生に推薦した。一九五九年になると、彼女の死んだ後は彼の指導下に彼のアカデミーとエラノスを合併するという契約書に署名までしてしまう。ほとんど突然、オルガはコルティの思惑に係わってしまったことを後悔し始める。非常に大きな物質的犠牲を払って――ドルイドの王が眠る例の向かいの丘を手放すことと引き換えに、オルガは合併計画からエラノスをなんとか切り離すことができた。プラトン学園からは何も出てこなかったが、コルティは一九六五年までボーリンゲンの奨学金をまんまと懐中におさめた。

オルガ・フレーベが最後の一年か二年、カーサ・ガブリエッラでひとり書き綴った回想というか告白というか、そういう文章のひとつに、一九三二年にルドルフ・オットーの許を訪れた時の「無時間体験」、結句エラノスへの入口となる「予め決められていた瞬間」のことの回想を綴った一文がある。「それはそうだが、エラノスという観念の形成は私の幼年時代に始まっていたようなのだ。予期せぬ形で学者たちが私のところにやって来て……私は気付くと、特別な性質を持った人々をひとつの圏にひき付ける磁力の場に佇立《ちょりつ》していた。驚くべきことだった。私はとても学などない。……ユングはひょっとしてエラノスをそっくり自分の周りに引き込みたかったのかもしれないが、個人崇拝はエラノスの運命の中には組み込まれてはいなかった」(これは飽くまでオルガの感じとり方で、ユング本人は何度も言葉にして否定していた)。こうは言いながらオルガはいつもノイマン言うところの「偉大な個人」に目配りしていた。来て欲しいのに、年々歳々呼ぶのに来てもらえなかった人物たちのリストというのが仲々面白い。A・S・エディントン、アレクシス・カレル、サルバドール・デ・マダリアーガ、ロベール・ブリフォー、ジョン・ウッドロフ卿、レオ・フロベニウス、マイヤー・シャピロ、シャルル・ド・トルナイ［ハンガリー名カルロイ・トルナイ］、T・S・エリオット、ピエール・テイヤール・ド・シャルダン、J・ロバート・オッペンハイマー、アンドレ・マルロー、エルヴィン・パノフスキー、そしてA・J・トインビー。鉄中の錚々《そうそう》、綺羅《きら》星の如しではないか。

オルガ自身最後の会議《ターグンク》になったのは一九六一年度のそれだった。「人間とせめぎ合う諸秩序」を主題に掲げ、参加者には新しいファンたるツッカーカンドルがおり、オルガが自分の守護天使とも目《もく》していた委員会の五人、ショーレム、コルバン、リード、エリアーデ、そしてポルトマンがいた。もう八十に手が届く上に、二ヶ月前のユングの死に虚脱していながらオルガは司会をつとめた。気丈は立派だが、椅子から立つことはできなかった。九月末、オルガはバレットにこう書き送っている。「会議は非常に楽しうございました。新しい生命に溢れていましたね。……新しい要素、新しい人たち、とりわけ若い人たち、一緒になってエラノスを更新してくれるはずです。来年の企画もほとんどできており、新しくて重要なことどもが動きつつあります。最初の十五年はユングの元型の教えを背景にしていました。戦後の十二年はノイマンの内的人間観《インナー・マン》が背景にありました。そして現在私たちは人文科学と自然科学の統合を言うポルトマンの見方に発する新しい位相の入口の所に立っております」。一九六二年のためにオルガはハーヴァード大学物理学教室のジェラルド・ホルトン他十名を招いて「人間、導きと導かれ」という主題で会議を進めようとしていた。冬を越したところでオルガは急速に弱っていき、一九六二年四月二十五日に死んだ。少し遅れた告別の式上、オルガの友人ルドルフ・リッツェマが『易経』の一部を読み、彼女の遺灰は「此ノ地ノ知ラレザル地霊ニ」献げられた石碑の傍らに埋められた。その夏の会議は彼女の予定通り行われた。ポルトマンとリッツェマがエラノス基金をあずかることになり、主な支えとなったのが、一九六七年まではボーリンゲン基金である。エラノスはいろいろな手づるあって、もうすぐ五十周年を迎えようとしている。

エラノスのユング相《フェーズ》は一九三三年に始まり、彼が進行中の作、『神秘的結合』に取材した「自己に就て」という短い講義を行った一九四八年まで続いた。そしてもう一度、これも短い「シンクロニシティに就て」というお喋りを一九五一年にしたが、エラノスには一九五二年を機会に出席しなくなった。当時ユングが大嫌いだった現代絵画をめぐってハーバート・リードが初めて講演した時、ユングが退室した事件として有名である。都合十五回、ユングはエラノスで講演したことになるが、どの回においても彼の考えの展開にとって重要な内容を含んでいた。ユングはエラノスの指導者とみられることを嫌っていた。ある時、こうオルガ・フレーベに書き送っている。「他の独立して自発性のある参加者たちの協力関係がひとり心理学の線に纏まっていって、エラノスが小生の言いなりになっているふうに見えるとすれば大変不本意です。講演者各位が自分は自分の独立した発見を皆に発表しているのであって、誰か他の人間の目的のためにこうしているのではないと感じていて貰いたいのです」。

一九四六年以降、二十年以上の間、ジョン・バレットはエラノス会議全回に出席し、一九五〇年からはヴォーン・ギルモアがいつも同伴したし、大体はハーバート・リードも一緒だった。この三人がユング心理学とエラノスの世界の——出版と金銭供与の——動力源だったが、かと言って彼らはこの世界の外ないし彼方にいたし、彼ら自身熱狂者でもなかった。彼らが八月にそこにいるのはユングとの（そしてユングの死後は遺族との）年次編集会議のため、そしてエラノスのためだった。特にボーリンゲンの側の中心人物たちにしてみればアスコーナは二面交錯の経験であった。彼らがそこにいるのはオルガ・フレーベ、そしてR・F・C・ハル（エラノスにはテラスに特別席を設けて貰って、きちんと出席していた）と、それから話す側にも聴く側にもいるボーリンゲンの書き手たち（その何人かと彼らは昵懇《じっこん》の間柄になった）と編集の段取りの議論をするためだった。しかし、エラノスのヴェランダで、村の広場沿いのカフェのテーブルで彼らを取り囲むのは、奨学金や出版を頼もうとする人間たち――リード言うところの「あらゆる形、あらゆる色のスズメバチども」――であった。

メアリー・メロンが考えていたことでもあるが、エラノス講演者の名簿がボーリンゲンに本を書く人間の供給源でもある。ツィンマーがそうだし、後のケレーニイ、ノイマン、エリアーデ、コルバン、スズキ、ショーレム、マシニョンも皆そうである。逆も真なりで、ボーリンゲン本の著者がエラノスで講演するように誘われる。キャンベル、ラディン、グッデナフ、リード、ツッカーカンドル、ヘルムート・ヴィルヘルム、そしてキャスリーン・レインがこちら側の人々である。

ツィンマーの後、書き手として最初に白羽の矢をたてられたのはケレーニイだった。バレットは、ケレーニイが六回目の講演にきた一九四六年の会議で出会っている。ケレーニイは一九五〇年までスター級の一人であり続けたが、オルガ・フレーベに追い出されてしまう。オルガから見てケレーニイはカリスマ的に過ぎた。一九六三年、つまりオルガの死後にもう一度エラノスの演壇に立つことになる。終戦の時、ケレーニイと彼の若い家族はアスコーナ西部のチェントヴァーリの高所にある石の家々の村テーニャで窮乏生活を送っていた。政局からみてハンガリーへの帰国は絶望的だったし、スイスのどこかの大学での任用も望み薄だった。ケレーニイは僅かな印税収入と、時たまの講演料、それから教養ある旅人のギリシア、イタリア旅行への随行料が頼りだったし、(リルケ研究家の)妻のマグダは翻訳したり、誌紙に記事を寄稿したりしていた。ユングもフレーベもこの亡命の大学者には特段の配慮をし、ケレーニイの奨学金申請には長年の友人たるトマス・マンが力を貸した。ケレーニイは一九四七年から七十六歳で他界する一九七三年までずっとボーリンゲン奨学生であるが、「ギリシア宗教に於る元型的イメージ」についての本の執筆と、奨学金供与の理由は明快。この補助金のお蔭で生涯、学究と著述を専一にすることができた。その第一巻が『アスクレピオス――医家の生の元型的イメージ』だが、マンハイムによる英訳を俟《ま》って一九五九年に刊行された(叢書第六十五巻の三)。

その後、プロメテウス、ディオニュソス、エレウシス、ゼウスとヘラ、の四巻が続く。

早くも一九三九年の『神話誌の科学をめぐるエッセー』〔邦訳『神話学入門』〕での共働共著以来（叢書第二十二巻。一九四九年）、ケレーニイとユングは昵懇だった。ユングはケレーニイのことを「ヴィルヘルムとツィンマーの死があけてしまった穴を埋めた人物」と評価している。「彼は今や〔心理学を〕ギリシア神話と縦横無礙《むげ》に繋げてしまうので、科学のこの二領域間の相互交流関係はもはや何の疑いを挿《はさ》むこともできない」のである、と。ユングはその畢生の大作、『神秘的結合』をインスパイアしてくれたのはケレーニイだとしているのだが、ケレーニイの方はユングとの協働作業は「併行して続きはしたが、かと言ってそれで私が私の道から逸れるということは全然なかった」と言っている（一九四四年、マン宛て書簡）。ケレーニイは長年、C・G・ユング研究所で講演を行い、というかそもそもその創建者の一人だったのに、「ユング派」からは距離を置いていた。自分にとって「元型《アルヒエテユプス》」というものは「人間の実存《エグジステンツ》のさまざまな現実の超越的な原型《プロトタイプ》」という意味を持ち、心理学などより余程古くからあるものなのだ」、そして「私のこうした作品に於ては『実存』とは実存主義哲学で言われるようなものでなく、その最も短簡、最も直截な意味で使われているのである」というのがケレーニイ自身がしたそのことの説明である。

ミルチャ・エリアーデは一九〇七年にルーマニアに生まれた。ブカレスト大学を中退し、四年をカルカッタ大学、またヒマラヤ山中の僧房《アーシュラマ》で過ごし、ヨーガを巡る博士論文の資料調査をした。幻想小説を書き、教鞭をとり、戦時中はルーマニア外交団の一員として国外で働いた。平和が戻ってきてもそのまま西側に留まることにし、パリでは書き、またたまにはソルボンヌで教えなどしながら危うい暮しをする。早くも一九三六年に文通相手になっていたA・K・クーマラスワーミーが、エリアーデの窮迫の極を見かねてアリゾナ進学予備校でフランス語を教える職を見つけてくれるが、クーマラスワーミーの死で、これも終る。パリでエリアーデと知己になっていたイラン学のアンリ・コルバンが、自身も一九四九年そこでデビューしていた後、エラノスとの縁を勧めてくれる。コルバンに言わせるなら、エリアーデは既に一九三〇年代初めに錬金術の哲学的意味について書き始めていて、これはユングよりも早い。オルガ・フレーべはエリアーデに一九五〇年の会議《ターグンク》に来て喋るように言う。たちまちの大成功だった。彼に熱心に質問していたユングがオルガに語ったところでは、見るにヒンドゥー教の専門家としてツィンマーの空席を埋められるのはエリアーデではないかということだった(現に長年に亘《わた》り、丁度ツィンマーがそうあった筈のように、エリアーデは多くの話題を巡って喋り続けた)。エリアーデは日記にエラノスの環境が「半ば俗、半ば神智」ですっかり気に入りだと記している。ゲルショム・ショーレムと会ってみると、エリアーデの本を全て読み知っていた。ポール・ラディンの「もの凄いユーモア、商人《あきんど》の禿頭、圧倒的な太鼓腹」も好ましいし、ラディンの女房のドリスなんてカーサ・ガブリエッラの庭で「可愛い」ドラゴンを見たんだそうな、とかとか。ケレーニイにも触れ、ノートも見ずに、お芝居みたいに喋り、聴衆も「変に思われるほどの尊崇の沈黙」を以て聴き入っている。とある。ユングは気取りなく、善い聴き手だが、彼を認めようとしない「正統科学」への非難は辛辣を極める人物と映った。バレットがエリアーデに会った時、パリで盗難に遭ったエリアーデはスーツケースひとつの有様で、奨学金申請の結果発表を待つ間、絶望のどん底にあった。

一九五〇年十二月、エリアーデは月額二百ドルのボーリンゲン奨学生になり、たちまちエラノスの奥の院《インナーサークル》の一員となると、一九六三年までほとんど毎年戻ってきては講演し、また時ならずひょっこり現われることもよくあった。彼はオルガ・フレーべのお気に入りで、彼女が自分の昔のことを話す数少ない相手の一人だった。オルガはエリアーデ夫妻に、夫妻が使っている寝室は一九三〇年代初めにはアリス・ベイリーが使っていたと話した。ある晩チベット僧が窓から闖入してきたが、アリス・

ベイリーが儀式の呪文を唱えたら僧の亡霊は退散したそうだ。オルガは自分の知っている神智論者、心霊主義者、オカルト主義者のことを次々と思いだし、一寸誇らしく学者、心理学者、哲学者、東洋学の人間のことも回想してみせるのだった。一九三六年、ユングがワイングラスと「アブラクサス」の名を刻んだ彼の指輪を使って奇妙な「グノーシス儀礼」を行って、それで二人は絆で結びついたのだという話をオルガはエリアーデにしたのだそうである。オルガはその「風変りで混沌たる」書庫からタルボット・マンデイの神智学スリラーをエリアーデに貸した。何年も後でエリアーデはエラノスの学恩に感謝するが、そこが「現代西欧世界で最も創造的な文化経験のひとつだからだ。あらゆる多彩な研究領域でなされた進歩をひとつの包括的な展望に統合しようとするこれに匹敵し得る学者たちの切れ目ない尽力が他のどこに見出せるだろうか」。

バレットは最初の出会いの時、直前に刊行されていたエリアーデの『永遠回帰の神話』に興味があると褒めた。英訳はボーリンゲン叢書のいまひとり異能の翻訳家、ウィラード・R・トラスクではどうかということになった。トラスクはアメリカ人を両親として一九〇〇年、ベルリンで生まれたが、西欧各語に習熟していた上に、古フランス語、ラテン語、カタロニア語、フィンランド語、ヴェンド語その他もよくした。トラスクの訳筆として叢書はフランス語から五点、ドイツ語から四点を含む。ボーリンゲンの助成を得てトラスクはプリンストン大学出版局からエーリヒ・アウエルバッハの『ミメーシス』の英訳を出してもいる。ボーリンゲン奨学生として中世ポルトガルやガリアの詩を訳し、プリミティヴ詩篇二巻の詞華撰を編んでいる。とにかく若い書き手、翻訳家に及ぼした影響には絶大なものがあった。

エリアーデの英訳版『永遠回帰の神話』(叢書第四十六巻。一九五四年)で合衆国における彼の文名は不動のものとなった。各種の版が出て(そのうちのひとつは『宇宙と歴史』という標題だった)、売上げ総計は十万部を越えた。エリアーデ著、トラスク訳という本がもう二冊、叢書に入った。『ヨーガ――不死性と自由』（第五十六巻。一九五八年）と『シャーマニズム――古代の脱自技法』（第七十六巻。一九六四年）である。二本のエッセーが、こちらはマンハイムの訳で、エラノスから刊行されている。一九五六年、エリアーデはシカゴ大学ハスケル講座で喋るように招かれ、後にはそのシカゴ大学の宗教史の教授に任ぜられることになる。神話や宗教の解釈の世界に生じたアメリカ学界の重要な動きを引っ張ったのもエリアーデであり、ボーリンゲン叢書中の数冊の他にも、多くの学術書と小説が他の各社から陸続刊行されていった。

エリアーデをエラノスに紹介したアンリ・コルバン自身はルイ・マシニョンに紹介してもらっていた。そして七十五歳で亡くなる二年前の一九七六年までエラノス講演者を続けた。長い学界暮しのコルバンは一年をパリと（実践高等教育校でのイスラム教教授だ）テヘランに（皇后をパトロネスにする帝室イラン哲学アカデミーで教えた）二分していた。コルバンは厳密、秘教的、個性的、異端的な学風で講演は難解で有名。バレットは彼の講演を「まじりけなしのモーツァルト」と呼んだ。コルバンはイラン人の宗教意識の現象学の研究に対して、一九五九年にボーリンゲン奨学金を供与された。その『アヴィセンナと幻視の物語』は十一世紀ペルシアの哲学者で医家のイブン・シーナーを研究したものだが、翌年、トラスクの英訳で出版された（第六十六巻）。さらにコルバンがスーフィズムを研究した二冊の本が一九七〇年代に刊行されている。

ゲルショム・ショーレムはエラノス正規部隊では一番独立不羈《ふき》の人品であった。一九四七年の会議《ターグンク》で喋るように初めてオルガに誘われたが、不安なことが多く、元ベルリンのラビだったレオ・ベックのところに相談に行っている。ベックは残存ユダヤ人たちのラビをつとめ続けていたが、一九四三年、テレージエン強制収容所の虜《とりこ》となった。一九四五年、解放されるとロンドンに移住。翌年チユーリヒに足を踏み入れたが、一九二〇年代末にともにダルムシュタットのカイザーリンクの「叡智の学校」に顔を出して以来の仲なのに、ユングと会うのは憚《はばか》られた。こうした知己ということからすればベックが、ユングがナチだとか反ユダヤとかの感情の持ち主と疑うことなどなかっただろうが、一九三〇年代初めのユングの人付合いや発言はベックをして首を傾《かし》げさせるものがあった。ところがユングの方からベックをホテルに訪ねた。長い話し合いとなりベックがユングを責めると、ユングは自己弁護をしたが、同時に認めもした。「そうか、しくじったなあ」、と。二人は心を開き合い、ユングの勧めもあって、オルガ・フレーベは一九四七年のエラノス会議で講演してもらいたい、とベックを誘った。ベックはショーレムにも誘いを受けたらと勧め、一九四九年にこちらは実現している。もう一人のユダヤ人、エーリヒ・ノイマンの最初の講演もその年のはずである。ショーレムはその後、ほとんど全回続けて出席している。ユング生涯に亘《わた》って二人は温い知的友誼を交した。ユング晩年のカバラ論議はショーレム、それからショーレムの朋輩、R・J・ツヴィ・ヴェルブロフスキーに負うところ大である。この点、ショーレムの発言は控え目だ。カバラに対する洞察をいろいろとエラノスの演壇で深めたし、個人的には他の講演者に近く寄り添いながら、はっきりこうも言ってのけている。「カバラの歴史や世界を相手に、精神分析学の概念的語彙――フロイト流だろうがユング風だろうが――を当てはめても実《じつ》が上るようには思えなかった。宗教的観念に近いユングの観念あれこれに強い親近感を抱いて然るべきだったのだが、私はそれらを用いるのを控え、とりわけ元型理論は、これを使うのを控えたのである」。

ショーレムは一八九七年にベルリンで生まれた。一九一一年、自分のユダヤ人ブルジョワ家庭の暮しぶりに反抗するという形でシオニストになった。暫くの間、マルティン・ブーバーの影響を受ける。一ヘブライ語を勉強し、伝統を研究する間、ユダヤ主義の神秘的教義の世界たるカバラに開眼する。一九二三年にはパレスティナへ移住、そこでヨーロッパ・ユダヤ人として市民権を得た最初の一人となった。最後にはイェルサレムのヘブライ大学のユダヤ神秘思想教授となり、彼の分野では画期作とされる研究書を次々と刊行した。一九三〇年代に入るとショーレムの学問的興味は十七世紀スミルナのカバラ的ラビで、ユダヤ教世界に拡がっていった救世主運動を率いたサバタイ・ツェヴィ（Sabbatai Sevi）研究に焦点を移していく。この運動は指導者がイスラームへの改宗を余儀なくされて崩壊したが、秘密セクトが存続した。一九五二年のエラノスでショーレムにボーリンゲン奨学金を申請し、それで以て彼の大元のヘブライ語によるサバタイ・ツェヴィの本を完成させてはどうかと勧めたのはクルト・ヴォルフである。そして同書は一九五七年、イェルサレムで刊行。ラディンがそのいかに重要かをバレットに言い、基金はヴェルブロフスキーによる見事な英訳を支援した。訳者の大学での業務とイスラエル軍の将校としての軍務で、訳はどうしても遅れ気味だった。英語訳『サバタイ・ツェヴィ——神秘なるメサイア』がやっと刊行されたのが一九七三年（叢書第九十三巻）。新しい学問の全開を思わせ、英語読者はヴェルブロフスキーの補注にも魅了された。ショーレムはボーリンゲン版を自分の文業学業のハイライトとしている。

　一九三九年、メアリー・メロンは一回ぎり参加したエラノス会議で三人の呪縛的人物《スペルバインダー》に出遭った。ツィンマー、若いグノーシズム研究者オールベリー、そしてマシニョンである。マシニョンのやっているムスリムの神秘家アル・ハッジャージ（al-Hallāj）の研究はメアリーが手をつけようとしていた構想への確かな突破口のように思われた。メアリーがやる気になった頃にはオールベリーもツィンマーも死んでおり、一九四六年に将来が楽しみとメアリーが感じられたのはマシニョンだったから、この年、彼女はジョン・バレットに言って、エラノスでマシニョンを摑まえ、イブン・ハルドゥーンの『序説 *Muqaddimah*』に序文を書いてくれるよう頼んでもらおうとしたのだが、それはマシニョンの主要な関心からはずれたものであることが判った。逆にバレットが相手の魅力に摑まった。迫《せ》くような喋り方、神秘主義に入れ込んでいる姿勢に魅力を感じて、本を出させようと決心した。マシニョンの最後の講演は一九五五年。その年オルガに追放されたのだが、アルジェリアの独立を支持する発言が政治持ち込みを厳禁していたオルガの忌諱《きき》にふれたのだった。マシニョンは再び呼ばれることはなかった。十八年間のエラノスへの出入りでユングとの温かいやりとりが育まれていたが、もっともどう見てもユング派ではなかった。マシニョンが円卓で長広舌をふるう間もユングはじっと耳を傾けているのが常だったし、コーランの「緑の人（El Khidr）」のテーマに基づいて一九三九年のエラノス会議でユングは即興の講演をしたが、ユングのこのテーマはマシニョンに負っている（活字になってみるとマシニョンの名が消えていて、不審であるが）。一九五二年末にはマシニョンは北アメリカで四ヶ月を過ごしている。多くの大学で——コロンビア、シカゴ、バークレー、プリンストン、そしてモントリオールのマギル大学で——講義し——ニューヨークでは旧知のイエズス会士、テイヤール・ド・シャルダンの所を訪ねたが、ド・シャルダンは健康を損っていた。バレットをボーリンゲンの事務所に訪ね、練習のつもりで英語で辛辣なことを言い合った。ニューオリンズでは遠縁のアレクシ・レジェと会っている。マシニョンは晩年はアル・ハッジャージ論の完成と、アルジェリア戦争に反対する徹底した政治活動に捧げた。一九六二年没、享年七十九であった。臨終《いまわ》の際《きわ》にも「アル・ハッジャージを皆に知らしめよ」と呟いたのだそうだ。弟子のハーバート・メイソンは言っている、「もう預言者で、彼の言葉、知恵は絶対に耳を貸すべきもので、いつも、そして最後まで不撓の精力と克己心に培われたものだった」。

マシニョンは二十歳の時にアラビア研究を始めており、二年後にカイロ・フランス考古学協会で初めて、紀元九二二年、イスラームを人格化して正統に抗い殉教死を遂げたペルシア聖人、フセイン・

イブン・マンスール・アル・ハッジャージのことを学び知った。マシニョンは続く年月を学術研究、宗教研究に捧げ、第一次大戦中は近東で軍と政府の仕事に就いた。一九二二年、博士論文、『アル・ハッジャージの殉難』を刊行、これが宗教史、神秘思想史の古典となった。一九三九年、マシニョンはメアリー・メロンにこの本の改訂にかかっていると知らせたので、一九四六年、彼女はバレットにそれが完成したかどうか見ているようにと言っている。マシニョンはエラノスでバレットに、できればボーリンゲン叢書に入れてもらいたいと告げたらしいのだが、マシニョン死亡の時、作はまだ完成しておらず、出版計画もうやむやになったものと考えられた。すぐ後のことだが、ボストン・アシーニアム所長のウォルター・ミュア・ホワイトヒルからバレットに手紙が来て——偶然だが——マシニョンの仕事を何かハーバート・メイソンという若い詩人に訳させてみてはどうか、この詩人は一九五〇年代末にパリにいて、マシニョンのことを知ったようだと書いてあった。この偉大な人物によってメイソンはイスラーム研究熱を煽られ、ハーヴァードの卒業論文はアラビアでやったほどである。メイソンは父親の仕事を完成させることに腐心していたマシニョンの息子ダニエルと娘ジュネヴィエーヴと接触する。何かが出てくるまでに何年も経った。一九六八年になってやっとフランスの出版社ガリマールがフランス語版のゲラ刷りを出す。ボーリンゲン基金は解散を前にして、最後のプロジェクトのひとつにマシニョンの本を選び、メイソンが翻訳者兼編集者ということで契約ができた。骨の折れる作業が、メイソンがボストン大学教授になっていたボストンと、マシニョン一家が油断なく彼と協議し合うパリとでゆっくり進んでいった。『アル・ハッジャージの殉難』はついに一九八二年、刊行の運びとなったのである。

禅《ゼン》ブッディストのダイセツ・スズキ〔鈴木貞太郎大拙〕はオルガ・フレーベがエラノスに来て講演しないかと誘った時、八十代だった。一九五一年にプリンストン大学の物理学者、マックス・ノルからも、英国のブッディスト・ソサエティ会長のクリスマス・ハンフリーズからも既に提案されていた件である。ユングも随分長くスズキとは手紙のやりとりがあり、著作も集めていた。一九三九年にはスズキの英文『禅学入門』の（ハインリヒ・ツィンマーによる）ドイツ語訳にユングは長い序文を寄せていた。スズキは一九五三年、エラノス会議《ターグンク》に出席したが、ボーリンゲンの旅費助成を得ている。この旅費はスズキの付き添いのアメリカ人秘書、ミホコ・オカムラ［岡村美穂子］にも出た。オルガ・フレーベは二人をレクチャー・ホールの上の部屋に泊めたが、そこはかつてユングの泊まった所である。禅信奉のファンがこっそり階上に上って来て花を置いていったり、巨匠の入った風呂の湯を欲しがったのだという。スズキのどこへ行くか判らない謎に満ちた講演はエラノスの静謐の間奏曲であった。もう一人の同じ一九五三年の講演者に神学者、宗教史家のエルンスト・ベンツがいるが、週末喋る方も聴く側も皆あちこちに出掛けて行くのにいかにスズキ独り留まったか、それは翌日が満月なものでスズキは独りカーサ・エラノスのヴェランダから月が山の辺《へ》に上り、湖面に耀《かがよ》うのを黙然観想したかったからだと、ベンツは回想している。そうは言ってもスズキはエラノス会議の前後、ヨーロッパ中を旺盛に旅行して思想家たち――ユング、ハイデガー、ヤスパース、トインビー、ガブリエル・マルセル――と語を交している。エラノスで初めてスズキと会ったハーバート・リードは「ヨーロッパでは伝説の人物、静謐孤高の東洋の賢哲の典型。我々の物質文明、唯物論哲学と隔絶せる人品」と呼んでいる。バレットがエラノスでスズキに会ったところから、元の本の在庫が東京空襲で消失の一九三八年のある作品の新版を出そうという話になった。改訂増補版ということでそれは一九五九年、『禅と日本文化』のタイトルで刊行されたが（叢書第六十四巻）、剣道、茶道、俳句その他、禅のさまざまな面を論じている。

スズキは一八七〇年に東京に生まれた。学校で英語を学び、一八九三年シカゴ万国博覧会の宗教議会に代表として出た。アメリカに十五年留まるが、東洋学者ポール・ケーラスのやっている出版社オープン・コートの編集と翻訳にたずさわったのである。日本に帰った後は四十年間、著述と大学で教える暮しの中で仏教哲学の権威となった。一九四九年以降は大半を西洋で過ごし、コロンビア、ハーヴァードその他で講演し、あちこち旅行した。東方仏教徒協会の英文雑誌『イースタン・ブディスト』の編集を引き受けた矢先の一九六六年、東京で没。

スズキの影響力はナンシー・ウィルソン・ロスのそれとともに、ボーリンゲン基金の仏教、とりわけ禅への関心を育むのに与って力あった。スズキ自身、一九五六年に奨学生になって「問答」という悟達のための逸話集一巻と禅の語彙集を英語で出そうとする。スズキの勧めがあって基金はカリフォルニア州クレアモントのブライスデル研究所が十五世紀中国の禅の古典たる『伝灯録 *Cnuan deng lu*』を英訳しようとする企画に奨学金を供与した。これもボーリンゲン奨学生でエラノス講演者のチャン・チュン＝ユアン〔張鍾元〕が責任を持ち、一九六九年に『ゼン・ブッディズム（Ch'an Buddhism）の根本教理』（パンセオン）として刊行。ボーリンゲンは日本にできた第一アメリカ・ゼン学会のさまざまな出版事業を助成し、仏教研究奨学金をジェラルド・ハード、チェン＝チ・チャン、ゲイリー・スナイダー、センチュウ・ムラノ〔村野宣忠〕、アラン・ワッツ、そしてA・W・マクドナルドに供与した。

逆に、ボーリンゲン基金と縁がま﹅ず﹅あ﹅っ﹅て﹅、エラノスの講演台にたどりついた講演者もいる。ハーバート・リードもその一人で、最初は誘いに応じるのをいやがったが（「元型というものを非常にこわがっているみたいです」と、一九四八年、オルガはバレットに書き送っている）、一九五二年に応じた。一九五六年から（死の四年前の）一九六四年までずっと講演している。ボーリンゲンから回って来た他の人間としては、一九四九年と翌年に北米インディアンの神話について講じたポール・ラデインもそうだし、一九五七年と一九五九年のジョゼフ・キャンベルもそうである。アーウィン・R・グッデナフは一九五一年に呼ばれたし、ヴィクトル・ツッカーカンドルをオルガ・フレーベが呼んだのは一九六〇年のこと。ツッカーカンドルは一九六四年まで毎年顔を出し、ついにはカーサ・ガブリエッラを家とし、一九六五年春、そこで死を迎えた。彼のエラノス講義は『音楽家としての人間』(『音と象徴』の第二部)に入ったが、そのためにと言ってボーリンゲン奨学生になったはずのベートーヴェン小品集についての研究はついに完成させることができなかった。

『易経』翻訳者リヒャルト・ヴィルヘルムの息子、ヘルムート・ヴィルヘルムは一九五一年から一九六七年までの間に都合七回、いつも『易経』のあの面この面をめぐって講演を行った。少年時代を中国で過ごし、教育をドイツで終えてから北京国立大学で教鞭をとるため再び中国に戻った。日本軍の占領下、引っ込んで研究、執筆の暮しを送る。占領下に動きのとれなくなったヨーロッパ人たちに行った『易経』講義の書、『易《チエンジ》』はケアリー・ベインズの英訳を得て、一九六〇年に刊行された(叢書第六十二巻)。シアトルのワシントン大学教授のヴィルヘルムは二度、中国哲学研究のためにボーリンゲン奨学生になった。

ボーリンゲン奨学生になったエラノス講演者は他にもいて、スイス人の分析心理学者ハンス・ベンツィガー、ドイツ人のアジアとロシアの正統宗教史の研究者エルンスト・ベンツ、スイス人東洋学者フリッツ・マイアー、アメリカ人心理療法家アイラ・プロゴフ、英国人人類学者ジョン・ラヤード、オランダ人グノーシス主義研究家ヒレス・クィスペル、詩人キャスリーン・レインなど多士済々。ルドルフ・リッツェマは講演者ではないが、オルガ・フレーベの死後はエラノスの共同管理者であり、『易経』の研究者であった。

一九四六年の間、ナターシャ・ラムボーヴァはボーリンゲンの援助の下、シンボル研究に忙しい、というのもクラスを持ったり、分析業や星占い、公開講座をやったりもしているからだ。十二月というからメアリー・メロンの死後二ヶ月ということだが、石や宝石でできた古代の甲虫石《スカラベ》に刻まれた象徴的意匠の研究をエジプトでやるため奨学生申請をしている。「その素材が」と彼女は説明する、「エジプト人の信仰と古代アメリカ文化の間の繋がりを証すのではないか――多くの点で、モード・オークスの集めてきた材料を説明しているのである」、と。一九四七年二月、五十歳の誕生日を迎えた直後、ラムボーヴァはエジプト行きの船に乗るのだが、ボーリンゲン奨学金をもらい継ぎながら次の五年をそこで過ごすはずである。カイロ、ルクソール、そしてアスワンで彼女は取扱業者、収集家、博物館関係者、族長たち、コプトの僧、そして考古学者たちのもとをたずね歩く。タイプライターでうった長い報告を毎月バレットに送っているが、バレットがエジプト好きということを忘れないで当地の旅情豊かな風景のヴィニェットを同封したりしている。ルクソールでは十二年前、ハワード・カーターと仲良しだったことが人に会うのに大いに助けになってくれた。夏にはスイスに行き、ジュネーヴ近くのリゾート地で休暇を楽しむが、ここでも長い報告文を綴って、ピラミッドのそばで見た民間の祭りのことを細々と描いている。「妙な歌が大昔から伝わっているのですが、大昔のエジプト語が名残りをとどめています。何年も前のことですが、労働者たちがルクソール神殿で歌っていた歌の文句をハワード・カーターが翻訳してくれたのを思いだします。人足たちは荷を担ぐ時、昔からの神アモンに力を貸してくれと呼び掛けたのです」。彼女はユングを読み、ユングに会おう、エラノスに参加しようとしていたが、「いつもそういうふうになるわけではなかった」。結局、ユングにもオルガ・フレーベにもラムボーヴァは会っていない。コレラ流行をものともせずにエジプトに戻って、デルタ地帯やファイユームのオアシスへ収集旅行に出ている。アメリカン大学が視覚教育学部に来て話してくれまいかと頼んでくる。アメリカ大使館が彼女を推輓してくれていたのだ。しかしラムボーヴァは考古学の学界人には一片の敬意も払わない。その報告の一回に、こう書き記している。彼らは発掘の微細な点についてはどこまでも辛棒強く付き合うのに、「この宗教的、象徴的、心理学的対象を分析しようというのが、人々の幅広さ、宗教感情、哲学的外観また心理を理解する構えがまったくできない精神というわけです。その人々の宗教的、文化的な遺物を下手糞に分析するしか能がない精神です」。

それでも一人、有望なエジプト学者に出遭った。ラムボーヴァがフランス考古学協会の図書室で仕事をしていると会長のアレクサンドル・ピアンコフが彼女の研究に関心を示し、自分の訳した『洞窟の書』を是非読んでみろと勧めてきた。「驚いたことに」と、ラムボーヴァはバレットに書き送る、「重要な秘教的《エソテリック》な材料が全てそこに含まれていることが判りました。これと比べられるのはコプトの『知恵のパン屋《ピスティズ・ソフィア》』、チベットの『沈黙の声』、そしてパタンジャリのヒンドゥー・スートラくらいのものでしょうか。長い間さがし求めてきたものに出合いました」。ラムボーヴァはスカラベたちを一時脇に置き、古代エジプト最大の宗教文書のひとつ『洞窟の書』をピアンコフがフランス語にしたものを相手に英語訳を始めた。この二つある完全版のうちのひとつは王家の谷のラムセス（ラ・メス）六世の陵墓の壁上にある。「これこそ私がそこエジプトにいた究極の意味と目的だった、それは間違いないことです」。ナターシャはそう書いた。

十一月末、モード・オークスがエジプトのラムボーヴァに合流する。トドス・サントス本のためのボーリンゲン奨学金は延長されていたし、モードその人もまた古代エジプトのシンボリズムを研究したいと思っていた。二人してルクソールへ行くが、一般公開のない墓陵に入ることを許されたのはピアンコフが手を打ってくれていたからだった。モードは彼女自身の本も書き続けながら、エジプトの秘教文書《エソテリカ》に深甚の関心を寄せた。一九四八年三月、バレット宛て書簡で、基金にできることでは墓陵に見る表象表現の記録の手助けが一番重要ではないかと言っている。

ラムボーヴァへの奨学金は『洞窟の書』の訳のためとして再び更新される。しかし今や彼女はさらに大きな構想を抱えていた。エジプト尚古協会の長たるエティエンヌ・ドリオトン神父の支持をとりつけたラムボーヴァは、基金がピアンコフの監督下、ラムセス六世の墓全体の記録をとる作業を助けるべきだと提案する。一九四八年九月、ピアンコフは二年奨学金を供与されたが、基金はピアンコフ生涯の残り十七年間ずっとこの支援を続けることになる。

アレクサンドル・ピアンコフは一八九七年にサンクトペテルブルグに生まれた。少年時代、エルミタージュ美術館に連れて行かれ、大エジプト学者、V・S・ゴレニシェフのコレクションを見たことで、将来何をやるべきかが決まった。ベルリンで、そしてそこで博士号をとるソルボンヌ大学でエジプト学、アラビア語、ペルシア語、トルコ語、そしてコプト語を学ぶ。一九三〇年代の間、トマス・ホイットモアの下、パリ、イスタンブール、カイロとビザンティン協会のために働いて、フランス市民となり、王家の谷で墓の碑銘の研究を始めた。第二次大戦で兵役に動員され、一九四〇年に免役になってからはずっとエジプトにフランス協会要員、国立科学研究センターの代表として留まった。収入は十分でなかったから、学者として、多産な学者として生き残るのをボーリンゲン奨学金が助けた。異様なほど旺盛な好奇心、幅広い学殖、辛辣な機智、言葉の天才といった人物である。

一九四九年にニューヨークに戻ったナターシャ・ラムボーヴァは基金に働きかけてプロジェクト拡大を目論んでいた。ピアンコフのラムセス六世墓陵研究が、サッカラにある第五、第六王朝の九ピラミッドの「ピラミッド文書」を記録し、翻訳するプランと、さらに良く知られていない宗教の儀礼や信仰を再現させてくれそうな謎多い天文学的な、シンボリックなテキストや絵画表現をあまたの墓陵、石棺やパピルス資料から収集しようというプラン、第一、『死者の書』を本にするプランと結び付けられた。こうしてボーリンゲン・エジプト探険隊がつくられる。ラムボーヴァ算定の予算が三年間の活動を支え、必須のカメラ、投光照明、梯子《はしご》、生活用品、それにステーションワゴン一台を備えることを可能にした。五万ドルほどが提供された。隊長はピアンコフ。それをシカゴの東洋協会の卒業生のエリザベス・トマスが助け、ピラミッド文書を収集・翻訳し、注釈を付ける段取りである。ラムボーヴァは探険隊の事務責任をとる一方、比較の材料を集め、テキストや記号を再構成し分析し、そして写真やアートワークを監督する。写真家にはL・F・ハッソン、そして絵を描く役には既にルクソールのシカゴ・ハウスで一シーズン過ごしていたマーク・ハッセルリースが雇われた。一九四九年十月六日に一同がピラミッド群近くのメナ・ハウス・ホテルに集まってサッカラ作戦を練りだした途端、エリザベス・トマスが大変な情報をもち出した。エジプト尚古省が九つのピラミッドでの作業に認可をくれていたが、うち八つが流砂のため接近不能ということが今の今まで知らされていなかったのだ。おそらく尚古省の方では、砂をアメリカの探険隊の方で何とかしてもらえるものと、多分ひそかに望んでいたのだろう——とてつもない土木事業なのだ。第五王朝のウナス［ウニス］王（紀元前二十四世紀）のピラミッドだけは入ることができそうということで、プランに残った。銘文を持つ最古のピラミッド、とはつまり世界最古の文学的モニュマンということなので、これだけでもやはり重要な仕事であった。ところがラムセス六世墓陵の撮影の方が優先されて、探険隊は冬シーズンの間ルクソールに行くことになった。直後にエリザベス・トマスが方法論で意見が合わず、離れていってしまう。ピアンコフは大半の時間をカイロで過ごし、ルクソールの方はラムボーヴァが大車輪の奔走振りである。

一九五〇年、かつて一九三〇年代にコンデッサ・デ・ウルザイスとして暮していたマジョルカへラムボーヴァは旅行している。秋に仕事再開。カイロではハッセルリースがカイロ博物館にあるツタンカーメンの聖骨祠の表現を線画に描きとり、一方、ハッソンはラムボーヴァの指示を受けてウナス王のピラミッドの銘文類を写真撮影し、業務完了して離れていった。

ピアンコフはラムセス六世墓陵中のテキスト類の（堪能だった）英語への訳を完了していたが、これは他の偉大な宗教文書──「門の書」、「冥界の書」、「昼の書」、「夜の書」──のほとんど完全な異本《ヴァージョン》を成していた。ラムボーヴァは完全な本として材料を──翻訳、評釈、詳注、写真、線描画を──組織し、現に具体的な一冊の本の形にしていった。一九五一年に彼女はニューヨークにいて、ボーリンゲンの編集者たちと仕事をしたが、その一人だったウォラス・ブロックウェイがバレットへの報告の中でこう書いている。「真面目さに加えて情熱的なこの女性は要約しつつ全体化できる天才であります。彼女には満腔の讃美を捧げたいと思います。もしミス・ラムボーヴァにしたい放題させたら、我々のやること全て忽ちエジプト漬《づ》けになること必定《ひつじょう》です」。

探険隊の出版物、「エジプト宗教のテキストと視覚表象」（叢書第四十巻）は「アレクサンドル・ピアンコフ監修、N・ラムボーヴァ編集で進行した。第一巻、『ラムセス六世の墓陵』は一九五四年の刊行。テキスト（四百六十一ページ、プラス、二枚の図版のカラーファクシミリ。マイ＝マイ・シーの仕事だ）と、墓の全記録と言うべき百九十六点の写真図版のポートフォリオからできていた。第二巻、『ツタンカーメン聖骨祠』は翌年刊。王の石棺を納めた四つの黄金で覆われた祠《やしろ》をめぐるテキストと視覚表現を扱い、図版には「黄金ファクシミリ」の図版二点が含まれる。そして第三巻、『神話的パピルス』の進行中にピアンコフとラムボーヴァの間の軋轢《あつれき》が表面化してしまった。ラムボーヴァの方は、この本は宗教的シンボリズムについての彼女の評釈が入って、宗教、哲学、心理学の研究者たちに古代の秘儀を巡る材料を提供すべき一巻になるものと考えていた。ピアンコフはピアンコフで自分の学術的な仕事にラムボーヴァの解釈など所詮水と油と、こちらの考えも全然ぶれない。『神話的パ

ューエクスプレス　アイスランド語

司

火山など圧倒的な自然に囲まれ、観光地として注目を集めるアイス
。古い北欧語の複雑な語形変化を今に残す個性的な言語。
》
（11 月中旬刊）A5判■3600円

ンガリー語のしくみ《新版》

ヨーロッパの言葉とは大きく異なるハンガリー語。意外にも日本語
います。どう似ているのか、のぞいてみませんか。
B6変型■1800円

ンマーク語のしくみ《新版》

子

はそれぞれ大切なしくみがあります。大事なのは全体を大づかみに
ること。最後まで読み通せる画期的な入門書シリーズ！
B6変型■1800円

国語検定対策２級問題集［改訂版］

雄編著

を分析し、狙われやすいポイントを解説。覚えるべきことを整理し、
題で実戦力を養います。模擬試験・慣用句リスト付。
枚付》
A5判■2400円

フランス語で読む「恐るべき子どもたち」

人編著

ーの名作を抜粋で読みましょう。詩人コクトーならではの比喩やリ
原文で味わうのは、学習者ならではの喜びです。
》
四六判■2400円

フランス語・フランス語圏文化をお伝えする唯一の総合月刊誌

ふらんす

2月号（11／22頃刊）■639円

☆特集「アフリカの〈存在感〉」ロミュアルド・フォンクア・中村隆之・佐久間寛☆「ことばのあそびば」Marie-Emmanuelle 村松☆「もうひとつのニューカレドニア」星埜守之☆「パリ風俗事典」鹿島茂☆対訳シナリオ『ルージュの手紙』中条志穂☆「拝啓 平松洋子様」友川カズキほか

ローズヴェルトとスターリン

テヘラン・ヤルタ会談と戦後構想（上・下）

スーザン・バトラー　松本幸重訳

第二次世界大戦のさなか、対独戦、対日戦勝利だけでなく、戦後の国際秩序を見据えて協力を模索した、二巨頭の知られざる関係とは？

四六判■各3800円

家族をテロリストにしないために

イスラム系セクト感化防止センターの証言

ドゥニア・ブザール　児玉しおり訳

多くの若者が、ネット動画を通じて過激思想に洗脳され、取り込まれていく。フランスで起きていることは他人ごとではない。　四六判■1500円

ガレノス

西洋医学を支配したローマ帝国の医師

スーザン・P・マターン　澤井 直訳

庶民・剣闘士の治療から歴代皇帝の侍医としてまで名声を得たガレノス。その複雑な人柄とローマ帝国の医療衛生現場を生き生きと描く。

四六判■4800円

エクス・リブリス

死体展覧会

ハサン・ブラーシム　藤井 光訳

現実か悪夢か。イラクにはびこる不条理な暴力を、亡命作家が冷徹かつ幻想的に描き出す。現代アラブ文学の新鋭が放つ鮮烈な短篇集。

四六判■2300円

渉猟し、斯界の権威が中東混迷の遠因となった大戦と戦後処理の過程を描いた大作。

四六判■4500円

印刷という革命（新装版）

ルネサンスの本と日常生活

アンドルー・ペティグリー［桑木野幸司訳］

本とは手書き写本であったヨーロッパに印刷された本が生まれたことで、人々の暮らしや政治・宗教・経済・文学はどう変わったのか。

四六判■4800円

不法移民はいつ〈不法〉でなくなるのか

滞在時間から滞在権へ

ジョセフ・カレンズ［横濱竜也訳］

オバマ政権からトランプ政権にかけて問題であり続ける移民論の参照軸となっている記念碑的論考。

四六判■2800円

［新版］〈起業〉という幻想

アメリカン・ドリームの現実

スコット・A・シェーン［谷口功一・中野剛志・柴山桂太訳］

失業率やGDPはじめ各種統計から浮かび上がる起業大国アメリカの実像。

四六判■2900円

ホワイトハウスのピアニスト

ヴァン・クライバーンと冷戦

ナイジェル・クリフ［松村哲哉訳］

第一回チャイコフスキー国際コンクールで優勝し、彼を記念したコンクールに名を残すピアニストの、数奇な生涯を初めて明らかにする。

四六判■4800円

日本新劇全史

第一巻（明治〜終戦）

大笹吉雄

西洋演劇の翻案・翻訳によって産声をあげ、小山内薫らによる築地小劇場で基礎を築き、政府の弾圧の中変貌する現代演劇の姿と歴史を劇界重鎮が開陳。

A5判■30000円

好評既刊

りつつ、代表作と「道化」の誕生から終末までを読み解く。第一人者によるベケット入門。

新書判■1400円

白水Uブックス 215

劇場

ミハイル・ブルガーコフ［水野忠夫訳］

独立劇場のために戯曲を執筆したマクスードフだが、様々な障害によって上演は先延ばしに。劇場の複雑な機構に翻弄される作家の悲喜劇。

新書判■1800円

文庫クセジュ 1016

科学の本質と多様性

ジル＝ガストン・グランジェ［松田克進・三宅岳史・中村大介訳］

「科学とは何か」というきわめて大きな問題をわかりやすくまとめた一冊。

新書判■1200円

文庫クセジュ 1015

100語でわかる子ども

ジャック・アンドレ編著［古橋忠晃・番場寛訳］

「どのようにして赤ちゃんを作るの？」「わざとじゃない」「小児性愛者」「宿題」「便器」など、精神分析家らが綴る子どもの世界。

新書判■1200円

薄い桃色のかたまり／少女ミウ

岩松了

私はいっさいの色彩を奪われたのです……。震災から6年。岩松了が被災地と向きあい、新たな再生を謳い上げる、渾身の書き下ろし！

四六判■2200円

ボラーニョ・コレクション

チリ夜想曲

ロベルト・ボラーニョ［野谷文昭訳］

死の床にある神父のドン・キホーテ的独白が生む幻想。動乱の祖国と青春の日々、文学、旅、友情……後期を代表する戦慄の中篇小説。

四六判■2200円

ピルス』でラムボーヴァは、パピルスのシンボリズムについて彼女の名を冠した一章を別に充《あ》てがわれた。書物の形をした箱に三十一点のパピルスがコロタイプの折りたたみ図版として入っていたが、引き伸ばせば長さ十フィートにも及ぶものもあった。第三巻刊行後、ラムボーヴァはプロジェクトを辞して自分の研究に投じていく。母親から遺産が入ったのを機にコネティカットにカントリーハウスを購い、エジプトばかりかヒマラヤとルリスタン地方の美術の蒐集に没入していった。プロジェクトの方はさらに三巻が出るが全てピアンコフひとりの名での刊行。一巻ずつがラムボーヴァの仕事に多くを負っているのに、である。もっとも第四巻、『太陽神レー連禱』はラムボーヴァに献げられている。もう少しで第五巻、『ウナスのピラミッド』と第六巻、『霊魂彷徨』は完成しそうだったし、『死者の書』翻訳も開始したばかりのところだったが、ピアンコフは一九六六年七月二十日、心臓発作でブリュッセルに没した。先立つ六月五日にカリフォルニア州パサデナの療養所でナターシャ・ラムボーヴァが他界していたことは知らなかった。ピアンコフの死後、最後の二巻を校了までもっていったのは仲間のエジプト学者たちである。第五巻がバーナード・V・ボスマー（で、一九六八年刊行）、第六巻がヘレン・ジャケット＝ゴードン（こちらは一九七四年の刊）である。

「古代シンボリズムの神話的パターン」を巡るラムボーヴァの本をメアリー・メロンは是非書くように励まし、一九五〇年代一杯、ラムボーヴァの脳裡を離れぬ仕事だったのだが、出版はおろか、彼女自身の感覚では完成すらしなかった。ユングから色よい反応を期待した。ユングはアウトラインを見て、ひとこと、「非常に不思議な本にはちがいない……［が］こんないろいろな時代、いろいろな場所からもってきた厖大な材料をどうやってまともにまとめる気なのか。この女性は古代人のこと、そしてとりわけ現代人のことに通じていることは勿論として、どうやって聖刻文字、楔形文字に通じ、西洋古代、中世紀にまで通じていると言えるのだろう」とコメントしたそうだ。ユングは数秘術の部分をサンプルとして、弟子のマリ゠ルイーズ・フォン・フランツに渡して「科学的見地」から読んだ印象を聞くことにした。弟子の答は、この材料は「誤った基本的仮説」に基づいているので、ラムボーヴァがチューリヒに来られるようなら自分が協力して誤りを直しても良いというものであった。この提案を良しとするラムボーヴァであるはずもない。ラディンもキャンベルも出版の値打ありとしたが、基金は決断をためらった。ラムボーヴァはハッセルリースの厖大量の線画と彼女の元の象徴アーカイヴからの写真とともに、千ページを上回るタイプ原稿を残した。自分の美術収集品と蔵書をいろいろなミュージアム、そして研究者に送り与えた。フィラデルフィア美術館は彼女のチベット美術、ネパール美術コレクションを「ナターシャ・ラムボーヴァ・ギャラリー」に収蔵しているし、彼女のエジプト・コレクションはユタ大学博物館に収められている。

ラムボーヴァの影響力は弟子たち、特にモード・オークスの裡に如実であった。その一人がマイ゠マイ・シー（Mai-mai Sze　施美美）。一九一〇年の中国生まれ。父親がワシントン、ロンドン勤務の大使。受けたのは西洋式教育。画家として頭角をあらわし、当時まだメアリー・ブラウンだった女性やモード・オークスとは一九三〇年代中葉のニューヨークの芸術的環境の中で出会った。モードは彼女をラムボーヴァのクラスに連れて行き、マイ゠マイ・シーは何年間か定期的にそこに通っている。クーマラスワーミー、メアリー・メロン、そしてラムボーヴァが、彼女が十七世紀清初中国の古典的詩画譜、『芥子園画伝《かいしえんがでん》 *Jiez'yuan Huazhuan*』を翻訳しようとしているのを励ました。一九五〇年に三年奨学金をもらえることになり、四年経過後、原稿出稿、学術的点検を受け、合格、やがて出版されるが、そのタイトルは『絵画の道《タオ》――中国絵画の宗教的性格研究』といった（叢書第四十九巻。一九五六年）。造本としても際立《きわだ》ったものだった。画論本体は一巻約五百ページあり、中国語原作の全ページを掲載し、英訳がついた。もう一巻が丸々シーの導入論文で、画伝の道教哲学的背景とシンボリズムを明らかにし、アメリカにあるコレクションからの中国絵画十一点をコロタイプで復刻したものを図版として掲げていた。

ラムボーヴァのクラスで勉強した者には他にも、『伝灯録』翻訳者の道教研究家、チャン・チュン＝ユアンがいるし、ラムボーヴァが一番弟子と目《もく》していた衣裳デザイナーのアイリーン・シャラフがいる。画家のバフィー・ジョンソンも何年間かメンバーだった。マーク・ハッセルリースも熱心に顔を出しており、後には自分自身の講演活動を通して師匠の思想を喧伝した。例のエジプト宗教文書と絵画表現の各巻に入った玄妙至極の画筆線描の絵の他にも、彼の絵は叢書のいろいろな本に入ったし、とりわけジョゼフ・キャンベルの『神話のイメージ』の絵は有名である。写真とインド学の権威たるドロシー・ノーマンもクラス参加者。インドで会ったステラ・クラムリッシュを紹介したのがドロシーだった。オーストリア生まれのクラムリッシュはウィーンとオックスフォードで学んだ後、ラビンドラナース・タゴールに自分の学校で教えないかと誘われてインドに渡り、カルカッタ大学美術史学教授になり、クーマラスワーミーを知り、彼とツィンマーに傾倒する。一九五〇年、ボーリンゲン基金がペンシルヴァニア大学に寄付金を送ったが、クラムリッシュがそこで教え、研究し易いようにという配慮からだった。奨学金の供与は続く。エジプト宗教文書プロジェクト予算からの支出だったが、クラムリッシュの仕事が「このプロジェクトと繋がりあり、将来このプロジェクトが被益するところ大」だからだった。クラムリッシュは毎週フィラデルフィアから出てきてラムボーヴァの占星術と数秘術のクラスに参加した。逆にラムヴォーヴァのヒマラヤ美術収集を指導したのがクラムリッシュである。インド思想に底流する宗教的シンボリズムを相手にしたクラムリッシュの研究プロジェクトに対する基金の援助は十年以上続いた。一九八一年のフィラデルフィア美術館における「顕現するシヴァ神」展がその総決算である。

　モード・オークスは一九四七年の冬、エジプトにいたが、太平洋を見はるかす家を買ったカリフォルニア州ビッグ・サーに移り、そこで『トドス・サントスの二柱の十字架』を書き終えると、研究と絵を専らにしていた。一九四九年春のニューヨーク行きが一寸した例外だが、秘儀における天文学的シンボリズムをテーマにしたラムボーヴァのクラスに参加したのである。続く年月、彼女はずっとボーリンゲン奨学生を続けた。しかし不運な巡りあわせに遭い始めた。一九五〇年、インドに渡って始原の民、ナガス族の宗教とシンボリズムを研究する計画をたてていたところが反乱勃発、やむなく相手をペルーに変更し、インカ文明の遺構を研究することにした。ジープと写真機材をサンフランシスコから船で送り、ペルー人女性を相棒にリマをあとにする。アンデスの奥深く、夜分に車軸も流れよという豪雨で道路流失、ジープは山腹を転がり落ちた。女性二人は負傷して計画頓挫し、モードは首の骨を挫《くじ》いたままニューヨークに戻った。回復後、チューリヒに赴く。関心がユングに、とりわけユングがボーリンゲン塔にシンボルとラテン語銘句を刻んだ大きな石の立方体を置いていたが、それに向かっていた。ビッグ・サーに戻るとユング派の分析を始め、ユングの著作に没入した。ニューヨークの事務所は進行中の著作集の校正ゲラをモードに送り届けた。時々はナヴァホ研究に戻ることもあり、絵を使った講演など行い、リーランド・C・ワイマンの『ビューティウェイ――ナヴァホの儀礼』（叢書第五十三巻。一九五七年）には砂絵と、記録をとっていた神話を提供している。一九五四年にはマヤ文明研究を再開し、マヤの絵文字解読の問題に取り組む決心をした。ビッグ・サーの家が火災に遭い、絵も、書類も、書物もすべて焼失。一九五六年、養子にしたキャシー・メロンを連れて世界旅行に出たあと、ボーリンゲンのユングの石のことに戻り、再びスイスに行って、それを研究し、ユングと語を交している。カリフォルニアに戻ると「石」の本を最終的に書きあげた――実際、彼女自身の物語だし、多分彼女最高の作だが、未刊行である。

何年か遡ってみる。コロンブス以前の聖なる書、『ポポル・ヴフ』をグァテマラでフラビオ・ロダスがキチェ語からスペイン語に翻訳しつつあったプランだが、哲学的検証が必要だった。アルフレッド・クノップ社が推したプロの翻訳家ハリエット・デ・オニスと、その夫でコロンビア大学の有名なスペイン語学者のフェデリコ・デ・オニスがグァテマラに飛んでロダスの仕事の正否を見究めることになったが、二人からの報告は否ということだったし、民族学者としてのポール・ラディンの評価も同じであった。基金はロダスに「贈りものということで」最後の払いを行うと、プロジェクトを打ち切った。しかし、『ポポル・ヴフ』は、人類学、先史学、社会史、宗教といった元型を追究するに適した分野のデータにメアリー・メロンが示していた好奇心そのものの世界だった。メアリーは、人間の集合無意識の要素というのはまさにこうした領域から来る情報を通じて辿《たど》ることができるとするユングの見解を信奉していた。そう、だからこそボーリンゲンの企画は異様に好奇心の強い、諸分野の権威で懐《ふところ》深いポール・ラディンのような人間を価値高い顧問役に雇っていたわけだろう。ラディンはユング派でもエソテリシストでもなかったが、超越的なものが発露流出してくる対象に忍耐と共感を以て対することができた——ラムボーヴァの値打ちを高く買っていたのが何よりの証拠であろう。ラディンの第一の関心は哲学と適度に混った人類学で、十五年間基金が奨学金を終身扱いして彼からアドヴァイスを引き出そうとするのに対応しつつ、自分自身の研究と著述はちゃんと続けた。一九四九年、基金は「スペシャル・パブリケーションズ」という刊記《インプリント》を創ったが、はっきりラディンの専門論文用のもので、五度ほど発行され、ほとんどがウィネバゴ族主題の論文である。もうひとつ専門分野にアフリカの人類学があって、一九四六年これでパンセオン社と縁ができ、同社のグリム童話集、ロシア民話集と同じ仕様のアフリカ民話集の編集を引き受けていた。ボーリンゲンはこの企画を譲り受け、拡大版にしてプリミティヴ・アートも入れることを考える。ラディンがサハラ以南のアフリカ一帯の民話を八十幾つか集め、美術史家でコレクター、美術館長のジェイムズ・ジョンソン・スウィーニーがアフリカの仮面、彫像、頭像、道具類の（ほとんどがエリオット・エリソフォン、ウォーカー・エヴァンズ撮影の）写真百六十点を提供した。『アフリカの民話と彫像』（叢書第三十二巻。一九五二年）はコーファー装丁のしゃれた大型本になり、ラディンとスウィーニーの序文がついたが、心理学的分析など一行もない。

ラディン夫妻は一九五二年、大半の蔵書とともにスイスのルガーノに移住する。他にもいろいろあるが中に一冊、アメリカ原住民の民話のトリックスター主題を扱った研究書、『トリックスター』が目に立つ。心理学からのコメントをユングが、神話学からのコメントをケレーニイがそれぞれ載せている。そういう距離をちゃんと保ちながらラディンは他人の原稿や奨学生申請書を読んで報告をあげたし、バレットへの書簡中にボーリンゲンにとって関心ありそうな話柄を長々と記した。一九五三年初め、ユングをたずねた時のことを書いているが、心臓発作に苦しむユングがいつも死ぬことばかり喋り、生前には目にすることがかないそうにない著作集のことで不満を口にすることが多かったとしている。時々会うことになったオルガ・フレーベについてラディンの筆は辛口だ。「他の考え方、他の人間に対する共感がこの女性にはない。頑固で計算高いエゴイスト。助けに来てくれた相手に決して感謝の念を抱かず、どころかこの相手は自分を助けるためにのみ神に創造されたと考えがちのそういう人間が時々いるものである。折角ユング心理学と出会ったのに、彼女には何も役立っていないのではなかろうか」と、辛辣そのものである。

一九五六年にラディンが合衆国に戻ると、基金は彼の厖大な蔵書を買い、カタログ化し、その事務所中に設置した。最後にはラディン・ライブラリーはホフストラ大学に寄贈されたが、イニシアティヴを初めはスタンレー・ヤングが、次にはホフストラの理事会がとった（基金はツィンマーの蔵書も未亡人から買い上げ、やがてはニューヨーク大学美術研究所に寄贈している）。一九五九年、ボストンのブランダイス大学総長に任命されて二年ということだが、ラディンはニューヨークシティで心臓発作で死亡した。

要するにラディンの神通力への反応ということだが、基金は人類学と先史研究に四十を上回る奨学金を出した。研究対象も世界全体、石器時代以降何でもなので、テーマは旧石器時代の美術と銘文、更新世アメリカの気候、最初のアメリカ文明、アリゾナの先史文化、古代メキシコの古写本《コーデックス》、オアハカ、ユカタン、チアパスの儀礼、マヤの遺構、北極地方の美術とエスキモーの宗教、北米インディアン、即ちカリフォルニアのワショー族、ダコタ族、ホピ族、ナヴァホ族、ウィネバゴ族、北シャイアン族、シャスタ族、スキディ・パウニー族、北メキシコ諸族間の交易と労働分配、ホンデュラスのジカク族、コロンビアのさまざまなアボリジニ、中国西南部、チベット、東南アジア、ニューギニア、マレクラ、ポリネシア、オセアニア、アフリカの一例はアシャンティ族、ソヴィエト連邦からはノガイ族、カザフ族の二例、西ヨーロッパから一例は南プロヴァンスの一小村、二例は地理的に区分不能、樹皮布《バーククロス》の生産の研究、そして原始宗教における幻覚誘発剤の研究。寄贈品はワシントン大学へ、ニューギニアの土着信仰の西洋文化との接触による汚染以前の情報を記録するため、またサンタ・フェのナヴァホ儀礼美術ミュージアムへ、その継続に資さんがために。

ラディン死去後に顧問役を引き継いだのは中部アメリカ人類学とコロンブス以前期の美術を専門にする若い学者で、当時ブランダイス大学で教鞭をとっていたスザンヌ・ホワイトロー・マイルズである。一九五六年にマヤの歴史と宗教の研究でボーリンゲン奨学金を供与されたマイルズは、モード・

オークスがかつて生活していたグァテマラの同じ山岳部でフィールドワークをする。一九六一年には、「インディオ達の使徒」と呼ばれ、スペイン植民支配下のインディオの生活を改善しようと腐心した十六世紀スペインの修道僧、バルトロメ・デ・ラス・カサスの『インディオ全史』を訳そうとしたマイルズに基金は奨学金を供与した。マイルズはマドリッドの国立文書館で一年研究に没頭し、インディオ史の大部分を訳了していたが、そのタイプ原稿をマドリッドのタクシーに置き忘れてしまった。他に重要な文書館がいろいろとあったグァテマラで作業を再開し、訳も大方復元したが、ホテル建設で危うくなったマヤの遺構に対する救出考古学の業に係わって、作業一時中断。一九六五年、口腔の癌が進んでしまい、治療に向かったボストンの地で一九六六年二月に没。享年、無念の四十四。何たる巡りあわせか、その後のラス・カサス研究の一切を入れたブリーフケースがまたしてもタクシー中に置き忘れられた！　基金もさすがに企画打ち切りにせざるを得なかった。

ボーリンゲン叢書の著者たちには、シンボリズムと宗教に対するユング派の関心を掻き立てられながら、ユングの弟子とは言い難い人々もいて、ボアズ、グッデナフ、セズネック、フォン・ジムソン、パノフスキー、ソーンダーズ、ダニエルーという人たちがそれだし――ある意味では、スイスにおけるユングの先達、ヨーハン・ヤーコプ・バッハオーフェン［バホーフェン］もそうである。

ジョージ・ボアズはジョンズ・ホプキンズ大学の哲学教授だったが、エルヴィン・パノフスキーから一寸図像学に手を染めて、紀元四世紀のエジプト人が書いたという噂で、ギリシア語訳されてルネサンス期のエンブレム・ブックとして評価の高い『ホラポロのヒエログリフィカ』を訳してみないかと誘われた。ボアズの訳稿は一九四八年、ハンティントン・ケアンズを経由してボーリンゲンに持ち込まれた。一九四九年、エジプト帰りに立ち寄ったナターシャ・ラムボーヴァが目を通し、「この秘儀シンボリズムについての古代の材料が見られないままというのは大失態でしょう」とコメントした。もっともボアズ、そしてその擁護者たるブロックウェイも「この仕事の真の意味合いを全く知らないが」とも言っている。二百近い古代シンボル、「ヒエログリフィカ」を説明するという体裁なのだが、本が刊行された時にこれらが図版として入れられていないのは大きな謎である（叢書第二十三巻。一九五〇年）。ボアズによる序文が入り、アルブレヒト・デューラーの十点の線描画が復刻されている。ルネサンス図像学と言えばもう一点、当時オックスフォード大学オール・ソウルズ・カレッジにいたジャン・セズネックの『神々は死なず』がある（叢書第三十八巻。一九五四年）。戦前戦中はハーヴァードにおり、一九四三年にエドガー・ウィントに有望なボーリンゲン著者として名を挙げられていた。元のフランス語原書は一九四〇年刊行だが、今改めてバーバラ・セッションズの英訳で見ても、ウォーバーグ［ヴァールブルク］研究所の系統の本で、ユング派的感覚は何もない。視覚とか比較とかがユング派の関心に近いかな、という位のことである。

ドイツ生まれの美術史家で、一九三五年以降プリンストン高等研究所の教授職にあったエルヴィン・パノフスキーはたまさかアドヴァイスをする役どころとしてボーリンゲン世界に係わってきた。一九五二年、基金はハーヴァード大学出版局に資金を入れて、パノフスキーの『初期ネーデルラント絵画』（一九五四）の出版を助成した。もう少し早くはパノフスキーが高等研究所の同僚を観念史の問題、ラテン語のテキスト分析で助けたことがあった——同僚とはスイス人物理学者でノーベル物理学賞受賞者のヴォルフガング・パウリである。その頃パウリはヨハネス・ケプラーと元型的観念についてモノグラフを準備中だった。パウリの仕事とユングのシンクロニシティ論は『自然現象と心の構造』（第五十一巻。一九五六年）中に併載された。パノフスキー（友人一統の中では「パン」と呼ばれていた）と、こちらも美術史家だった妻のドラは長年かかって、観念史中に現われ、古典時代から一九四〇年代にいたる美術に現われるパンドラの箱というテーマの例を、なにしろ「パン」と「ドラ」でパンドラなので、楽しく集めていた。彼らの本を入れる「箱」としてはボーリンゲン叢書がぴったりだとクルト・ヴォルフが提案した。こうして『パンドラの箱――ある神話的象徴の変容相』（叢書第五十二巻。一九五六年）は高い人気を得て、続けざまに改版してはパンドラ主題の例をさらに追加していった。

若い美術史家のオットー・フォン・ジムソンはヒトラーの支配から逃れて合衆国に来たカトリック教徒で、合衆国軍隊に入っていたが、一九四三年夏、クルト・ヴォルフの目にとまった。ボーリンゲン叢書が本を出し始めようとしているタイミングだった。ラヴェンナにおけるビザンティン美術と政治を扱った彼の『聖なる森』にメアリー・メロンが関心を持っていたが、戦時下のこと、本にはできなかった。シカゴ大学出版局が本にしたのは一九四八年、フォン・ジムソンがシカゴ大学美術史学教授になったのが一九五一年のことである。建築史の方での彼のプロジェクトは超自然的現実の視覚化としてのゴシック大伽藍を、シャルトルのカテドラル、サン・ドニの僧院に焦点を当てて研究した仕事だったが、これで一九五二年にボーリンゲン奨学金を得た。『ゴシックのカテドラル――ゴシック建築の起源と中世の秩序観念』は奨学制度から叢書に入っていった数少ないケースのひとつだった。ゴシックに際立《きわだ》った光と数学的均衡という二つの側面を説明しようというので同書にはシャルトルのステンド・グラスのカラー図版が入り、マサチュセッツ工科大学教授エルンスト・レヴィがこのカテドラルの部位を測定した結果が補遺として付いている。

アラン・ダニエルーは一九五七年四月、ある国際的な音楽会出席のためニューヨークに来ていたが、ジョン・バレットにそれまで書いていたヒンドゥー教の神々を巡る原稿を本にしたいと言って差しだ

『高山宏セレクション〈異貌の人文学〉ボーリンゲン』について　(8310)

■その他小社出版物についてのご意見・ご感想もお書きください。

■あなたのコメントを広告やホームページ等で紹介してもよろしいですか？
1. はい（お名前は掲載しません。紹介させていただいた方には粗品を進呈します）　2. いいえ

ご住所	〒　電話（　）		
(ふりがな) お名前	（　歳） 1. 男　2. 女		
ご職業または学校名		お求めの書店名	

■この本を何でお知りになりましたか？
新聞広告（朝日・毎日・読売・日経・他〈　〉）
雑誌広告（雑誌名　）
書評（新聞または雑誌名　）　4.《白水社の本棚》を見て
店頭で見て　6. 白水社のホームページを見て　7. その他（　）

■お買い求めの動機は？
著者・翻訳者に関心があるので　2. タイトルに引かれて　3. 帯の文章を読んで
広告を見て　5. 装丁が良かったので　6. その他（　）

■出版案内ご入用の方はご希望のものに印をおつけください。
白水社ブックカタログ　2. 新書カタログ　3. 辞典・語学書カタログ
パブリッシャーズ・レビュー《白水社の本棚》（新刊案内／1・4・7・10月刊）

ご記入いただいた個人情報は、ご希望のあった目録などの送付、また今後の本作りの参考にさせていただく以外の目的で使用することはありません。なお書店を指定して書籍を注文された場合は、お名前・ご住所・お電話番号をご指定書店に連絡させていただきます。

した。何年か以前に、そういう本を出すプランを友人のジャック・シフランに伝えてあったが、この友人からそれならボーリンゲン叢書が良いという話を聞かされていたのだ。

ダニエルーは一九〇七年にブルターニュで生まれた。アナポリスのセント・ジョンズ・カレッジに通ってから音楽学者になってインドに行き、ヒンドゥー教を受けいれた。基金は彼の『ヒンドゥー汎神論』をどうしたものかと、二年ほど検討した。ラディン、ブロックウェイ、クラカウアーはこんな「ただの便覧みたいなもの」を出版することもないと言って否定的だったが、キャンベルが強く推した。便覧とは言うが、こんなヒンドゥー教の便覧は初めてだし、ツィンマーの本を補うところがある、というのである。キャンベルが推し、インドでダニエルーと知り合いだったステラ・クラムリッシュが推したので話は決まった。同書は一九六四年に刊行された（叢書第七十三巻）。有名な写真家レイモン・ブルニエの写真三十二枚を図版として入れている。

偶然ボーリンゲンと縁ができた、そしてこれまた便覧と言えなくもない原稿が一九五五年に持ち込まれた。若きアメリカ人日本学研究家でソルボンヌから博士号を取得していたE・デイル・ソーンダースの『ムードラ――日本の仏像彫刻に見る象徴的身振りの研究』である。叢書には珍しいことだが、ソーンダースが第二言語のフランス語で提出した博士論文をそのまま本にした。博論受理と同時に英語に訳された。多分、叢書中に最も純粋なシンボリズム研究書ではないだろうか（叢書第五十八巻、一九六〇年）。「ムードラ（mudrā）」は仏教儀礼で、また仏教図像学で用いられる象徴的な手の印《いん》、もしくは契印《かいいん》を指すサンスクリット語である。ムードラには仏が手に持つ「持物《じぶつ》（lakshana）」――施しの椀《わん》、蓮華《れんげ》、鈴《れい》、蝿払い、雷光、等々――も含まれ、それでその仏が何者かが判る仕掛けになっている。同書にはハッセルリースの手になる多数の線描画が入り、典型的な仏像の図版が入り、ムードラを見た目で即同定するための絵索引が付いている。ユング派か否かは問わず、シンボリズムの研究者にとって興味深いばかりか、画商やコレクターたちにも有用で、広汎な読者を得た。

「ユング博士に会う前に」と、一九四二年にツィンマーがメアリー・メロンに書き送っている、「神話の扱い方を心得ているもう一人孤高の学匠に私は会っておりました。ヨーハン・ヤーコプ・バッハオーフェンによって私は神話をその象徴の裡に社会的、宗教的秩序を表現しているものとして読むことを学びました。それはヒンドゥー神話の伝統を解釈するのに一番インスパイアリングな勉強であることが判りました」、と。バッハオーフェン亡きあと、「この大仕事、即ち神話を魂の永遠のロマンスとして、内面のドラマ、心という劇場で演じられる劇として読む仕事はユング博士に委《ゆだ》ねられたのです」。英語で読めるバッハオーフェンはひとつもなかったので、メアリーはツィンマーに、これ一冊で相手の全体が見えるという一冊を工夫するように言う。ツィンマーはクルト・ヴォルフと、ニューヨーク大学美術研究所のカール・レーマン所長に声を掛け、するとレーマンは編集者としてはジョンズ・ホプキンズ大学のジョージ・ボアズか、イェール大学のアーウィン・グッデナフが良いと言った。メアリーの死後、話は途絶えていたが、一九五一年、エラノスに参加していたクルト・ヴォルフが構想をユングに漏らしたところ、面白いということになった。ユングはバーゼルでの少年時代を回想しながら、この偉大な学者（一八一五—一八八七）がバーゼル大学の教授であった時の話をした。一九五三年、基金は一九二六年に初版刊行の一冊のドイツ語選集を基本にして、正式に企画を認可した。ラルフ・マンハイムが英語に訳し、序文を誰に頼むかで長い候補者名一覧ができた——全部で二十名の名が挙げられていた。結局、二十年前に名の挙がっていたジョージ・ボアズに決し、歴史に触れ、いろいろなものに話を繋げる導入部分はジョゼフ・キャンベルが書くことになった。その本、『神話、宗教、母権制』は、プリンストンの名を刊記《インプリント》に持つボーリンゲン叢書最初の出版物の一冊となる（叢書第八十四巻。一九六七年）。

アーウィン・R・グッデナフはイェール大学宗教史の教授だが、一九三四年、やがて彼の畢生の大作《マグナム・オプス》になるはずの仕事を始める。グレコ＝ロマン世界でのユダヤ人の宗教的態度を、多くの種類の考古学的遺物に現われた——異教のもの故仲々面倒な——シンボルの研究によって見出そうという試みがそれだ。一九三七年、ユングはプリンストンのテリー講義のためニューヘイヴンにいた。「ユングは長い時間私の研究室にいて」、と後日グッデナフは回想している、「私が集めていたものを見つつ、それらの意味について本当に刺激的なことを言ってくれるのだった。私はどんどん、フロイトとユングの切り開いた新しい無意識の世界の言葉でものを考えるようになっていった」、と。ユングがグッデナフのことを教えたものだから、オルガ・フレーベは一九三八年にエラノスで喋るように誘ったが、これはグッデナフの方で断っている。オルガは一九四〇年、それから一九四七年と合衆国を訪れた時にグッデナフに会っているが、彼の企画が経済的援助を必要としていることを知って、ボーリンゲン基金に申請を出してはどうかと勧めた。「我が道を行くタイプの研究者ですが」と、彼女はバレットに書き送った、「ユングの言ったことからして、これはボーリンゲン奨学金に向いた話のひとつと思われます」、と。グッデナフの研究資料は地中海と近東域で見つかったあらゆる種類のユダヤの儀礼関係のものだった。中心はシリアのドゥラ＝エウロポス遺跡、三世紀のシナゴーグの絵。砂漠の砂の下に眠っていたものを一九三二年にイェールの探検隊が発見し、発掘していた。一九四八年二月、基金はグッデナフが一年間研究助手を雇い、写真が買えるように四千ドル供与することを決めた。この援助は十五年後にこのプロジェクトが幕引きを迎える時まで続いた。

一九五〇年春、最初の三巻分のグッデナフの原稿が出版を認められた。編集作業が始まったところで編集顧問のウォラス・ブロックウェイが、ひとつ著者にテーマになっている人工物もろもろを直《じ》かに見させてやってはどうかと基金に提案する。九千ドルの旅費援助成って、編集作業は一時中断の代りにグッデナフ夫妻は一九五一年二月、国外旅行に出た。墓地を訪れ、墓碑を、地下納骨堂《カタコンベ》をたずね、博物館や個人コレクションを見て歩き、事情通の学者その他に、北アフリカで、エジプトで（アレクサンドル・ピアンコフが王家の谷の王たちの墓をくっ付いて案内してくれたし、それらの象徴的な表象表現に区々解説を加えてくれた）、レバノンで、シリアで、ヨルダンで、イスラエルで（むろんゲルショム・ショーレムが大歓迎）、キプロス、イスタンブールで、そしてアテネで会った（カール・レーマンによる歓待）。もちろん一番重要なのは納骨堂《カタコンベ》だらけミュージアムだらけのローマであった。いたる所で、コレクションをのぞき、絵を集めながら西ヨーロッパとロンドンをひと回りした後、八月にグッデナフ夫妻はスイスに行き着いた。エラノス会議での講演で右冒険旅行に終止符をうつ予定だったし、そして再びユングと相まみえもした。病気で講演はできなかったが、とにかくやっと会議《ターグンク》に顔を出すことができた。旅はその目的を達した――グッデナフ手持ちの資料がふえた、それから彼の学者としてのアンテナが格段に鋭敏になったこと、それである。

パレスティナからディアスポラにいたるユダヤのシンボルを巡る本文二巻、図版巻一巻の本が一九五四年に出版された。千点を越える図版はグッデナフがグレコ＝ロマン世界を生き延びたユダヤ美術に見い出すことができたすべてであった。さらに四巻を足す話になったが、材料がふえにふえ、結果として（一九六八年）十二巻、うち要約、そして総索引二巻という大企画となった。頂点となったのはドゥラのシナゴーグで、そこからの壁画はダマスカスで、元のシナゴーグのレプリカに保存されている。忠実に図版をということで基金は、練達の考古学写真家、ミシガン大学のケルシー考古学博物館のフレッド・アンダレッグにダマスカスに行って、新たにカラー写真を撮ってきてもらう手筈をした。これらは折りたたみの大判図版となり、ニューヨークシティのイェシヴァ大学の四分の三縮尺模型の基礎ともなっている。

グッデナフは一八九三年、ブルックリンに生まれ、メソディストのファンダメンタリズムの環境で育った。神学校を出て、ハーヴァード、それからオックスフォードの学部生になり、博士号は一九二三年にオックスフォード大学で取得した。すぐにイェール大学で教え始めるが、ほどなく若年の信仰を大きく離れ不可知論的人文主義に近付く。宗教史家として彼の解釈はいつも伝統的な学界の意見とは反対のことが多かった。フロイトとユングからいろいろと洞察を得ながらも、「我々個人の精神が集合無意識に根を持つだの心性《サイキー》がアニムスやアニム、影、等々を形づくるだの言い募るフロイト主義者でもユング派」でも自分はない、と繰り返し言っている。それはそうだが、もっと後の時点では「これら基本的な元型的シンボルの力が、勉強していた時の私自身の構造に及ぼした力には甚大なものがあり、それらが持つ内的力能を言う人々に大きな共感を抱いている」とも書いている。ユングはグッデナフの仕事をずっと視野に入れていて、自己《ゼルプスト》の元型を論じた『アイオーン』（著作集。一九五九年）の中ではたびたびグッデナフの『グレコ＝ロマン時代のユダヤのシンボル』（叢書第三十七巻）から引用している。

グッデナフは一九六五年三月に没した。「要約とまとめ」の巻を考えていたらしいが、一般読者のために縮約版をつくろうという彼の意図は果たされることはなかった。グッデナフの学業のいかなるかは従って全十三巻の厖大書をのぞいてみるしかないし、これはこれで現在は絶版である。

ジョゼフ・キャンベルは、ツィンマーの講義をまとめあげる本の第三巻目、『インドの哲学』（叢書第二十六巻。一九五一年）を書き終り、『エラノス年報』の出版構想を練りあげ、ヴィオレ・ド・ラズロ、アーネスト・ハームズ両名とともにユング関係の本をつくる計画を検討し始めたところで、ツィンマー講義再構成本のやまになる第四巻、インド美術論に着手した。ツィンマーが一九四一年の秋冬にコロンビア大学で行った最初の講義の断片的なノートを土台にした仕事なのだが、そのほとんどが準備の書きつけという以上のものではないので、ツィンマーが拠った資料、とりわけクーマラスワーミーの書いたものを頼りに大部分をキャンベル自身書いた。本は堂々の二巻本、『インド・アジアの美術——その神話と変容』となった（叢書第三十九巻。一九五五年）。完成させ、編集したのはキャンベル。九インチ掛ける十二インチという判型、テキスト約五百ページ、図版六百六十二点。扱う時間は五千年、扱う地域はインドから外へ出てアフガニスタン、日本、バリ、セイロンに及んだ。写真は、ツィンマーが講義したコロンビア大学のブッシュ・コレクションのもの、ドーニャ・ルイーサ・クーマラスワーミーのコレクションのもの以外の作もいろいろ使った。エリオット・エリソフォンが『ライフ』誌の仕事でインド、カンボディア、ジャワ、そしてヨーロッパのあちこちのミュージアムで撮った写真があったが、『ライフ』の方で使わなかったので、エリソフォンはそれらをバレットのところに持ち込み、ボーリンゲンで使わないかともちかけた。まさにツィンマー本が必要としていたものだった。そしてキャンベルが選んだ写真の大半がエリソフォン撮影のものだった。ガンヴァー・モイテシア、ウォルター・スピンク撮影のものもかなり入った。『インド・アジアの美術』の作業はボーリンゲン、パンセオン両方のスタッフ——特にクルト・ヴォルフ——の時間を何年も縛り付けた。できあがった本は装本（アンダー・ブラウン）、制作（キングズポート・プレス社）の傑作ということで、アメリカ・グラフィックアート協会の選ぶ「今年の五十冊」に選ばれている。

一九五四年夏、キャンベルは『インド・アジアの美術』の組校正に一段落つけると、久しく計画だけだったインド旅行に出る——師匠のツィンマーが試みてついにできなかった旅である。インドにいた半年の間にキャンベルは若年に師事したもう二人の人物と続けざまに一緒に旅することになった。

まずスワーミ・ニクヒラナンダが多くの都市のラーマクリシュナ・センター巡りの旅を最後のカシミール渓谷まで付合ってくれたし、その後、二ヶ月の間、高名なインド美術史家、アルフレッド・サーモニーが重要な寺院や洞窟の案内を買って出てくれた。インドではさらに二ヶ月間、キャンベルは妻ジーン・アードマンと一緒だったが、ダンサーたる妻がいろいろなインドの都市でソロのダンスコンサートをやっている間にキャンベルの方はセイロン［スリ・ランカ］、タイ、カンボディア、ビルマ［ミャンマー］へ、ついには日本にまで足をのばした。日本にはさらに六ヶ月滞在（して、神道の火渡り儀礼を火傷《やけど》もせずにクリアした！）。

キャンベルの東洋旅行を許したボーリンゲン基金は彼への奨学金をさらに一九六〇年代まで延長した。彼はバレットとともに、最後は浩瀚な三巻本、『人類の基本的な神話』に行き着くはずのプログラムに取り組む。幾つかの神話の違いを扱う本で、諸神話が同じと言う『千の顔を持つ英雄』と好対照である。キャンベルはその先何年も、ツィンマーの主たる書きものを散佚させないという彼の使命の完遂を心に期している。幾つかのドイツ語著作の英訳の監督もし、サンスクリット語の神話、自然民話のアンソロジー、『プラーナス』をツィンマーが研究した未完成論文類を一冊の本にすることを目指していた。ツィンマー関係の計画は予定表から押し出されてしまうし、『基本的な神話』は二つに分解した。四巻が『神の仮面』のタイトルの下に一九五九年から一九六八年まで何年もかけてヴァイキング・プレス社から出されたが、人類の神話的、宗教的な遺産を一般読者向けに説こうとしている。一九六〇年から一九六七年までキャンベルは基金の理事をつとめる。それが終ると、『神話のイメージ』になっていくはずの仕事を始めた。二巻本のつもりだったが、出版側の意向で一巻単発書になった。ボーリンゲン叢書最終巻の「百（C＝一〇〇）」という数字を冠し、そこには「一九四三年に『二人、父祖に戻る所』の刊行とともに始まった探険知の喜びに満ちた冒険全体を反映し、かつ言祝《ことほ》ぐ」意図が込められていた――『二人、父祖に戻る所』、むろんボーリンゲン叢書第一巻のタイトルである。

一九五〇年にキャンベルがバレットに書き送ったように、一九七四年刊行の『神話のイメージ』のための収集と編成が彼の「一九二五年この方の主たる仕事」であった。図版は四百五十点ほどあったが、主にはボーリンゲン叢書の中からとられた。同書は「読者が自分の好きなところから入って一向に構わない」し、『フィネガンズ・ウェイク』さながらテキストの最後から最初に戻っても良いのである。一般向け商業本としては四十五ドル市販価で最初の五年間で一万三千部ほど売れていたが、さらに豪華装本、金押し、天金、函入り、通し番号と著者サイン入りの「デラックス」版が出た。一九七二年、サラ・ローレンス・カレッジを退職した後、キャンベルは講演者に転じ世界中を旅行しながら、ファンをどんどんふやしていた。彼の栄光の作、『神話のイメージ』がボーリンゲン叢書の栄光の作にして最後の到達点でもあると書いた多くの書評家諸氏は、さらにこの叢書で本が出されようとしていた（今現在なお！）ことを御存知なかったのだろうか。

『易経、あるいは変化の書』は、メアリー・メロンが一九三〇年以来ケアリー・ベインズが取り組んでいた翻訳のことを一九三八年に知って思い付いた彼女最初のプロジェクトだが、やっと一九五〇年四月、ボーリンゲン叢書中の一冊として刊行された（叢書第十九巻）。実際には訳稿は一九四八年の時点で印刷所に渡っていた。校正ゲラが出てきた後、ケアリー・ベインズはリヒャルト・ヴィルヘルムの息子、在北京のヘルムート・ヴィルヘルムと連絡がとれたので、この相手に校正ゲラが届くよう手配する。幸運にもこの直後、ヘルムート・ヴィルヘルムが合衆国に移住する――シアトルのワシントン大学に教授職が見つかったのである。リヒャルト・ヴィルヘルムの息子はコネティカット州モリスにやって来て、くだんの翻訳を中国語テクストに照らしてチェックしてくれた——、「『地球半周ほどの旅の間ずっと』リヒャルト・ヴィルヘルムの同伴者だったその本を用いて」と、ケアリー・ベインズは訳者序文中に書いている。ヘルムート・ヴィルヘルムが一枚かんだのだ、一年くらいの遅れが何だというのか。『易経』はついに見事な本となった——二巻本の一巻は易の六十四の卦《か》のテキストと適切な解釈を載せており、もう一巻には古代に行われた注解が載っていて、二巻はコーファーがデザインしたジャケットで包まれ、函に入っていた。「こんな完璧な本で世の中に出せてメアリーも鼻高いわね」と、ケアリー・ベインズはバレットへの手紙に書いた。

『易経』は最初の頃、地味な売れ方だった。一九六一年には二巻を一巻にした版を出した。五年で約二万部をパンセオン社は売った。一九六四年に『易経』熱があってその後、売り上げ曲線が上向きにはね上った。一九六七年、基金は一巻本の新版を手の中に入るほどの判型、薄表紙で出した。ユングの序文も含め、中身は、歴史とテキストの問題に触れたヘルムート・ヴィルヘルムの序文が加わった以外、まったく変りない。コーファーのジャケットも同じ。第三版からはプリンストン大学出版局の刊記《インプリント》を付した第三冊目のボーリンゲン叢書本となった。右肩上りの売れ行きはすっかり定着したし、一九六八年には、『ナショナル・オブザーバー』の記者が言うように、「もっと重要な傾向も幾つかからむにはしてもニューエイジ運動、東洋思想への『ヒッピー』的な関心と巧くタイアップして、ほとんど一夜にして大変な売れ方の〝地下〟出版物となった」。年間三万部以上になり始めた売り上げは「ヒッピー」現象が通り過ぎた後も一九七〇年代一杯、落ちる気配がなかった。一九七九年には年間売り上げ二万五千部以上。一九八二年現在、ヴィルヘルム／ベインズの『易経』の販売冊数は五十万部の大台を越えている。これもケアリー・ベインズが訳したヘルムート・ヴィルヘルム『易《チエンジ》——易経八講』（叢書第六十二巻。一九六〇年）に加え、後発の二著が出た。出版部哲学部門編集者、S・

G・サッチャーの企画である。一はリヒャルト・ヴィルヘルムの『易経講義』で、訳はアイリーン・エバー（叢書第十九巻の二。一九七九年）、他はソ連の支那学者、I・K・シチュトスキーの『易経考究』。一九三〇年代初めに書かれながらソ連での出版はやっと一九六〇年。シチュトスキーがソ連秘密警察（NKVD）に逮捕され、政治犯収容所で没して二十年後ということ。彼の『考究』はリヒャルト・ヴィルヘルムの仕事の補いであり、評釈でもあったが、この長い期間、学術書の製本所に埋もれていたのだった。

ケアリー・ベインズのことだが、一九六〇年代にはアスコーナに移り住んでおり、一九七七年十月、九十四歳でその地に没した。彼女は『易経』に人気が出て、流行になっていく様子に不安を感じていた。リヒャルト・ヴィルヘルムが「『易経』が言語学の専門家の世界から出て、『易経』の著者たち同様、自分と宇宙との関係、自分と朋輩との関係に関心を持つどこの誰でもの手に入るものであることを望む」としていると、訳者序文に書いていながら、それは何故か。続けて、こうある。「彼は読者の裡に、一定の精神的廉直を想定していたが、これとこの書の本質にある尊厳とが併せられて、神託をつまらぬ目的に使う事態、それがいろいろな種類の詐欺師風情に悪用される事態が避けられるように祈っていた。彼の信条が正しいかどうか、未来のみが知るのである」、と。若者たちの集団が、「団塊《ベビー・ブーム》」世代の初めの頃の人々が、ぼろぼろに読み古した『易経』をジーンズのポケットにつっこみ、真剣な面持ちで本の言うことに耳を貸すようならば、リヒャルト・ヴィルヘルムよ、安堵して地下に瞑すべき、と。

第五章　文学、美術、そして古代

ジョン・バレットがメアリー・メロンの素志というか出発点の希望をかなえたからといって、それは彼女への忠誠心からというばかりでなく、バレット自身がメアリー・メロンがそうであったのとほとんど同じようにユング心理学、エラノス、神話と宗教、民族学等々がつくりあげる世界に魅了されたからでもあった。しかし彼自身の関心というものもはっきり表面に出てきた。芸術、美学そして文学、それも特にフランスもの。加うるに考古学と古代と呼ばれる過去。彼の関心はメアリー・メロンのそれを反映してもいたが、より多くの場合、まったく新しいものでもあった。さらに別の要素もバレットは持ち込んだ。慈善（benefaction）の哲学と技術への強い関心、基金を人文学への庇護の機構とする見方への傾斜ということで、この点ではポール・メロン、ハンティントン・ケアンズ、アーネスト・ブルックス、そしてエイブラム・フレクスナーと感覚を共有していた。ケアンズその人また、常任理事、顧問として、ボーリンゲンのプログラムをつくりあげる強力要素としてとどまり続けている。そしてもう一人はっきりしてきた影響源がハーバート・リードであった。

サン＝ジョン・ペルス、本名をアレクシ・レジェといった人物がボーリンゲン構想が持つこの根強いフランス志向の象徴的存在だった。一九四三年秋、オーク・スプリングでドニ・ド・ルージュモンがメアリー・メロンに教えたのが、ワシントンDCに住んでいたこの詩人のことだったし、会ってみてはという話もあったのだが、これは実現しなかった。相手の詩をメアリーは読んだし、記憶に残っていたようだ。ジョン・バレットは戦前パリにいた頃から詩人の作品のことは知っていた。しかし二人の関心は一九四六年夏までは表沙汰になることはなかった。

アレクシ・サン＝レジェ・レジェはアメリカでは一亡命者であって、フランスでの輝かしい行動派としての長い経歴の後は、それに比べるとひっそりとした暮しぶりだった。一八八七年、フランス人父祖たちが二世紀も生きてきたグァドループに生まれ、一八九九年に家族とともにフランス本土に移った。一九〇五年、ポール・クローデルに出会う頃にはもう詩を書き始めていた。一九〇九年、『ヌーヴェル・ルヴュ・フランセーズ』誌に詩「クルーソーへのイマージュ」が載ると、レオン＝ポール・ファルグ、ジッド、ラルボーらの注意を惹いた。作品『頌歌』は一九一一年の発表。その後フランス外務省に入り、一九一六年から一九二一年まで北京代表部にいて、中国西端部に旅行している。この砂漠での冒険にインスパイアされて書いた叙事詩、『遠征』が一九二四年、サン＝ジョン・ペルスというペンネームで発表された（一九三〇年のT・S・エリオットによる英訳のお蔭で英米圏でも名が知られることになる）。一九二一年にはワシントン軍縮会議のフランス代表団の一員となり、代表で首相のアリスティッド・ブリアンの気に入られた。外務省内でも次第に重用され、一九三三年には事務局長に任ぜられた。大使のランクである。第三共和制最後の混沌と悲劇の七年、猫の目のようにくるくる代る政権をよそに、レジェはフランス外交の継続性に執し、ヨーロッパ連邦、ナチス・ドイツの骨抜き、堅固な英仏の同盟堅持といった原理原則をもって働いた。

一九四〇年五月、ドイツによる侵略が始まると、レノー内閣によって解任され、一ヶ月後、フランスが降伏するとレジェは海外に逃げた。ゲシュタポが彼のパリのアパルトマンを掻き回し、幾つかの長篇詩原稿が失われてしまう。ヴィシー政権は彼のフランス国籍を取り消し、財産を没収した。レジェがイングランドに到着すると、チャーチルはチェカーズの官邸で彼を歓待した。ワシントンに友人や伝手《つて》の多いレジェはむしろアメリカにいた方が公益のためになるという話になった。チャーチルはハリファックス行きの英国船に乗せてくれ、レジェは一九四〇年七月、ニューヨークに着いた。『タイム』誌は、レジェが不如意な暮しの中でアメリカのことを研究し、回想録を綴るつもりでいる、人前には出るつもりはないことなどを報じている。実際にはレジェはルーズヴェルト大統領以下、サムナー・ウェルズ、フランシス・ビドル、コーデル・ハルといった政界人や、友人のウォルター・リップマンの如きオピニオン・メイカーとの接触は続けており、静かに、しかし効果的にフランス、そしてレジスタンスのために活動した。

ルーズヴェルトによって一九三九年に議会図書館司書に任ぜられていたアーチボルド・マクリーシュは一九二〇年代、パリにいた時に『頌歌』と『遠征』を読んでいた。一九四〇年十月、レジェがアメリカにいることを知ったマクリーシュは図書館のフランス文学関係の顧問にと誘った。外国機関の給料で働く気はないと言って詩人は断ってきたが、彼のことを気遣う一団の人々が出し合うことにした資金をマクリーシュは使わせてもらうことにした。同じやり方でトマス・マンは、ワシントンに一度も出入りしないまま議会図書館ドイツ文学顧問に雇われたのである。次の五年間、レジェは議会図書館の事務所にバスできちんと通い、規則正しく任を果たした。初めの頃、レジェはマクリーシュに「もう二度と書きませんよ」と言っていたらしいが、一年もたたぬうち、議事堂構内を二人して散策中、レジェがマクリーシュに渡した封筒に長篇詩『流謫』草稿が入っていた。ニュージャージー州ロングビーチ・アイランドの、フランシスとキャサリンのビドル夫妻のヴァケーション・ハウスに一人いて書き続けていたのである。『流謫』はマクリーシュの伝手《つて》で『ポエトリー』誌一九四二年の三月号に初めて発表されたが、英語以外の作品としては珍しい厚遇である（一九四三年五月に、メアリー・メロンがレジェに関心を持っていることを知らぬまま、クルト・ヴォルフはレジェに手紙を出し、パンセオンからマクリーシュ訳で英語版『流謫』を出してはどうかと提案している）。マクリーシュは、一九四四年ノートン社から『頌歌』を出させる段取りもしていて、レジェはそのランボー訳を高く評価していたルイーズ・ヴァレーズに英訳を頼んでいた。それから一九四五年夏、メイン州沖のセヴンハンドレッド・エイカー島に滞留していたレジェはもうひとつ叙事詩の性格と長さを持つ一篇、『風』を書いている。

レジェの顧問契約は一九四六年五月で切れた。彼がほとんど信用していないさる政権から外交官任用の話があったが、興味なし。レオン・ブルムからの国連大使の話も、さるアメリカの大学からの誘いも断った。ひたすら書くことに没入していたいと願っていた。文学仲間たちは彼の言い分を認め、骨折り相手を専らボーリンゲン基金と決めていた。レジェに良かれという提案がメロン夫妻とバレットに向かって、エレナー・クラーク、ジェイムズ・ジョンソン・スウィーニー、グレンウェイ・ウェスコット――そしてとりわけ強力な――アレン・テートから、さまざま繰り返された。アレン・テートは最近まで議会図書館詩部門の顧問役をつとめており、ハンティントン・ケアンズを通してメアリー・メロンの注意を惹こうとしていた。七月十九日、バレットはレジェに手紙を書いて「ためしに向こう三年間、二百五十ドルに決めて」経済的支援をしたいが、彼の詩に対するオプションはボーリンゲン叢書にもらいたい旨、伝えた。再びセヴンハンドレッド・エイカー島にいたレジェからは何の返答もない。バレットはユング本ビジネスの話でスイスに行った時も、我慢強くレジェを追い続けるようにヴォーン・ギルモアに指示しておいた。メアリー・メロンの方ではこの件からは手を引こうと思っていたが、パリにいる時にジッドとサン＝ジョン・ペルスのことで議論していたバレットの心は決まっていた。九月末、彼はニューヨークのホテルにまでレジェを追いかけ、ランチに誘う。レジェが奨学金二百五十ドルが一年分の額だと思い込んでいることが判った――レジェがキャサリン・ビドルに書いているところでは「生涯の今の段階で何か長期に拘束されるにはとても十分とは言えません」とある。それに自分の作品をボーリンゲンからの刊行に限られるのも嫌だったようだ。十月九日にワシントンに戻ったレジェはメアリーに丁重な手紙を出している。「どういうお考えであなた様の基金からのお申し出になったのか知りまして本当に感激しています。私にそれが伝えられた繊細な仕方にも、です。いつまでも一人の人間として、あなた様にはずっと感謝を欠かすことはないでしょう」。しかしこの手紙は十一日のメアリーの死には間に合わなかった。直後、ドナルド・シェパードからレジェに奨学生にしたいという正式の文面が届き、三年間に亘《わた》り月額三百五十ドル、と増額もされていた。それは一九六六年にボーリンゲン奨学金プログラムが終了するまで、ずっと規則的に更新された。プログラム終了後はポール・メロンが自分個人の財布から年単位で援助費を捻出した。

ボーリンゲンからの提案のある少し前にレジェは『流謫』（と同じ巻中の他の詩、ワシントンで書いた「ある外国婦人への詩」、サヴァナで書いた「雨」、ニューヨークで書いた「雪」）の翻訳者を、アイルランド人詩人で外交官のデニス・デヴリンにすると決めていた。デヴリンは友達の友誼《よしみ》ということで着手してくれた。ボーリンゲンの契約書によるとレジェの詩作品についてはボーリンゲンにオプションがあったが、バレットは詩人に優先権を認めた。レジェはケアンズに、『流謫』は一九四七年初めと変らぬ「強い道徳的信義」によってボーリンゲンに渡したいと言った。基金はさんざん議論した結果、これを否決したが、「構想されているような叢書にはぴったりはまらない」以上、詩とか文学作品とかは入れることならぬというのが否決の理由だった。この結果がレジェに知らされなかったのは幸運だった。すぐ編集者たちは問題を再検討して、叢書の条件を拡大、文学も入れて良いという結論に転回した。こうして道は『流謫』にもサン＝ジョン・ペルスの他の作品にも開かれたのみか一挙、ヴァレリー、コールリッジ、ホーフマンスタール、そしてウナムーノにも開かれ、ナボコフ訳『エヴゲーニー・オネーギン』にも、チャールズ・シングルトン訳『神曲』にも開かれた。（実際には基金は望むものほとんど何にでも金を使うことはできたのである。いくらアメリカの植民地時代の歴史や宗教に関心を持つといっても先例のない成り行きで、一九四七年一月、財務委員会は、一六四〇年刊の『ベイ詩篇歌集 *Bay Psalm Book*』がパーク・バーネットのオークションに出たのをイェール大学が欲しがったのに、五万ドルを資金源に大学図書に購入させてやろうとした。イェール大学がせり落としたため、後日ポール・メロンが、基金の予算を遥かに越える額を弁済したのであった）。『流謫』の英仏二語併記本が九掛ける十二インチ、大きな活字を使い、ジャック・シフラン装本、ジャケットはE・マクナイト・コーファー、詩人についてのマクリーシュ、ロジェ・カイヨワ、アラン・ボスケのエッセー付きという本になって姿を現わした（叢書第十五巻。一九四九年）。

一九四八年いっぱい、レジェの希望もあってバレットはT・S・エリオットに『風』の翻訳をやってもらえないか打診している。エリオットは名誉に感じるが、お引き受けしかねると返事している。「経験から言えるのですが、大変な仕事になり、ことある毎にワシントンにおられる作者と解釈を巡って議論せねばならぬことになるでしょうから」、と。バレットも一九五〇年まで手を出せなかった。ひょんなことから、やっと一九五〇年、一人の訳者候補の名があがった。『流謫』の社内編集者で最近自らも長篇詩、『アトランティック・シティ・カンタータ』を発表したばかりのヒュー・チザムによる試訳を見て、レジェが可としたのである。チザムは編集者のポストを辞して『風』の翻訳に没入し、原稿を出したが、それをジャクソン・マシューズ、イーディス・シットウェル、そして勿論レジェ自身が直した。一九五二年春のことである。

『風』は翌年出た（叢書第三十四巻）。バレットはこれを『流謫』と一緒にストックホルムのノーベル賞委員会に送った。一九五三年のノーベル文学賞はウィンストン・チャーチルにおくられたし、フランス人受賞者が出るのは一九五七年が最初——アルベール・カミュ——である。同じ一九五三年、レジェはこれを先途とフランスに戻る。アメリカの友人一統が彼にプレゼントした、南仏イエア（イエール）近くの地中海を見はるかす家、「葡萄棚邸《レ・ヴィニョー》」に戻った。これ以降レジェと、一九五八年の結婚前はドロシー・ミルバーン・ラッセルといったレジェ夫人はフランスとワシントンの間の往還で過ごす。一九六〇年十月、レジェが「レ・ヴィニョー」にいる時にノーベル文学賞受賞の報が届いた。その前の年には詩、『年代記』を完成させていたが、そのスウェーデン語訳者のダーク・ハマーショルドに彼が書き送った言葉を借りるなら「その三つが、永遠という単一没時間の観念の裡《うち》に混り合った——地と、人と、時とに対する」貢《みつ》ぎものであった。ノーベル賞委員会は『年代記』をとりあげて、「生死に係わる瞬間《とき》を、転換点を歴史事象の中に見よという、ヨーロッパ全体に向けられた預言的呼び掛け」と評した。英語訳はロバート・フィッツジェラルドで（叢書第六十九巻。一九六一年）、この訳者はまた『鳥』も訳しているし（第八十二巻。一九六六年）、ダンテ生誕七百年祭を言祝《ことほ》ぐレジェの学会演説も訳している。この演説はノーベル賞受賞演説である「詩について」のW・H・オーデン訳とともに一巻として出版された（第八十六巻。一九六六年）。

元々はバレットが一九六七年以前に計画していた『詩選集』は一九七一年にボーリンゲン叢書第八十七巻として形に成った。一九七七年には死後出版、『赤道の歌』がリチャード・ハワードによる英語訳と一緒に出版された（第六十九巻の二）。一九七五年の他界直前にレジェのペンが生みだした最後の一文はドニ・ド・ルージュモンの七十歳の誕生日を祝ってフランスで出された本を褒めたものである。手紙をアーサー・J・ノーデルが編集・翻訳した『書簡集』は一九七九年に刊行（第八十七巻の二）。それを祝うニューヨークのレセプション会場でアーチボルド・マクリーシュが打ちとけたトークをして、四十年前の彼とレジェの付合いの始まりのことを回想してみせた。

サン＝ジョン・ペルスの詩は元型的と呼ばれそうなイメジャリーに満ち満ちているが、アレクシ・レジェは何かの心理学システムに加担ということもなければ、ユング派だろうと何派だろうと、精神分析などというものにまともに付き合う気などない。ユングを勉強してきた批評家でサン＝ジョン・ペルスの詩にちらりとでも関心を示した人間などいない。にも拘らず、ボーリンゲンのプログラムのほとんど全史を通してみてサン＝ジョン・ペルスの作品がそこに燦然たる光輝を放っているのは間違いない。

ボーリンゲン叢書にフーゴー・フォン・ホーフマンスタール（一八七四—一九二九）のための場を空《あ》けようという構想を抱いた一番早い人物はヘルマン・ブロッホだが、これを動かし始めた功《いさお》しはもう一人のオーストリア人亡命者で、ヴァレリーやサン＝ジョン・ペルスをドイツ語に訳し、かつてはホーフマンスタールの私設秘書もやったことのあるヘルベルト・シュタイナーである。ブロッホ、カーラー、そしてヴォルフ夫妻に背中を押されてシュタイナーは一九四七年十一月、バレットのもとを訪れて、散文選集の話をもちかけたが、中核になる作品はホーフマンスタールの未完の小説、『アンドレアス』でどうだろうか、著者死後に義理の息子、即ちハインリヒ・ツィンマーが編集しているが、という話であった。一九四八年初め、数巻から成る選集ということでいろいろアウトラインが練られた。ブロッホを編集主幹とし、翻訳者は詩がスティーヴン・スペンダーが、戯曲はソーントン・ワイルダーが、批評はジェイムズ・スターンが、そして他の散文はメアリー・ホッティンガーが担当する（彼女は一九三六年に『アンドレアス』を訳した経験の持ち主である）。ホーフマンスタールの息子で『タイム／ライフ』の編集者でもあるライムントがワイルダーのことで基金に書き送っている。「アングロサクソンの世界でこの人物ほど小生の父に近いところを持ち、またドイツ語をその細かいニュアンスの全域にわたってこれ以上深く理解できている人物はおりません」、と。しかるにワイルダーは断ってきた――自分は韻文劇には「不向き」だし、現在は小説『三月十五日』に没入していたい、と。スペンダーが劇と詩の両方を担った。シュタイナーは匿名で散文の巻を編集し、プリンストンのエーリヒ・カーラーの家で脚を骨折し動くことのかなわないブロッホは序文を引き受けたが、「なにしろひとりきりなもので、ほっておくとすぐ一千ページにでもなりそうだ」。しかし、これが一九五一年五月の死の前の最後の仕事となった。ブロッホ序文の『散文選集』（叢書第三十三巻。一九五二年）はニューヨークでタニア・スターン、ジェイムズ・スターンが訳し、チューリヒでメアリー・ホッティンガーが訳した。一方、スペンダーの引き受けた詩の仕事は何しろいろいろやって忙しい人物、幾多の困難に直面していた。シュタイナーはヨーロッパに戻って、（ボーリンゲン奨学金で）ホーフマンスタール伝、そして『全集』の仕事に没入して一九六六年の死を迎える。ボーリンゲンのホーフマンスタールはドイツ生まれの英国詩人、マイケル・ハンバーガーがエディションを引き継いで完成させるまでは棚上げにされた。『詩と韻文劇』（一九六一）と『劇と歌劇精撰』（一九六三）で、ハンバーガー自身、スペンダー、クリストファー・ミドルトン、ヴァーノン・ワトキンズその他による翻訳、（自分の稿料は全て困窮牧師救済協会に回すよう基金に申し渡した）T・S・エリオットによる序文という構成であった。二巻目はホーフマンスタールがリヒャルト・シュトラウス楽劇中の最高傑作、『エレクトラ』、『薔薇の騎士』、そして『アラベラ』のために書いた歌詞を収めていた。

ホーフマンスタール本を例外としてドイツ文学はフランス文学ほど大きな役割を果たしていない。しかしドイツ学界がたしかに占めた場はあった。クルティウス、アウエルバッハ、カーラーは叢書中に重要なドイツ学術の三部作を形づくっている。エルンスト・ローベルト・クルティウス（一八八六―一九五六）、「ほとんど絶滅種――百科全書派的ヨーロッパ人文主義の最後の偉大な体現者」は一九四九年七月、コロラド州アスペンにおけるゲーテ生誕二百年記念会議で「西欧思想の中世的基盤」と号して喋った。ロバート・M・ハッチンズを議長とする学術委員会が組織したこの会議がつぶれかかっていた時にボーリンゲンが持続への梃子入《てこい》れをしたことになる。後、プリンストン高等研究所にいた時、クルティウスはジョン・バレットに会いにやって来て、引き籠って書き、一九四八年スイスで出版した、クルティウス自身自分の一番重要な仕事と看做《みな》す本を差し出したのである。クルティウスはボーリンゲンなら「完璧な翻訳を提供してくれる」だろうと信じていた。結局、『ヨーロッパ文学とラテン中世』は中世ラテン文学の模範作《エグゼンプラ》をあまた翻訳しもしたウィラード・R・トラスクによって英語訳された（叢書第三十六巻。一九五三年）。

クルティウスはハイデルベルク大学のロマンス語学者《ロマニスト》、中世研究者として出発した。その大学での友人の一人がツィンマーだった。近代文学に目を転じる過程で多くの同時代人――ホーフマンスタール、エリオット、ジョイス、ヴァレリー、ウナムーノ等々――と個人的かつ学問的な繋がりを持った。ナチスが上げ潮になる頃、クルティウスは「ドイツ精神の危機」を言う有名な文章を発表して、国家主義的熱狂を攻撃し、ゲーテの人文主義的理念をこそという論陣を張った。沈黙を余儀なくされ、ひとり引き籠るしかなくなったが、中世ラテン文学どっぷりになる一方、ユングを読み、するとユングの元型理論がクルティウスの文学系統史におけるトポス（topoi）、定型主題という論に影響を与えることになった。彼の偉大な本はそうした反省的思考の年月の生んだ実《じつ》であったのだ。

人文主義的学者の同じ根からはえたもう一本の樹がエーリヒ・アウエルバッハだった。クルティウスの六歳年少、クルティウスと同じ中世とロマンス語文学の学者だった。一九三五年、ナチ体制によってマールブルク大学の教授職を追われたアウエルバッハはイスタンブールのトルコ国立大学の教授となり、影響力抜群の『ミメーシス』をその地で書いた。これは一九四六年、クルティウスの出版もやったベルンの書肆フランケから出版された。一九四七年、アウエルバッハは合衆国に渡って、イェールのロマンス語学の教授となり、一九五七年没。ボーリンゲン基金はサブタイトルに「ヨーロッパ文学における現実描写」を謳《うた》う『ミメーシス』が一九五一年、プリンストン大学出版局から刊行されるのを助成した。翻訳者はこれもまたウィラード・R・トラスク。翌年、基金はアウエルバッハを中世文学研究の奨学生に選んだが、これが一九五八年、フランケ社から死後出版される大著に結実する。この本がボーリンゲン叢書のためにラルフ・マンハイムが訳した『中世の言語と読者——ラテン語から民衆語へ』である（叢書第七十四巻。一九六五年）。

あと主たるドイツ文学系のプロジェクトたり得たものに評釈ニーチェ著作集があり、ハーバート・リードが発議し、一九六〇年代一杯検討されたが結局形にはならなかった。一九六〇年代末に叢書がプリンストン大学出版局に移管された後に形になったドイツ系の学術書は唯一点のみ。この移管期に出版局編集長R・ミリアム・ブロコウからジョン・バレットに、なおプリンストンで存命のエーリヒ・カーラーに旧稿を改訂して出版しようとしている本があるのだがという話があった。それはカーラーが一九四〇年代末にボーリンゲン奨学金をもらって始め、元はさるドイツ文芸誌に発表していた物語の内面化を巡る研究だった。バレットも最も古参のボーリンゲン仲間の一人の本をどうにかして叢書中に加えたいとかねて念願していたから、百点叢書の一番最後の巻数が空《あ》いているのを充《あ》てるに躊躇はなかった。こうして『物語の内面化』はリチャードとクララのウィンストン夫妻の共訳にジョゼフ・フランクの序文を加えて、カーラーが八十五歳で他界した三年後に出版された（叢書第八十三巻。一九七三年）。ドイツ文学を遥かにはみ出て、カーラーは西欧の物語のほぼ全域を、ギルガメシュ・サイクルから『トリストラム・シャンディ』まで広闊の射程におさめてみせた。

一九四七年、ボーリンゲンの編集者や理事が叢書にサン＝ジョン・ペルスとホーフマンスタールを加えても支障なしと決めた時、知らぬ間にヴァレリー著作集に門戸を開いたことになった。この模範的な刊行事業はジャクソン・マシューズの穏やかな提案から始まった。

マシューズは一九〇七年にジョージア州のプランテーションに生まれた。まずアセンズの州立大学でフランス語を学んで修士号取得。オレゴン大学で教えながらマーシール・デュークと結婚、この相手もフランス語の翻訳者となる。二人は一九三〇年代末、外国に出る。先ずはベルギーだが、そこでマシューズは当時彼の第一の学問的関心事であったワロン語の象徴詩の研究に専念したのだが、その頃すでにヴァレリーを発見している。『テスト氏』と呼ばれるノヴェラ風エッセー群に初めて出遭った瞬間、マシューズの言葉を借りるなら、意識（consciousness）というものに対する彼の大きな関心とも相俟《あいま》って「五体に電撃が」走ったのだそうだ。第二次大戦中はアルジェで、イタリアで、そしてフランスでほぼずっと戦略事務局《オー・エス・エス》の仕事をして過ごす。一九四四年には駐在していたブルゴーニュからパリに発《た》ち、コレージュ・ド・フランスでヴァレリーの講義を聴こうとしたが、詩人は病床にあった。ヴァレリーは一九四五年没、享年七十四。マシューズは結局ヴァレリーに会うことはなかった。戦後入った外務省では在ジュネーヴの大使館付文官に任ぜられ、その地で『テスト氏』を訳了すると、一九四七年、それをアルフレッド・クノップ社が限定版で刊行した。読後、これもクノップ社から本を出していたハンティントン・ケアンズは既に組校正段階に入っていた『芸術の限界』に「テスト氏との夜」を九ページ加えることを決めた。「テスト」抜粋は同書の終り近くに、「他の言語には例を見ぬ卓抜せる作」というアンドレ・ジッドの讃辞とともに滑り込んだ。マシューズはさらにルネ・シャールを訳し、ジッドを訳し、ボードレールを（『悪の華』をマーシールと二人で）訳した。

一九四八年、ジャクソンとマーシールのマシューズ夫妻はアメリカに戻り、ユーラとチャールズのシングルトン夫妻をボルチモア西部の彼らの農園に訪ねる。マーシールとユーラが実の姉妹であった。シングルトンはジョンズ・ホプキンズ大学で教えており、そこでケアンズも教えていたから、当然マシューズとケアンズが出遭う。ボーリンゲンを念頭に、マシューズはケアンズに、自分の訳で、ヴァレリーの批評からの抜粋も入れて、ヴァレリーの最も有名な詩、「若きパルク」を出したいのだがと提案してみる。数年前ヴァレリーと会ったこともあり、ヴァレリーの述作に入れ込んでいたバレットはこれを名案だと思い、マシューズ夫妻を気に入った。財務委員会はマシューズに出版を勧めて五百ドルを助成したが、マシューズの構想は徐々に大型になり――二巻に、三巻になり、ついにはバレットがパリでヴァレリー未亡人と息子と相談に及んだ一九五〇年夏には、英語訳による全集の話にまで発展した。「彼らは我々共通の関心を形にできると非常に喜び、協力的だった」とバレットは言い、こうしてボーリンゲン基金がヴァレリーの全作品英訳の一括翻訳権を得るという同意をヴァレリー家と、書肆《しょし》ガリマールから獲得した。当時シアトルのワシントン大学で教えていたマシューズは、バレット、チザム、そしてヴァレリーの遺族ばかりか、ガリマールとの仲介に働いてくれたジャック・シフランの助言を受けながら構想をたてていた。デザイナーのE・マクナイト・コーファーは助言してくれた上、この企画にT・S・エリオットの目を向けさせてくれた。長い間、エリオットはヴァレリーの仕事に夢中だったたし、この企画をエリオットが褒めてくれているということでヴァレリー家の気持ちが固まったという状況もある。一九五一年、ボーリンゲン奨学金をもらったマシューズは二年の海外調査旅行に出て、パリで遺族に会った。フランソワ・ヴァレリーがバレットへの手紙で褒めたのはマシューズの「能力と、言い得べくば大いに信頼の置けるそのヴァレリーぶり（Valérisme）」であった。ロンドンではマシューズはエリオットと会い、エリオットと親交のあった批評家で書誌学のジョン・ヘイワードと会うが、このヘイワードは中核的なコンサルタントの一人になるはずである（チザムは一九五一年には叢書編集の職は辞していたが、少しの間、このヴァレリー企画のコンサルタント役は続け、その翻訳者の一人になるものと考えられていたのだが、一九五四年、自身の著述に専念したいと言ってボーリンゲンから退いていった。一九七二年、パリで自動車の衝突事故で死亡している）。

一九五五年、基金はマシューズをヴァレリー計画のためフルタイムで雇う。夫妻は一番活動的だった何年かを、アドリエンヌ・モニエがオデオン街でやっていた書店上階のモニエのアパルトマンで過ごした。一九五九年初め、マシューズは基金のニューヨーク事務所に副所長として戻り、最初の仕事のひとつがポール・ラディンの追悼式にボーリンゲンを代表して式辞を述べることだった。ボーリンゲンの流れには乗ろうとしてユング著作集を一生懸命読むのだが、『変容の象徴』にトライした後あたりで、断念。エラノス会議に一度は顔を出したが、ほんの二日もすると黙って去った。そう、彼の関心は依然意識であり、熱はボーリンゲン奨学金プログラムの中で文学の部分、美学の部分を育てていくことにあった。奨学金中の最も広大なこちらの領域における奨学金発給は彼の仕事だった。マシューズは基金が経済支援しているキリスト教青年会・ヘブライ教女子青年会（YM・YWHA）のポエトリー・センターの相談役をつとめたし、基金を動かして、エドマンド・ウィルソンが構想し出版者ジェイソン・エプスタインが先頭に立って一生懸命に庇護者、支援者をさがしていた「アメリカの古典」プロジェクトに参画させようとしたが、うまくいかなかった。

副所長をしていた期間もマシューーズは一貫してヴァレリーの業績から全然目を逸らさない。最初の巻、『対話篇』はジャック・シフラン考案のプレイヤッド本の判型を模したアンダー・ブラウンのデザインの一巻、一九五六年に出たし（叢書第四十五巻の四）、『詩の芸術』が一九五八年に出た。企画の大部分が一九六〇年代には出ている。マシューズの編集スタッフ、調査スタッフはキャサリン・デイヴィッド（バイリンガルなフランス系アメリカ人）、ダイアン・アムッセン、ポーラ・デイツ、ジョアンナ・ヒッチコック（プリンストンの期間）という面々。そしてロンドン在住の詩人で劇作家のデイヴィッド・ポールは『詩篇』を含む三巻を訳し、一冊は共訳し、改訂中のものもあった。一九六七年に基金が解消を始めると、大学の教職に戻る。バックス・カウンティのデラウェア・カナルの家に引退した後、不治の脳障害に苦しみ、マーシール・マシューズが最後の何巻かを作業監督したが、マシューズの長年のヴァレリー狂いの総決算と言うべき『テスト氏』の完全新訳もその中に含まれている。ヴァレリーの自伝的述作にあてられた最終巻、『わたし』は一九七五年に刊行された。マシューズは一九七八年十二月、メリーランドに没した。

ジャクソン・マシューズのヴァレリー著作集計画はヴァレリーが刊行していたほぼ全てを十五巻に入れたものだったが、『カイエ』、つまりヴァレリーがその生涯に亘《わた》って哲学、言語、詩、科学、宗教、そして、夢意識を——彼の明晰かつ厳酷な精神を占めた一切合財を——分析した文章で埋まったノートブックから選び出されたものも加わっている。ファクシミリ版の『カイエ』は一九五七年から一九六一年にかけて国立科学研究センター（ＣＮＲＳ）が刊行した二十九巻の大型本を埋め尽くしていた。少しの間、ボーリンゲン基金はこの全ノートブックの英訳刊行を考えていたようだが、この厖大企画の話はそれきりになった。

ヴァレリー企画進行の二十五年を越える期間、マシューズはほとんど全員とも言える重要な英米のフランス語訳者を検討対象とし、そして序文の書き手として何ダースかの男女文人を検討することになった。最初に公表されていた氏名リストは誰かが他界し、誰かは仕事を出してこない、誰かは仕事は出してきたがマシューーズの厳しい規準に合わなかったとかとかで、いつも変り続けた。マリアン・ムアは『テスト氏』に二通りの序文を用意しながら、自分自身で得心いかぬとして、マシューズはどちらか一方でも活字にしたかったのに、取り下げてきた。『固定観念』の、エレナー・ヴォルフ、ウィラード・トラスクによる二つの訳は良しとされ、金も払われ、編集もされたのに、訳者たちが改訂を受けいれようとしなかったので、結局戻されてしまった。詩の翻訳は発注され、出稿され、つき戻されるのが、一番成功しそうなものを求めていろいろ試してみようというマシューズの姿勢が原因ということがよくあった。払いは通常の払いより良かったが、たとえばマシューズから依頼を受けた翻訳者の一人、キャサリン・アン・ポーターなどは「未熟練工並みの賃金では働かない」と言って断ってきた。W・H・オーデンがどれにしろヴァレリーの抒情詩を訳すのは嫌だと言うのにはまた全然ちがった理由があった——翻訳不可能だから、と。結局一九七一年刊行の、第一巻の『詩集』はデイヴィッド・ポールが全ての詩を、ウラジーミル・ナボコフの『エヴゲーニー・オネーギン』訳さながら、原詩に忠実か否かはいろいろあるにしても無韻の詩として訳した。企画の最終段階で重要な補助の役割を担ったジェイムズ・R・ロウラーが詩作品へのコメンタリーを寄せ、『カイエ』からの詩へのコメンタリーを訳したが、マシューズが一九四八年に「若きパルク」に対して試みたパターンに倣《なら》ったことになる。ヴァレリー著作集に参画した他の全員を挙げておくと、翻訳はラルフ・マンハイム、マルカム・カウリー、ロバート・フィッツジェラルド、ヒラリー・コーク、ロジャー・シャタック、マーティン・ターネル、そしてジョイス学者で、八十五で亡くなるまで『論語』の仕事をし続けたスチュアート・ギルバートがおり、序文執筆者としてはT・S・エリオット、W・H・オーデン、フランシス・ファーガソン、イゴール・ストラヴィンスキー、ジョゼフ・フランク、サルバドール・デ・マダリアーガ、ハーバート・リード、それにヴァレリーの娘のアガーテ、息子のフランソワを挙げることができる。著作集完成後、ロウラーはその対《つい》としてヴァレリーの詩文のアンソロジーを編み、彼の序文を付して一九七七年に刊行した。

　ユングとヴァレリーではボーリンゲンの輪のほとんど真逆に立つ二人とも見え、基金のプログラムの中に両者の接点も見当らない。ヴァレリーは南フランスに一八七一年に生まれた、ということはユングより四つ年上である。生涯のほぼ全部をジュラ山脈の西側で送ったが、ユングはジュラ山脈の東側でということになる。ではあるが二人ともに狭い地方根性と無縁だが、ヴァレリーは文学世界のコズモポリタニズムと国際連盟の文化事業への係わりの結果であり、他方ユングは仕事の国際的広がり、彼の研究者たち、仕事上の所属相手、そして冒険一杯の旅の数々の結果そうなのだった。ジョゼフ・フランクはヴァレリーのことを「妥協なき合理主義者」と呼んだが、他方では同じ相手の「途切れることない神秘主義への関心、啓明主義《イリュミニズム》や神智学《テオソフィー》といった他の反合理の思潮への関心、スウェーデンボルグへの入れ込み、ベルクソンとの友誼」のことも語らざるを得なかった。ヴァレリーもユングもオカルト狂いのフランス詩人、ジェラール・ド・ネルヴァルという奇態な詩人に魅了されている。それはそうだが、ヴァレリー著作集の中にユングへの、そしてこのことで言うとフロイトへの言及がない。ユングがヴァレリーのことに触れるのはヴァレリーの国際連盟係わりの文脈でただ一度のみ、カイザーリンク伯爵が世界情勢について述べた一九三三年の本を書評したその一度のみである。二人が会ったのも一度きりのようだ。二人一緒に撮れた一枚の写真をジョン・バレットが持っていた。キュスナハトのユング邸の庭で二人一緒、しかし日付け不明だ。これもボーリンゲンの書き手の一人、サン＝ジョン・ペルスともヴァレリーは一九〇〇年代初めに遡る交遊関係があった。

一九五一年、ヴァレリー本の仕事を始めようとパリに着いたマシューズをヴァレリー家の人々が裕福な実業家のジュリアン・P・モノーに引き合わせた。モノーは一九二〇年から一九四五年までヴァレリーいのちの人物で、「ヴァレリーの信篤き筆写者で友人、本狂いのボズウェルな人」（と、『タイムズ文芸付録』は書いている）。モノーはヴァレリーのほとんど全ての作品の原書版、多くの翻訳版、誌紙資料、草稿、書簡、講義速記録、ヴァレリー論の数々、肖像、胸像、写真、デスマスク、ヴァレリーのタイプライターを収集しまくった。モノーのこのコレクションは「ヴァレリー界（Valéryanum）」と呼ばれていたが、マシューズが仕事することを許されたモノーのアパルトマンの丸々一室を占拠していた。さまざまな私的理由があってモノーはこのコレクションを売る決心をした。一九五一年春、パリに来ていたケアンズを通してマシューズはこれをアメリカの博物館が購入するように働きかけた。関心がなくはなかったのだが、三年間は何も起きなかった。一九五四年、健康を害していたモノーは、もう一人の友人ヘルベルト・シュタイナーを通じて、行動すべき時が来たようだと伝える。

マシューズに促され、基金も重い腰をあげ、希覯本鑑定人、税関吏のマダム・ヴィダル＝メグレに「ヴァレリー界」の目録制作を依頼する。ヴァレリー界がそっくりマダムの家に移され、目録作りに優に一年が費やされて、最終的な鑑定額は二千万フラン、約五万五千ドルということになった。今度はポール・メロンの提案で有名な書誌家、ロンドンのジョン・カーターが一九五六年二月、雇われてこの評価で良いものか検討する。パリで二日に亘《わた》る有名な作業《フェア》でカーターはヴァレリー界を総覧して、ヴィダル＝メグレの仕事が非常に綿密かつ真当だと見、包括的かつ生き生きとした報告書をメロンとバレットに送って、多分一寸安い買物になるヴァレリー界購入を勧めた。モノーの最終的な言い値は千五百万フランだったが、七月、基金はこの額で購入を決定、収容費用他も、「コレクションがフランスの適当な公的教育機関に譲られるまで」面倒を見ることになった。どの機関にするかがさらに五年間、ボーリンゲン基金の課題になった。国立図書館、モンペリエの大学図書館、セット（ヴァレリーの生誕地）の公立図書館、そしてパリのマダム・ヴァレリーのアパルトマン、いろいろ検討されたが、パリ大学に所属する調査図書館、ジャック・ドゥーセ文学館に決まった。近代フランス文学を収蔵し、とりわけアンドレ・ジッド文献で有名な文書所蔵庫である。オクターヴ・ナダル（当時の館長）、モノー、そしてヴァレリーの遺族が、他の点では折れ合わなかったのに、ドゥーセで良しという話になり、一九六一年五月二十六日、ボーリンゲンの理事会は寄贈に踏みきった。フランス式官僚機構の細々しいことのために法的移管はやっと一九六二年七月十五日に成った。その場に立ち会ったジョン・バレットがニューヨークの事務所宛ての手紙に、こう書いている。「最終の署名は大学の学長執務室で、両方の御歴々、法律家たち……の前で寔《まこと》に粛々と行われた。……関係者一同を前にして私もフランス式文書のすべてのページに署名した」。とは、十六ページの羊皮紙《パーチメント》に、ということ。結局、基金がヴァレリー界をパリ大学に寄贈するのに費やした総額は六万三千七十二ドルに及んだのだった。

モノーは自分の大コレクションが国の宝になっていくのを目にしていたわけだが、一九六二年十月没ということで、一九六六年十二月三日、ドゥーセ図書館における初期ヴァレリー展の華やかなオープニングに立ち会って、この寄贈物に社会的認知が与えられる光景を目撃することはなかった。ヴァレリー界はこれをカタログ化するのに四年以上の年月が費やされていたが、ヴァレリー界はその間に、これらも目利きジョン・カーターの助言を受けながらボーリンゲンのした買い物、ピエール・ルイスへの、ギュスターヴ・フルマンへの書簡という二つのコレクションが加わることでさらに大きくなってもいた。

アメリカでは、ヴァレリー・アンソロジーの序文でロウラーが記しているように、「ヴァレリーというのは概してくろうと受け以上の評価のない作家なのである。我々を感嘆せしめて然るべき忠実さを以てヴァレリー作品を英語で生みだしてみせるという途方もない鴻業、一人の人間の決意と目の勝利［と言うべき］仕事に二十年もの間専一没頭したジャクソン・マシューズの記念碑的腐心《シュクセ・デスティーム》」にも拘らず、そうなのである。ヒルトン・クレイマーは『ニューヨーク・タイムズ』に寄稿してこのヴァレリー企画を「偉大な一現代作家を英語に訳するというのでかつてこの国で試みられたどの企画よりも美しい鏤骨《るこつ》の鴻業であり、この十年間最大の文学的事件のひとつ」と書いた。「しかしながらその各巻が出現してもろくな書評もなく、翻訳の判定者たちはいいねと言ってうなずいて見せることさえしないのだ」、とも。一歩譲るとしても、一九七四年、ジャクソン・マシューズが『テスト氏』英訳でナショナル・ブック・アウォードを受賞したことだけは言っておかなくてはなるまい。全米図書賞名誉の受賞を病床に孤絶したマシューズがどこまで知っていたかは分からない。

アンドレ・マルローはほとんどサン＝ジョン・ペルス、ヴァレリーと同時にボーリンゲン叢書の人脈に入る。第二次大戦が始まるかなり前からマルローは既に未踏の強烈に個人的な芸術心理学を構想しつつあった。一九四七年に彼が文化省長官をつとめていたドゴール政権が倒れると、文学に充《あ》てられる時間がふえ、第一巻、『空想の美術館』を完成させ、出版させることができた。マルローのテーマは中世この方美術が経てきた変容であり、考古学、写真、印刷術、そして「世界文化の爆発的展開」であった。『芸術心理学』［邦訳名『東西美術論』］の残る二巻も続き、全三巻が貼り込み図版もふんだんに豪華出版された。ジュネーヴの出版社アルベール・スキラはスチュアート・ギルバートに英訳を頼み、同じフォーマットで英語版も出そうとしていた。ランダム・ハウスがやってくれるのを当てにしていたのだが、この出版社は売れ行きに不安ありというので断ってきたので、一九四八年春、クルト・ヴォルフはスキラ社に対してボーリンゲン基金にオプションをくれるよう話を進めた。そしてバレットがパリで旧知のマルローと会見する。ジャック・シフランが彼のすばらしいオフィスを貸してくれもした。

基金の財務委員会は、次々と問題が出てくる企画の出版を決定するのに丸一年、議論を重ねる。ボーリンゲンの原則に従えば商業出版との競《せ》り合いはあり得ないし、第一、これらの本はアメリカの会社が製作しなければなるまいということだ。現に『芸術心理学』は、全部を海外で進めたという点では（一九六九年まで）叢書中唯一の出版物である。基金は函入り二巻本——第一巻の『壁なき美術館』〔邦訳『空想の美術館』〕、第二巻の『創造的芸術』〔邦訳『芸術的創造』〕——を三千五百部「輸入」したし（叢書第二十四巻。一九五〇年）、すぐに第三巻の『絶対的なものの黄昏《たそがれ》』〔邦訳『絶対の貨幣』〕も続いた。ほどなく売り切れとなり、マルロー自身は改訂の準備に入り、英語翻訳権をダブルデイ社に移した。基金にも異論はなかったが、テキストにいろいろ手を入れ、並べ変えたりする上、自分の仕事も「ほとんど新訳」と言って良いものだというギルバートの言い分を受けいれたのである。一九五三年、もっと小体《こてい》な一巻本、『沈黙の声』が『芸術心理学』にとって代る。二十五年の後、プリンストンは『沈黙の声』をボーリンゲン・ペイパーバック本として発行する権利を取得する（二十四のA）。

フランス発端で巻数の多い本がもう一点、叢書に入ってくるはずだ。ジョン・バレットはフランス中世美術史の泰斗、エミール・マール（一八六二―一九五四）に、一九二〇年代ソルボンヌでのマールの講義に出席した時以来、ずっと大きな関心を持ち続けていた。バレット、そしてヴォーン・ギルモアは中世図像学の起源を巡るマールの古典化した研究を本にしたいと長らく考えていた。企画はやっと一九六二年に始まるが、ボーリンゲンからの人間たちがパリのマール未亡人と娘のジルベルトのもとをたずねたのである。ジルベルトはルーブル美術館スタッフの美術史家だった。マールが一八九八年から一九三二年までの間に公刊していた四冊をやることになっていた。最初の三冊は十二世紀から中世末までのフランスのロマネスクとゴシック宗教美術を扱っており、第四巻はトレント宗教会議（一五四五―一五六三）に続く時代まで伸びだし、フランスという狭い地域をも越えていった。基金はマール出版企画の編集主幹に、ニューヨーク大学美術研究所の中世研究家ハリー・ボーバーを指名し、彼の編集顧問にウォラス・ブロックウェイを充《あ》てた。一九六二年度の趣意書を見ると翻訳は原文に忠実に行われること、不満の残る図版については入手可能な最善の写真で差し換えること、マールの注釈はそのままにするが、最近の出版物からの引用をふやすは可、その準備は各巻編集者の任とすること、四巻は四年以内に準備されること、その予算は十万ドルであることが記されている。

編集上の課題や厄介が山積《さんせき》だ。助言役や参画者で辞した者も多い――オットー・パクト、アンソニー・ブラント、オットー・クルツなど。他界した人々――ルドルフ・ウィットカウアー、ヴォーン・ギルモア、ウォラス・ブロックウェイなど。適役の翻訳者が仲々いない。結局、マーシール・マシューズが翻訳家の面子《めんつ》にかけて四年で四巻を訳した。ボーバーとルイ・グロデッキ編集の第一巻、『十二世紀フランスの宗教美術』が刊行されたのはやっと一九七八年のことで（叢書第九十巻）、「これでマール未亡人と娘さんとの約束が果たせた。その時代が許すならこうしたいとエミール・マール氏が初めに考えておられたような形で刊行するとした約束を」と、ボーバーは書いている。

一九四九年はサン＝ジョン・ペルスの『流謫』英訳刊行を見た年だが、予期されない形での、少なくとも前例ない形での冒険はこれ以外に他にいろいろあった年でもある。三月には年三千ドルの奨学金が日系アメリカ人の彫刻家イサム・ノグチの「余暇《レジャー》の研究——その環境および文化史との関係」に対して認められた。ノグチの支持者はフランク・ロイド・ライト、ウォラス・K・ハリソン、そしてルイス・マンフォード。ヒュー・チザムはノグチの申請認可に動いたが、アルフレッド・スティーグリッツ、コンスタンティン・ブランクーシ、バックミンスター・フラー、加うるに日本的な文化伝統の影響を受けているという経歴からしてひと味ちがう本に結びつくと考えたのである。奨学金は何年もに亘《わた》り更新され、ノグチのヨーロッパ、東洋を行く発想転換の旅が続いた。ノグチは回想して「可能になった研究から本はできなかったが、彫刻や庭園や広場はできたのである」と記している。

ボーリンゲンに助けられて創造する力に身を委ねられた視覚メディアの方のアーティストはノグチ一人だが、文字の世界ではそうした支援のお蔭という人々は何人もいる。一九四六年のアレクシ・レジェがその第一号とすると、一九四七年は小説家ジョゼフ・ハーゲスハイマーがそうだ。一九四九年にはマリアン・ムアが月額百ドルの奨学金を三年に亘ってもらうことになる。チザムのアイディアであった。財務委員会の議事録には、こう記されている。「ミス・ムアから申請があったわけではないが、基金の事務が調べたところ、低額の援助でもこの人物が創作に時間を割けて大なる助けになると判明したとの報告が上った」。この奨学金はボーリンゲン・プログラムの最後まで続く。毎月小切手で金を手にするたびに律義に感謝の手紙を書くマリアン・ムアだ。たまに叢書のための原稿に目を通したり、何かの提案に意見を述べても、一切他の協力への支払いをムアは受けとらなかった。彼女の書いていたものをヴァレリー本の序文として使えないかという提案は、前に書いたものを改めて活字にという気はないということで無い話になっている。一九二〇年代にアメリカの有名な文芸誌『ダイアル』で同誌編集者ということで英語初のヴァレリー紹介をしたのがマリアン・ムアである。『ダイアル』誌と、かつて『ポエトリー』誌の編集者だったニコラス・ジョーストの関連学術書を展示するというのでウースター美術館に基金がただちに拠金しているのもその辺のことがあるようだ。

他にもボーリンゲン奨学金がはっきり詩人の詩作に対して給付されたケースもいろいろある。一九五二年のホセ・ガルシア・ビラ、一九五三年のマーク・ヴァン・ドーレンおよびキャスリーン・レイン、そして一九六一年のウェールズ詩人デイヴィッド・ジョーンズのケースである。文学研究にまで広げてみると奨学生は一九五二年のアレン・テート、一九五三年のジョゼフ・ウッド・クラッチ、一九五七年のR・P・ブラックマー、一九五七年以降というエドウィン、ウィラのミュア夫妻、一九五九年はレオン・エーデル（ヘンリー・ジェイムズ書簡の編集に対して）、アーヴィング・ハウ、そしてアルフレッド・ケイジン、一九六〇年はマーク・ショアラー（シンクレア・ルイス伝に対して）、一九六一年はノエル・ストック（のエズラ・パウンド伝）、一九六二年はヘイドン・カルース（のカミュ論）、一九六三年はジョゼフ・フランク（のドストエフスキー論）、一九六四年はサミュエル・ハインズ（エドワード朝英国研究）、そして一九六五年はマイケル・ホルロイド（のリットン・ストレイチーおよびブルームズベリー・グループの研究）という具合である。ケアンズが言いだしっぺになってフォルジャー・シェイクスピア・ライブラリーのチャールトン・ヒンマンの研究を基金は援助した。自ら発明した光学的な校合装置を使って、J・G・マクマナウェイの言葉を借りるなら「シェイクスピア本文研究を一変せしめた」のがこのヒンマン氏であり、研究成果は『シェイクスピアのファースト・フォリオの印刷と校正』という重要作に結実する（一九六三年）。

ワシントン・スクエアにあった初期の時代、ハンティントン・ケアンズの名はボーリンゲン叢書のレターヘッドには編集顧問として出ていた。しかしこの人、基金の歴史を通しての役割はとてもとてもそんなものではない。基金はその最もすばらしい企画の幾つかをケアンズに負っている――ケアンズ自身の『芸術の限界』、イブン・ハルドゥーンの『序説』、ボーリンゲン詩大賞、美術のA・W・メロン講義、『プラトン著作集』他プラトニズム関連書、『チャップマンのホメーロス』、ダンテの『神曲』、そして文学批評の何巻かを忽ち数え挙げることができる。基金創立の一九四五年から一九六九年の活動停止の時にいたるまで、一九四八年から四年間のみ除いてずっと理事を続けた。さらに提案された出版物が基金の設定した基準に合っているか否かについて意見を述べる責任も負い続けた。

一九四三年にそのケアンズが叢書に提案していたイブン・ハルドゥーンの『序説 *Muqaddimah*』は一九四九年にいたって、当時ペンシルヴァニア大学にいたアラビア学のフランツ・ローゼンタールがやるということに落ちついた。継続していくボーリンゲン奨学金によって八年以上も仕事をした。この奨学金のお蔭でイスタンブールのいろいろな図書館での調査もできた。ローゼンタールは一九一四年ドイツ生まれ、一九三五年にベルリン大学で博士号を取得して後、一九四〇年にアメリカに移住。戦時中は戦略事務局《オー・エス・エス》で働いた。彼の翻訳が刊行された一九五八年にはイェールで教授職に就いている。函に入って三巻本、絵は十九枚の図版ということで当時として十八ドル五十セントはやはり高価だった。一年目は余り売れなかった。『ニューヨーカー』誌一九五九年十一月七日号がA・J・リーブリングの一万語褒め書評を掲載する。リーブリングという人は戦時中、北アフリカで通信員をしている時、仏訳『序説』を読んで以来のイブン・ハルドゥーン狂だった。この書評で売れ行きが——この種の本としては——驚異的に伸び、重刷になり、最後は第二版が出た。

ケアンズの思い付きが全て形になったわけではない。一九四六年、ボーリンゲン叢書が「哲学古典文庫」を出版してはどうかと提案し、後には偉大な哲学的叙事詩の翻訳叢書を——ホメーロス、ウェルギリウス、カモンイス、ダンテ、『ニーベルンクの指輪』、『ファウスト』等々の英訳本を——出すべきだと提案している。『西洋世界のグレートブックス』企画を経歴に持つウォラス・ブロックウェイも同様に想像力旺盛で、ジャック・ポール・ミーニュの『教父全集 *Patrologiae*』の完訳を提案している。ギリシア、ローマの教父たちの述作を集めて全三百八十七巻。こうした野心的企画は卓上の議論以上の展開に発展し得べくもなかったのだが、叢書の何か他の作品たちの吸う空気《クリーマ》のようなものを醸成する力になったこともまた疑いないのである。

一九四六年一月に新基金最初の補助金を議会図書館に出して詩人たちが自作の詩を蓄音器録音するのを助けようと提案していたが、その年遅くにケアンズは幾つかの献金の第一号の後盾になってシカゴの現代詩協会が引き続き『ポエトリー』誌を刊行するのを援助しようとしている。続く十五年間、基金はこの協会に総額八万二千五百ドル拠出した。一九四八年春、ボーリンゲンはジョンズ・ホプキンズ大学で行われた過去の大批評家たちを巡る国際シンポジウムを支援した。企画はケアンズがジョンズ・ホプキンズで作文、談話、演劇の教授をしていたエリオット・コールマンと一緒に考えたものだった。裏方ではアレクシ・レジェが何とかアンドレ・ジッドを呼ぶ努力をしていたが、ジッドは病気で動けなかった。T・S・エリオット、ホセ・オルテガ・イ・ガセット、C・M・バウラ、エドマンド・ウィルソンも断ってきた。ケアンズ司会の下、参加してくれたのはジョン・クロウ・ランサム、アレン・テート、ハーバート・リード、ベネデット・クローチェ、アンリ・ペール、R・P・ブラックマーの面々である。このシンポジウムは『批評講義』として出版された（叢書第十六巻。一九四九年）。一九四七年、H・L・メンケンがケアンズに、ニュージャージー州ストーン・ハーバーで貧苦にあえいでいる小説家、ジョゼフ・ハーゲスハイマーを助けてやってもらいたいと訴える。基金はハーゲスハイマーに（自伝執筆助成の名目で）奨学金を出し、この支援は一九五四年の死の時まで続いた。

ケアンズは『芸術の限界』にセインツベリーのジョージ・チャップマン論を引いている。エリザベス朝の詩人チャップマンによるホメーロス全集の英語訳は一六一一六年に刊行されているが、「チャップマンはいかなる現代語のいかなる現代翻訳家よりも遥かにホメーロスに近い」のだ、と。ケアンズに促されて基金は一九四七年、ストラトフォードのシェイクスピア協会の会長、ルネサンス学者のアラーダイス・ニコルに頼んで『チャップマンのホメーロス』本の準備をさせる。十年に及ぶ大作業だったが、千四百ページある二巻本に結実した（叢書第四十一巻。一九五六年）。一九四九年初めにケアンズは、I・A・リチャーズが「ホラティウスの『詩学』より重要で――現代の述作のあり方全体を変えるかもしれないものだ」と言いながら送ってきた原稿の出版を勧告する。この傑作は同じようにマクリーシュ、シオダー・スペンサー、そしてバーナード・デ・ヴォートをも魅了したのだが、散文詩の形で文章作法を述べる、晋代中国の学者ルー・チー（Lu Chi　陸機）が書いた『ウェン・フー *Wen Fu* 文賦』である。比較文学的文章を付けてこれを訳していたのはオックスフォードの牧師学者のE・R・ヒューズである。これはボーリンゲン叢書に『文章術』の名で入った（叢書第二十九巻。一九五一年）。I・A・リチャーズ序文。もっとも「現代の述作のあり方全体を変える」にはほど遠かった。一九五一年に二千五百部刷ったものが、三十年たっても売れたのは二千部に満たない。

一九四九年度ボーリンゲン詩大賞がエズラ・パウンドに与えられたことがきっかけになってボーリンゲンの名が突如有名になる有難迷惑事件が起きた。事件は一九四三年、議会図書館司書のアーチボルド・マクリーシュが、一九三六年に法人組織ポストとしてつくられた英語詩相談役にアレン・テートを指命したところから始まる。この一年つとめながらテートはマクリーシュに議会図書館は一団のアメリカ文学のフェロー組織を持つべきだと提案し、その最初のものが一九四四年五月にたち上げられた。フェローたちには年一度の会合に出席するための経費以外何の見返りもない。仕事と言えば、議会図書館に集書のことで、またアメリカ文学関連のことでの事業促進に関して進言を行い、年毎の英詩関係の長《ちょう》を誰にするかを司書に進言すること、広く文学の研究と発展に被益するような仕事割り当てを工夫することであった。詩部門の長をテートから引き継いだのはロバート・ペン・ウォレン、ルイーズ・ボーガン、カール・シャピロ、ロバート・ローウェルの面々で、各人つとめの一年が終るとフェローに戻るのである。一九四八年にフェローは右五名以外にはコンラッド・エイケン、W・H・オーデン、キャサリン・ガリソン・チャピン（フランシス・ビドル夫人）、T・S・エリオット、ポール・グリーン、キャサリン・アン・ポーター、シオダー・スペンサー、ウィラード・ソープであった。その年の詩部門顧問はレオニー・アダムズである。

フェローの立場でテートからもうひとつ提案があった。一年に一度、アメリカ詩に賞を出したいというのである。名案と他のフェローも賛同し、司書も同意した。賞金の出どころとしてテートがすぐ考え付いたのは、現代詩に関心あるところをかねて明らかにしていたボーリンゲン基金であった。テートは数年以前「学びへの招待」というラジオ番組仲間だったケアンズに接触する。ケアンズは喜んで拠金の提案を引き受けてくれ、基金の財務委員会は十年間の授賞分として一万ドル確保を決める。マクリーシュの司書職を引き継いでいたルーサー・エヴァンズは資金提供を受けいれ、この賞に「ボーリンゲン」の名を与えてはどうかと言い、基金にも異論はなかった。そして一九四八年三月四日、ボーリンゲン詩大賞（Bollingen Prize in Poetry）が公表されて、毎年二月にその一年間のアメリカ人による最高の詩の本に与えられることとなった。審査に当るのはアメリカ文学フェローの面々である。受賞者はアメリカ市民でなければならない。仮に別国籍の者でも、アメリカで生まれていればそれでも可だ。

一九四八年十一月、フェローたちは年一度恒例の会のためワシントンに集まった。顧問だったレオニー・アダムズが審査員長をつとめたが、事前にボーリンゲン賞授賞候補者を手紙で知らせるよう言ってあったところ、十通の返事を受けとっていた。最後の投票結果を予告するように十通。会合での甲論乙駁の結果、候補者は四人に絞られた。その夜、ケアンズはフェローをコズモス・クラブに集めて宴をもうけた。後に回想して、こう言っている。「賞が少しは世間を騒がせてくれるといいな、と私は言ったが、『少しはなんてもんじゃない!』とテートが言った。一同大きな円卓の周りに坐っていたが、何も言わず互いに互いの顔を見合わせた。それからテートが私に言ったのだった、第一位はパウンドだと」――その時、戦時中イタリアでファシスト党寄りの言行をした結果ということでセント・エリザベス精神病院に入っていたあのパウンドだって! 八票がパウンドの(一九四八年、ニュー・ディレクションズ社刊の)『ピザン・キャントウズ(ピサ詩篇)』を一席に推していたが、部外秘とされ、フェロー会は散会。そして一九四九年二月、アダムズ、シャピロ、ローウェル三人から成る投票管理会がフェロー会全員に手紙による投票を促し、エズラ・パウンドに十票で決着した(加うるに、一九四九年の一月に死亡していたシオダー・スペンサー。十一月の会で『ピザン・キャントウズ』支持を言っていた)。カール・シャピロただ一人が反対、そしてノースカロライナの劇作家ポール・グリーン棄権。

フェローたちの決定を聞かされたルーサー・エヴァンズはパウンドに賞を出すとどういうことになりそうか、警告を発した。後にこんなふうに回想している。「反応は大体が知的というよりは感情的なものだろう。人々の良心は逆なでされる。詩の展開に一世代分遅れが出る。国際関係、とりわけイタリアとの関係は厄介になる。議会図書館の信用はがた落ち、その能力は疑われ、その動機は否定され、その原理は嘆かわしいと言われる。必然、議会が介入してくるだろう。……だが彼らは自分たちの選択にこだわった」。

議会図書館の賞授与のプレス公開は二月二十日日曜日の各紙掲載で、審査委員会を代表してアダムズ、ローウェル、シャピロが書いた声明文も併載されていた。「パウンド氏が置かれている状況にある人物に何かの賞をおくることにさまざま反対意見があり得るであろうとはフェロー一同重々承知致しおります。しかしそうした反対があり得るからと言って当審査会が引き受ける責任に些かの変化もありませんでした。読むことができる本であれば、こうした評価に値するいかなるものでもこの賞のために選ぶという責任であります。……詩としての達成という以外の考慮が働いて決心が揺らぐとすれば当賞の意味はなくなり、もっと原理的にも凡そ文明社会を支えている客観的な価値観の有効性が問われるということになりかねません」。

日曜版『ニューヨーク・タイムズ』の見出しがプレスの反応を典型的に示している。「精神病棟のパウンド、反逆者房で、詩大賞受く」。エヴァンズは「この賞には騒ぎを起こす妙な性質があった」と言っている。興奮気味の報告に加えて怒り狂った社説も紙面をにぎわせた。しかし『ニューヨーク・ヘラルド・トリビューン』の社説などはこう書いた。「何が美で何が優秀かを飽くまで客観的に見ようというのは、客観的事実に即《つ》こうというのと同様、自由で理を重んじる社会の大根本である。それを堅守しようと言う審査員諸賢は、何が正しいかはいずれ歴史が決めるという気概持つ人間が唯一とるべき道をとったまでのことである」。

エズラ・パウンドは一八八五年、アイダホに生まれ、ペンシルヴァニア大学とハミルトン・カレッジで学んだ。二十二歳でアメリカを離れて、ロンドン、パリに住み、最後はイタリアに落ちついた。たちまち文学界で頭角を顕わしたが、自身の文業もあるが、他の作家たちを――ジェイムズ・ジョイス、W・B・イェイツ、ガートルード・スタイン、ウィリアム・カーロス・ウィリアムズ、T・S・エリオット、マリアン・ムアを――励まし、彼らに絶大を誇ったその影響力の故である。何年かの間、

『ポエトリー』誌のヨーロッパ側編集者をつとめる。一九三〇年代にムッソリーニ信奉者となり、人種的偏見と綯《な》い交《ま》ぜになった極右の社会経済論を身につけていった。第二次大戦中もイタリアに滞留し、合衆国向けにファシスト党の宣伝放送をラジオで行った（一回につき約十七ドルで）。戦争が終るとアメリカ陸軍に捕まり、ピサ郊外の米軍拘留キャンプの虜囚となったが、ここで『ピザン・キャントウズ』の第一草稿を書いた。最終的には合衆国に送還され反逆罪で裁かれるはずが、精神障害で裁判に向かないとされて、一九四五年十二月、ワシントンDCのセント・エリザベス病院（連邦政府の精神病院）に収容された。そこでの十二年でパウンドは古典を読み、著述にいそしみ、孔子を訳し、訪問客とお喋りした。

訪問客の一人がケアンズであった。「パウンドが私の人生に及ぼした影響ははかりしれない」と、ケアンズは後日、こう回想している、「私がボルチモアのピーボディ図書館に若い研究員としていた頃、一番最初に読んだヘンリー・ジェイムズ論のひとつがパウンドの文章で、ジェイムズの作品群はどういう順序で読むのが良いかの大略がこれでわかった。私はパウンドの経歴をなぞり、彼の本が出る毎に全て買った。私はよくセント・エリザベスに行って芝生に坐って話をしたものだ。大事なのは時間の按配だった。客は五時に退出せねばならないことを知っていたので私は四時に行った。もっと早めの時刻に行くと、エズラは五時までこちらを引っぱるのだが、それが仲々にきつい。ユダヤ人のこと、経済のことになると興奮しがちで大変だったからだ」。ケアンズは日誌ふうに訪問のことをメモし続けている。「二月十九日日曜。一時間パウンドと会う」と記録にある。「病院長からパウンドにボーリンゲン賞受賞が伝えられ、パウンド見た目にも興奮。新聞用に『精神病院からノーコメント』と言うつもりだったようだが、結局何も出さなかった。賞のことは『ボーリンゲンが不滅性獲得のためにつけた競《せ》り値』と言った」。四月四日は「彼はボーリンゲン賞についての切り抜きだの手紙だのが入った小さな箱を持っている。ほとんどが見知らぬ人間からのものだが、ほとんどが好意的。先週ワイルダーが訪ねて来たと言った。パウンドはとても嬉しそうだった」。五月九日には「今ローウェルはマサチュセッツのどこかの精神病院に収容されている。パウンドはもしローウェルに来て一緒にいるのを望むなら、このセント・エリザベスの同じ病棟の部屋をあけてやりたいと言っている」。

ボーリンゲン賞をめぐる賛否両論が依然マスコミをにぎわす。『ヘラルド・トリビューン』ではルイス・アンタマイヤーが『ピザン・キャントウズ』は「最低なパウンドのがらくた寄せ集め。非常なる精神錯乱を、ファシズムの種子に影響された精神を露呈」と切って棄てた。『パーティザン・レヴュー』ではウィリアム・バレットが『ピザン・キャントウズ』の中身はファシズム、反ユダヤ主義であると断じていた。詩人ロバート・ヒリヤーはこの賞は政治的理由からでなくはっきり美的理由からしても「遺憾」だとした。「私はパウンドに感嘆すべき何も見つけられなかった、ただの一行もだ」、と。『デイリー・ワーカー』のコラムニスト氏はこの賞の背景にあるものを分析して、合衆国政府、「反ユダヤのエリオットとパウンド」、「メロンの産と財の巨大利害」、そしてリバティ・リーグ結託の陰謀であるとまで言った。『ポリティックス』のドワイト・マクドナルドは偏見にとらわれぬ同賞を讃え、「この暗い世相に最高に輝いた政治行動」と褒めた。これまたヒリヤーだが『ヘラルド・トリビューン』に書簡を寄せ、「抗議の声を抑えてはならない。この委員会はアメリカの伝統の美しい所を穢した。この連中についてはもっともっとあばかれなくてはならない」と言った。

一方、カール・シャピロだが、ジョンズ・ホプキンズ大学の彼の事務室を謎の人物が訪なう。この男はニューヨークから電話をよこして『サタデー・レヴュー・オヴ・リテラチャー』にパウンドとこの賞について、唯一人反対票を投じた立場から何か寄稿せよと言ってきた。シャピロは好奇心を起こし、会う約束をする。上司のエリオット・コールマンも会見に同席した。「その人物はA・D・ペアロフといって」と後日、シャピロは回想している、「まるで無政府主義の戯画という風体で——斜《しゃ》にかぶった帽子が目に掛り、シガーを噛《か》み、ずっと帽子をかぶったままだった。低い声でコールマンに「うまくいってるかい」と聞いた。私は警戒した。男はユングはナチだとする新聞を見せ、ボーリンゲンという名の由来を説明し、この賞を出す側の連中はユングの政治的支持者だと言った。私にこの連中と、彼の見るところ基金の中に巣食う『いろいろな政治的原理』とを叩いてもらいたいと。書く気などないとあっさり断ると、男は帰って行った。まさにその直後だ、『サタデー・レヴュー』にロバート・ヒリヤーが登場するのは」。

Ａ・Ｄ・ペアロフはユング攻撃をほとんど職業にしていた。一九四六年から一九四七年にかけ『プロテスタント』誌に一連のユングの「暴露記事」を書いていたが、これが後に『サタデー・レヴュー』でヒリヤーに引用される。ヒリヤーの考えやデータの多くの出所がペアロフであったのは間違いない。後になっても反ユング・キャンペーンを続け、ユングについて書いては編集者たちに送りつけ、ユングの講演で野次をとばした。ヨランダ・ヤコービが手痛いしっぺ返しをくらわせたことがあった。しかし、熱もさめていったものか、一九六一年、ユング死後のニューヨーク医学会の公開追悼集会に姿を現わし、バルコニーに坐ってはいたが、何か言うだろうと思えばスピーチの間、ずっと眠りこけていた。

ボーリンゲン賞事件はヒリヤーが『サタデー・レヴュー』に載せた二本の長い記事——一九四九年六月十一日号の「反逆罪人の奇妙な果実」と同六月十八日号の「詩の新たな聖職」——でピークを迎えた。一八九五年に生まれたヒリヤーは一九三四年にピュリッツァー賞の詩部門の受賞者となり、一九四九年時点ではアメリカ詩人協会の会長であった。書くのはジョージ王朝詩風のロマンティックな牧歌で、孤立しつつ長らく反エリオット、反オーデンの論陣を張ってきていた。この二人を詩壇のライヴァルと考えていたようだ。記事の中でヒリヤーは、パウンド受賞は「キリスト教徒戦死者への酷い嘲り」であり、アメリカ人の人生観とアメリカ文学を砕こうとする陰謀の一部なのだと喝破した。陰謀にはポール・メロン、T・S・エリオット、ユング、ボーリンゲン基金、パンセオン・ブックス、議会図書館フェローの大半、エリオットとパウンドのファン、ニュークリティシズム、多くの季刊文芸誌が加担していると言いたげである。そ奴ら共通の目的は文学の世界で覇権を握り、「新しい全体主義のための神秘的、文化的準備をすること」、と。ヒリヤーは言う。『サタデー・レヴュー』の編集者たちは六月十一日号の社説で、ヒリヤーの攻撃を全面的に支持すると言った。『ニューヨーク・デイリー・コンパス』紙書評欄ではレオン・エーデルが記事を「明快」とし、「この賞の名が、パウンドの枢軸国支持の思想を共有したユングのスイスの地所の名に因《ちな》む」ことをさぐり当てたヒリヤーの「模範的追究」を褒めあげた。

しかし直後、『サタデー・レヴュー』編集者たちはふたつの訂正記事を出さねばならない。まず、パンセオン・ブックスはボーリンゲン基金の傘下などにはないし、ヒリヤーの言うような「新しい唯美主義の産物の垂れ流し」などしていなかったのだ。ボーリンゲン基金はフェローたちの構成や賞に影響力など持っていなかった。ヒリヤー賛成派より批判派の手紙がどっと『サタデー・レヴュー』に届き、雑誌もその多くを掲載した。アメリカ在住のユングの弟子たちも師擁護の声をあげた——ジョゼフ・ヘンダーソン、ケアリー・ベインズ、エスター・ハーディング、イェールのアーヴィング・フィッシャー教授などだ。こちらもピュリッツァー受賞詩人のレナード・ベイコン。ベイコンはチューリヒでユングのセミナーに出ていた。基金をファシスト・シンパと結び付けようというヒリヤーの目論見は七月にブロッホ、カーラー、クラカウアーの三人——つまりナチの魔手から逃れて来た三人——が書いた手紙に止めの一撃をくらう。それは九月に活字になったが、基金の弁護士アレグザンダー・リンディがそのことを『サタデー・レヴュー』に知らせた後でやっとということであった。もしヒリヤーが基金の活動をちゃんと調べていたなら、と三人は書いていた、「その奨学生にしろ著者にしろ、その背景、その系統はこれ以上ないほど多彩多様な人々で、ユダヤ教徒もいればキリスト教徒もおり、亡命者もいればアメリカ人もいて……ポール・ラディン、ハンティントン・ケアンズ、ハーバート・リード、R・P・ブラックマー、ベネデット・クローチェ、マックス・ラファエル、ジョゼフ・キャンベル、シャルル［カーロイ］・ド・トルナイ……といった人たちの名を見るに誰一人、ファシスト・シンパも全体主義者もいない」、と。『サタデー・レヴュー』はルーサー・エヴァンズがヒリヤーの記事を遺憾と表明しはしたが、フェローたちがヒリヤーの言い分を一点一点駁《ばく》した長い包括的な声明文はついに載せなかった。書いたのは委員のレオニー・アダムズ、ルイーズ・ボーガン、カール・シャピロと、プリンストンの英文学教授ウィラード・ソープ。八月に議会図書館がプレス・リリースした。事件全体を的確正確に醇々《じゅんじゅん》と説く総括で、言葉も高潔きわまるものだったが、プレス側は論争にうんざりしていたようで、ほんの短いさわりを引いたのみである。最終的にこの全文が他の記録文書と一緒に、『ポエトリー』誌発行の現代詩協会から一冊のパンフレットにして公けにされた。この文章にはフェロー全員が署名している。この間に任命されていたマクリーシュ、ウィリアム・カーロス・ウィリアムズも加わり、逆にポール・グリーンはここでもまた不参加。

夏初め、『サタデー・レヴュー』の編集者、ノーマン・カズンズからの手紙で状況を知ったニューヨーク選出の共和党議員、ジェイコブ・K・ジャヴィッツが同賞をめぐる経緯、ヒリヤーの記事が並べた疑問点について調査を要求する。ヒリヤーの記事はやがて議会議事録に、ジャヴィッツ他の連邦議会議員の演説への付録として挿入されることになる。結果は調査ではなく、決議となる。上下両院の図書館合同委員会が八月十九日、議会図書館は一切賞の類を出してはならないと決議したのである。

エヴァンズはただちに同意した。ボーリンゲン詩大賞の他に廃止されたのは「室内楽への格別な寄与」に対して出ていたエリザベス・スプレイグ・クーリッジ・メダル、それから毎年恒例の版画展に係わってレッシング・ローゼンウォールドが与えていた三つの賞であった。

七月半ば、『サタデー・レヴュー』が出した社説で全て落着するはずだったところ、二週後の号でもう一度、怒号が聞かれた。精神分析医フレドリック・ワーサムによる激しいユング攻撃が掲載されたのである。バランスをとりつつこれを最後にしたいという意向も働いてか、小説家で社会批評もやるフィリップ・ワイリーによる等しく激しいユング擁護が続いた。ワーサムと仲が良かったケアンズが回想して、こう書いている。「この人物の記事には本当に当惑してしまった。ポール・メロンを巻きこもうとしているのだが、ポールはボーリンゲンの全員がそうであるが完全に潔白なのだ。私はワーサムに会って事実を伝えようとニューヨークに出掛けたが、一塁出塁もかなわなかった。相手はすべての証拠を握っており、分析もしていると言った——新聞に出ていたものを読み漁っただけなのに」。

事件についてはもうひとつ包括的な分析があって、十月三日号の『ニュー・リパブリック』誌にマルカム・カウリーが書いたものである。カウリーはこう締め括った。「小さなアメリカ文学共和国を攻撃しているのはかねてロシアの作家たちが屈したのとそっくり同じ相手である、即ち詩よりスローガンが好き、真面目な書き物より民族主義的な自惚れが好きという族《うから》である。ヒリヤーは、別の戦いでパウンドがそうであったように、敵の軍門に降りてしまった。同僚朋輩の間の争いに敗れると、彼らの頭越しに偽の旗を立てて敵愾心強い俗物どもの帝国に訴えた」、と。ボーリンゲンの編集者としてバレットは『ニュー・リパブリック』に手紙を書いて、「この問題を公正かつ客観的な角度から、レヴェル高い知的な一貫性を以て論じる記事に接し、我々としていかに安堵し、満足したか」伝えようとした。

　ボーリンゲン詩大賞の授与が議会によって禁止された後も、幾つもの大学から続行の希望が基金によせられた。一九五〇年初め、申請者の一人、イェール大学図書館が、賞を続けるため基金から資金提供を受けている。一九四九年受賞者は翌一九五〇年に発表されたが、ウォラス・スティーヴンズだった。選んだ委員会メンバーは全員が議会図書館のフェローだった人間。一九六三年には賞の副賞は五千ドルに引き上げられ、以降、隔年授賞となった。ボーリンゲン基金がプログラムを終了した一九六八年以後は、アンドリュー・W・メロン基金がイェールに必要な寄付を行い、一九七三年には十万ドルを即金で供与し、イェール大学図書館が賞を永遠（in perpetuo）に出し続けられるようにしたのである。三十人ほどのアメリカ詩人がボーリンゲン賞をもらっている。

　一九六一年、もとはと言えばジャクソン・マシューズの提案だったが、基金はボーリンゲン翻訳大賞（Bollingen Prize in Translation）を設け、イェール大学図書館も運営に加わった。この賞は一年に一度、アメリカ市民の手でどこかの言語の詩が英語訳された業績に対して与えられた。同賞は一九六一年にはロバート・フィッツジェラルド（『オデュッセイア』）に、一九六二年にはリッチモンド・ラティモア（アリストパネスの『蛙』）とロバート・ローウェル（訳詩集『模倣』）に、そして一九六三年にはリチャード・ウィルバー（モリエールの『タルチュフ』）とウォルター・アーント（プーシキン作『エヴゲーニー・オネーギン』）に与えられた。その後はイェール側の熱がさめたようで、一九六八年、ボーリンゲンの理事会はこの賞を打ち切った。基金そのものが芸術に対する全面的貢献を認められ一九七〇年度の国際ペンクラブ（P・E・N）の翻訳部門賞を与えられ、叢書の翻訳者三名――マシューズ、アンソニー・ケリガン、そしてチャールズ・S・シングルトン――が全米図書賞翻訳部門賞を受賞している。

パウンドは依然セント・エリザベス病院にいて詩を書いたり、何かを訳したり、多くの訪問客と喋ったりしていた。一九五七年、彼を解放しようという運動をロバート・フロスト、アーネスト・ヘミングウェイ、エリオット、マクリーシュ、ダーク・ハマーショルド、そしてパウンド本の出版人ジェイムズ・ラフリンが始めた。司法省も告発をやめるように見えたが、このパウンドの案件はその年、反黒人、反ユダヤの活動家ジョン・カスパーが悪名を轟かせたことで少々邪魔が入った。カスパーがパウンドの弟子ということになっていたからである。やがてサーマン・アーノルドが報酬なしで案件を引き受け、かくて一九五八年四月、反逆罪による告訴を連邦地方裁判所が取り下げた。パウンドが治癒不能な狂気であり、犯罪扱いされている彼の言行もおそらくは狂気の為せるわざなのだということになったからであった。パウンドはイタリアに戻り、そして一九七二年、その地で八十七年の生涯を閉じた。

一九四九年十月二十一日のカウリーからテートに宛てた手紙がボーリンゲンのファイルの中にあった。こういうくだりがあって面白い。「ネルーの文学茶会に行った。『サタデー・レヴュー』の編集の連中が屯《たむろ》していた。……ハリソン・スミスの奴がぼくを見つけると、にやにやしながらやって来た。『手紙でも書いて、いやあ目出度いと言おうと思ってたんだ』と奴は言った、『例のヒリヤーの記事のことでねえ。そちらさんが正しいのはわかりきってた。ただただ騒ぎをおっぱじめようというんでヒリヤーの記事だの社説だの出したんだ。大成功だったな。三号くらい盛りあがればと思ってたんだが、なあんと六号持ったじゃないか』とね」

ナショナル・ギャラリー・オヴ・アート、即ち国立美術館ですばらしい年次恒例の美術史講義をしてはどうかという考えは、一九四九年、ボーリンゲン詩大賞が生まれたのと同じ年にハンティントン・ケアンズの頭に閃《ひらめ》いた。ポール・メロン、そして国立美術館のデイヴィッド・フィンレー館長とともにケアンズの構想を、そして第一回目の講演者はフランスの新トマス主義《ネオ・トミズム》の哲学者で当時プリンストン大学で教授をしていたジャック・マリタンが良いというケアンズの提案を受けいれた。実際、プリンストンこそ初期メロン講義の苗床だった。マリタンは詩画における彼のいわゆる創造的直観という見方を展開して、プリンストンで暮していたアレン・テートや批評家のR・P・ブラックマー、それから一九四九年にエーリヒ・アウエルバッハが口火を切ったクリスティアン・ガウス批評セミナーの監督でもあったダンテ学者のフランシス・ファーガソンの関心を惹いていた。ケアンズとメロンはプリンストンに赴いてこの講義のことでマリタンと話し合い、話に諒承を得た。国立美術館常任理事会は一九四九年十二月、A・W・メロン美術講義を正式に設立。資金はポール・メロンのオールド・ドミニオン基金が、一九四〇年に姉のアリサ・メロン・ブルースが創っていたアヴァロン基金と協力して提供するのである。講義はボーリンゲン叢書に活字として入れること、その巻数は第三十五巻とすることが決められた。この講義は——なおメロンの三基金すべてと国立美術館の役員であったドナルド・シェパードの口吻を借りるなら——「合衆国の人々に美術に係わる現代最高の思考ならびに学殖を提示してみせるために設立」された。講義者は「学問分野のひとつに於て傑出した能力、業績、声望を持つ人物」に限られるべきこと。二千五百ドルの経費に加えて謝金が七千五百ドル（二十五年後、これらの額は倍になっている）。六回講義が春、日曜の午後を狙って連続的に開催されるのが決まりである。

一九五一年春、自分の考えの切れ味をガウス・セミナーで試した後、マリタンは一年置いて第一回メロン講義、「美術と詩に於る創造的直観」を行った。その結果としての本が——講義本一般と同じで講義原稿より大きくなり、いわゆるアートワーク図版六十九点に、言葉による図解ということで「コメントなし原文」が二百ほど付いて――一九五三年末に刊行された（叢書第三十五巻の二）。この年、マリタンはボーリンゲンの三年奨学生に選ばれて道徳哲学の論文執筆に掛る。これは一九六〇年、パリで刊行された。

メロン講義の試行期間とみられていた最初の五年間、マリタン以外の講義はケネス・クラークで本は『ザ・ヌード――裸体芸術論・理想的形態の研究』、ハーバート・リードの『彫刻芸術』、エティエンヌ・ジルソン『絵画と現実』、そしてE・H・ゴンブリッチの『芸術とイリュージョン』〔邦題『芸術と幻影』〕である。一九五六年、続く五年ないし十年を目途に講義プログラムが更新され、現在なお、資金はアンドリュー・W・メロン財団から、出版はプリンストン大学出版局からという形のまま続いている。

A・W・メロン講義からの出版物はボーリンゲン叢書の名を一段と高からしめたわけだが、もろボーリンゲンとは言えない。知的には国立美術館がつくりだしたものだったし、財務の面では協力的な幾つかの基金がこれを支えていた。それはそうだが、編集、意匠、制作の結晶と言うべき本自体はまぎれもなくボーリンゲンのものだった。ケアンズもメロンも叩き上げボーリンゲンだったが、二人の見解は国立美術館役員のそれとして、美術館長と同じ意見として出てきた――デイヴィッド・フィンレーの次はジョン・ウォーカーが、一九六九年以降はカーター・ブラウンといった美術館長たちが講義者選出をするならいになった。引退までケアンズが大きな力を揮《ふる》ったには違いないとしても、である。

この講義本で、著者がメロン講義者に決まる前に本として出されることが決まっていた唯一例外的なケースが『ブレイクと伝統』である。一九六二年、キャスリーン・レインの講義が本になった。爾余のものについては多くはもしメロン講義になってなければボーリンゲン叢書に入っていたかどうか、怪しい。ジークフリート・ギーディオンの『永遠の現在』（先史美術と古代建築を論じた二巻本）、アンソニー・ブラントの『ニコラ・プッサン』（十七世紀古典主義画家についての資料集成）などの傑作はそれとしてボーリンゲンの目を惹いたかもしれないが、いずれももしA・W・メロン・シリーズに入っていなければ著者なじみのいつもの出版社の方に行っていたかもしれない。講義本で専門家から見て（そして読書市場でも）一番成功したのは今なおずっとゴンブリッチの『芸術とイリュージョン』で、アメリカのマーケットで布装本が一万七千部、紙装本が五万五千部出ている。これに次ぐのがクラークの『ザ・ヌード』で布装一万四千部、（アンカー・ブックス版ペイパーバック本は入れないで計算しても）紙装本で一万六千部がアメリカ国内で捌《は》けた。ゴンブリッチの本はボーリンゲン叢書を大いに有名にした本だが、その精神分析学的（とはつまりフロイト的）な論述からして、もしメロン講義に入れられてなかったら、ボーリンゲンの関心は特段惹《ひ》かなかったのかもしれない。ボーリンゲン叢書で出発した本の中で一番影響力のあったものが（翻訳ものを考えに入れなければ）『芸術とイリュージョン』であり、ある大きな読者集団にとっては一番重要な一著でもあり得ただろう。しかしもうひとつ別の読者集団、ユング、キャンベル、そして『易経』いのちの読者にとってはゴンブリッチなどまずまったくの関心外のはずである。

　ボーリンゲンの編集者、装本家からすればメロン講義本はどれもが独自かつ興味尽きぬ相手だった。時には創造的な改革もあった。ギーディオンの『永遠の現在』とかブラントの二巻本『プッサン』とか（ブックケースの中では二冊同仕様に見えながら一冊は下から上に、もう一冊は左から右に、めくる）、常より以上に絵と文の併置に神経を使うノーム・ガボの『さまざまなアート』とか、である。一九六〇年刊のW・S・ルイスの『ホレス・ウォルポール』は——ルイスのウォルポールもの《ウォルポリアーナ》のコレクションを七十二葉のアートワーク図版に落とし込んだものだが——その時もう盲目になっていた有名なタイポグラファーのカール・パーリントン・ロリンズが装幀した。

一九五四年のメロン講義を頼まれていたオールダス・ハクスレーが眼疾を理由に断ってきたところ、後年喋る予定でいたハーバート・リードがいきなり引き受け穴をあけないですんだが、イングランドで始めた一連のレクチャーが終りを迎えていたところで、もう少しやりたいと思っていた絶妙のタイミングだった。この結果世に出た図版も見事な一冊、『彫刻芸術』はメロン講義本中にも一番好評だったものの一冊である。

とりわけプラトンがハンティントン・ケアンズと妻フローレンス・バトラー二人の知的世界の焦点にあった。フローレンスのこの主題に対する学殖はケアンズのそれに伍していた。ケアンズはプラトンこそは「詩人、思想家、科学者を一人でやっているようなもの、力のかような組み合わせなど空前にして絶後。プラトンを理解するとは蒙《もう》を啓《ひら》かれるということ、我々の生きている世界の性質を知ることに他ならない」と言っている。一九四九年、ケアンズが言いだして、ヨーロッパのプラトン研究を引っぱるパウル・フリードレンダーがボーリンゲン奨学金をもらって、さらに研究が進められることに決まった。フリードレンダーは一八八二年、ベルリン生まれだが、一九三五年、ナチ政権によってハレ大学の教授職を追われた。何年も危ない目に遭いながら、一九三九年渡米。ジョンズ・ホプキンズ大学の招聘ということだったが、そこでケアンズと相まみえる。後にカリフォルニア大学ロサンジェルス校で教える。安月給のまま辞職。ボーリンゲンの構想あって、一九二〇年代にドイツ語で公刊していたプラトンの重要研究書を新版として出す作業に入る。フリードレンダーの『プラトン』はボーリンゲン叢書第五十九巻、全三冊（一九五八年、一九六四年、一九六九年）。英訳したのは古典哲学、近代哲学の高名な学者、ハンス・マイヤーホフ。第一巻プラトン序説にはフリードレンダーの希望で、ケアンズが『ハーヴァード・ロウ・レヴュー』に発表していた法律家プラトン論がひとつの章として再録されている。フリードレンダーはその『プラトン』の改訂版の仕事を死ぬまで続けた。一九六八年没。享年八十五。

ケアンズとバレットの間には一九五七年のあいだずっと、薄い紙に読みやすく印刷された、他に例を見ないただ一巻本のプラトン全集という構想があたためられていった。ザウアーランダーとデザイナーのアンダー・ブラウンで見本をつくった。ケアンズはまず、これも亡命の古典語学者で、当時ハーヴァード大学で教えていた『パイデイア』のヴェルナー・イェーガーに狙いをつけて、プラトン対話篇のそれぞれ最良の英語訳を選定した上、序文を付してはくれまいかと依頼した。が、イェーガーは高齢——六十九歳！——を理由に断ってきた。ケアンズ、負けてはいない。次に当ったのはイーディス・ハミルトンで、九十歳！　古典語学者などまずそういうものだが、山とあるプラトンの英語訳など相手にしたことがイーディス・ハミルトンにだって、ない。だけど面白そうと彼女は乗り気になってくれた。ケアンズは彼女と組むことにして、プロジェクトは一九五七年十二月、女史がギリシアから戻ってきたところから動き始めた。ギリシア国王から福利黄金十字勲章を賜って、アテネ名誉市民になる旅、その訳《やく》で『プロメテウス』がアクロポリスの隣の古代劇場で演ぜられる栄誉の旅から帰ってきたところで、出合った。イーディスは一九五八年一年をかけて全近代語訳プラトンに目を通し、ケアンズに意見を求めながら一番気に入りの英訳を選び終った。復刻許可が仲々とれないケースもあって、ハーヴァードのロウブ古典文庫理事会、オックスフォードのベンジャミン・ジョウエット訳業理事会、そして英国のペンギン・ブックスなどなど、仲々進捗《はか》のいかぬ交渉の連続だった。結局、基金は二十八篇の対話、プラトンのものと擬される書簡類の英訳作を復刻する許可を手中にするのにおよそ五千ドルを支払った。本そのものは一九六一年十月、ボーリンゲン叢書第七十一巻として刊行、価格七ドル五十セント。各対話にイーディス・ハミルトンの序が入り、一巻全体の序はケアンズが書いた。プラトン原文の約六百ページの半分を『法律篇』が占めたが、これは普通の「著作集」企画では落とされる一篇である。加えて、エドワード・J・フォイ作成の百三十ページになんなんとする索引がついて、ばらばらの訳者が使う哲学用語に読者が戸惑わないようにしていた。『対話篇集成』は毎年八千部の安定した売り上げで、一九八二年半ばまでの売り上げ総計は十五万部に近付いている。なにしろこの二十年のこと、定価が倍になっているのはいたしかたない。

古典学の学殖を育てようとケアンズ、バレットが二人して抱いていた関心を通して、ボーリンゲン基金は一九五四年から十年間、ジュネーヴ郊外ヴァンドゥーヴルの地にあった古典古代研究ハルト基金（Fondation Hardt pour l'Etude de l'Antiquité Classique）のもろもろの出版企画を援助した。この基金の創立者、クルト・フォン・ハルト男爵は平和主義を奉じて学問を愛する土地貴族《ユンカー》だが、彼をバレットに紹介したのはクルト・ヴォルフだった。オリヴィエ・ルヴェルダンの率いるハルト基金という研究センターには国際的な古典研究者が招かれて、有名な書庫を使って各個の研究を進めるのも良し、恒例の年次シンポジウムに参加するも良し、である。このシンポ、一寸エラノス会議《ターグンク》に似ぬでもないが、発想源はまるで違う。その年鑑、『古典古代会議』はシンポを活字にしたもので、十年間ボーリンゲンに助けてもらう間（これは総額一万七千ドル）に集中的に扱った主題は、カトゥルスからオウィディウスにいたるラテン詩へのギリシアの影響、プロティノスの取材源、そしてヘシオドスとその影響など。一九六〇年、ケアンズは似たような制度をアメリカに創立するのに中心的役割を果たす。ハーヴァード大学理事会の傘下にワシントンDCにたちあげられたヘレニズム研究センターである。元々ボーリンゲンの予定表《アジェンダ》にあったこのセンターはついにはオールド・ドミニオン基金がハーヴァードに寄付した五百万ドルからの拠金と、トラクストン・ビール夫人が遺贈してくれたダンバートン・オークス近傍の数エーカーに及ぶ土地のお蔭で体《てい》を成したのである。一九五〇年代初めずっとケアンズはメロンおよびボーリンゲンの名代《みようだい》ということでヨーロッパ中を旅し、アメリカでの古典語教育を再活性化する方途を有名な学識経験者たちと話し合った。ケアンズ、エイブラム・フレクスナーその他、相談相手の多くがセンター創建へのメロンの決心に影響を与えた。センターは現在バーナード・M・W・ノックスが切り回している。基金はこれまたケアンズの導きで、ギリシア語、ラテン語の演劇他の文学の研究、翻訳をする人間に数え切れないほど幾多の奨学金を供与した。ロバート・フィッツジェラルドの『イーリアス』訳などその一例である。

ケアンズは『芸術の限界』で多くの項目をダンテの卓越の証言のために割いたが、『天堂篇』幕切れの詩行に対するT・S・エリオットの満腔の絶讃——「凡《およ》そ詩がかつて到達し得た、到達し得べき絶巓《ぜってん》」——がその頂点である。さらに言うなら、ダンテ至上なりとはボーリンゲン叢書のいろいろな巻で、まずユングその人が（彼にとってアニマ観念は「『神曲』以上にこれを美しく、かつ完璧に表現しているものはない」のだった）、コールリッジが、マリタンが、クルティウスが論じているし、ボーリンゲンに支援を受けた『ミメーシス』でもアウエルバッハが触れている。ケアンズの意向もあって奨学金は一九五二年、ダンテのシンボリズムを背景に現代の詩的想像力を論じた研究を讃えてアレン・テートに、そして一九五五年には『神曲』の演劇的構造を論じた本、『幻視の梯子《はしご》』についてアーマ・ブランダイスに供与されている。

早くも一九四七年にケアンズはチャールズ・S・シングルトンの『ダンテ「新生」論』を叢書に入れたいと考えていた（現実にはハーヴァード大学出版局に行ってしまった）。シングルトンは聴く耳を持つ人間と相手を認めた故、一九五七年十二月にケアンズに、一九六五年に来るダンテ生誕七百年祭を祝う野心的な企画があるともちかけたのである。『神曲』を三巻本で、イタリア語原詩に注釈を付して出す。シングルトンが十年以上あたためてきていた大企画だった。調査助手を三年雇いたいのでボーリンゲンの助けが借りたかった。一週後、シングルトンが補足ありと言ってくる。ドキュメント、イラストレーション、ひょっとしたら散文訳の稿を入れる第四巻を、というのである。ケアンズはニューヨークに行き、バレットの前に記念碑的と言うべきシングルトンの『神曲』出版構想を展《ひろ》げてみせた。一九五八年初め、シングルトンは三年間、毎年四千五百ドルの奨学金を供与されることになった。こうして大事業は始まった。一九五九年四月に署名発効したボーリンゲンの出版契約書を見ると脱稿の締め切り限度は一九六二年五月ということになっている。

あと五年で七百年祭という一九六〇年になって基金は、オックスフォードから一八九八年に刊行されてからずっと改訂されていなかったパジェット・トインビーの労作、『ダンテ事典』の新版をシングルトンが準備することを認めた。同じ学殖が『神曲』、『事典』双方の注解に入っていくことになるので基金は両方にまたがる作業について編集コストを計上している。

一九六五年という記念の年に『神曲』と、そして『ダンテ事典』を刊行するというシングルトンの宿願は果たされなかったが、本国イタリアでの記念行事に参加することはできた。一九六五年四月二十日、フィレンツェで挙行された学者たちの行進の先頭を歩いたし、フィレンツェ市庁は彼にダンテ金賞を与えた――それまで授賞は三回。一回目がT・S・エリオットの受賞――その上、イタリア政府がイタリア人以外の人物に授ける最高の栄誉賞であるコンメンダトーリ勲章も与えられた。アレクシ・レジェ［サン＝ジョン・ペルス］がダンテ七百年祭国際会議の開会演説を行っている。レジェはこの誘いをフランスの公式代表としてでも、ダンテ専門家としてでもなく、一詩人として国際的な詩人共同体に語りかけるということで受けた。この演説はかねて予告の通り活字になり、ロバート・フィッツジェラルドが英訳してボーリンゲン叢書第八十六巻として刊行された（一九六六年）。

チャールズ・サウスウォード・シングルトンは一九〇九年にオクラホマのさる農園に生まれ、西部の幾つもの小さな町で育った。一族で大学進学した初めての人間で、しかも自力で頑張った。ジャーナリズム希望でコロンビアのミズーリ大学に入ったのだが、学科の登録ミスがあって気付くと希望のスペイン語はとれず、イタリア語クラスになっていた。結局シングルトンはイタリア語でやってみようと決意した。カリフォルニア大学バークレー校の大学院生だった頃、フィレンツェに交換留学生として赴いたが、そこでオレゴンから来ていたユーラ・デュークと会って結婚する（ユーラの姉が一年前、ジャクソン・マシューズと結婚していたマーシールである）。博士論文（バークレー。一九三六年）としてルネサンスのカーニヴァル歌について書いた。一九三七年にはジョンズ・ホプキンズ大学准教授となり、十一年後には教授で学部長になった。その後、ハーヴァードで九年間、ロングフェロー、ローウェル、ノートンの跡を襲ってイタリア科の科長をつとめつつ、彼の名を一躍有名にしたダンテ研究を公けにし、『デカメロン』新版を公刊した。一九五七年にはホプキンズに復帰し、ボルチモア西部、ニューウィンザーの農園・葡萄園に落ちついている。

『神曲』出版プロジェクトは蓋をあけてみると、編集ということから見てボーリンゲン叢書中最も複雑、最も困難を極めた企画であると知れてくる。編集経費は軽く十万ドルを越えた。研究調査、訳注入れのための取材源翻訳、図式だの地図だのの準備、校訂、原稿整理、校正に雇われた助手たちがボルチモア、ロンドン、ニューヨークで汗を流した。その一方、（自身もイタリア語の翻訳者だった）ウォラス・ブロックウェイが作業の統括をしていたのに、方法をめぐる意見の違いに怒って手を引くということもあった。ロンドンではデイヴィッド・ポールとA・S・B・グローヴァーが二人ながら雇われてゲラ読みをした。『地獄篇』原詩や訳、注解と一緒におさまる最初の二巻が、一九七〇年、編集作業が全てプリンストン側に移されてから三年後（オックスフォードからトインビーとシングルトンの『ダンテ事典』が出て二年後）刊行された。『煉獄篇』が一九七三年、そして『天堂篇』が一九七五年、それぞれ刊行された。第七巻も約束されて、余論、エッセーの類が入るとされた。シングルトンによる『神曲』散文訳はイタリア語原詩と左右対照ページに並び、注釈や付記は（もう一巻別におさめられて）邪魔にならない。これは目利き筋からも好評で、特にウラジーミル・ナボコフの褒め言葉は有名。「文字通りの忠実訳の光明が長年に亘《わた》る細々《こまごま》しい言い換え作業にとって代るのを見て快哉《かいさい》を叫びたい！」というのである。

企画出発時にシングルトンはドキュメントとイラストレーション専用の一巻を考えており、一九五八年に基金は彼が国を出てヨーロッパの図書館巡りをして草稿類を調べ、写真撮影をしてくることを認めた。出版の輪郭が見えてくるにつれて、シングルトンは美術史家との協働が必要と考えるようになり、基金は一九六二年にニューヨーク大学美術研究所のハリー・ボーバーを適任として指名した。ボーバーはすぐに、トロント大学のピーター・ブリーガーが『神曲』初期草稿挿画の似たような研究に着手しており、既に英独仏で写本類を検討済みで、解題付き目録《カタログ・レゾネ》制作さえ始めていることを知らせてきた。ブリーガーがボーバーと入れ換り、シングルトンも顧問役に、イメジャリーに係わる一章のみ書くという役に退き、プリンストン高等研究所にいてイタリア美術の泰斗として通ったミラード・メイスがブリーガーと組むお相手に決まった。「カナダとアメリカの学識がしたダンテ生誕七百年祭への協働貢献、一九六五年」として『神曲挿画入り手稿』は一九六九年、刊行された。なるほど刊記《インプリント》はプリンストンではあるが、基金のニューヨークのスタッフがいかにもボーリンゲン流でやったバート・クラークの装本もさすがだという感じの、ボーリンゲン叢書最後の一冊とも言える。序文に曰く、「ヴォルフガング・ザウアーランダーが二十年以上もの間、ボーリンゲンの出版企画の中にも際立《きわだ》った細かい気遣いと趣味を以て、全工程を監督した」。一巻には『神曲』の十四、十五世紀の手稿五十四点から選びだされた約千百葉のミニチュア画（うち彩色もの四十葉）がおさめられた。もう一巻には三人の学者の論と、ブリーガーの全手稿カタログにメイスが評注を付したものがおさめられた。五十四点の手稿のうち三点がヴァチカンの教皇庁図書館蔵のもの、これらの羊皮紙ページからとられた無数の彩色挿画《イリユミナチオ》がこのボーリンゲン本の中に復刻されている。読者諸覧、御記憶だろうか、オルガ・フレーベ＝カプテインが一九三八年秋、ヴァチカンを訪れた折り、メアリー・メロンに『神曲』の彩色挿画入り手稿の写真を注文してくれと頼まれたことを。メアリーの写真は散佚したが、それらが写していた挿画がボーリンゲン叢書第八十一巻におさまっているのだと思えばよい。

一九四八年四月にハーバート・リードがジョンズ・ホプキンズ大学批評シンポジウムで講演した時、彼が選んだテーマが「批評家コールリッジ」だったが、それから三年後、キャスリーン・コバーンを紹介することによってボーリンゲンのプログラムにサミュエル・テイラー・コールリッジを持ちこんだのもハーバート・リードであった。キャスリーン・コバーンは一九〇五年にオンタリオのメソジスト派牧師の大家族に生まれた。トロント大学ヴィクトリア・カレッジを出ると、奨学金を得て一九三〇年にオックスフォードに入るが、既にコールリッジ研究に没頭していた。偶然紹介してもらうことになって第三代コールリッジ卿で当時家長だったジェフリー・デュークにデヴォンの一族の屋敷で会っている。この屋敷には大詩人のとったノートブックその他の記録《メモラビリア》に価するものの厖大コレクションがあった。コールリッジ卿は気難しく、学者だからと言って大事にはせず、学者がコレクションに近付くことをずっと許さなかったが、この若いカナダ人を大いに気に入って、自由な出入りを許したのだった。コバーンは他のコールリッジ家の人々とも知己となり、一九三三年にはサリー州レザーヘッドにあった詩人の曾孫《ひまご》の牧師、G・H・B・コールリッジの家の食器棚の後に、行方不明で未刊行だったS・T・C〔S・T・コールリッジ〕の一八一八年――一八一九年の『哲学的講義』草稿を発見したりしている。コールリッジ牧師も何冊かのノートブックを所蔵していたが、一九三六年にコバーンは牧師、そしてそのデヴォンシャーの従兄たるコールリッジ卿の許可を得て、カーネギー基金にもらった奨学金をもとにノートブックを写真撮影した。焼きつけたプリントのひとつは大英博物館の、もうひとつがコバーンの所蔵となった。

トロントではコバーンが何年にも亘《わた》る粒々辛苦の日々を過ごす――コールリッジの癖の強い手書き行文を転写するのである。一七九四年から、ということは二十二歳の時から一八三四年の死の直前まで、コールリッジは約七十冊のノートブックを使った。備忘録でもないし、日記でもない。両方を兼ねたようなもので、百万語以上使って、文学、神学、哲学、科学、社会学、心理学に渉《わた》るもろもろを、逸話《アネクドート》を、仕事の計画もしくは断片、同時代の人間や事件をめぐる感想を、旅のことを、その他もろもろを速筆で書きつけている。ノートブックは学者たちの手には届かず、大部分は未公刊のままだった。コールリッジによる記載内容は解読され、転写されなければならぬばかりではなく、まず時系列に並べなければならなかった。コールリッジはアット・ランダムに本を用いたし、同じページ上につながっている記事同士、実は全然別の時に綴られたものだったり、平気なのだ。これらノートブックはコールリッジの内面的伝記を考える上でも大変重要な力になる。後年、コバーンもこう書いている。「コールリッジの深大な影響というものが理解されるほどに……彼の精神を理解することがいかに大事かと判ってきた。コールリッジの作品は彼の時代には十分わかられていなかったはずの妥当性を我々に対して持つにいたった。……想像力理論に対する関心は今や即、コールリッジへの関心と同義になっている」。

戦中戦後を通じてキャスリーン・コバーンはこれらのノートブックの転写を続ける一方で、『哲学的講義』の編集をし、これが一九四九年出版されたが、その同じ年に『探究精神』という題のコールリッジ思想のアンソロジーを完成させている。当時ラウトレッジ&キーガン・ポール社の原稿読み役だったジェフリー・グリグソンを介してコバーンは『探究精神』の出版をラウトレッジと契約したが、これには『ノートブック』に対するオプションも含まれていた。パンセオン社がこのアンソロジーの印刷シートを輸入、こうしてそれは一九五一年春、ロンドンとニューヨークで刊行された。その年はコバーンにとって決定的な年である。七月、ロンドンの『タイムズ』が、大英博物館がコールリッジ卿の持つ五十五冊のノートブックや他の手稿のコレクション、詩人の書庫からの書籍二百冊を購入したと報じた。それらの多くにはコールリッジのメモラビリアが含まれていた。何年もの間、コバーンはコレクションをピルグリム・トラストが買うように裏で段取りをつけてきていたが、トラストがそれを大英博物館に譲った。しかし全ては表向き委員会がやったことになっていて、コバーンの名は表《おもて》には現われない。一年後、今度は故G・H・B・コールリッジ師の、他のノートブックを一ダース含むコレクションの売買にも介在した。これらの購入を大英博物館は断ったが、カナダ人の奇特家がいて、結局コレクションはトロントのヴィクトリア・カレッジにおさまった。

その夏、ラウトレッジ&キーガン・ポール社社主のハーバート・リードがコバーンに、食事でもしながら『ノートブック』に係わる彼女との契約のことで話をしないかと誘いをかけている。二人のコールリッジ狂は即打ちとけ合った。リードは『ノートブック』の編集と刊行は商業出版社がやるのは、不可能とは言わないまでも経費の点で難しいと言った後、企画をボーリンゲン基金に移すのを許してはくれまいかと提案し、基金のありようと目的をコバーンに説明した。翌週、アスコーナのエラノス会議《ターグンク》でリードはバレットとヴォーン・ギルモアに見通しを伝えた。秋になると彼らはコバーンにどういう計画でいるのかの説明を求めている。「お金の行き詰りを心配することがなくなれば仕事は大いにはかどるでしょう」と、コバーンはトロントから書き送る。「編集作業に報酬は望んでおりません。……ただ仕事の方で入ってくるものはそれだけのお金ですし、必要なお金を個人として負担し続けることは私にはできないということです」。十二月にはコバーンがニューヨークに赴いてバレットとギルモアと最初の会合を持つと、一九五二年二月、基金は『ノートブック』刊行に必要な経済的援助を最後まで編集の細かい点をつめ、そして四月、基金は『ノートブック』刊行に必要な経済的援助を最後まで通すということに正式に同意する。手はじめは年間五千ドルの予算で秘書、タイプ打ち、索引づくり、調査、そして必要な旅費に使われる。「もはや荷馬車ではないのだった。ボーリンゲンが一切をロールスロイスの上にのせたのだ」とキャスリーン・コバーンは言っている。

リードはコバーンの意図を基金側に説明するに際して、コールリッジの宗教、シンボリズム、そして心理学への関心を強調した方が良いとコバーンに助言している。しかし実際にはコバーン自身、リードに出会う以前、ボーリンゲンのことを耳にする以前に、『探究精神』の序文にこう記していたのだ。「コールリッジはユングの集合無意識の理論の裡《うち》に、それまで自分の内面に時にぼんやり混沌としてありながら、ただ単に原始的という以上の何かと言うべきあれこれの観念が認められるのは何故、とか思ったのではあるまいか」、と。こうも書いている。「彼の意識論において……下意識……無意識についての論において、フロイト心理学の夜明けをフロイトより先に見たのではなかったか」、と。コバーンには特段ユング的見解に思い入れはない。だからボーリンゲンで本を出そうという以上、ユング派の分析を経験しているのかと尋ねられてびっくりしている。基金はそこまで義務にうるさくないというのがコバーンの答だった。

『ノートブック』の出版（叢書番号は切り良く第五十巻）予定では五巻各巻二冊で、一冊はテキスト原文、もう一冊に注という形になるとされていた。第一巻は一七九四年から一八〇四年という時期をカヴァーしていたが、一九五七年に刊行された。改めてコールリッジの関心の広さに驚かされる――詩論、政治記事、企画、湖沼地帯への探険旅行、ドイツ旅行、そして言語学研究。ボーリンゲンの配慮で、毎夏大英博物館で働いてくれるロビン・オールストンのような研究助手を雇えたし、コバーンの学界人脈を使って他の学者たちとの意見交換もできた。古典研究ではジョージ・ウェイリーと、ドイツ語ではエリザベス・メアリー・ウィルキンソンと、科学および湖沼地帯の地誌についてはA・P・ロシターと、神学関連ならマートン・クリステンセンと（クリステンセンは『ノートブック』最終巻の共編者になってもらいさえした）。彼女の研究に必要で、フルタイムの教育業務が許してくれる限りの旅行の費用も基金がもってくれた。こうしてアメリカ、イギリス、アイルランドの図書館蔵のあらゆるコールリッジ手稿、注釈本を点検することができ、一九五四年から翌年にかけては、コールリッジが回ったマルタ、シチリア、イタリアをそっくり巡り直した。その内容が一八〇四年から一八〇八年を扱った第二巻となり、一九六一年に刊行。一八〇八年から一八一九年を対象とした第三巻は、一九七三年、ボーリンゲン叢書がプリンストンに移管された後での刊行となった。文学、ジャーナリズム、哲学に渉《わた》る大活躍が窺え、ワーズワースとの友情の決裂の様子がわかるし、コールリッジの阿片耽溺の一番深刻だった状況も見える。第三巻の序文でコバーンはこう書いている。「ボーリンゲン基金は今やアラビア人のようにテントをたたむと静かに姿を消していったが、今なおコールリッジの『ノートブック』と『著作集』の基盤たるを止めてはいない。それにしてもここでどうしても言っておかねばならないのは、この仕事に深く係わっただれしもの知る通り、ジョン・D・バレット、ヴォーン・ギルモア両氏が企画に与えた雅びな指導と自信の感覚なくては、企画が維持しようと努めてきたような基準をひとりでつくりだすことなど、絶対にできなかっただろうということである」。
コールリッジの述作の著作集をという構想もコバーンが長くあたためてきたものだったが、一九五六年、ロンドンの出版者のルーパート・ハート＝デイヴィスと話し合いが続く中で緒についた。二十五巻くらいでどうかという計画ができ、ボーリンゲン基金の諒承も得られ、一九六〇年七月一日の『タイムズ文芸付録』に共同出版の旨、広告が出された。イギリス、アメリカ、オーストラリア、カナダのコールリッジ研究者たちが編集主幹キャスリーン・コバーンの下に結集する。ハート＝デイヴィスとコバーンはボーリンゲンが原稿整理役として、やがて副編集長としてバート・ウィナーを指名するように働きかけた。ウィナーは一九一八年にノーフォークで生まれ、ヴァージニア大学を出た経験豊かな出版編集者だったが、ボーリンゲン叢書との付合いは一九四四年以来と早い。ルージュモンの『悪魔の分け前』の翻訳者候補の一人だったのである。後年、ボーリンゲン叢書の幾つかの難物（有名なのはナボコフ訳『オネーギン』）を扱うフリーランスの編集者として係わり、『ノートブック』の原稿整理の仕事にも携わった。『コールリッジ著作集』の副編集長ということで一年を、ニューヨークとロンドンで半分半分に過ごした。ブロックウェイに似て異様に幅広い知識の持ち主であったし、技術のほど、自信のほどは大したものだった。

　自分の会社を英国のさる複合企業に買収されてルーパート・ハート＝デイヴィスが出版から手を引くと、『コールリッジ著作集』の共同出版を引き継いだのはラウトレッジ＆キーガン・ポール社だった（著作集は元々は「サスケハナ版《エディション》」の名で呼ばれる予定だったが、ペンシルヴァニアのサスケハナ川流域に共同体を創設しようとした若きコールリッジのユートピア構想に因《ちな》んだ名である）。一九六九年に出版にこぎつけた最初の巻は『友情』で、コールリッジが初め雑誌に掲載していたエッセーを二巻本にしたものである。編集は当時香港大学で教えていたカナダの学者、バーバラ・E・ルークである。一九八二年の現時点で十二巻が刊行、他は刊行準備中である。『コールリッジ著作集』全巻刊行の目標は一九八五年ということになっている。

一九五一年春、ボーリンゲン事務所は「ブレイクの神的人間性」なる持ち込み原稿を受け取った。キャスリーン・レインという、ボーリンゲンの誰もが知らない人物がウィリアム・ブレイクの予言詩のシンボリズムをユング的に解釈した原稿だった。ブロックウェイが目を通し、「えらくまとも」と感じる半面、「ユングが多過ぎて叢書のバランスが悪くなりつつある」というので、彼の答は否だった。それで一件落着、のはずだった。

しかし、随分前から詩人として、翻訳家として、批評家としてキャスリーン・レインのことを知り、彼女の最近のユング心理学への探究行を共感を以て眺めてきていたハーバート・リードが、ブロックウェイの拒否を口惜しがった。リードはレインが一九五二年、ニューヨークへ詩の朗読会のため出掛ける折りを利用して彼女をバレットに会わせるよう段取りし、またI・A・リチャーズ、ジョン・ヘイワード、ナンシー・ウィルソン・ロスと組んで、彼女が原稿を書き直すことができるようボーリンゲン奨学金に出した申請書を支持した。血の半分がイングランド、半分がスコットランドという女流詩人は戦時中にブレイク研究を始めていて、ブレイクの思想とユングのそれがいかに通底し合うかが狙いの研究に入り込んでいた。彼女のユング熱は一九三〇年代初めのケンブリッジ大学時代、『黄金の華の秘密』を読んだ時、火が点《つ》いた。後にレインは「ミサ遵守」運動を支持し、時々ケンブリッジで教え、詩や書評を書き、翻訳した。目立つところでは、ルージュモンの『悪魔の分け前』の英国版の翻訳があり、訳書のタイトルを『悪魔のことを語れ』といった。

ボーリンゲン奨学金のお蔭でレインは時間の大半をブレイクの取材源の探究に費やせるようになっ

た。これまたブレイク研究家のルスヴェン・トッドが自分を先例とするように、ブレイクの読んだものを読むようにと助言する。こうしてレインは寧日、大英博物館ノース・ライブラリーで「机に奇態な書を山積みして過ごす。一旦そう思って眺めると四囲の全てが手掛りだった。ヘルメス・トリスメギストゥス、英国人異教徒トマス・テイラーの述作・翻訳書、カルカッタ・ベンガル協会『紀要』、パラケルスス、フラッド、アグリッパ、オウィディウス『変身物語』、スウェーデンボルグ、ダンテ、カバラ、錬金術」――そしてとりわけてもプラトンとネオプラトニストたち、というわけである。ブレイクはユングと同じ素材を利用し始めていたのだということをレインは理解した。西洋の秘教《エソテリシズム》の伝統、「永遠ノ哲学（*philosophia perennis*）」であって、その中でブレイクもユングも、コールリッジが「精神の事実（facts of mind）」と呼んだものをひたすらに追求していたのだということを（この時ノース・ライブラリーの別の机で、これまたボーリンゲンの恩を着ながらに仕事をしていたのが即ちキャスリーン・コバーンということになる）。

修正稿――それはもはや本質的にはユング的ではなかった――は一九五八年に完成すると、リードに送られた。いくら三十万語が二十五万語に減ったと言ってはみても、数百点の図版の入った本が大胆な企画であることに変りはない。リードはボーリンゲン基金に協同出版を検討してくれるように求める。原稿はニューヨークに送り戻された。長く音沙汰なし。バレットはおもむろにレインに手紙を書き、ロンドンに行くが会えるかと尋ねる。レインは遠回しに断られるのだろうと感じた。が、バレットはナショナル・ギャラリーを代表して、一九六二年のメロン講義に彼女の本の内容について話すのはどうかと誘ってきた。「先へ進む勇気をいただけるものですね」と、レインはリードに書き送っている、「やってみたことが、尊敬するひと握りの御方たちに評価していただけますと。こんなに長い間貧乏して不安定な暮しをして参りましたが今やっと、未来に少しは自信が持てたような気がいたします」、と。

キャスリーン・レインは本にする原稿の中からひと揃いのレクチャーを抽《ひ》き出す仕事に掛ることになった。フィリップ・シェラードが自分のギリシアの家を使ってはどうかと言ってくれ、レインは千ページ大の本を百ページそこそこに圧縮しおおせた。一九六二年、レインはメロン講義で喋り、ワシントンの人間と大いに旧交を温めもした。そうした知己の一人が、ハーバート・リードがロンドンに創設した研究所をモデルにして現代美術研究所(ICA)を設立していたロバート・リッチマンだった。一九五〇年代、一九六〇年代を通してワシントンの現代美術研究所は、ボーリンゲンゆかりの人々あまたの講演だの朗読会だのの後援をした――レイン、リード、エリオット、マリアン・ムア、サン゠ジョン・ペルス、マシューズ、スペンダー、オーデン、マリタン、エリアーデ、ガボ、ケアンズ、ナボコフ、スズキその他もろもろの、ということである。リッチマンはキャスリーン・レインをアレクシ・レジェに引き合わせたが、レジェは良い忠告をくれる友人になってくれた。後日、レインは彼の詩について重要な論文をものするはずである。レインはハンティントン・ケアンズとはプラトンに対する敬意を共有した。後にケアンズは、レインがプラトニスト、トマス・テイラー(一七五八―一八三五)の研究のために二度目のボーリンゲン奨学金申請をした時に強力推輓をしてくれることになる。レインがアイルランドのスライゴーのイェイツ・サマー・スクールで会っていたアメリカ人学者のジョージ・ミルズ・ハーパーとは、一緒にテイラーの著作や翻訳の選集を編み、これは一九六九年に出版された(叢書第八十八巻)。二人は(というかおそらく、ボーリンゲンの編集者たちにしても)それが叢書出発期にナターシャ・ラムボーヴァが持ちこんでいた企画だったなど知る由もない。

実際、ラムボーヴァ、オルガ・フレーベ゠カプテイン、そしてメアリー・メロンが初期のボーリンゲン・プログラムで育てようとした精神潮流を、「永遠ノ哲学」にどっぷりのキャスリーン・レインがそっくり更新したことになろう。一九六八年、レインはエラノス会議《ターグンク》で講演したが、一九三八年この方、ここで喋るよう導かれた最初の女性がレインである。

レクチャー用に短くしたヴァージョンではなく、レインの元の長い原稿をA・W・メロン講義の本として出版しようということになる。編集準備の工程で、「正統」の学界知〈対〉ボーリンゲンがもっと力を入れてきた異端知の対立が表沙汰になってしまう。基金が意見を求めたさる学者がきつい批判を返してきた。ブレイクに対する文学、哲学のさまざまな影響力をめぐるレインの解釈が否とされた。基金の困惑をよそにレインは彼女の方法と結論に賛同してくれていたブレイク研究の泰斗一統を証人として召喚していったのである。ジェフリー・ケインズ卿、ケリソン・プレストン、アンソニー・ブラント、エドガー・ウィント、モーリス・バウラ、それにC・S・ルイスと並べば、もう何も怖いものなし、彼らの支持にリード、ケアンズの力添えも加わって問題の本は、A・S・B・グローヴァーの助力を得てさらに短くし、再構成した形にはなったが叢書中に残ることと決した。一九六八年に『ブレイクと伝統』は二巻八百ページ、図版二百の堂々たる本として公刊された。危機に遭った頃、レインはリードにこう書いていた。「ボーリンゲンは多分これらの批判者たちにこれほど惑わされてはならなかったのです。だって皆さんが担っている主題や価値を守ろうとしているのがまさしく私の本だったのですから。でももちろん学会の権力は絶大です［し］……彼らの基本的な前提（実証主義）を共有し私の前提（永遠ノ哲学）を憎む世界では私をいともたやすく貶《おとし》めることでしょう」。アカデミックな正統からの侮蔑を感じて生きたボーリンゲンの書き手はキャスリーン・レインばかりではない。キャンベル、マイ＝マイ・シー、ケレーニイ、エリアーデが皆、そう。第一、カール・グスタフ・ユングその人が、ではあるまいか。

レインの影響力は、いつもリードのそれに力を得たものだったが、何人ものボーリンゲン奨学金申請許可に結び付いていった。エリアス・カネッティもそうだ。スペイン系ユダヤ《セファルディー》出身のこの中欧の著述家はチューリヒで育ち、ドイツ語で書いたが、一九三八年以降はロンドンに住んだ――ボーリンゲン奨学金のお蔭で彼は重要作、『群衆と権力』（一九六二）を完成させることができた。カネッティが一九八一年にノーベル文学賞を受賞して俄然話題になった本である。スコットランドの詩人、エドウィン・ミュアもいる――スコットランドの民話詩《バラッド》とそのキリスト教神話、異教神話の中に持つ根の研究は、一九五九年に詩人が没した後、妻のウィラ・ミュアが完成させた。デイヴィッド・ジョーンズがいる。このウェールズの詩人画家の美学理論の大展開はどうだ。フィリップ・シェラードも忘れまい。このアングロ・アイリッシュの詩人にしてギリシア正教会史の歴史家はギリシアに住んで、プラトニズムがビザンティン思想にいかに大きな影響を与えたかを研究した。

スペイン人の――というかバスク人の――哲学者で文学者のミゲル・デ・ウナムーノもまたその著作集企画はハーバート・リードの関心を通してボーリンゲン叢書の仲間に加わることになった。ヴァレリー本の場合と同じで、ユング的観念とか「永遠ノ哲学」とかに何の関連もない。ウナムーノ、オルテガ・イ・ガセット、そしてカモンイスの『ウス・ルジーアダス』といったところは、イベリア半島の世界を何が代表しているかということになるたび果然有望視されるわけである。ウナムーノの場合、閃きはアメリカ人詩人、翻訳家、美術批評家、アンソニー・ケリガンからやってきた。ケリガンはパルマ・デ・マジョルカでかなり綱渡りのフリーランス暮しをしていたが、一九五六年にパンセオン・ブックスに手紙を出して何かやることはないかと質している。答を書いたのは、スペイン内乱前にバルセロナに住み、言語と文学を研究していたことのあるヴォルフガング・ザウアーランダーであった。ケリガンは一九一八年にボストン近傍で生まれたが、少年時代をキューバで過ごし、ハバナ大学で学んだ。フロリダ大学でスペイン語の歴史ものを翻訳したり、シカゴでは詩を書いたり、それからこちらも翻訳家だった妻のエレインと二人、スペインに引き寄せられて行った。ケリガンはピオ・バローハの小説を訳す一方、ウナムーノの訳に手をそめ、ザウアーランダーにも自分はスペインの「九八年の世代」の著述家たちに関心があるということを書き送っている。ザウアーランダーはパンセオンかボーリンゲンか、そういうプロジェクトを組ませて「ウナムーノ読本」を出してはどうかと答えたようだ。むろんケリガンにもそういう本の考えはあったようで、パルマにいたこちらも国外在住の作家エドワード・ダールバーグにそのことを話しており、ケリガンがボーリンゲンから援助がもらえるよう、ダールバーグなりに力を尽くした。それが巧くいかないと、フォード財団の方に働きかけている。ダールバーグは最初こうしてボーリンゲン基金への働きかけに失敗したので、一九二〇年代にロンドンで会って以来の知己だったハーバート・リードを通して話をもっていこうとするはずである。リードはダールバーグのエッセー集に褒めた序文を書いてくれてもいた。

ダールバーグは頭の良い、論争好きな放浪の作家だが、カンザスシティの出。まだコノーヴァー家の人間だったメアリーがサンセット・ヒル・スクールに通っていた頃、同じ町で家畜関係の雑役仕事をしていたことになる。とにかく動いてばかりの人物だったが、一九五七年、ボルンホルム、パリ、マラガと転々としてきていたダールバーグに、リードがアスコーナに行けと言う。リードがダールバーグと妻のローラインをR・F・C・ハルに会わせると、ハルは理解を示した。二、三週もするとハルのユング熱にうんざりしたダールバーグはパルマに移動し、そこで夫妻はケリガン夫妻と出会う。一九五八年八月、リードはエラノス会議で喋るため（講演題目は「平和の花」）アスコーナにやってきたが、ダールバーグとケリガンから手紙が来ていて、ウナムーノの五巻の著作集をケリガンが考えているのを是非、「ボーリンゲンの人々」に仲介してくれないかと書いてあった。

ニューヨークではザウアーランダーが既にバレットとウナムーノの企画で相談し始め、強力に推していたし、エラノスでハーバート・リードも話題にしていたこともあってバレットも関心を持ちだしていた。リードはケリガンに励ましの手紙を書き、ケリガンはリード、ザウアーランダー、そしてスペイン人作家C・J・セラの名を身元保証人としてニューヨーク事務所に話をもち込んだ。しかし調査を引き受けたジャクソン・マシューズはこの企画の組織者がケリガンであることに難色を示した。マシューズは代りにパリの友人マティルド・ポメを提案した。このウナムーノの専門家なら理想的出版の概要を示せるだろう、と。結果、一九五九年夏、バルセロナで個人的休暇中のザウアーランダーはパルマ・デ・マジョルカに飛んで、ケリガンと計画のことで議論し、ケリガンの立場を理解できると、彼をバレットに強力推輓することになる。こうして第一巻について合意ができる。ウナムーノのドン・キホーテ主題のエッセー群をまとめようというのである。ザウアーランダーの熱とは別に基金はそれ以上の進行に重い腰をあげたがらない様子だった。それでも次の夏にはバレットとギルモアがケリガン夫妻にパリで会いたいと誘い、このやりとりからさらに二巻をという契約が生まれた。一九六一年中にハルは家族ぐるみマジョルカに移るし、今はウィル・レルリ夫人になっているヒメーナ・デ・アングロはこの同じ島で避暑の逗留中である。ユングとエジプト企画の編集をしているアン・マガイアーもそこにいた。八月にはバレット、ギルモア、それにリードが会合のためにやって来た。旅する彼らの間でパルマ・デ・マジョルカが第二のアスコーナという按配であった。

それにしてもボーリンゲンの編集者たちはたった一人でやる企画の知恵不足がどうしても心配だった。ユング本、ヴァレリー本の時の経験からしても、何人もの権威者たちとの相談が、それから編集にしろ翻訳にしろ何人もの人間の間で行う仕事の分割はどうやら必須だった。マシューズがポメ夫人に声を掛けると夫人はこの企画のあるべき輪郭を描いてくれた。バレットは何年か前、『ポポル・ヴフ』の企画についていろいろ助言をくれていたオニス夫妻に相談してみることにした。その頃にはコロンビア大学スペイン文学科の名誉教授になっていたフェデリコ・デ・オニスは若い頃、ウナムーノの学生であり友人でもあった人物である。オニスの妻ハリエットはスペイン語、ポルトガル語の翻訳では第一人者だった。一九六二年初め、プエルト・リコに夫妻を訪ねた後、バレットは「利用可能の厖大材料から選集を編める現在唯一人の人物」と高評価の報告を送って、ザウアーランダーに計画進行の決定を促した。今や九巻という話になった企画の編集主幹はオニス以外にないだろう。翻訳は大部分がケリガンの分担で、ハリエット・デ・オニス他何人かの手助けも入る。バレットはこの方針をケリガンにこう伝えている。「貴兄にしても現代最高のスペイン学界人の一人である人物とのこういう関係に御同意下さるものと、この企画の編集主幹以外の役をこの方に振るのも些か違うのではとお思いいただけるものと考えております。なにしろ大きな企画になりましたので、貴君が当初多分お考えになっておられましたより遥かに長い期間のお付合いをお願いいたさねばなりません」。

ウナムーノ企画は今や「ドン・キホーテ」巻、哲学論文、小説、物語、詩、戯曲、自伝的文章、その他のエッセーを含む上に、オニスにとって特に興味深いラテン・アメリカ論の一巻の加わったものになる。リード、バレット、ギルモアとマドリッドでもった話し合いでケリガンは企画の拡大とオニスの役割について諒承の意向を伝えた。ザウアーランダーが仲々巧妙に企画から手を引いた後、翻訳の助言係はヒメーナ・デ・アングロが引き継いだ。ユング本企画の時のアドラーの役割である。編集委員会はオニス、ケリガン、そしてここでも調停役はリード。この委員会には後に、ニューヨークのスペイン語・ポルトガル語科のマーティン・ノージック教授が加わる。教授はヒメーナ・デ・アングロが当時ロカルノに拠点を置いていたヘレンとクルトのヴォルフ夫妻の出版助手に転出した後の仕事を引き継いだ。

一九六六年にフェデリコ・デ・オニスが、すぐオニス未亡人が、そして一九六八年にはリード御大までが相次いで他界すると、責任はノージックとケリガンに掛ってきた。企画も詩の巻を諦め、オニス気に入りの一巻も消えて、七巻と少なくなった。注釈は訳の改稿とともにノージック最大の関心事だったが、彼とケリガン夫妻がサラマンカ大学保存の国定記念建築ウナムーノ館のウナムーノの蔵書と幾夏か取り組むことで俄然豊かになった。注はウナムーノの何ヶ国語にも亘《わた》る（キルケゴールのデンマーク語まで含む）広汎の読書と厖大書簡がフル利用された。第一巻はプリンストン大学出版局の刊記《インプリント》を以て一九六七年に刊行された。『我れらが主ドン・キホーテ』で（叢書第八十五巻の三）、序文はアイルランド人のスペイン研究者ウォルター・スターキーが寄せている。次の巻はウナムーノの傑作、『生の悲劇的感情』で、序文はケリガン（一九七二）。ケリガンは「文学者の中の不正規兵」ダールバーグをこの企画「大元の触媒的存在」として称讃しているし、「ウナムーノ再読」という序論を寄せたのは四十年前の初版に序文を書いた同じサルバドール・デ・マダリアーガである。そして巻末跋文はアメリカ人哲学者ウィリアム・バレットが寄せた。ウナムーノの『キリスト教の苦悶と信仰論』は一九七四年の全米図書賞翻訳部門賞をケリガンにもたらした。受賞式にはケリガンに代って同僚のノージックが出た。その後、二巻の小説集が形になり、さらに二巻が予告されたが、こちらにはウナムーノの最初の小説、『戦争の中の平和』がノージックとアレン・レイシーの編集で入るはずだし、ウナムーノの書簡と日記からも抜粋が入る。

一九六二年秋のことだが、学者の国際的連繫で以てフリードリヒ・ニーチェの新しい著作集がつくられつつあるという話をリードがバレットにしたようだ。基金はこれに自分も参加すべきかどうか真剣に検討したし、ボーリンゲンの三人の中心的翻訳家、ハル、マンハイム、トラスクも三人ともこの展開に魅力を感じていた。ところがこの可能性はそこから先、追求されることはなかった。もうひとつ複雑なプロジェクトがあり、それをめぐる不安の方がもっと気掛りだったからである。

ハーバート・リードだが、一九五〇年代、一九六〇年代を通してリードはいつもボーリンゲン世界に密着していた。毎年八月のエラノス会議《ターグンク》には顔を出し、一九五二年から一九六四年まで、ほとんど毎年、講演する側に回ってもいて、一九六四年の演題は「真昼そして真夜中」と号してオルテガ・イ・ガセットの芸術哲学を講じた。アメリカ合衆国にも実に足しげく足をのばした――一九五一年秋にはプリンストン大学のガウス・セミナーを仕切り、一九五三年から一九五四年にかけてはハーヴァード大学のチャールズ・エリオット・ノートン詩学講座教授、その一九五四年にはA・W・メロン美術講義で喋り、現代美術研究所で喋り、そして一九六〇年代にはウェズレー大学先端研究センターで二つの役職に就くといったまさしく八面六臂の奮迅ぶりだ。一九五八年、リードはケアンズ、ラディン、クラカウアー、マシューズ、キャンベルらと一緒にボーリンゲン基金の顧問グループに加わるように誘われて、死ぬまでこのボーリンゲンの助言役はやめなかった。ユング本、ウナムーノ、コールリッジ企画で編集委員をつとめる一方、一九六五年にはロンドンのポール・メロン英国美術基金の理事になった。そうした年月の間にもユーゴスラヴィア、イスタンブール、モスクワ、中華人民共和国、オーストラリア、ニュージーランド、東南アジア、カイロへ、そして一九六八年初めにはプエルト・リコ、キューバへ、講演旅行は引きもきらない。長い癌との戦いの後、ヨークシャーの家で息を引きとった。一九六八年六月十二日のことである。

メアリー・メロン存命中に考古学（archaeology）はちゃんとボーリンゲン・プログラムの視野にあったのだが、戦争がそちらのフィールドワークをしにくくしてしまっていた。探険隊組織の話もなかったし、メアリーの考古学熱も文字解読の形をとるしかなかった。マックス・ラファエルの新石器時代エジプトの壺器、イーディス・ポラーダの近東域の円筒印章、そしてジェイムズ・ヘンリー・ブレステッドの中絶が無念の『ピラミッド文書』案などがそれだ。戦後、考古学研究計画をボーリンゲンのデザインの中に取り込んだのは――一九二六年に上エジプトをちらり見したのをきっかけにずっと古代への目利き《アマトール》で通ってきた――ジョン・バレットであった。

早くも一九四二年にカール・レーマンはかつてハイデルベルク大学の同僚だったハインリヒ・ツィンマーから、そしてクルト・ヴォルフからメアリー・メロンとボーリンゲンのことを聞かされていた。レーマンは一九四七年十二月初めにバレットに会いに来るが、ギリシアのサモトラケ島での発掘にボーリンゲンの力を借りたいという相談のためだった。レーマンはほとんど何のユング繋がりもなかったが、ニューヨーク分析心理学協会で古典期美術のシンボリズムについて講じた経歴があった。彼のボーリンゲンへの援助申請を助けたのは、サモトラケの古代至聖所の宗教的意味とそれがユング派に持つ可能性を重くみるアーウィン・グッデナフだった。そして一九四八年二月、基金の財務委員会はその最も太っ腹な支援の拠金のひとつを――その年一万二千ドル、続く二年間に年額一万ドルを――ニューヨーク大学考古学研究基金にサモトラケ探険の名目で与えることを決めた。この拠金は一九五一年に年一万五千ドルということで更新されて一九五六年まで続き、総額十一万七千ドルに及んだ。

カール・レーマンは一八九四年、バルチック海の古い港町ロストックに生まれた。ミュンヘンで考古学と美術史を学び始め、第一次大戦中は学んだトルコ語を使ってドイツ海軍のために、コンスタンティノープルのトルコ海軍省で通訳をつとめた。その後はベルリンで（博士号、一九二二年取得）、アテネ、ローマ、ハイデルベルク、そしてミュンスターで大学人、考古学者としてのキャリアを積んでいった。一九三三年三月、ナチスが政権に就くと彼はミュンスターの教職を追われた（彼自身はルター派で受洗していたが、一族の先祖にユダヤ人がいたからだ)。最初の妻や子供たちとドイツを離れ、イタリアで苦しい経験をする。一九三五年、エルヴィン・パノフスキー他の学者たちが推挙してくれて、ニューヨーク大学美術研究所に招かれる。レーマンはアメリカ到着のその日に最初の市民権証書を取得したが、彼がいかにこの新しい国に強い魅力を感じていたかは、一九四七年刊行の『トマス・ジェファーソン——アメリカン・ヒューマニスト』に結実する幾つもの研究をみれば明らかである。レーマンの学術研究の中核は宗教史であり、研究所最初の考古学探険にギリシアのどこかを選ぶというのでレーマンは秘儀宗教の二大中心のひとつ、サモトラケを選んだ。もうひとつの中心たるエレウシスはギリシア本土のアテネ近傍にあったが、もう完全に発掘済みだった。サモトラケはエーゲ海の最北端部、ダーダネルス海峡への海の道の上にある突兀峨々《とっこつがが》たる島で約七十平方マイルの面積を持つ。海抜五千フィートを越して「月の山」とも呼ばれるエーゲ海域一の高峰フェンガリが四囲を睥睨《へいげい》する。北海岸にある「大いなる神々(Megaloi Theoi)の聖域」は先史に起源を持ち、紀元前六世紀には重要なカルトの中心地になっていた。起元四世紀も大分たつ頃にはグレコ=ロマン世界のあらゆる地から巡礼たちが秘儀参入のために同地にやって来た。イニシエイトされた多くの者にはヘロドトスがいたし、アレクサンドロスの父親、マケドニアのフィリッポス二世もいたことが碑銘に明らかである。聖域には壮麗な建物が林立したが、アレクサンドロスの後継者たちの豪気さの賜物である。その全盛期にこの聖域は建築と彫刻の多様多彩なことで有名な無数の重要な構造物、記念建造物を誇っていて、サモトラケの巡礼霊場と秘儀のことは古典古代およびキリスト教初期のあまたの資料に記されている。廃れてしまった後、六世紀の大地震でこの聖域は潰滅した。近傍のパライオポリスの町は小さくなり、消えていったが、今日、問題の聖域がこの名で呼ばれている。

一八六三年、この聖域に初めて調査の手が入った。フランス隊の鴻業で、逸名作者による有翼の勝利女神像、サモトラケのニケー像が発見され、ルーヴルへと送られた。続く何十年間、フランス人、オーストリア人による発掘があっては挫折し、一九二〇年代にもアテネのフランス人学校による簡略な発掘がひとつあるばかりである。一九三七年、レーマンは準備のつもりで島を個人的に訪い、その後、探険を行う目的でニューヨーク大学考古学研究基金を創設している。翌年、基金から個人的に援助を受けて、小さなチームで（院生フィリス・ウィリアムズもその一人。一九四四年にレーマンは彼女と結婚する）サモトラケに戻る。発掘開始、と同時に秘儀の上級への参入儀礼に使われた重要建築物「アナクトロン」が発見された。一九三九年の作業の中で博物館建設が始まった。

戦争の邪魔が入り、島も、発掘も、発見物もブルガリア占領下にまったく動きがとれなくなった。一九四七年、レーマン夫妻は戦争による損傷を点検しに戻り、翌年、ボーリンゲンの拠金で、より大きな考古学者チームが作業を始める。一九四九年の作業の時、フィリス・レーマンが等身大の女身像――これも勝利女神像――の断片がヒエーロン建築のそばに埋められているのを発見した。そういう四つの像が、聖域最大の建造物のひとつで、巡礼たちが秘儀の上級にと入社させられていった建物の四隅に立っていたのであろうか。この像は頭部、そして腕の一部、翼を欠いていたが印象的な像で、今でも当地の博物館に展示されている。同じ頃の作業では、建築家スコパスがフィリッポス二世のために設計した四世紀の異様な大理石建築「プロピュライア」の四壁を巡る踊る乙女たちの雅びなフリーズを浮き彫りに彫った石塊も見つけられている。同様の石塊は既に一八六三年のフランス隊によっても発見され、ルーヴルに送られていたが、一九五五年にサモトラケ博物館に戻されていた。一九五〇年、レーマン夫妻はくだんの有翼勝利女神が立つ大理石の船の船首部が実は水槽中に配された噴水で、テラコッタの導管で水を流していたものであることを発見した。そばに像の右手部分も見つかったが、これについてレーマンはバレットに宛てた手紙の中で「信じ難く力に満ちながら繊細――肉付けはロダンをも楽しましたであろう、生気にも、他方、緊迫感にも満ちている」と記している。この手はルーヴルに運ばれたが、今も有翼勝利女神のかたわらに展示されている。

バレットは一九五二年、初めてサモトラケを訪れて聖域を見、発掘現場を目にした。一九五五年には再訪し、（メトロポリタン美術館の建築家スチュアート・M・ショー設計の）美術館が奉納されるお歴々総出席の式に出席した。その頃、関連のボーリンゲン叢書本刊行のプランが基金の諒承を取りつけていた。最初五巻の予定が後に十二巻、しかも巻によっては二部作になるはずである。一九五六年、基金は聖域最大の建築物ヒエーロンの五本の柱頭と台輪《アーキトレイヴ》からとりだされたひとつの石塊を再建する作業のため、追加の拠金をした。その年、ボーリンゲンは発掘のための経済援助を切り上げたが（他の組織が引き継ぐ）、この出版事業の方は引き続き援助した。第一巻は一九五六年、レーマン夫妻の助手をやっていた大学院生、アイリス・C・ラヴが基金に届けた原稿が形になった『古代文書資料』である（叢書第六十巻の一。一九五八年）。編集と訳はナフタリ・ルイスで、ニューヨークにいて一九三七年の冬をかけてカール・レーマンが第一次サモトラケ探険隊への準備という目的から集成した古文書が基になっていた。さらに三巻分が、スミス・カレッジ教授になっていたフィリス・レーマン総監修の下に一九六〇年代を通して刊行された。フィリス・レーマンは第三巻、『ヒエーロン』の著者でもあるが、この七百ページ、図版百十六点という労作は、北米の学者の著した建築史関連の一番卓越した書物に与えられるアリス・デイヴィス・ヒッチコック賞の一九六九年度受賞作ということになったのだった。

フィリス・レーマンはサモトラケ発掘事業の監督代行を、ジェイムズ・R・マクレディが引き継いでくれる一九六五年までつとめた。未刊行の巻について言えば、最終巻の『大いなる神々の聖域の歴史と宗教』は発掘作業完遂の時点でカール・レーマンが書く予定だった。一九四八年以降、レーマンは都合十二回の発掘をサモトラケで行っている。癌と闘いながら一九六〇年度の発掘に掛っていたが、十二月、スイスで病没。著者がなお決まっていないこの最終巻がもし出ていれば、ユングが深い関心を寄せたに相違ない。ユングは一九一二年の彼の最初の重要な理論書、『リビドーの変容と象徴』でサモトラケのカルトのことに触れ、一九三四年には彼自身の二回目のエラノス講演でも触れ、他の著作にもいろいろ書いている。サモトラケ計画の経過はじっと見守っていたようだが、一九六一年に他界した時、刊行されていたのは古文書と碑銘を扱った巻だけだった。

レーマンが発掘に係わった初期から一九五〇年代半ばくらいまで、サモトラケはおそらくギリシアの島の中で一番孤立して未開発の島だった。なおトルコの面影をとどめる本土のアレクサンドルーポリ港から発動機搭載の軽舟《カイーク》をチャーターして荒天がちの船旅を六時間もすると着く。パライオポリスの大砂利を踏みしめながら徒歩で、あるいは騾馬《ミュール》の背にゆられて聖域に向かう。車はない。考古学者たちはテントか、小村の古い小屋で雨露をしのぐ。今日では毎日フェリーが島のカマリオティサ港に出ており、着くとドイツ語を喋るタクシー運転手が砂利を蹴散らしながらパライオポリスまで運んでくれる。聖域と博物館のそばに小さなホテルがあり、考古学者たち、時たまの観光客たちを泊める。時々、クルーズの船が沖合に投錨すると観光客の一団が博物館と聖域に溢れる。ここで仕事をしてきた大学出の考古学者の一人に地元出身のイオアニス・アカマティスがいるが、若い時分には発掘作業現場で働いた経験がある。

サモトラケ研究プロジェクト関連では他の本もボーリンゲン叢書に入ってきた。この現地であった一九四九年と一九五〇年の幾つかの発見がレーマン夫妻の美術史研究を刺激した。カール・レーマンは建築、彫刻のモティーフとしての船－噴水をサモトラケのニケー像からバロック期ローマまで辿った。フィリス・レーマンは踊る乙女たちのフリーズが十五世紀末イタリアの有名な一幅、アンドレア・マンテーニャ画『パルナスス』に影響を与えていたことを、商人‐人文主義者アンコーナのキリアクス（Cyriacus Anconitanus）が一四四四年にサモトラケを訪れて遺したこのフリーズのスケッチ画を通して明らかにした。二人の研究は長い論文に発展し、これにキリアクスその人のことを研究したフィリス・レーマンの第三番目の論文も一緒になって最後に『サモトラケ研究――古代復興の諸相』なる一巻として公刊された（叢書第九十二巻。一九七三年）。

「疲れ知らずに旅をし、古代世界の碑銘や遺物を集め、解釈」し、ある時期にはコンスタンティノープルの征服者メフメット二世の宮廷への出入りもあったキリアクスの生涯を研究するフィリス・レーマンはいずれミュンヘン大学のフランツ・バービンガーの研究に注目せざるをえない。一九五三年がトルコによる征服から五百年という記念の年ということもあって、バービンガーはこの征服者の生涯と時代の研究書を刊行していたが、その本の中でアンコーナのキリアクスはその複雑な時代の宏大なパノラマ図を背景に異彩を放つ存在に描かれていた。情報交換の手紙がフィリス・レーマンとバービンガーの間を往復した。一九五〇年代末、マサチュセッツのヘイドンヴィルのレーマン夫妻の家を訪れたジョン・バレットはバービンガー本のイタリア語訳を見つけ、たちまち興味を持った。結果は一九六一年のレーマン夫妻他の学者たちに背中を押されての『征服者メフメットとその時代』の出版契約であった。ラルフ・マンハイムが訳を著者自身に、あるいはトルコ史を研究したことのあるヴォルフガング・ザウアーランダーに質《ただ》しながら、続けた。この仕事は一九六五年に完了した。バービンガーのドイツ語原書は学術書としての体裁が不備だったのをボーリンゲン版は注と資料巻を一巻補う予定になった。健康悪化でこの補巻に対するバービンガーの作業は進まぬまま、彼は一九六七年、アルバニアの学会に出席中に帰らぬ人となった。そこで国葬、享年七十六。注や資料をめぐるバービンガーの原稿が見つからないのでプロジェクトは暗礁にのり上げてしまう。一九七二年、ハーヴァードでトルコ史をやっていた若い学者、ウィリアム・C・ヒックマンが問題の本の編集を頼まれ、これがヒックマンによる注付き、完璧に地図や図版を揃えて本になったのが一九七八年（叢書第九十六巻）。十年ほど前にバービンガーとザウアーランダーが考えていた形になっての刊行であった。一巻あげて帝王メフメット二世の治世を扱ったのはこの本だけ。洋の東西に渉《わた》る資料を基に、歴史上の事件や人間ばかりか政治制度、文化潮流も総覧してみせた。

考古学研究プロジェクトへの支援がボーリンゲン基金の主要関心事となった。一九六五年、考古学支援で各大学他の制度への寄付の総額は七十二万九千二百ドルにも達した。一方で学者たち個人への奨学金としていろいろ拠金しながら、である。ボーリンゲンからの援助を受けた対象の遺跡の大半は地中海域であり、近東であった。チュニジア、シチリア、イタリア、ギリシア、トルコ、ヨルダン、アフガニスタン、シナイ、そしてエジプトなど、である。グァテマラ、メキシコ、ペルーでの研究に、ヨーロッパ先史時代の場所について奨学金が出されていった。

一九四九年春、バレットはナポリ南方、パエストゥム近傍でウンベルト・ザノッティ＝ビアンコとパオラ・ザンカーニ・モントゥオーロがやっている発掘作業のことを知った。考古学者のザノッティは一九三〇年代、イタリア赤十字の総裁職にあったが、ファシスト政権に反対してムッソリーニによって「田舎に」追放された。彼とザンカーニはセレ川河口の沼地で発掘を始め、一九三四年にはギリシアの女神ヘラの聖所の廃墟を掘り当てた。この場所は一九四三年に近傍のサレルノに連合軍が上陸してきた時も損傷を免れた。戦後、仕事続行、そして出版のため出資者を探すが見つからなかった。一九四九年夏、バレットはこれら考古学者たちに会い、発掘現場を見た。秋、バレットはカール・レーマンに相談するが、レーマンは一九三〇年代にイタリアに住んでいてセレ地域のこと、そこで仕事をしている発掘者たちのことを知っていた。レーマンは、それは「考古学上最重要の案件で今ならどんな基金でも手を貸したくなる」と言っている。マグナ・グレキア協会の監督下、発掘は一九五〇年再開されるが、ボーリンゲンが資金援助した。それらの発掘は古代ギリシアの建築物に、紀元前六世紀という最初期の何千という奉納供物――小像、宝飾品、銀貨、壺器――に、古代神殿からの彫刻された美しい一連のレリーフに文字通り光を当てた。発掘者たちは最後に保存のため廃墟をもう一度土中に戻したが、レリーフその他の発見品は今もパエストゥムの博物館に展示されている。

何年間か基金は、トルコのアナトリア南東部に海抜七千フィートの高さで聳立するネムルト山《ダウ》で、テレサ・ゴウル率いるアメリカン・スクールズ・オヴ・オリエンタル・リサーチ（ＡＳＯＲ）が進行中の発掘に資金を提供した。（紀元前一世紀の）古代ギリシアのコンマゲーネー王国の支配者アンティオコス一世の壮麗な陵墓を発掘してみると、自立彫刻、レリーフ、重要な碑文が出てきた。ボーリンゲンは三万六千ドルを提供した。額はもう少し少ないが、トルコのもっと遥かに古い時代のチャタル・ヒュユクでの発掘も援助している。中部アナトリア南方、コンヤ市近傍の遺跡である。一九六二年に英国考古学協会のジェイムズ・メラートに出した奨学金はこの紀元前七千年、新石器時代初期の遺跡、そしておそらく発掘史上最古と思《おぼ》しい都市を相手の研究を大いに助けた。その壁上の驚くべき絵は日の光《め》を見た最古の絵とされた。ジークフリート・ギーディオンが『建築の始まり』に書いているように、「起源も影響も知られていない文明で、やって来て何の展開もなく去って行った」相手である。トルコ南東部にはもうひとつハランの遺跡があって聖書に出てきて知られているが、英国考古学協会が一九五八年から一九六一年にかけてボーリンゲンの援助を受けながら発掘した。

サモトラケ以外にもボーリンゲン基金が資金提供した古代ギリシア世界の遺跡の研究は他にもいろいろある。アラン・Ｊ・Ｂ・ウェイスはミュケーネーで最初の線文字Ｂの銘板を発見した後、七十代の一九五二年、彼が監督してブリティッシュ・スクール・オヴ・アーケオロジー（BSOA）が進行中の発掘作業に対してボーリンゲンから資金を獲得している。ウェイスはギリシア考古学の重鎮の一人で、他にもスパルタ、トロイ、コリント、アレクサンドリア、そしてテサロニケで発掘を行い、学会つながりで言えばアテネのブリティッシュ・スクール（長年会長をつとめていたのがウェイスである）、ケンブリッジ大学、プリンストン高等研究所とウェイスは関係があった。ミュケーネー時代の聳えるアクロポリスをウェイスが発掘した作業を基金はウェイス他界の時まで援助し、彼の死後はウィリアム・テイラー卿、ジョージ・マイロナスといった、ギリシア考古学協会からの援助も受けていた後継者たちを援助した。私邸の廃墟で銘板が見つかったことで、ミュケーネー文明で読み書きは別に王侯貴族に限られたものではなく、一般市民も知り、使っていたものだということが判ってきた。ウェイスはずっと前からミュケーネー人たちがギリシアに起源を持つと主張していたが、一九五四年に発表されたマイケル・ヴェントリスによる、線文字Bは古代ギリシアの方言を記しているという発見でこの主張の正しさが証明された。基金はミュケーネーの発掘に資金提供を行ったが、それらの発掘でアクロポリスのいわゆる「城館《シタデル・ハウス》」も掘り出されている。

幾分北行してコリント近傍のイストミアではシカゴ大学のオスカー・ブロニアーが一九五五年から一九六一年にかけて基金から供与された支援金でギリシア全土の競技会と、その栄光を頌《ほ》めて競技会が催された海神ポセイドンとパライモンの聖域の遺跡を発掘した。ひとつの神殿、ひとつの劇場、幾つかのスタジアム、彫刻、モザイク装飾などが発見されている。ペロポネソス半島南西部、ピュロスの近くでネストル王の古代王国がウィリアム・A・マクドナルドとミネソタ大学チームによって探険され、地図化もされたが、一九六三年の基金からの援助のお蔭である。シチリア島内地の上方、モルガンティーナに紀元前六世紀のギリシア植民地があるが、一九五五年から一九六三年にかけエリック・シェークヴィストの率いるプリンストン大学チームに発掘されたが、これを助けたのも基金の拠金であった。初期青銅器時代から紀元前一世紀末までの発掘物が——建築物、市場、壺器、彫刻、貨幣が——シチリア島内部が比較的早くからギリシア化されていたことを明らかにして、先史シチリアの観念を一変させた。

アナトリア西部、イズミル（現スミルナ）から東へ五十マイルほどの所にあるサルディスは紀元前四世紀にアレクサンドロス大王に征服されて以降はギリシアの都市だった。とはいえ新石器時代からの長い歴史を持つサルディスは幾つもの文化を経験している。もっと古い時代にはサルディスはヒッタイト人と繋がりを持つリュディア人たちの王都だった。リュディア最後の王クロイソスの時代、その地は金貨、銀貨の発祥の地となった。アレクサンドロスに屈する前にはペルシア王キュロスの手に陥ちているが、後にはローマ帝国の繁栄した中心地であり、聖書『ヨハネの黙示録』に出てくるアジアの七教会のうちの一教区であり、ビザンティン主教区であったりもしたが、イスラム時代にはさびれて一寒村となった。プリンストン大学探険隊による発掘の試みが第一次大戦以前にあった。一九五七年、基金はアメリカン・スクールズ・オヴ・オリエンタル・リサーチの下で動くハーヴァードのジョージ・M・A・ハンフマンとコーネルのA・ヘンリー・デトワイラーが遺跡の事前調査をするのに資金援助し、その後七年に亘《わた》って発掘に資金提供を続けた。その総額は一考古学プロジェクトに恵与されたものとしては基金史上最高の額となる。古代都市を見下ろすアクロポリスの上にクロイソス王の城館《シタデル》が発見されたのは一九六〇年代のことであり、ジョン・バレットとアーネスト・ブルックスはサルディス行きの序《つい》でにこの高みに騾馬《らば》で上って遺跡を眼下に睥睨《へいげい》した。一九六〇年代半ばには紀元二世紀の宏壮で豪華に飾られたユダヤ教会堂《シナゴーグ》、隣接した商店街、大規模な体育館《ジムナジウム》が発掘され、やがては復元までされた。シナゴーグの考古学的報告が死の二週ほど前のアーウィン・グッデナフの手もとに届き、『グレコ＝ロマン時代のユダヤのシンボル』の最終巻に補遺を足して、彼が若い頃にたてた仮説の正しかったことを証明してくれるシナゴーグの平面図、調度、そして装飾の重要な特徴を指摘するのに間に合った。イズミルからアンカラへの幹線にあるサルディスの遺跡は現在では重要な観光拠点なのだが、我々としてはボーリンゲン基金の寄付金で創設されたサルディス考古学センターで何人ものアメリカ人、トルコ人の若い科学者や学者が訓練を受けてきているのだと是非にも言い足しておきたい。合衆国国務省がトルコ人学生たちに学費を給付したが、何人かはアメリカやトルコの大学で博士号を取得することになった。

イズミルの町はボーリンゲン・プログラムつながりでは焦点になる場所である。北にはベルガマ、即ち古代のペルガモンがあり、ケレーニイの『アスクレピオス』の主人公たる医神アスクレピオスの祠堂の廃墟がある。東にあるマニーサは時に征服者メフメット二世の住いがあった所で、従ってバービンガーの本の目玉でもあった。マニーサ博物館には近傍のサルディス出土の重要極まる発見物が蔵されている。南にあるのはエフェソス（現セルチュック）で、こちらはノイマンの『グレート・マザー』で主役をつとめる乳房多き女神アルテミスを崇拝するカルトの中心であった。アルテミス像はエフェソスの廃墟近くにあるセルチュック博物館を宰領している。周辺にはマシニョンを夢中にさせた「七人の眠り男の洞窟」があるし、伝承によれば聖母マリアが晩年を過ごし、おそらくは聖母被昇天の舞台となった家がある。ユングが晩年に考え、書いたのがこの被昇天の主題だったはず。イズミル――当時はスミルナ――は一六二六年、そこでサバタイ・ツェヴィが誕生した町。この神秘的な救世主についてはゲルショム・ショーレムが本を書いている。

一九五七年から一九六四年まで基金はイェルサレム北方、ヨルダン川西岸にあって、これも若い考古学者の恰好の訓練場でもあった聖書の町シケムの発掘作業を支援した。この探険隊を後援したのはドルー大学、マコーミク神学校、ハーヴァード大学、そしてアメリカン・スクールズ・オヴ・オリエンタル・リサーチである。ヘブライ人たちが来る前はカナン人の町だったシケムは族長時代からは中核的な宗教都市だった。探険隊は紀元前四世紀初めから、紀元前一〇七年頃の最終的破壊にいたるこの町の歴史の重要な証拠を摑んだ。

イタリアでの他の作業にもいろいろ援助が出ている。ローマ近くのウェイイ（現ヴェイオ）のヴィラノーヴァ文化、初期エトルリア文化の墓地はローマ・ブリティッシュ・スクールが発掘。エトルリアの海岸にある初期共和都市コーサの発掘やフォーロ・ロマーノ遺跡のレーギア、即ち古王の家を対象にしたローマ・アメリカン・アカデミーの発掘など。さらに基金は一九五九年から一九六五年にかけて、アカデミー構内にあった古代イタリア建築・地誌写真アーカイヴにも資金提供したし、このアカデミーのプログラム、出版その他の活動万般に資金を援助した。

バレットが培い、ピアンコフとラムボーヴァが高めた基金のエジプト熱はいろいろな表われ方を示した。まず一九四九年、シカゴ大学出版局のT・G・アレンのピラミッド文書索引に助成金を出した。一九五五年にはB・V・ボスマーのエジプト彫刻研究に、K・A・C・クレスウェルのエジプトにけるムスリム建築研究に、そしてS・A・B・マーサーのエジプト、バビロニア比較宗教研究に奨学金を供与した。最大の供与はエジプトのアメリカン・リサーチ・センターに対するもので、毎年二人のアメリカ人研究者に、エジプト学一人、イスラーム教研究一人ということで奨学金として供与されていった。一九六〇年から一九六三年にかけて基金は、イェール大学ピーボディ自然史博物館とペンシルヴァニア大学博物館が共同して、アスワン・ハイ・ダム完成と同時に水没してしまうヌビアのアブ・シンベル北部の地域に対して行う救済事業の支援に力を貸した。この事業はイェールのウィリアム・ケリー・シンプソンが率い、アラブ連合共和国とユネスコが共同支援した。この探険事業の出土品の時代は、おそらくヌビア域では最古の銘文を刻んだ第一王朝の陶片にはじまって初期キリスト教時代のコプト教会まで実にさまざまだった。ひとつだけで一番興味尽きぬ発見と言えば、ツタンカーメン（トゥト・アンク・アメン）の少年時代の友人だったヌビア王子の墓陵だろう。一九六五年、基金はアメリカ・アブ・シンベル保存委員会に二万五千ドルを寄付し、これがユネスコの救済工事に使われていく。ラムセス（ラ・メス）二世と王妃ネフェルタリの神殿を断片に切り分けて、もっと高い土地に移築しようというのである。そうやってナセル湖を眼下に見る人工断崖を背に再建されて、記念物としてのファサードと巨大な彫像（四十年ほど前、ナイルの蒸気船上からユングとバレットが別々に目にしていたはずの景色）は保存された。

一九六二年から一九六四年にかけては基金はシナイ山の聖カテリーナ修道院の芸術モニュメントの記録、研究、保存に資金援助した。プリンストンのクルト・ヴァイツマンに指導され、プリンストン、ミシガン大学、アレクサンドリア大学（アラブ連合共和国）を代表する学者チームがプロジェクトに参加した。六世紀にユスティニアヌス帝が創設した修道院は一度も掠奪の憂き目に遭っていないので、美術品が驚くべくいろいろ保存されている。モザイクや何百という聖像《イコン》（その多くは六世紀のものだ）が洗われ、修復された。一番大事な建築物は寸法を測られ、縮尺図に描かれた。フレッド・アンダレッグといった写真家たちがこの聖像、ミニアチュア画、モザイク、そして建築物を何千枚という写真におさめた。

このシナイ山での作業は、基金が一九五二年に支援を始めていたビザンティン美術の世界でのもうひとつ異様なプロジェクトだったものの系《コロラリー》と言えなくもない。イスタンブールにあるコーラ（Chora）修道院の救世主教会であったのに今はカハリエ・ジャミィ（Kariye Djami）のモスクになっている

もの の復元作業のことである。この十一世紀の建築物は十三世紀末から十四世紀初めにかけてフレスコ画とモザイクで大規模に再装飾されていた。一四五三年にコンスタンティノープルが征服者メフメット二世に屈すると教会はモスクに姿を変え、フレスコやモザイクは何層にも、のろ、塗料、そして漆喰で覆われた。

物語は、一八七一年にニューイングランドで生まれたトマス・ホイットモアという人物とともに始まる。この人物はシェイクスピア芝居から学者生活に入る。美術史、宗教史、とりわけビザンティン、東方正教会、そしてコプトのキリスト教に通じていた。富裕な独身者ということで近東一帯を放浪して回った。エジプト探険基金の初期の準会友で、ナイル両岸にしげく姿を現わした。一九二六年にテル・エル＝アマルナにいた時、ジョン・バレットと仲間たちに遇然会った。第一次大戦中はロシア赤十字とともに過ごし、後にはロシアの亡命学者たちを安い給金で自分のボストン、パリ、コンスタンティノープルのビザンティン協会に雇った。その中にアレクサンドル・ピアンコフもいたし、後にユング・コデックス（上エジプト出土のグノーシス主義のパピルス・テキストで、一九四〇年代末、ボーリンゲンは束の間、その購入を考えたこともある）を編集することになるコプト学者、ミッシェル・マリニーヌもいた。一九三〇年、エティオピアのハイレ・セラシエ皇帝の戴冠式に列席したホイットモアが出遭ったのがイーヴリン・ウォーで、作家はその紀行のひとつで二人が貧しいコプトの修道院に行った時のことを書いている。ホイットモアは一九三一年、ケマル・アタテュルクを説いてビザンティン協会がハギア・ソフィアの復元作業を開始できるようにした。イスタンブールのこの六世紀ビザンティンの大教会はこれもメフメットによってモスクに変えられていた。世俗化され、博物館の扱いであった。トルコ当局の後援を得たホイットモアと専門家グループによるアヤ・ソフヤ（ハギア・ソフィアのトルコ名）の発掘・復元の作業はイスタンブールの他の、皆モスクに変えられていたビザンティン教会にも拡がっていった。そしてその彼がカハリエ・ジャミィに手を付けるのが一九四八年のことである。ホイットモアは資金集めと実務の天才だったが、自分のプロジェクトは自分でひとりじめしていたい、というか協会が何をしているかを他の学者には知られたくないというところがあった。それでも、やって来て寄付金の話につながる名士となれば話は別である。一九四九年のことだが、ワシントンにあるハーヴァードのビザンティン研究センターたるダンバートン・オークスが協会のプログラムに興味を持ち、学部メンバーのポール・アンダーウッドをイスタンブールにやって、ビザンティンのモニュメント類の現状を勉強させようとした。ホイットモアはカハリエ・ジャミィのちらり見を許し、ホイットモアの技術員の一人、アーネスト・ホーキンズがアンダーウッドの案内役を巧くつとめた。続く六月、ホイットモアは合衆国に来て資金集めに奔走する。友人たるジョン・フォスター・ダレスに会おうとしていたホイットモアは国務省の廊下で急死してしまった。ビザンティン協会はアンダーウッドの履歴はよく知っているので、現場監督役としてホイットモアの後釜にダンバートン・オークスから彼を借りだす。結局ダンバートン・オークスがビザンティン協会そのものを引き継ぐのである。八年の間、アメリカ人、トルコ人の専門家チームと一緒にポール・アンダーウッドはイスタンブールの作業と、もうひとつ別にキプロス島でやるビザンティン・プロジェクトとを引き受けることになる。

アンダーウッドは一九〇二年、長老派教会宣教師の息子としてプエルト・リコで生まれ、そこで育った。プリンストンの建築専攻で美術博士号を取り、大恐慌の時までニューヨークで仕事をしていた。三年間、ギリシア中を放浪しながら古典期の、そして中世のモニュメントを見て回る。それからプリンストンに院生として戻ると、初期キリスト教の、ビザンティンの美術をヴァイツマン、A・M・フレンド、C・R・モレーの下で研究する。一九四三年、コーネルで五年教えた後、アンダーウッドはダンバートン・オークスのフェローになった。ビザンティン・センターができて二年後のことである。やがて彼は教授になった。一九五〇年以後はほとんどの時間をイスタンブールでカハリエ・ジャミィの研究と保全に費やす。

一九五一年十一月、ダンバートン・オークス所長のジョン・S・サッチャーが、「コンスタンティノープルの仕事」のことで話し合いたいと言ってボーリンゲンの事務所にやって来る。結果、ボーリンゲン基金はカハリエ・ジャミィ復元を支援することに決まる。最初の五千ドル寄付は一九五二年で、続く七年、基金は協会に、見合った支援金の形で総額八万五千ドルを供与した。ホイットモアに必要とされた猛烈な掻き集め方ではないにしろ、資金を集め続ける必要は相変らずだ。この努力を担ったのは一九五〇年以後にビザンティン協会の会長だったプロヴィデンスのジョン・ニコラス・ブラウンだった。サミュエル・H・クレス基金は手堅い資金供給源だったし、個人寄付者も少なくなかった。そしてやがてはアヴァロン基金、オールド・ドミニオン基金が作業完遂に支援を決める。復元作業は一九五八年度末まで続いた。アンダーウッドの熟練技術者チームにはホーキンズの他、メトロポリタン美術館主任管理官のローレンス・マジェフスキがいた。アルミの足場を組んで保全技術者たちはモザイクやフレスコ画のいかな一平方インチもおろそかにしない洗條と固定化の緻密な作業を、超微細部分には歯科で用いるデンタル・キューレットを用いるまでしてやり遂げた。構造の保全作業も必須で、困難な技術的方法が動員された。一九五七年の作業中、当時現場副監督だったマジェフスキが脇礼拝堂《パレクレシオン》のドームがアーチの崩壊が原因で落下の危険ありと報告している。そのフレスコ画を外し、アーチを直してからフレスコ画を元に戻す必要があった。一九五八年、保全作業の完了の時期になって、トルコによる征服後に加えられた尖塔が落下しそうになった。それは修復され、屋根も作り直され、尖塔には金箔が貼られた。旧名コーラと言ったカハリエ・ジャミィはトルコ遺跡・博物館管理局の保護下に一般に公開された。千辛万苦の復元作業がビザンティンの帝都に独特の、始原の光輝のままに保存された十五世紀初めの絵画とモザイクの絢爛のアンサンブルを明るみに出したのだった。

十四世紀初め、富裕な廷臣のテオドール・メトキテスは皇帝からコーラ修道院——これが旧名——を任せられて、一三一五年から一三二〇年にかけてその救世主教会の再建と装飾の計画を実行に移した。身廊に元々あったモザイク画は教会の饗宴の場を描いていたし、拝廊の壁、天井、穹窿を飾っている。これにメトキテスが加えたモザイクは三つの連続物語《サイクル》、即ち聖母の生涯、キリストの子供時代、そしてキリストの布教を描いていた。脇礼拝堂も寄贈者が加えたものだったが、復活、審判、そして聖母の旧約聖書による先取り的存在を描くフレスコ画で飾られている。二百五十ほども画題の異なる絵があって、パレオロゴス朝文化で発見されたものの中で最高の精華と言うべきものと判っている。

一九五七年、アンダーウッドは自分の編集で何巻かをという出版計画をボーリンゲン基金に示した。翌年、それをボーリンゲン叢書に加えることに話は決まる。復元事業が一段落するとアンダーウッドはほぼフルタイム、写真撮影の監督と（撮影者には、シナイで聖カテリーナ修道院を撮り、ドゥラでシナゴーグを撮影したフレッド・アンダレッグが勿論入っていた）、三巻にするつもりになっていた本の計画と執筆に集中した。一巻はテキスト。モザイクとフレスコ画の歴史的紹介と描写を含む。一巻はモザイクの図版、もう一巻にフレスコの図版という陣立てであった。図版——五百五十点以上、うち百二十点がカラー——のコストはクレス基金が援助した。一番初めの構想にはあった歴史と建築を論じる第四巻は基金が援助して一九六〇年春にダンバートン・オークスで催されたカハリエ・ジャミィの美術を巡るシンポジウムの論文を基にした本に取って代えられた。三巻本の方はアンダー・ブラウン装本、印刷はキングズポート・プレスということで、一九六六年秋に刊行された。ややあってその年に出た最も優秀な美術書に与えられるカレッジ・アート・アソシエーションのチャールズ・ルーファス・モレー賞を受賞する。アンダーウッドはただちにシンポジウム本の完成をめざし、序文と自分の担当論文を書き終えた二週ほど後、一九六八年の九月、突然死んでしまった。他の六人の高名なビザンティン研究家の論文をおさめて一九七五年に刊行されたこのシンポジウム論叢はカハリエ・ジャミィとその美術をその文化的、歴史的脈絡の中に位置付けようとしている。

正式の文書にはなっていないが、文学と美術のいろいろな伝統を幅広く取り込むという意図、あるいは少なくとも希望がボーリンゲン叢書にはあった。この宿望がどの程度のものであったのか、それは叢書の出版物一覧表をめくればわかる。その出版物、その著者は北米インディアン、古代ギリシア、インド、古代エジプト、古代近東、フランス、中国、スイス、中世ヨーロッパ、ローマ帝国、離散ユダヤ、アラブ世界、日本、部族たちのアフリカ、ビザンティン、スペイン、ロシア、トルコ帝国、イラン、イタリア、と幅広いこと夥しい。地理的パターンにあいた穴もある時検討されていたさまざまなプロジェクトが実現の暁には埋められたはずである。現代ドイツはニーチェ企画によって、現代イタリアはレオパルディの詩によって、ポリネシアはその民俗的文学、芸術を巡る企画検討によって、アンデスのインカ文化は中挫したがモード・オークスの企画によって、アイルランドはジョゼフ・キャンベルが空《むな》しく編集を切望してやまなかった十九世紀のゲール神話の研究書、スタンディシュ・H・オグラディの『シルウァ・ガデリカ』によって、征服者《コンキスタドール》のメキシコは形にはならなかったデ・ラス・カサス企画によって、ポルトガルは『ウス・ルジーアダス』が本になっていれば、ということである。

叢書にロシア語作品を入れる可能性は一九五二年夏、アメリカ（ロシア系）の言語学者、文学批評家でハーヴァードの教授をしていたロマーン・オシポヴィチ・ヤーコブソンがケアンズに手紙をよこして、十二世紀ロシアの叙事詩、『イーゴリ軍記』こと『イーゴリの軍隊の歌 *Slovo o Polku Igoreve*』の良い版本を出さないかと言ってきた時に生じた（ヤーコブソンははっきり十八世紀の偽書と言っている）。ヤーコブソンの目をボーリンゲンに向けさせたのはおそらく『ナヴァホの宗教』の著者で、コロンビア大学で知り合い、色彩聴覚の現象を巡って博覧強記の記事を一緒に書く中、『ニューヨーカー』誌のウラジーミル・ナボコフ回想録の一章を例として引いたこともあるグラディス・A・レイチャードであった。

ロマーン・ヤーコブソンの構想が係わるのは四人だった。オーガナイザーで監督役は言語学者たるヤーコブソン自身。ナボコフはヤーコブソンの言い方を借りるなら「英語、ロシア語両方に亘《わた》って真の文体家という稀有の才物」で、その完成済みの『イーゴリ軍記』新訳は「自在なこと、美しいフランス語訳、（リルケによる）ドイツ語訳、スペイン語訳、ポーランド語訳、等々に十分比肩されるのであった。歴史家のマルク・セフテルはヤーコブソンと一緒に、この叙事詩への批評文を用意し、ロシア文化、ビザンティン文化を背景に解釈を加え、そのロシアの文学、美術、音楽への影響を描きだす役どころだった。そして（ジョン・バレットの意見で後から加えられた）美術史のアンドレ・グラバーは中世ロシア美術から図版を提供し、『イーゴリ軍記』と同時代美術の関係についての論文を寄稿するはずである。一九五三年四月、基金は財務委員会の同意を得て、ヤーコブソンと同僚たちとの契約に署名をしたが、最終的に十パーセントの印税を四人で分けるということにし、それを前払いするという内容だった。完成作が基金側に渡されるべき期限は一九五四年一月と決められた。なるほど図版は入ってきたし、古い手稿のカラー写真はすぐに彫版師に渡されたし、翻訳もできていたが、本文に係わるもう一方の準備に遅れが出た。一九五七年初め、ヤーコブソンはソ連で講義する誘いを受けた。コーネル大学のロシア文学教授になっていたナボコフはその春ニューヨークに来て、自分は

『イーゴリ軍記』プロジェクトからおりた旨、バレットに伝える。「小生としてはヤーコブソン教授の政治的いい加減さが受けいれ難いのでこれ以上一緒に仕事をする気になれないと教授には伝えました」と、後日バレットにナボコフは、バレット「とミス・ギルモアの共感と理解」に感謝して、「二人との出会いはまるでお伽話のような印象を残しています」と記した手紙の中に書いている。バレットはナボコフに前払い金五百ドルを返せとは言わないし、ナボコフの方は『イーゴリ軍記』訳を引き上げるお詫びの印というつもりでプーシキン作『エヴゲーニー・オネーギン』を訳したものをボーリンゲンに送ってきた。『イーゴリ軍記』の方は別ヴァージョンのものをナボコフはヴィンテージ・ブックスから『イーゴリの作戦の歌』というタイトルで出版することになる。

『イーゴリ軍記』は一九七〇年代初めまではなおボーリンゲンの作業進行予定表に残り続けたが、一九六九年にヤーコブソンが基金宛てに書きよこした言い方では「小生の考えていた本は準備段階で次々問題が生」じていて、最大の問題こそ「ナボコフが逃げて、彼の訳を我々と活字にすることを拒んだことで、その代りのおよそ学問的にはだめな軽薄な掻き集め仕事をどこか他所から本にした」のであった（ナボコフはヤーコブソンの解釈のあちこちを拒んでいた）。ナボコフの翻訳の後釜はオックスフォード大学のD・オボレンスキーになったが、結局巧くいかなかった。さらに後にはハーヴァードでウクライナ史教授をしていたオメリャン・プリツァークが依頼を受けたが、「校務に忙殺」されて完成にいたらず。セフテルとヤーコブソンには健康問題があった。かくて『イーゴリ軍記』はボーリンゲンの予定としては断念され、それに充《あ》てられていた叢書番号第九十四巻は『フロイト／ユング往復書簡集』の番号となる。ヤーコブソンの方では一九七九年になってもなお（当時齢《よわい》八十三）、なんとか活字に、と見果てぬ夢を見続けていた。

アレクサンドル・プーシキンの韻文小説（一八二三—一八三一）をナボコフが訳した『エヴゲーニ

ー・オネーギン』は「一九五〇年頃迫《せ》かされた作業だったが」とナボコフは書いている、「コーネル大学のロシア文学の授業で使うためだったのだ」、と――しかし実際にはその数年前に、ロシア語の詩を英訳するナボコフ最初期の実験の一環として試みられていた。一九四四年一月にナボコフは『エヴゲーニー・オネーギン』の三聯《スタンザ》を訳したものを、かねてよりロシア文学論集を、論を自分が、訳はナボコフが担当ということで共同して出そうと言ってきていたエドマンド・ウィルソンにサンプルとして送った。一九四〇年夏に二人は友達になっているから、ナボコフが妻のヴェラ、幼い息子のドミトリと一緒にフランスからニューヨークにやってきてからそれほどたっていない。そしてウィルソンがこの亡命作家を助けようと気を配り、ほとんどヴォランティアの文学エージェント、アドヴァイザーの役を引き受けることになるのである。二人共働のプロジェクトはダブルデイ社との契約だったが、ダブルデイがそのアンカー・ペイパーバック用に、執筆中の小説を必ずや提供してくれるものと理解してナボコフに支払った前払い分を帳消しにした一九五四年には少しずつない話になっていた。ナボコフは『オネーギン』プロジェクトを一九四八年九月には念頭に置いていたようだ。「二人で一緒に『エヴゲーニー・オネーギン』の学問的にもしっかりした散文訳に詳注を付して出しませんか」と、ウィルソン宛てに書いているからである（その時ハイチ文学を勉強中だったウィルソンは何も記していない）。その頃、やはりコーネルの授業で使う必要に迫られて、ナボコフは『イーゴリ軍記』の翻訳に追われていた。次の春、ナボコフは「『オネーギン』の小さい本を散文完訳に、各行に参照事項その他の説明を――講義そっくりの形に――詳注として付けて」出すことを考えている。この計画についてもウィルソン側は何も書いていない。

一九五一年一月、ナボコフはグッゲンハイム奨学金に申請を出す。ウィルソンは推薦状を書いたが同時に「そちらには何か別の計画を持ち込む方がいいと思います――大兄が御自分の本を書くべき時間を『オネーギン』に費やすのは勿体なさ過ぎませんか」と、ナボコフに書き送っている。グッゲンハイムの話が一九五三年に巧く行くと、ナボコフは許可をもらってハーヴァード図書館で自分の本の仕事に掛ることができた。一九五五年——まさに『ロリータ』がパリのオランピア社から刊行された年だ——ナボコフは『オネーギン』とあらゆる異本の翻訳を終えていて、ウィルソンはナボコフが「どこか大学の出版局——たとえばハーヴァード——に頼んでみるべき」と書き送る。

ナボコフがボーリンゲンの事務所にやって来てバレットに、自分はヤーコブソンの『イーゴリ軍記』計画とは縁を切った、その代りに『オネーギン』を渡したいがと告げたのは一九五七年四月のことで、六月には序文と、第一章の訳に注の付いたもの、そしてロシア語の韻律法、プーシキンの母方のエティオピア人祖先たるアブラム・ペトローヴィッチ・ガンニバルのことを書いた二篇の補遺が送られてきた。「とにかく早く出したいというのが望みです」と、ナボコフはヴォーン・ギルモアに書き送っている。「そちらの反応をできるだけ速やかにお知らせいただくととても助かります」、と。原稿目通し役たちの報告が秋には揃った。まずポール・ラディンの意見は「出版の価値はあるが、ボーリンゲンである必要はない。ぴったりの民間の出版社がいくらもあるだろう」。ウォラス・ブロックウェイは「合衆国で文業に係わっている最も活力あり明晰でもある知識人の一人から出てきた翻訳。完璧な仕事。巷の出版社ふうに言えば一刻も早く『契約署名を』というところである」と報告してきた。ケアンズも大変好意的だった。しかしナボコフがギルモアに「この本は来年中には出したいのです」と書いてきているのを見て、ギルモア嬢はボーリンゲンにそれは無理であり、「この状況からしてそちらはいろいろと手を打ちたいという御様子とお見受けします」と返事をして、原稿を返送した。「価値あるお仕事ですし、大学の出版局を見つけるの難しくはないはず」というアドヴァイスも忘れていない。

最後の細かい仕上げに余念のなかったナボコフだが——この期《ご》に及んでなお、第六回目の改稿を試みていた——一九五八年二月十五日にウィルソンに宛てて、「『オネーギン』完成」の旨書いている。訳文本体と注釈のタイプ原稿は三千ページに垂《なんな》んとしたが、ついにコーネル大学出版局に届けられた。この出版局の内規に従うと少なくとも一人の外部の専門家のチェックを通して後、最終決定が下されるのでなければならなかった。ナボコフがスラヴ研究家のアメリカ人学者で評価する人間というのはただ三人のみだったが、その一人、コルゲート・カレッジのアルバート・パリーが原稿目通し役に選ばれた。原稿が金属の帯で縛られた大きな木箱に入れられ、二千ドルの保険をかけられて、イサカからハミルトンへ送られて、パリーは——ナボコフは彼に絶対に他の人間には見せないと誓わせた——ひと夏かけてそれを読み通した。パリーの報告を見ると、ナボコフの「初めて見る驚くべき筆鋒」に熱狂し、ただちに出版すべしと書いている。コーネルの編集者たちは早速「出版に向けてそれに刈り込みの手を入れ始めて」と、一九五九年三月にナボコフはウィルソンに書き送っている、「契約中のおぞましい条項が小生に可哀相な怪物を引っ込めるよう強いる場合には、角括弧《ブラケット》に入った部分を実際にどんどん削っていったのです」、と。出版社側から印税の支払いの話など全然なかったと、後日ヴェラ・ナボコフは回想している。

ジェイソン・エプスタインというハーヴァードを出たばかりの若い編集者が何年か前にダブルデイ社のアンカー・ブックスを始めていたが、そのアンカー本としてウィルソンとナボコフの本を出そうということで二人と昵懇《じっこん》になっていた。ミハイル・レールモントフの『現代の英雄』（一八四〇）をナボコフと息子ドミトリの共訳でアンカーの刊記《インプリント》で刊行し、『イーゴリの作戦の歌』をヴィンテージのそれで刊行している。バレットとギルモアとも懇意で、ボーリンゲンと契約を交してユングの文章を一巻に、ヴィオレ・デ・ラズロに編ませて、『心性と象徴』として出したし（一九五八）、ケネス・クラークの『ザ・ヌード』も出している（一九五九）。エプスタインはボーリンゲンとナボコフのこじれた関係を間に入って調停し、ナボコフは一年以内の出版にこだわってきたのを現実的方向で改めた。契約は一九五九年三月二十五日に署名され、基金は三十ヶ月以内に――つまり一九六一年九月までに――出版するということになった。出版は実際には一九六四年六月二十二日だが、編集と制作に費やされた五年というもの、『ロリータ』（一九五五）の大成功で隠やかな学究生活が一変していたナボコフにとって、いかにじりじり苛立たしい日々であったことだろう。ともかくコーネルから手を引くことができた後、夫妻は一九五九年の春・夏をアリゾナとモンタナで過ごし、蝶の採集をことし、続く冬はイタリアとフランスで過ごした。一九六〇年の大半をロサンジェルスで暮す間にナボコフは『ロリータ』の映画台本を書き（これは一部分のみスタンリー・キューブリックの映画に採用されている）、それから避寒地のニースで過ごしている。一九六一年秋にはジュネーヴ湖畔モントルーのパレス・ホテルに落ちつくが、旧式だが雅びなホテルは夫妻の永遠の基地となり、二人はここからアルプス、イタリア、コルシカその他の地へ鱗翅類探索の旅に出掛けることしばしばであった。

編集と制作がだらだら延び、これにナボコフの居所定まらず、新作『青白い炎』の執筆（注付きの詩という形式は『オネーギン』本と同じだ）、作者による改稿また改稿、これらがどういうものであったかは原稿整理をしたバート・ウィナーが簡単にこう言っている、「何たる頭痛のたね――しかしその値打ち大ありだった！」と。編集チームも、ボーリンゲンの編集者たちは勿論、何人ものロシア語その他の文学的ディテールのことで相談できる助け手たちが加わった。編集もする批評家ルース・マシューソンと、コーネル大学教授の夫ルーファス・マシューソンもそうで、ルーファスはパリでナボコフの代りに調べものをしたし、ソ連旅行で手伝いを申し出たが断られてしまったりしている。それからトランスリテレーション、音訳の全部をチェックする役だったのがソニア・ヴォロチョーヴァ。そ作のほとんどが四回の組校正を出した。一九六三年初め、自分の翻訳部分の組校正読みを終えたナボコフが彼の編集担当の私に手紙を書いてきた。「遺憾ながら、避けられぬことが起こってしまっています。あのかわいい娘さんがクリスマス島で難破した船の船員君といるのが長過ぎて、結果、美しい手つかずの組校正［が］……すっかり変更だらけになってしまいました。直訳主義が完徹されました、プーシキンが繰り返し使う全ての語にぴったりの繰り返し使われる英語を合わせおおせたと信じております」。

注釈部の原稿整理役のウィナーの仕事のひとつが、ナボコフが他の翻訳者、著述家、そしてソ連邦を攻撃する言葉に目を光らせることで、ナボコフに同意を得た上でその多くを削除するか、薄めるかすることに成功していた。しかし一九六三年春、注釈部分を初めて校正で見たバレットはなお残った苛烈部分を見て震憾した。「きついし、酷い」と感じ、懸念を抱いたが、中傷と言われかねないと思えたからである。ウィナーにその一覧表をつくれと言って、それをケアンズにチェックしてもらうことにしたが、ソ連邦関連では「一番小心な人間でさえびくびくしない」たぐいのものばかりだったが、他の『オネーギン』訳者についての言い方は中傷文書専門の法律家にやはり相談する必要ありと思われた。この法律家はルネ・ワームザーといったが、ナボコフの幾つかの言葉は個人攻撃すれすれなので、活字にするのが良いとは思えないという意見だった。八月、ウィナーが十五ほどの文章を並べたリストをナボコフに送ると、「ウラジーミル・アダマント・ナボコフ」、頑固者ナボコフ名で返事が来て、「これは大原則の問題です。それらを削除するとは即ち検閲を認めたということになります――検閲こそ小生の本の敵役《かたき》です。言い換えが滑稽とか、出された例が怪物じみていたら、小生そう言いますからね。負けてないです」。結局ナボコフは三例について変更を受けいれたが、「折角の小生とボーリンゲン叢書の穏やかな関係が、出版されるという太陽がいよいよ昇るという時の払暁の片雲のせいで翳《かげ》るみたいなことになるのを心配しています」。バレットは状況を受けいれ、出版に踏みきった。遅れてナボコフの嘲罵に遭った人にウォルター・アーントがいる。彼の『オネーギン』訳は一九六三年初めに出ている。イェール大学の委員会が十一月、このアーントにボーリンゲン翻訳大賞を与えた時、ナボコフが私に手紙をよこして、そこには「小生が尊敬の念を抱く『ボーリンゲン』の名がアーント受賞の茶番とくっつくなんて残念至極」とあった。ナボコフは『ニューヨーク・レヴュー・オヴ・ブックス』紙上でアーントの訳を足腰たたぬまで叩いている。

『エヴゲーニー・オネーギン』の完成間近、ナボコフはマシューソンにソ連を代表するプーシキン研究者の名を教えてくれと頼んだ。本を贈呈しようとしたのである。一九六四年四月二十一日、とは刊行の二ヶ月前のことだが、基金は一ヶ月の予定でモントルーから戻って来ていたナボコフ夫妻のためにレセプションを催した。『エヴゲーニー・オネーギン』の見本版が展示された。プレイヤードの本のフォーマットで淡いブルーの表紙に朱の背ラベル、金押し、朱の栞ひも、それがクリーム色のジャケットに包まれて函入りである。装本全体をバート・クラークがデザインした。後日、ヴォーン・ギルモアにナボコフはこう書いている。「オネーギンのパーティは今までで最高のパーティでした。自由になると小生、あの美しい本にすっかり魅了されていました」。

いろいろ厄介な行き違いが重なってウィルソンとナボコフの間の友情は一九六〇年代、次第に冷《さ》めていった。『オネーギン』が書評したいウィルソンは一九六二年九月の時点で校正刷り見本を見たいとボーリンゲンに伝えたが、ナボコフは私に「残念だが、あれ、だれにも見せたくない――特にウィルソンにはだめ、です。献辞を入れて見本版の本を贈るつもりだから」と書いてよこした。しかし一年後、ナボコフは「そちらからエドマンド・ウィルソンに組校正の見本とかを何か送るのに反対はしないが、向うからいろいろ尋ね始めても、何を問うてきたか、こちらには伝えてこないで下さい」と書いていた。一九六四年一月、ウィルソン夫妻は何日かモントルーのパレス・ホテルにナボコフ夫妻を訪ねる。二人の作家が相まみえた最後の機会だった。ウィルソンの有名な辛辣批評が『ニューヨーク・レヴュー・オヴ・ブックス』に出たのはやっと一九六五年七月のことである。毒に満ちたやりとりが続いた、まずは『ニューヨーク・レヴュー』で、それから『エンカウンター』で、次には『ステーツマン』で。そして友情は二度と修復されなかった。

一九六四年に『エヴゲーニー・オネーギン』が刊行されて三ヶ月たったかたたないかで、ナボコフから私に、本が版を重ねる場合、改訳のつもりがあると言ってよこした。二年後、クリスマス・カードには「今、『エヴゲーニー・オネーギン』拙訳の改稿終了。見事な直訳主義と堂々たるごちゃごちゃぶりで（パラフレーズ派には）さらにいらだたしい出来ばえ！」とある。そして一九六八年、小説『アーダ』を書き終えると、この新版の準備に入りたい意向だった。しかし初版の在庫がまだかなりあって、「修正」訳の第二版は一九七五年に刊行されるが、逐行的にさらに厳密に対応する訳を目がけ、彼がつけ足した「相関語彙表」に表現される「信号語」のシステムをあてはめようとしている。九百ページほどもある注釈の改訂はほんの僅かである。この新版に対する評は概しておとなしい。そう、エドマンド・ウィルソンは一九七二年に他界していた。

E・マクナイト・コーファーのボーリンゲン叢書本のジャケット、というか表紙カヴァーのデザインは見ただけでそれと判るはっきりした売りとなっていた。彼の前任者のステファン・ソルターはジャック・シフランと息の合ったコンビで、ジャケットも含め、初期のボーリンゲン本の装本を、本とはどういうたたずまいのものたるべきかについてメアリー・メロンが持っていた理念に沿って一寸厳めしくはあるがはっきりとしたものにしていた。ソルターが他にもいろいろ仕事を抱えていることもあって、コーファーが——ブロッホの『ウェルギリウスの死』のパンセオン社本の魅力的なジャケットをデザインした経歴の持ち主だし——一九四七年三月、旧知のヒュー・チザムに推されて、「見て繋がりありと判る形で」ボーリンゲンの輪を改良する仕事を引き受けた。コーファーは中心からはずれた輪を細い罫線で囲む簡単なエンブレムを工夫し、長年これが本表紙に金押しされた。その後、ボーリンゲンはジャケットのデザインはコーファーに発注する。一番初めはツィンマーの『王と遺骸』のジャケットだった。コーファーは自身がデザインしたロンドン地下鉄ポスターのモンタージュ・スタイルで、踊るシヴァ神とタロウ・カードの吊るされた男を、コーファー好みのかっちりしたサンセリフのレイルロード・ゴチック体と組み合わせてみせた。

コーファーまた、ボーリンゲンの世界を豊かにした亡命の知識人・アーティストの一人に数えることができなくはない。一九一三年以後外国暮しだったが、一九四一年にアメリカに戻ってきていた。骨の髄までのアメリカ人。一八九〇年にモンタナ州グレート・フォールズで生まれ、インディアナで育ち、それから美術学生としてサンフランシスコとシカゴで学んだ。まずパリに住み、ロンドンに移って後期印象派ふうの画家として出発したが、やがてポスターのデザインで名をなす。戦間時代ロンドンの風物誌の一部となった広告ポスターの他にも、舞台装置、衣裳、カーペット、映画タイトルのデザインもやったし、本の挿絵も描いた。T・S・エリオット、オールダス・ハクスレー、それにシットウェル姉弟など作家とも昵懇《じっこん》だったが、しかしニューヨークに来てみると有名でもないし、注文もない。ボーリンゲンとの縁は救いだった。コーファーが一九四九年、ジョン・バレットに仕事をもらえるようになると、ボーリンゲン本のジャケット・デザインが主な仕事になった。もちろんたまには別の仕事もやったし、噂によると、『アメリカ』という映画のタイトルをデザインをしただけで一万ドル稼いだこともあるらしい。

七年ほどでコーファーが手掛けたボーリンゲン本のジャケット・デザインは二十数点に及び、その何点かは重版になっても紙装本になっても変らない。『千の顔を持つ英雄』と『易経』のジャケットは書物本体とほとんど切り離し得ない。コーファーのユング著作集デザイン――つやのある黒に青と白を散らしたジャケットに「J」の文字、ユングの名の最初の文字を金押しされた黒の装本――をユング本人を除く誰しもが褒めた。なんだか自分が棺の中に入っているみたいで嫌だとユングは言っていたらしい。遠慮がちなところが魅力の分かり易い人柄で、見せるべきデザインが別になくても週毎の編集会議に顔を出すのが好きだった。基金とT・S・エリオット、もう一人の親友、マリアン・ムアとのつなぎ役《リエゾン》だったし、ヴァレリー著作集企画では助言役をつとめもした。最後の闘病生活中、彼が死亡したという誤報がロンドンの『タイムズ』に入り、感謝の長い死亡告知記事が出たが、御本人がその記事を読んだ。それから一ヶ月後、一九五四年十月、ほんとうに死んだ。翌年、ヴィクトリア・アンド・アルバート美術館がコーファーの記念回顧展を催し、開会はT・S・エリオットが引き受け、ボーリンゲン基金が資金とコーファーの作品を提供した。マリアン・ムアはコーファーのことを「非妥協の鑑《かがみ》――イリュージョンの天才、芸術家魂そのものの人で、本能、想像力、そして『芸術的困難の感覚』が一点に交ったような人物」と評した。『王立美術院雑誌』は彼の死後、彼を二十世紀最大のポスター画家と称した。

コーファーの後釜にジョン・バレットが据えたのが同じくらい傑出したデザイナーで、あのドイツのバウハウスで訓練を積んだハーバート・ベイヤーである。ベイヤーも幾つか良いジャケットをつくりだしたのだが、なにしろコロラドのアスペン在住なもので仲々連絡がとりづらかった。その後継者はアメリカ人デザイナーのポール・ランドで、ニューヨーク期の残りの十年の間、三十ほどのジャケットをつくりだした。コーファーが典型的にはサンセリフの活字と象徴的イメージのモンタージュに拠ったのに対して、ランドはカリグラフィーと一見したところランダムそのものの幾何学的形態と有機的形態を用いた。ランドの表紙ジャケットも、コーファーのそれと同じくらいボーリンゲン叢書に似合うものになっていった。他のデザイナーたちの起用もあった。タイポグラファーのジョゼフ・ブルーメンサールとバート・クラークが目につく。本の中身と外まわりのデザインは、大体は巧く調和するが、別途に行われた。一九五〇年に他界するまでフォーマットとタイポグラフィーを監督していたのはジャック・シフランで、厳格かつモニュメンタルな傾向の本ができあがる。ずばりこれというのがサン＝ジョン・ペルスの『流謫』で、はっきりフランス風グランリュクスのデザインで、それをシンボリズムと風雅な左右非相称を結びつけたコーファーぶりのジャケットが包んでいた。シフラン亡き後、ブックデザインは画家デザイナーたちの領域となっていくのが普通だった。ウィーン出身のキングズポート社のアンダー・ブラウンがボーリンゲン本のほとんどをデザインした。ほぼ四十タイトルで、うち十四点が一九五二年から一九六四年にかけてアメリカン・インスティテュート・オヴ・グラフィック・アーツが選んだ「今年の五十冊」に入っている。『アフリカの民話と彫刻』、『絵画の道《タオ》』、『ヴァレリー著作集』、『プラトン対話篇集成』がそれ。バート・クラークがデザインを手掛けたのは九冊、ジャケットも大体自分でやっている。『エヴゲーニー・オネーギン』、『芸術の要求』、『年代記』、『鳥』といったところ。一九六七年までに叢書に貢献したタイポグラファーとデザイナーを挙げておくと、アルゴット・リングストローム、カール・プリングトン・ロリンズ、P・J・コンクライト、そしてクラウス・ジェミングといったところである。デザイナーたちの仕事を総合していき、自ら参加することもするシフランの責任感を引き継いだのはヴォルフガング・ザウアーランダーであった。

　社是と言っても良いが基金は厳密にアメリカの印刷会社、制作会社を使った（スイスのスキラ社が印刷し製本したマルローの本は既製品ゆえ唯一の例外であった）。基金自身がつくりだしたただひとつの例外はS・ギーディオンで、A・W・メロン講義のためのカラー図版は絶対にスイスの会社に刷らせると強固に言い張ったのだった）。制作ということではほとんど全てのボーリンゲン叢書本がテネシー州キングズポートのキングズポート・プレス社の仕事だった。ニューヨークの二社、クラーク＆ウェイとH・ウォルフ・ブック・マニュファクチャリング・カンパニーも多くの本を制作した。基金がボーリンゲン叢書が依拠すべき彫版の基準をそこに仰いだ比較的小さいが熟練度は高い会社の中でも、コネティカット州メリデンのメリデン・グラヴュール・カンパニーに一番沢山声が掛った。アメリカン・インスティテュート・オヴ・グラフィック・アーツから表彰された本は二十点以上あるが、インスティテュートは基金そのものにその優秀証明状を出したが、印刷業界から高く評価されたことを示す褒賞のたぐいは数え切れない。

コーファーと彼の後継者がボーリンゲンが強調した美的側面を示し得たものとするなら、ほとんど同じ時にエイブラム・フレクスナー——アインシュタインの擁護者にして、アメリカにおける医学教育に大きな影響力を持った「フレクスナー・レポート」の著者——は学の基準なり理念なりが生まれる所に力を揮《ふる》っていた。バレットから見て、ボーリンゲン・プログラムを立ち上げるにこれほどぴったりの「賢明な相談役、案内人、にして友人」が他にいただろうか。

基金が創設から一九五四年まで何をしてきたかの初めての報告の写しを受けとったフレクスナーがポール・メロンにこう書き送っている。「最初から最後まで、読むほどに興味が湧いてきます。小生がいかに夢中かとても言葉では表わせません。……このように高く牢固たる価値基準をずっと保ち続けてきた法人組織がかつてあったでしょうか。アメリカの地に、ロンドン王立協会紀要やフランス協会、ドイツにおける一九一四年以前の似たような学会のみが手にし得たような高いクォリティを維持し続けた基金があるのだと知って驚愕しました。これだけのことをやり遂げたことを大いに誇りにお思い下さい」、と。

批評家のフィリップ・ホイールライトは、ボーリンゲン叢書の本がほぼ半分刊行されていた一九五七年の『シウォーニー・レヴュー』誌上で「この叢書の本たちが何と豊かに、何と多様に……補完し合う両極、即ち表層と深層、美的たると神話的たるとを、発展させてきたか知って」衝撃を受けたと書いた。ホイールライトはさらに書き進めて、この叢書が達成したのが「意図と制作の驚くような統一、そしてこれはこれで本制作の美と技倆、その材料の内在的価値とさらに統一されていて、これは合衆国で今進行中の最も瞠目すべき出版事業ではないかと思わせる」としている。ある本は、それは『絵画の道《タオ》』とか『ザ・ヌード』などだが、「(見方にもよるが) 表層に目を向けているが、一方ではもっとはっきり深層の方に大きな関心を寄せるユングの本とかエラノス年報精選論文集のような本もある」、と。それはそうだが、とホイールライトが書き続けていることが肝心なのだ。「書き手の皆が、はっきりかそっとかは別として、美の表層も、いろいろあり得る見方からちゃんと眺められるなら必ずや新しく、かつ一層深い、隠された神話の深層につながっていくのだという根本的な理解を共有しているように感じられる」、と。

第六章　遺産

一九五九年にパンセオン・ブックス創立者のヘレンとクルトのヴォルフ夫妻はヨーロッパに帰郷した。パンセオンはヴォルフがパステルナークの『ドクトル・ジバゴ』やアン・リンドバーグ、メアリー・ルノーの本、後にはランペドゥーサやギュンター・グラスの本を持ち込んでから商業的には大成功をおさめ始めていた。アスコーナの一寸北にあるロカルノが彼らの拠点となり、パンセオンの欧州大陸支局が開設された。当時スイスに拠点というのは、西欧の中心に位置するという以上に好都合なことがあった。クルト・ヴォルフがやがて『C・G・ユングの回想・夢・瞑想』というタイトルになる本の初期草稿を編集中だったからである。この本の構想を持っていたヴォルフは、一九五六年、ユングに書き始めるように説得したのだった。ヴォルフの構想に従ってアニエラ・ヤッフェが何年もに亘《わた》るユングとの会話の「プロトコル」というか記録を自叙伝ふうに発展させたものを、ユングが書いた幾章かが補完した。

パンセオンのニューヨーク事務所を当時動かしていたのは編集主幹のジェラルド・J・グロスと初代所長のキリル・シェイバードだった。シフランの死後に制作主任をやっていたヴォルガング・ザウアーランダーが、東六十二丁目百四十番地で隔週会議を開いていたボーリンゲン叢書編集委員会でのヴォルフの役を引き受けた。

一九五六年以来基金総裁をつとめていたジョン・バレットは一九六〇年初め、ヴォルフをその顧問団の一人に任命した。七月、ヴォルフ夫妻は完全にパンセオンとは切れる。二人の出版人生は終りを迎えたかに見え、それからはマジョーレ湖を見下ろしながらの悠々自適生活かと思われた。しかし半年もせぬうちに、ハーコート・ブレイス・アンド・ワールド社に「ヘレン・アンド・クルト・ヴォルフ・ブックス」の刊記《インプリント》の下、勝手に動ける共同編集者として来ないかというウィリアム・ジョヴァノヴィッチの誘いに応じる。二人はロカルノにいて、ヴォルフは相変らずボーリンゲンとの密な繋がりを保っていた。その年はパンセオンにとっても、ボーリンゲンにとっても大きな変り目だった。五月、パンセオンはランダム・ハウスに買いとられた。パンセオンの刊記《インプリント》は残ったが、法人組織の一部局となってマグリニッジ・ヴィレッジを離れ、かつてフランス救済委員会事務所があった五十一丁目のヴィラード・ハウスのひとつに入ったランダム・ハウス内に移った。シェイバートもグロスも引退し、ザウアーランダーがボーリンゲン叢書のスタッフになったので、パンセオン創立時のメンバーは誰もいない。ポーラ・ヴァン・ドーレンがパンセオンとボーリンゲンのつなぎ役《リエゾン》をつとめ、社の総括はやがてジャック・シフランの息子のアンドレがやるようになる。基金は他の出版社から無数の話を持ち込まれたが（「パンセオンなどどこかに消えてしまったじゃないか」と、ある出版社など言ったという）、バレットはこのつながりを保ち続けようと決心し、ランダム・ハウスの創業者、ベネット・サーフ、ドナルド・クロッファーと誼《よしみ》を通じる。勿論、出版の旧方式は変らざるを得ない。ザウアーランダーを制作部長にして基金自体が本の制作に直《じ》かに係わり、自らの出版社となる。パンセオンは叢書の販売、宣伝、配送の業務を担うことになった。

一九六一年初め、ラウトレッジ&キーガン・ポール社の総帥セシル・フランクリンが他界し、息子のノーマンがただちにその職を継いだ。同年の六月にユングも逝《い》った。クルト・ヴォルフはボーリンゲン基金を代表してキュスナハトでの葬儀に参列したが、もはやユング著作の編集者ではなかった。『回想・夢・瞑想』は新生パンセオンの編集者たちの仕事になっていた。一九六三年十月、ヴォルフは「グルッペ47」のドイツ人作家たちの会合に出ようと向かっている途中、南ドイツのさる町で自動車事故に遭い、七十六年の人生を終えた。晩年、アメリカの出版人としてばかりかドイツの出版人として――新世界と旧世界の仲介者として――高い評価を受けていた。ロンドンの『タイムズ』紙の記者がヴォルフのことを何と書いたか。「偉大な出版人。ヨーロッパ文化最良の精華を体現。良き趣味、高き見識、博《ひろ》き知識の人物。快活さ、知性、幅広い教養を周りに惜しみなく与えたので一緒にいるだれしも自分も同じくらい（或いはほぼ同じくらい）快活で、知性あり、教養あるのだとつい感じてしまう、それほどだれかれに対する氏の態度は共感と理解に満ちあふれていた」。

東六十二丁目百四十番での活動が盛んになっていく。それでボーリンゲン基金は隣接する褐色砂岩《ブラウンストーン》仕上げの二軒を――百三十八を一九五九年に、百三十六を一九六三年に――購入し、建築家H・ページ・クロスが一貫したスタイルで、装飾のないすっきりしたブラウンストーンの整ったファサードを持つ建物に改修した。クロスはヴァージニアのアッパーヴィルの三位一体監督派教会を中世フランスふうに美しくデザインしていたが――この教会はポール・メロン夫妻が教区に寄贈した教会である。全部併せて百四十番地になったボーリンゲンの社屋はジョージ王朝時代ふうの幾つかの建物からできたロンドンのプライヴェート・ホテルに似ていたが、迷路のような通路、別階をつなぐ階段のつくる内部も同様に似ていた。クロスは壁炉、マントルピース、手すりその他、興をさそう装飾物は残した。

裏庭は敷石、灌木、池が面白くひとつにまとまっていたが、池には施設管理のエリザベス・ホアがクランショーとかハニーデューとかいろいろ名前をつけたハコガメたちが棲んでいた。天気の好い日には裏庭で叢書の新刊刊行を祝うパーティが行われることもあった。二つの基金――オールド・ドミニオンは百四十番のテナントをずっと続けていた――のトップが、バレットは二階から、アーネスト・ブルックスは三階から庭を見下ろしていた。最初の家の二階に書庫があったが、その錠が掛った格子の奥には錬金術、オカルト、そして考古学に係わるメアリー・メロン架蔵の書物や手稿の類が、彼女の死後にポール・メロンが購入し続けたものも含めておさまっていた。マントルピースの上にはブロックハーストの描いたメアリーの肖像画。但し模写。というのも原画の方は娘のキャシーが手もとに置きたがったからである。奨学金申請者はこの書庫で、メアリー・メロンの穏やかな目に見下ろされながら面接を受けることが多かった。一九六〇年代を通じて、ダンバートン・オークスからの年金受給者、齢《よわい》八十の書誌制作者、エセル・バーネット・クラークがそこの階段に坐り、メアリーの蔵書目録をつくっている姿がよく見かけられたものだ。ポール・メロンはこれらの本や手稿をイェール大学図書館に寄贈し、イェールは書誌整理を続け、四巻のカタログ、『錬金術とオカルト』として刊行した（一九六八年、一九七七年）。

ジャクソン・マシューズと彼のヴァレリー担当組が事務所として使っていた近くの数室は、基金が購入していたツインマーとラディンの蔵書に囲繞《いにょう》されていた。全蔵書と整った参考資料コレクションは叢書編集者たちが自由に使ってよかった。三番目の家ではザウアーランダーと彼の制作スタッフ――モード・T・チョウとベアータ・ワクスタイン――が一フロアー全部を占領していたが、その上の階は編集スタッフ――私も含まれているし、いろいろな時にアン・ウェアリング・ウォレン、エリザベス・オルダム、M・J・アバディ、キャロル・エンジェルが出入りした――が一階を占領した。

他の場所では奨学金や寄付金の相談をメアリー・カーティス・リッターがやっていた（古典語と考古学を研究していた。J・ロバート・オッペンハイマーによってラディンに紹介され、そのラディンによってボーリンゲン基金に紹介された人物だ）。エラノス文庫《アルヒーフ》は元型象徴研究アーカイヴ（Archive for Research in Archetypal Symbolism）と名前を変え、小さな部屋に配されたが、ジェシー・E・フレイザーと分析心理学協会からのいろいろな助手たちが辛うじて出入りできるくらいの狭さだった。幾部屋かに管財スタッフが入ったが、統括しているのは二つの基金の財務部長たるリチャード・G・アンダーソンだった（ボーリンゲンとオールド・ドミニオンの間には随分と重なり合う部分があった。メロンが両基金の役員会の議長をつとめていたし、バレットとブルックスは互いにもうひとつの基金の副総裁でもあった。何人もの理事が両方の役員会に属した。ケアンズが典型的である。ナンシー・ラスはブルックスの助手だったが両基金の秘書補をつとめたし、クラカウアーはブルックス、バレットの両方の顧問であった）。せいぜいで三十人という人々が百四十番地の二つの基金の仕事をしていたことになる。

ボーリンゲン叢書第一巻が世に出て二十年がたった一九六三年だが、基金の支出は三年続けて百万ドル越えの百四十二万二百六十三ドル（叢書の売り上げ十三万千八百ドルなど焼け石に水）。メロンは年毎にあく穴を埋めるのに必要な資金を投入した――大体は国債と湾岸石油《ガルフ・オイル》の株からである。一月の理事会では、ジョゼフ・キャンベルと、ピアポント・モルガン図書館の館長フレデリック・B・アダムズ二世を新たに理事に迎えていたが、叢書の仲々骨の折れそうな一連の企画を通した――全四巻からなるエミール・マール本、ユング書簡集、『神曲挿画入り手稿』、そしてドニ・ド・ルージュモン編纂の汎ヨーロッパ的アンソロジーたる『ヨーロッパ　二十八世紀』（結局は他社から刊行）である。

奨学金を出した研究テーマは、ハワイ詠唱歌、原始宗教の向精神薬、ワーズワースのユング派的研究とドストエフスキーの非ユング派的研究、ヨルダン考古学、現代科学のテーマ学、ギリシア・ローマ魔術といったものだった。

四月に特別に会を持って理事会はロンドンのボーリンゲン英国美術基金への援助を決め、これはポール・メロン英国美術基金と名を変え、翌年オールド・ドミニオンに移管された。初めの何年かは英国の美術史家バジル・テイラーに導かれていた英国美術基金だが、最初の出版物はパンセオン・アンド・ラウトレッジの刊記《インプリント》で出した。それは最終的に五百万ドルの寄付とともにイェール大学に移され、名前も再びポール・メロン英国美術センターという名前に変った。それはロンドンでの活動を続けたが、英国美術の研究を援助することも含まれていた。一九六三年、ボーリンゲン基金は他の特別なプロジェクト――エジプトの宗教文書関係、ユングのフランス語訳等々――を支援したが、その年、それに総計約六万ドルを使っている。考古学、心理学、一般人文学等々への寄付プログラムはおおよそ二十万ドルを受けとった。

本の売り上げ収入は右肩上りだった。出費の右肩上り曲線にほんの少し窪みをつくった位のものであったにはしろ、だ。売り上げ曲線はずっと右肩上りだったが、これはランダム・ハウスの組織が本の流通を引き受けて以降、はっきり目立つのであり、プリンストン大学出版局に代っても右肩上り傾向には変りがなかった。もうひとつ収入増のファクターがあってそれは一九五〇年代半ば、ボーリンゲンが初めて全部で八点のタイトルをアーサー・A・コーヘンのメリディアン・ブックスに許可した瞬間に始まったペイパーバック出版プログラムであった。この関係はメリディアンがワールドに買収され、同時にハーパー&ロウ社のトーチブックスのペイパー本の編集者だったメルヴィン・アーノルドが「ボーリンゲン・ライブラリー」というプログラムを申し出てきた時に終りを告げる（一九五一年という早い時期にＥ・マクナイト・コーファーと私は既にボーリンゲン・ペイパーバックス構想ばかりかボーリンゲン雑誌『エートス』の提案もしていた）。トーチブックスのプログラムは一九六六年に終りを迎えるまでに二十点を刊行して叢書をより広汎な読者に、とりわけ業界寄りの書店を通じて知らしめた。その後はプリンストン大学出版局がかなり大型化したボーリンゲン・ペイパーバック・プログラムを引き継いだが、一九八二年までに約九十点を刊行した。

一九六三年という年を忘れられないものにした事件は十二月十二日にあった臨時理事会で、委員会議長のポール・メロンが出席者に向かって次のような見解を述べたのである。

ボーリンゲン基金は一九四五年十二月に創設されました。その沿革の最初期に於て小生の発想、小生の意図は、総裁であり編集者でもあるジャック・バレット引退の暁には最早新企画はなし、既に工程に入っているものは別として新しい本の刊行も止めようというものでした。皆さん御存知のようにジャックは本基金の活動を引っぱってきたし、ほとんど出発時からボーリンゲン叢書の編集者でもありました。小生の意図の後にある哲学は小生にとっては自明のものなのですが、過去幾度となくボーリンゲンの仲間の皆さんに申しあげて参ったことを改めて申しあげておきたく思います。基金の全体として誇る高い基準、とりわけボーリンゲン叢書が実現してみせた出版の非常に高い質というものは、初めにそれを担った僅かな人たちの引退や他界に続く時間の中でいつも消滅もしくは後退の危機に直面せざるを得ない。当基金、そしてボーリンゲン叢書の名望嚇々《かくかく》たるものですから、大本の創設者、唯一人の資金提供人たる小生といたしましてはそのような消滅、そのような後退、想像するだに慄然たらざるを得ません。

ジャック・バレットは一九四五年以来ずっとボーリンゲン叢書の編集者であり、一九五六年この方は基金の総裁でもあったのですが、一九六四年二月、基金の年金プランによる通常の定年に達することになります（とは申しても、氏が望むなら、そしてそれが委員会の意向でもあるならば、その後もずっといてもらって構わない）。以下申しあげる幾つかの理由あって、基金の方がいつまでもというわけにもいかないので、ジャックにぴったりの場所が仮にあったとしてそれでどうだとは仲々言いにくい状況です。

法人となった時から一九六三年六月三十日まで、基金は慈善事業として約千百五十万ドルを使い、六月三十日現在、使える資金は約五百万ドルです。こうした現金の他に基金は売る本の在庫、東六十二丁目の不動産および家具調度の形の資産を保有しております。

小生は当基金財務の唯一の支援者でやって参りました。出発時から一九六三年六月三十日まで当基金は総額約千六百五十万ドルの利用可能な資金を有して参りましたが、そのうち千二百五十万ドルは小生からの寄付であり、投資増額に見合った額であります。小生はまた当基金に現物寄贈も行ってきました。

慈善活動に当基金が出費する額は今や年額、平均して百万ドルに達し、ということは大方が基本財産を取り崩してつくられた金額ということです。言い換えるなら当基金はいつも資本を食いつぶしているわけです。収入ではその事業を維持するには足りない。法人化以来の時間で計算すると基金に入った収入は全使用金額の六パーセントにも満たない。こういうふうに考えますと、いつだって小生が別段永久に基金に寄付し続ける計画でなんかなかったことはおわかり願わなくてはなりません。時々寄付をしたのは基金が収入と資本を使って三年ないし四年、なんとか回って欲しいと願ったからです。

当基金の現時点でのプログラムからするならば、基金の現在の流動資産で基金がもちこたえられるのはおよそ五年でしかないでしょう。

ジョン・バレット引退が間近ということの他にもいろいろな要因があって、どうしても基金の将来構想に思いを致さないわけにはいきません。まず慈善の贈与をめぐっては税法を変えるべきか否か議会でなお議論が続いているが、ごく近い将来、基金に寄付し続けるのがさらにひどく難しくなることが十分予想される。さらに基金に流動資産を入れるのも、さらにさらに困難であります。小生の寄付の大部分はガルフ・オイル社の株という形をとっていますが、簡単に売れるわけではありません。第二次分売が登録されて初めて売れたということになるわけですが、そのためにはコスト、タイミングその他の条件がそろわないとなりません。

熟考の結果、ボーリンゲンがこれからプログラムをいかにするのが賢明と思われるか書いておきます。

（1）基金はここ当分は現行の形で動くが、基本的にはスタッフの時間も努力も出版企画の完遂に向けられることになる。基金は現在百九タイトル刊行済みで、百三十六タイトルが計画もしくは制作の工程にある。進行中のものの多さに鑑み、普通に計算して現在進行中の仕事の完成には、仮に幾つかのタイトルは断念ということがあるにしろ少なくとも十年は必要と思われます。かるが故、今後は新規タイトルを出版予定として入れないように願いたいのであります。

（2）基金の他のプログラムはただちに全て終了にします。例外が奨学金の件であります。

a　奨学金プログラム。奨学生の申請の受付けは毎年十一月一日ということであるので、既に参っているものに就ては通常の如く点検し、手続きされたいが、奨学生として認められるのは十件までとする。以降、一九六六年度分まで毎年十件の認定を続けるが、一九六七年六月三十日を越える事案に就ては認可せず。

b　寄付プログラム。今まで関与した事案に就ては配慮したいが、今年から以降の寄付の新事案はなし。

c　特別プロジェクト。基金の特別プロジェクトも終了にすべき。これには英国美術プロジェクト支援も含まれる。このことでは、他の組織がプロジェクトを継続してくれるような段取りが望まれる。そういう段取りができるまでは当基金による英国美術プロジェクト支援を一九六四年上半期一杯続行する。従って当基金は一九六三年の終りまでにこのプロジェクトの年間予算を検証し、そうした予算額の半分の支払いの保証を与えるのが望ましい。この方式でこのプロジェクトの支援を将来にわたって続けるための新しい段取りをつける時間的余裕ができるはずである。

右プログラムの履行終了によって基金は唯一出版事業にのみ係わり、あらゆる努力が今進行中の本の刊行に向けられるはずである。こう考えてみると、一九六四年一年は基金のスタッフが出版プログラムの最終的撤収のための秩序立ったプログラムをどうするか考える年になる。基金がどこかの大学出版局と連繫すべきか否か、連繫するというのなら、いつ、どの程度とか、考えなければならないことはある。

さらに何年か奨学生制度の面倒をみるためのコスト、今も係わってきている特別プロジェクトや寄付のコストを計算してみると、今年末までに基金に百万ドルを個人からの最終の寄付として入れておく方が良いと思えて参った次第です。一挙に削られる奨学金、寄付、特別プロジェクトで浮いたすべての金額は結局は出版事業の完遂のために使われるはずであります。

当基金の仕事を徐々に少なくだのボーリンゲン叢書の最終的撤収だのと申しておりますが、小生は現在も、過去も、基金の理事会、スタッフ、顧問団の皆さんに信を失ったことは一度もないし、一度もなかったということだけは改めて申しあげておきたく思います。逆に強く望んでいるのは、小生、基金および叢書が卓越し、叡智あるものとして現在得られている世界的声望が未来永劫揺るぎないものたれと願っていることを御理解いただけることであります。こういう卓越と叡智の業は、ジャック・バレットとヴォーン・ギルモア両氏の明敏にして献身的な努力、深い滅私の一意専心がなければ、まず成就もされなければ、このような長の年月にわたって維持される筈もなかったものであります。

ここでメロンが言っていることは実はボーリンゲンの古株たちの間ではひそかに話し合われてきたことだった、おそらくこれが初耳というのは若手理事のキャンベルとアダムズだけであった。それは何ヶ月も内輪スタッフの外に漏れて出ることはなかった。基金の活動縮減の決意に当ってポール・メロンが大きな頼りにしたのは、一九五〇年代末から一番重用した顧問の一人のストダード・M・スティーヴンズであった。スティーヴンズは一八九一年、ニューヨーク州ロームで生まれたがイェールの人間ではない。一九一七年、コーネルとコロンビア・ロウ・スクールを出るとウォール街のサリヴァン&クロムウェル法律事務所にとびこみ、一九八一年八月の死の時まで働き手のパートナーをつとめた。一九二〇年代末にスティーヴンズは財務長官のA・W・メロンと、そしてボルチモアの法律事務所の将来を嘱望された若き社員だったハンティントン・ケアンズと昵懇《じっこん》になった。有名なコレクターのチェスター・デールがナショナル・ギャラリーの館長だった時、スティーヴンズはその顧問弁護士であり、美術館の特任顧問もつとめたし、後には役員にも選ばれている。このスティーヴンズに一九五〇年代半ばに会ったポール・メロンは相手の知識と志操堅固、巧思妙算ぶりに驚き、早速弁護士に雇う。ポール・メロンの伝手《つて》でスティーヴンズは、引退して病に罹り、まったく耳が聞こえなくなっていたドナルド・シェパードと会う。バトンがリレーされたとも言えるわけだ。一九五〇年代末にスティーヴンズはオールド・ドミニオン基金、アリサ・メロン・ブルースのアヴァロン基金両方の常任理事に選ばれ、彼の会社サリヴァン&クロムウェルはこれら二つの基金ばかりかボーリンゲンの法律事務所になった。スティーヴンズが初めて法律の人間としてでなく東六十二丁目百四十番地に顔を出したのは一九五八年、詩集『航路指標』を刊行したばかりのアレクシ・レジェを祝うカクテル・パーティの席上であった。その頃ポール・メロンはスティーヴンズと一緒に、それまでの学術後援者《フィランスロピスト》としての事業、野望、困難を巡って書き綴ってきていたメモ類をまとめつつあった。理系の知識がどんどん評価を高めているのに反撥して人文諸学、とりわけ古典研究に力を入れたいという宿願と、基金プログラムのかさみ続ける出費と厳しさを増す税制への危惧がそこには窺われる。「ボーリンゲンは金がかかって一寸手に負えなくなりつつある」とは、数年後のスティーヴンズの回想である。「考古学企画と奨学金の山でなんだかグッゲンハイム助成金みたいになってきた」。スティーヴンズと年若い同僚のドナルド・R・オズボーンでボーリンゲン・プログラムの贅肉落としの巧いやり方を練りあげ、実務役のオズボーンが細かい数字の管理をやった。一九六九年、二人協力してオールド・ドミニオン基金とアヴァロン基金の合併を行い、ここにアンドリュー・W・メロン基金が生まれたが、その最初の理事の一人がもちろんストダード・スティーヴンズだった。スティーヴンズは八十四で引退すると、名誉理事に選ばれた。プリンストンのボーリンゲン・プログラムの進行に一九八〇年代までずっと抜かりなく目を配ることになる。

初めのうちはなお考古学、学術助成、その他人文学の仕事への寄付プログラムの出入りがある。基金は一九六三年末以降、新企画による申請はないと言いながら、良い仕事は評価し、これで終りと言いつつ気前よく助成金を供与した。カーエンのユング仏訳とか、ローマ・アメリカン・アカデミーの古典研究学校などは一九六七年まで助成を受けたが、それはエラノス基金も同じで最終助成金のひとつを受給している。英国美術プロジェクトはさらに六ヶ月頑張った後、オールド・ドミニオン基金に移管された。考古学関係最後の寄付は一九六五年にアメリカ・アブ・シンベル保存委員会に供与された助成金である。元型象徴研究アーカイヴ（ARAS）はニューヨークのC・G・ユング基金に寄付ということでやっと一九六九年に行き先が決まったが、ジョゼフ・キャンベルが「有機的分類によって人類想像力全史を未曾有の仕方で展望させる豊富なイメージ群」と絶賛していたものが今や人々の目に触れることになった。基金が購入していた個人蔵書も同様に分散していった。ツィンマー蔵書はニューヨーク大学に、ラディンの本たちはホフストラ・カレッジに、フェリックス・ヤコービの本はハーヴァード大学にという具合である。

　奨学金プログラムは先細りの運命だった。一九六四年にはただの八件、一九六五年にこそ十二件になったが、一九六六年の最後の支給が全部で八件——学術のごった煮《メドレー》然と、ルネサンスの軍事建築、ウィリアム・ブレイク、コンメーディア・デラルテ、十二世紀ヨーロッパの学校教師、日本のミュージアム、エトルリアの市街設計、中世フランスの教会装飾、東南アジア前史時代の海上交易、と研究テーマはまちまちである。

　ボーリンゲン叢書の処理はこれらとは問題が別であった。まだ入稿中という原稿には契約や協定がなお活きているし、ユング本、ヴァレリー本、コールリッジ本という息の長い企画は完成に何年も掛りそうだ。一九六三年十二月に理事会で新規本の出版はなしという決定が下された。「しかしながら、例外的な出版の話が起きたら役員会の強い意向を得て諒《イエス》とするという理解はある」ということだった。一九六八年までこの例外的な出版の話は幾つかあり、「諒」とされている。A・W・メロン講義、ユングのセミナーとインタヴュー、カーラーとマシニョンの研究、そしてキャンベルの世界の神話についての未だタイトルのつかない論文といった数巻である。

叢書は通し番号百番で凍結されているわけだが、二百七十五巻から成っていた。これを出版設備を持つ非営利組織に譲り渡すとなると、相手は大学の出版局である。ハーヴァード、イェール、プリンストンの出版局が有望株だったし、ボーリンゲンからの代表団がそれらを見学に赴いた。仲々良さそうな申し出をしてくる大学出版局が、ウェスリアンとミシガンのように他にも幾つかあった。候補はハーヴァードとプリンストンに絞られたが、一番大きな関心を持っているようだし、どこよりも適当な設備を持っていたからである。両方とも、現在の叢書、これから出る予定の叢書を丸ごと受けいれる意向だったし、基金のスタッフをそのままメンバーとして継続雇用してくれると言うのだった。ハーヴァードは出版局局長トマス・ウィルソンの引退間近なのに後継者は未知数なのでは困る、というのではずされた。一九六六年十一月初め、バレットが理事一同にプリンストンの出版局にした方が良い旨言ったが、「代表たちが一貫して大きな関心を示してくれているばかりか、基金の仕事をどう終らせるが良いとメロン氏が考えているかというところと一致するやり方でやってくれる、そして基金の伝統と同じ水準でプログラムを継続してくれるという最大にして十全の見通しを与える」からである。基金の理事たちは同意した。出版局側の理事会は既に協力計画に同意の意向だった。経緯はボーリンゲンのスタッフに、そしてすぐに世間に知らされ、かくて一九六七年七月一日、プリンストン大学出版局がボーリンゲン叢書の版元となった。

早くも一九六二年一月、パンセオンがランダム・ハウスに帰した直後、プリンストン出版局局長のハーバート・S・ベイリー二世がバレットに手紙でボーリンゲン叢書出版の意向を伝えていた。それから何年か間欠的に対話は続き、一九六三年十二月のメロンの「勅令」の後、事態は一挙に速度を早める。ストダード・スティーヴンズはベイリーに会い、プリンストンの意向を知って同意した。移管は複雑だが比較的円滑な進捗ぶりで、一九六七年夏には終った。叢書本の全在庫が、プリンストン近傍の田舎に新築された出版プラントの一部となった出版局の倉庫に移された。印刷機器と事務が引っ越した後、出版局本部は歩廊を取り巻く共住聖職者団《カレッジエート》ゴシック建築だったものがオールド・ドミニオン基金の寄付によって改修改築された。ニューヨークのスタッフだった者で出版局に移ったのは二人だけ、編集主幹（私である）と会計監査補のC・アーサー・ノリン。あとのスタッフは、ニューヨークで進行中だった本が前のスタッフの手で本になり、しかしプリンストンの刊記《インプリント》を帯びて刊行という次の二年の間に徐々に解散していった。『神曲挿画入り手稿』『芸術の要求』、『易経』新「袖珍」版、（サモトラケの）『ヒエーロン』、『ブレイクと伝統』、それからバッハオーフェンのアンソロジーといった本がそれである。その間、プリンストンは二冊に一冊、編集と制作もやることにして、全部がプリンストンの産物という最初の本、P・J・コンクライト装本によるデイヴィッド・セシル『幻視者と夢想家』（メロン講義）はアメリカ・グラフィック・アーツ協会が選ぶ「ベスト・ブック五十」の一冊にたちまち入ることになった。

基金からは何もかもがなくなっていった。ジャクソン・マシューズは、ヴァレリー本の編集は続行だが、一九六七年、副総裁職ではなくなっていた。何人もの顧問が死によって奪われた——ジークフリート・クラカウアーは一九六六年十一月に没、ハーバート・リードは一九六八年六月に他界しているし、ウォラス・ブロックウェイは編集仕事から一九六九年に手を引いたと思ったら一九七三年に他界。一九六九年からザウアーランダーは編集顧問としてニューヨークで働き、『フロイト／ユング往復書簡集』の編集や『ブレヒト著作集』のような文学畑の企画で活躍をみせたが、一九七七年、オーストリアにて没。ケアンズ、キャンベル、アダムズは一九六九年五月八日の年次会議で理事職の任期を終えた。叢書を完全にプリンストン大学出版局に移管すると決定したのもこの理事会だったし、この同じ日付けでバレットとギルモアが引退していった。基金は出版局にその権利、肩書きと、ボーリンゲン叢書に係わる利潤、著作権、契約、在庫、進行中の仕事、補助的権利——地所——一切を譲渡した。基金はまたプリンストン大学に百五十五万五千ドルを寄付し、これを新ボーリンゲン基金として、その元金および利子を出版局はボーリンゲン叢書の継続と完成に充《あ》ててもらいたいという強い要望を伝えた。その基金がこの目的に必要ないという場合、大学の一般的目的に使われても良いが、「基金のたっての希望として」そのような場合でも学術出版が用途として願わしい、と。ポール・メロンは後に「旧」ボーリンゲン基金に対し、出版局がプログラムを完遂するのに必要と思われる額を追加寄付している。

一九八二年一月、ボーリンゲン本が出版局にもたらした意想外に多い収益のことがあって、基金が叢書を完成するのに必要という以上に潤沢な資金に恵まれていることがはっきりしていた。大学の常任理事会は基金の二百万ドルを大学図書館に（英米の美術、歴史、文学関係の資料購入の名目で）、二百万ドルを（ボーリンゲン叢書ではない学術出版への助成を目的に）供与した。残りの百八十万ドルは叢書の完成のために確保されていた。

一九六九年以降、基金は三人の理事の役員会の下に動いた。メロン（総裁）、バレット、そしてヴォーン・ギルモアの三人、一年に一度の会議である。秘書のメアリー・カーティス・リッターは東六十二丁目百四十番地のボーリンゲン基金唯一の職員だったが、この地所自体が一九六九年六月三十日に、その日オールド・ドミニオン基金とアヴァロン基金との合併でできたアンドリュー・W・メロン基金の地所になっていた。カーティス・リッターの仕事は基金最後の拠金と支出を管理することと、そのファイルを議会図書館に移すために整備することだったが、そのお蔭で、丁度ボーリンゲン文庫《アーカイヴ》がそうだったように、「二十世紀中葉期に合衆国で人文学がどう学ばれたか伝える記録の一部が学者や作家の目に触れる」ことになった。一九七〇年、珍しく一陣の突風が吹き抜けた。ドーニャ・ルイーサ・クーマラスワーミーが亡くなり、夫の蔵書や論文類を基金に遺贈したのである。三人理事の最後の会合が一九七三年三月十三日にもたれた。以降、ボーリンゲン基金は活動なき存在ということで続き、その役員はプリンストン大学出版局の局長たちということになった。

翌年、ヴォーン・ギルモアはいま一度、ボーリンゲン基金の代表の役をつとめる。「書籍出版の際立った企画」に出されるケアリー＝トマス賞がボーリンゲン叢書に——というか、既に七年間、叢書を出版してきたプリンストン大学出版局に——与えられたからである。一九七四年六月七日にサーディズで催された昼食会で、『パブリッシャーズ・ウィークリー』誌が主宰する賞が「最高の時宜に示された創造的出版事業に、単に編集判断の卓越ばかりか、進取の気象、想像力、著者との協働、適切な制作、成功した販売促進活動に」対しても授けられた。同じ場で同じような賞がヘレン・アンド・クルト・ヴォルフ・ブックスのヘレン・ヴォルフにも与えられている。祝辞を述べる人たちがたまたま誰も話題にしなかったが、ヴォルフ夫妻がその前にいたパンセオンも、その最初の二十四年にはこれもボーリンゲン叢書の本を出版し、配本していたのである。

一九六〇年代を通じてテキサス州選出の下院議員ライト・パトマンは、彼が見てあれこれの課税逃れ基金のやりたい放題への攻撃を続けていた。ポピュリズム政治家ということでパトマンは下院議員最初の任期中の一九三二年、財務長官だったA・W・メロンを攻撃し、不正行為から公私利害の衝突まで罪状を並べて告発しようとして注目を浴びた。三十年以上もの間、パトマンは独占支配、怪しい銀行証券、基金から始めてウォール街全体を敵にまわしてひとり十字軍を議会で演じ続けた。下院小規模事業委員会の基金小委員会の委員長として一九六一年以後、パトマンはスタッフを配して調査と聴きとりを続ける。ボーリンゲン基金も分厚いアンケート書類を受け取ったが、保険の売買、税の還付、所得申告、監査報告などなど財務についての情報を出せということだった。小委員会は『免税基金と慈善企業――経済に及ぼすその影響』というタイトルで調査結果を次々公表したが、パトマン流に言えば「国家に負う財務と道徳の責任から計算ずくで逃げる」非課税特権の濫用を攻撃し続けていた。時々はボーリンゲン基金も標的にされた――たとえば一九六六年の調査だが、基金が「フーゴー・フォン・ホーフマンスタール」だの、「イランの宗教意識の現象学」だの、「ボスニアとヘルツェゴヴィナの中世墓石の装飾タイプ」だのの研究に奨学金を何故出す、と言って悪しざまに非難した。一九六九年二月、下院歳入委員会が税制改革の聴聞会を開いた時の最初の証言者がパトマンだった。ここでもまた攻撃の対象になったのは同じくボーリンゲンの各奨学金であった。これらの聴聞会は――税の不平等とむだ使いへの国民的関心の大きさを背景に――一九六九年十二月に議会を通過した税法改正にまで行きつく。税を免ぜられた基金の事業がこれで厳しく制限されることになるのだが、その頃にはボーリンゲン基金は活動停止して、ほとんど店じまい状態であった。

パトマン下院議員が委員会でした証言なるものではボーリンゲン基金が「些事をさらなるナンセンスに変えてしまう」ことに奨学金を与えることを業としているという話になるのだが、これを『ニューヨーク・タイムズ』紙で読んだボストン学術会《アシニーアム》の会長で司書のウォルター・ミュア・ホワイトヒルがパトマンに手紙を書いて、「小生は合衆国の他のどの基金よりもここのやり通した鴻業を高く評価致し、敬仰致しおる者です」と書き送っている。この人物に言わせるなら、あらゆる知識の進歩はそれ自体としては意味のない主題の何千という微小些末なことがらが関係し合うことでできるというのである。カエルの左後足を細かく研究した博士論文を引き合いに出しながらホワイトヒルは、こうした細かい研究がやがてはモザイクやジグソーパズルの一片一片のように撚《よ》りあわさっていくのであり、「貴君がボーリンゲン基金がボスニアやヘルツェゴヴィナの中世の墓石の研究に与えた奨学金を嘲笑するようにこのような博士論文を難ずるなら、そこからしか偉大な科学の進歩が出てくることのない基礎研究の衰滅を招く結果になるのです」。ホワイトヒルは、アメリカが移民の国だと言ったジョン・F・ケネディの言葉を引き合いに出す。「こうした人々がアメリカの生活と伝統の中に何を持ちこんだのか理解しようと思うなら、彼らがそこからやって来たのがどういう所か是非知る必要がある。ユーゴスラヴィアからの移民がアメリカに何を貢献したかを考える上で、ボスニアやヘルツェゴヴィナの彼らの生まれ育った村の墓について何か知っていることが無駄なことであるはずはない」。

後日、基金の業務が終りを迎えつつあることを知ったホワイトヒルがバレットに何を書き送ったかも見ておこう。「言葉にもならない悲しみであります。この暗い世の中の一条の光でずっとあり続けてくれた基金だったからであります。かつてパトマン議員にも申しあげたことであります「が」……小生の知る限り何よりも、この合衆国の人間の精神をこの基金以上に高めてくれたものは他にあろうとは到底思えません。その名、その目的、そのうみだしたものが未来に伝えられないなど、これ以上の慚愧の思いがありましょうか」。

ホワイトヒルそっくりなことを皆、あちこちで書いている。たとえばアラン・ワッツ。「ボーリンゲンはとても特別な必要を満たしてくれた。常ならぬ、型にはまらぬ、非常に想像的な企て——科学や学術の世界の常道から逸れることの多い神秘主義、神話学、東洋哲学……といった企てを支えてくれた。……いや増しに若い人々の関心を惹きつけつつある世界を」。アニエラ・ヤッフェはチューリヒからバレットへの私信に、こう書いた。「あなたはボーリンゲン叢書を貴重な霊的富の収蔵庫にして下さいました。私はC・G・ユングがいつもボーリンゲン叢書とあなたのお仕事のことを口にし、尊敬し感謝していると言っていたことを思いだしています。私からの感謝の言葉を添えてもよろしいでしょう。あなたがユングの仕事と世界に対してしていただいた御骨折りに対する感謝。それ即ち私に対する支えでもありましたから」。マジョルカにいたアンソニーとエレインのケリガン夫妻はどうか。「あなたあって可能になったあの一切のすばらしい年月の記念にささやかな御礼の言葉を。ミゲル・デ・ウナムーノからの言葉を添えることはかないませんが、きっと喜ぶだろう――というか悲劇的な彼岸《ウルトラウンバ》は永遠だから今、現に喜んでいる、と言い直しましょう――、あなたが自分に英語の存在《ペルソナ》を与えてくれたことを知って」。ボーリンゲン奨学生たちも黙ってなんかいない。レオン・エーデルは「もしこの奨学金のお蔭でヘンリー・ジェイムズの手紙が読めタイプ打ちできていなかったら、これらの本は書かれることがなかったことだろう」と書いている。「シュメールの文書に対する私の研究はほぼ全部、ボーリンゲン基金からの奨学金になんらかの御世話になっている」と言っているのはS・N・クレイマー。ビザンティンの美術研究のマーヴィン・C・ロスは、「この先何を書くにしろ部分的にはこの基金のお蔭である、それなくばここまで来られてさえいなかっただろうから」と書く。キャスリーン・レインは「私への奨学金が与えてくれた心の平和、お金の心配からの自由がもしなかったら、私は詩を、それらの詩が要求するような集中力を以て読むことなどできなかったはずだ」と書いている。E・W・F・トムリンは「ボーリンゲン基金には、生物学の哲学的基礎に対する私の研究の重大局面に差しのべてもらった援助の手について、永遠に感謝の言葉を述べなくてはならない」

と言い続けた。

詩人で批評家、画家でも翻訳家でもあったケネス・レックスロスはボーリンゲン叢書の店じまい期に発表したエッセーの中でその鴻業を讃美してみせた。「今、これらほとんど百冊にもなる本と二十五年という歳月をふり返ってみるに」とレックスロスは言う、「西欧文化が戦間時代の主潮と正反対の新しい趣味へと大きく転換する中で極めて重要な蝶番《ちょうつがい》の役を果たしたのである。……スズキだろうが、エリアーデ、ツィンマー、キャンベルだろうが、はたまたブレイク、コールリッジだろうが、ボーリンゲンの事業の一貫性には弛《たゆ》みなさというべきものを感じる。この事業はそもそも何か。内面性の唱導、量には還元され得ぬもろもろの価値の再確認への弛みなき衝迫、意味を求めての冒険、意味の探求とでも言っておこう。……崩れなんとする西洋文明の再評価、再構築をめがける闘争の一部とでも」。ビートニックのレックスロスは「古い文化の根幹に挑戦した本」の幾つかを並べてみせる。『インド・アジアの美術』、『絵画の道《タオ》』、ナヴァホ宗教論、スズキの『禅と日本文化』、ユングの錬金術論、レインの『ブレイクと伝統』、そして「おそらくは世紀の掘りだしものたる一巻」、『アフリカの民話と彫刻』。「学術書の極みという体《てい》のボーリンゲン本の多くがこうしてペイパーバックで復刊されてみると、何とカウンターカルチャー、オルタナティヴ社会の重要な一部ではなかろうか」そうレックスロスは言い切った。そして『易経』のことを歌う民間のバラッド詩から引用する。「筮竹《ぜいちく》を繰れ、コインを投げると、単純明快の御託宣、コノ憎悪ノ世界ニ、ソレ試《タメ》ス真《マコト》アリ……」「侮れぬやり方で」と、レックスロスは書く。「ボーリンゲン叢書とボーリンゲン基金は時代精神（*Zeitgeist*）を変えた。……このような出版の壮図を他にふたつと求められようか」、きっと否《いな》だ、と。

一九六九年十一月十日、ニューヨークのセンチュリー・クラブにて。ボーリンゲン時代幕引きの宴をプリンストン大学出版局が基金の役員、理事、中心的な顧問一統を招いて催した。そして大分前から基調演説を頼まれていたのがハンティントン・ケアンズであった。ケアンズが「ボーリンゲンの冒険――J・D・BとV・G両氏に乾盃」と題して準備したスピーチは、P・J・コンクライトがいつもながらに絢爛とデザインした記念のブックレットに予め印刷されていた。そこではケアンズは基金の沿革を述べ、ポールとメアリーのメロン夫妻を、ユングを、ヴォルフ夫妻、シフランを、本の著者たち一統を、とりわけ「その成功をもたらし、アメリカ全知性史で最も重要な冒険のひとつを、学の世界が久しく忘れ得ない壮図を見事に開花結実させた両名」、バレットとギルモアを讃美していた。宴の客一人一人の席にこのブックレットが置かれていたのだが、さていざその時が来ると、おそらくは話が一寸説教臭い、あるいは感傷が過ぎると思ったものか、立ち上ったケアンズは「ボーリンゲンで思うこと」という全然ちがうスピーチを始めたのだ。脱皮直後の甲羅《こうら》の柔かい蟹をどう料理するかのH・L・メンケンのレシピ、ボーリンゲンという名前の由来、ボーンズ・ライブラリー等の過去の有名な人文叢書、プラトン、アスコーナ探訪記、ヘンリー・ジェイムズの話が長くなることについて。そして締め。「なにしろジャック・バレット、ヴォーン・ギルモア両氏とは長い付合いなもので、両氏のすぐれたことを次々並べたててみたところで愉快がってはくれぬことはよくわかっておるのです。そこで、ケンブリッジの古典の卒業試問のためにひねり出しました最後のエピグラム詩をこの場のために一寸いじくりまして御挨拶に代えさせていただきます。では。

こだまよ、長くも耳にひびきて思いださしめよ
我らいかにつとめ、いかに笑い合い、いかに語り合い、
友になるため生まれ来しかを」

出会いのアルケミア

高山　宏

1

次々と人名が登場してくるが、なにしろ当時にして国際的な有名人、二十一世紀劈頭の今みて確かに二十世紀人文学をこの人が変えたと納得できる面子《めんつ》が、平凡な言い方だが綺羅星のごとくに登場してくるわけで、次には誰がという興味だけでどんどん読み進めてしまう、一種、ひとつの文化自体を主人公にした集合的伝記、とでも言っておこう。

ここに白水社〈高山宏セレクション／異貌の人文学〉第二シリーズの掉尾を飾るということで全訳をお送りする McGuire, William, *Bollingen: An Adventure in Collecting the Past*（Bollingen Series; Princeton University Press, 1982 [2nd ed. 1989]）を初めて手にして興奮した時に受けた印象は、アートの方ではよく知られた二十世紀前半の、コズモポリタンな人的交流で成立した（ハイ）モダニズムにそっくり拮抗する華やかな人と観念の移動と交錯が、スカラシップ、即ち学、学問、学知の世界にもあったのだということであった。学問もひとつのアート、学者も一人のアーティストというぼくの個人的感覚を出発させたのは山口昌男『本の神話学』（中央公論社。一九七一）に次いでこのマガイアー氏の大著だった。山口氏（一九三一―二〇一三）が、二十世紀人文学といったって結局、ヨーロッパで迫害されてアメリカに移動した大物たちがつくりだした世界だという大きな把え方が、では実際にはどういう人間関係の広がりで証拠立てられるかというところが、マガイアーの本の役、とそういう読み方で、耽読した。山口氏は富豪美術史家のアビ・ヴァールブルク（ウォーバーグ）の象徴学と、ヴァールブルク研究所への資料蓄積を劇的に語ったが、同じことを、アメリカのエラノス、アメリカのボーリンゲンを呼号したメロン財団ボーリンゲン基金についてやってみせたのがマガイアーの本である。ある強烈な主張に向かってのぼりつめていく若きヤマグチ・マサオのページ毎にあふれる粘度、というか粘着力とは対照的に、次には彼を紹介、すると次には彼女が、と淡々と人物交流のデータを時系列にそって取りあげていく『ボーリンゲン』だが、狙いとするところは全く同じである。

　ちなみにぼくの老いて、すっかり精度と集中力を欠き始めた本棚の一角に、『本の神話学』と『ボーリンゲン』の二冊が（E・H・ゴンブリッチがヴァールブルク研究所書架について言った）本同士の「グッド・ネイバーフッド（良き隣人関係）」を保っている一角があって、本書から出発できる参考文献一覧の体《てい》になってもいるし、一部ながら挙げておこう。

Weber, Eugen, *France, Fin de Siècle*（Belknap Pr., 1986）.

Spiel, Hilde, *Vienna's Golden Autumn, 1866–1938*（Weidenfeld & Nicolson, 1987）.

*Kern, Stephen, *The Culture of Time and Space, 1880–1918*（Harvard U. Pr., 1983）.

Fritzscher, Peter, *Reading Berlin 1900*（Harvard U. Pr., 1996）.

Segel, Harold B., *Turn of the Century Cabaret*（Columbia U. Pr., 1987）.

Jelavich, Peter, *Berlin Cabaret*（Harvard U. Pr., 1993）.

Allen, Robert, C., *Horrible Prettiness: Burlesque and American Culture*（U. of North Carolina Pr., 1991）.

Harrison, Tnomas, *1910: The Emancipation of Dissonance* (U. of California Pr., 1996).
Wohl, Robert, *The Generation of 1914* (Harvard U. Pr., 1979).
Roshwald, Aviel & Richard Stites (eds.), *European Culture in the Great War: The Arts, Entertainment, and Propaganda, 1914–1918* (Cambridge U. Pr., 1999).
Gluck, Mary, *Georg Lukács and His Generation 1900–1918* (Harvard U. Pr., 1985).
Ackermann, Robert J., *Wittgenstein's City* (U. of Massachusetts Pr., 1988).
Bramann, Jorn K., *Wittgenstein's Tractatus and the Modern Arts* (Adler Pub., 1985).
Toman, Jindřich, *The Magic of a Common Language: Jakobson, Mathesius, Trubetzkoy, and the Prague Linguistic Circle* (MIT Pr., 1995).
Schrader, Bärber / Jürgen Schebera, *The "Golden" Twenties: Art and Literature in the Weimar Republic* (Yale U. Pr., 1988).
*Green, Martin, *Mountain of Truth: The Counter-culture Begins Ascona, 1900–1920* (U. P. of New England, 1986).
Green, Martin & John Swan, *The Triumph of Pierrot: The Commedia dell'Arte and the Modern Imagination* (The Pennsylvania St. U. Pr., 1986).
Bergonzi, Bernard, *Reading the Thirties: Texts and Contexts* (Macmillan, 1978).
Gold, Herbert, *Bohemia, Where Art, Angst, Love and Strong Coffee Meet* (Simon & Schuster, 1993).
David, Hugh, *The Fitzrovians: A Portrait of Bohemian Society, 1900–1955* (Michael Joseph, 1988).
Beard, Rick & Leslie Cohen Berlowitz (eds.), *Greenwich Village: Culture and Counterculture* (Rutgers U. Pr., 1993).
Banes, Sally, *Greenwich Village 1963: Avant-Garde Performance and the Effervescent Body* (Duke U. Pr., 1993).
Hewison, Robert, *Too Much: Art and Society in the Sixties, 1960–75* (Methuen, 1986).

スティーヴン・トゥールミンとアラン・ジャニク共著『ウィトゲンシュタインのウィーン』（邦訳平凡社ライブラリー）が見当らないとか、すぐ思う。それくらい愛着のある本棚だ。ある興味ある個人もしくは集団とある時代、ある文化のあり方がいかに絶妙にシンクロしていたかを点検するタイプの本ばかりが、こうしてテーマとも時代ともちがう切り口でここに吹きだまった感じである。ある人物と、もう一人か二人の人物の関係を伝記的に追跡してみたら、そこに時代の姿も浮き上ってくる、といえば大体の研究書や伝記はそのたぐいだから、右のような数におさまる筈はない。ここに挙げてあるのは何十人もの人物の相関する中に一文化、一時代の様相を捉えようという本たちなのだ。この中に『本の神話学』もこの『ボーリンゲン』もおさまっている。そして、たとえばJames Olney, *The Rhizome and the Flower: The Perennial Philosophy—Yeats and Jung* (U. of California Pr., 1980) といった本が何故か間におさまっているのは、多分『ボーリンゲン』の読者だったら看過できないある理由がある。ユングで読めるイェイツ、というだけではない。『リゾームと花』自体が、あのキャスリーン・レイン女史にささげられているからだ。ぼく自身がとても巧くは説明できないぼくの書架のふしぎな一角を少し紹介申し上げた。本を列挙する中に（＊）を付したものがあり、邦訳があるという印だが、マーティン・グリーンといえば、仲々カテゴリー化できない大型かつ融通無碍《むげ》のライターで、ロビンソン・クルーソー物語の画期的研究に邦訳があって有名。しかしこのライターだったら何と言ってもここに挙げた『真理の山』（平凡社）でしょう。

『ボーリンゲン』の舞台――スイスの観光地アスコーナと出版ビジネスの中心地ニューヨーク――のうちのひとつ（アスコーナ）をめぐってはこの『真理の山』以上にすばらしい参考書はない。イタリア語でモンテ・ヴェリタ（「真理の山」）というサナトリウムが一九〇〇―一九二〇年代にこのアスコ

①

②

③

④

① マーティン・グリーン『真理の山』(1986)
② ヒュー・デイヴィッド『フィッツロヴィアン』(1988)
③ ハーバート・ゴールド『ボヘミア』(1993)
④ リック・ベアード&レスリー・コーエン・バーロウィッツ編『グリニッジ・ヴィレッジ』(1993)

ーナの後背地の山、というか岡にあって、二十世紀前半の人文学の超大物からアナキストたちまでもの凄いメンバーがここに出入りして、その結果「二十世紀の心理学からモダン・ダンスまでの一切合財」がこの「真理の山」に発することになる。二十世紀前半文化を、しかも非常にフットワークの良いリーダブルな文章で読ませてくれる。月光派《ルナテイツク》なヨーロッパの臍《へそ》の緒たるアスコーナの「地霊」に嘉《よみ》せられたモダニズムの集合的伝記その一がこの『真理の山』であり、時系列としてぴったりその後を扱ったその二がこのマガイアー著『ボーリンゲン』であると思って間違いない。是非にも併読を！『真理の山』と『ボーリンゲン』をつなぐ文化史的脈絡については平凡社編と銘うった『エラノスへの招待——回想と資料』（一九九五）を必ず読まれたい。平凡社編などとあるが、これがエラノス狂いで通り、「エラノス叢書」まで実現した伝説の学究的編集者、故二宮隆洋氏の編である。このマガイアーの大冊と質量ともに伍する名著、『フロイトとユング——精神分析運動とヨーロッパ知識社会』（岩波モダンクラシックス）の上山安敏氏の京都大学法学部での講義に出ていた二宮氏は上田閑照、井筒俊彦両巨人に傾倒していたが、この『エラノスへの招待』には上田閑照氏の「円卓を囲んで」、井筒俊彦「エリアーデ哀悼」という名文が載せられている。日本のユング派と言えばこの人という河合隼雄先生の一文もあり、種村季弘「アスコーナ架空旅行」も面白く読める。故種村大人《うし》に関しては一般に人的交流を巧くテクスト読解に活かす名手だが、それが素材・方法の両面に結実した『ヴォルプスヴェーデふたたび』（筑摩書房。一九八〇）があって、人と人を交流させる「ゲニウス・ロキ」がアスコーナ以外にも棲息するという思いにさせる。

ぼく自身、「すべてはエラノスに発す」というアスコーナ精神文化史を右『エラノスへの招待』に採録してもらっているし、拙著『ブック・カーニヴァル』（自由国民社）にも自ら再録した。ちなみに今次、この『エラノスへの招待』をじっくり再読した。珍しいエラノスや人物交流の写真はほぼ全てがこのマガイアー本から。「ボーリンゲン叢書一覧」はマガイアーのそれの転載。エラノス講演者名鑑、エラノス年報総目次（一九三三―八八）も役に立つ。『ボーリンゲン』読者一統、ことごとく座右に置くべきものかと思う。改めてニノミヤタカヒロ、早い、凄い。そして、エラノス年報総目次は『現代思想』一九七九年臨時増刊「総特集ユング」号でも見られる。この『ボーリンゲン』が出た頃、ユング周辺に付合っていた日本における最先端部分がよく見えてくるすばらしい雑誌特集。これも是非博捜されると良い。

2

読み方はいろいろあるが、まず単純にはフィランスロピー（philanthropy）の事例研究ということである。つまり産業界の大立者の中に篤志家がいて、学術・芸術・文化事業を財政的に援助する営みを指す。広くはパトロンの慈善行為ということでパトロネージュ（女性パトロンによるマトロネージュ）の研究書と言ってもよいが、二十世紀の巨大産業・金融資本による大型のパトロネージュはもはやパトロネージュというよりはフィランスロピーの名で呼ばれるのが一般的である。近い例では一九八〇年代一杯、池袋を中心に華やかな展開をみたセゾン文化。財団法人セゾン文化財団理事長の堤清二という自らも大文化人（作家で詩人。筆名辻井喬）であった人物をトップにいただく西武百貨店による一大フィランスロピー活動だった。当時ぼく自身、こういう「知の商人」的発想そのものをさぐり、商機にしようとしていた広告会社電通の部外向け機関誌の編集顧問をつとめていた時期があり、その十年ほど頭の中にいつもあるキーワードが集客であり、そしてフィランスロピーだった。そのことをいろいろな場面で説明するのに当時つくったチャートがある。長々と説明する代りにここに転載

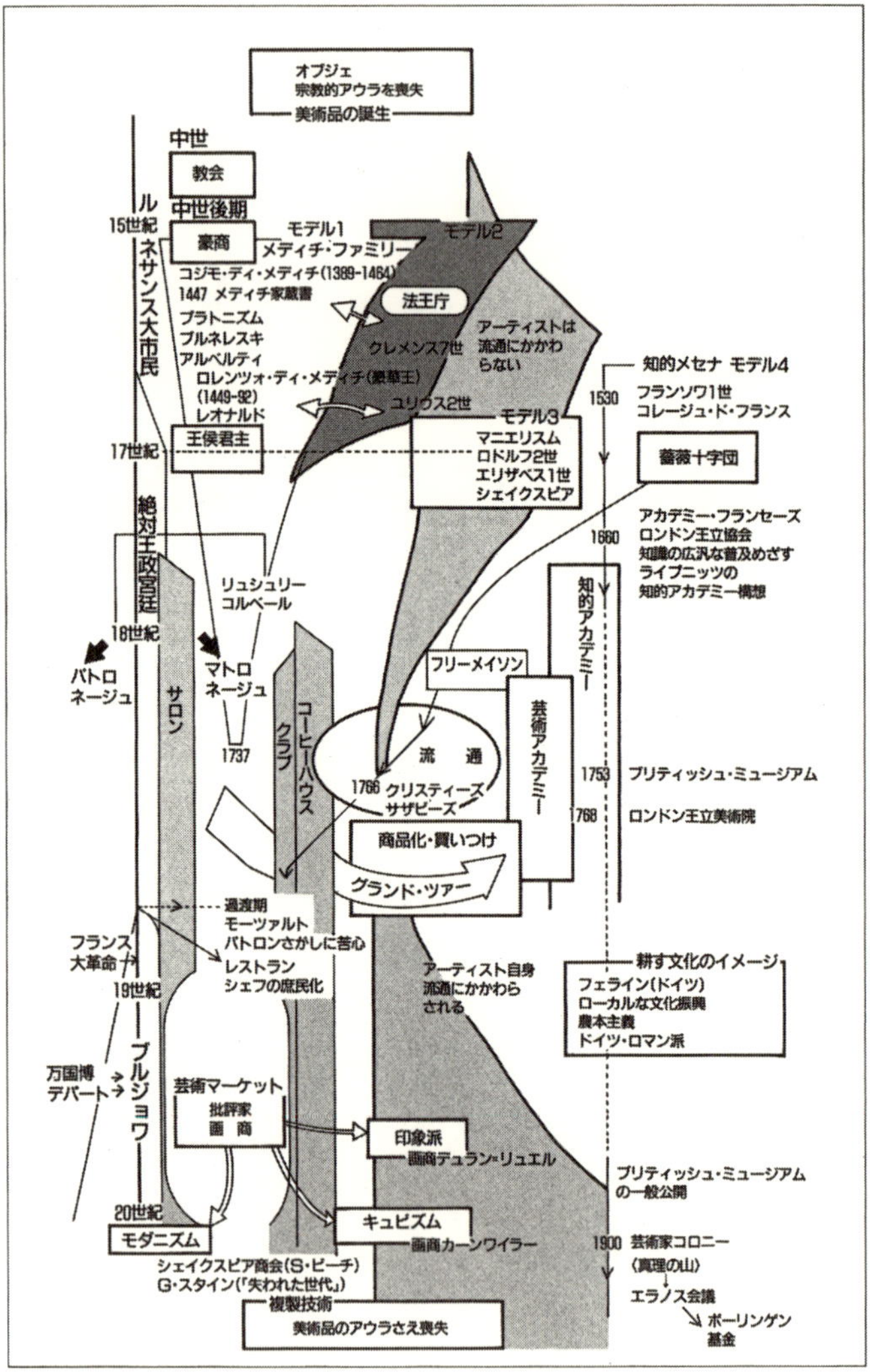

パトロネージの系譜図（高山宏「『パトロン』の系譜と機能」、『新人文感覚Ⅰ 風神の袋』羽鳥書店、所収。初出『月刊アドバタイジング』1990年4月号、電通）

しておく。中世・ルネサンスから現代までの主な文化活動の背後にあった経済支援のポイントをチャート化した傑作図版と自負しているが、その一番現在よりの所に「エラノス会議」そして「ボーリンゲン基金」の名がちゃんと記されているのは、ぼくがこのマガイアーの本とか『真理の山』とかを然るべく読んでいたればこそと、今みて一九八〇年代、時代に要請されたテーマが人的交流史とフィランスロピーだったのだなあ、と改めて思うのである。

一九八〇年代、いわゆるバブル経済期そのものの只中では余りフィランスロピーと言わず「メセナ(mécénat)」というフランス語を使って議論したように思う。ローマ皇帝の名顧問役ガイウス・マエケナスの名からとった語であるそうな。ホラティウスもウェルギリウスもこのマエケナスの援助なくしてはあの偉大なる文業はなかったというから、たしかにこの『ボーリンゲン』の偉人集団と石油王ポール・メロンの関係の原点と言ってよいかもしれない。メセナ、いわば当時の流行語大賞だった。ルネサンスがどうしたこうしたという大展望を捨て、ぎりぎり狭義のメセナ論に話を絞りこむと、「メセナ」の起源はびっくりするほど新しい。ウィキペディアで当ってみて、笑った。「欧米ではメセナは比較的早くから始まり、一九六七年に設立されたアメリカの企業芸術擁護委員会（BCA）、一九七六年に設立されたイギリスの芸術助成協議会（ABSA）、一九七九年に設立されたフランスの商工業メセナ推進協議会（ADMICAL）などの団体が活動している……」。狭義の企業が狭義の慈善活動を半ば社会の否みがたい動きということで義務的にとり組みだしたガチンコのメセナという、余り面白くもない文脈の話だ。日本ではさらに遅れて一九八〇年代ということになるのだろうが、大原美術館創設の実業家、大原孫三郎を継いだ大原総一郎（一九〇九―六八）や、大倉精神文化研究所（現在の大倉山記念館。横浜。行かれたし）という日本版ユング研究所を造営した用紙業界の雄、大倉邦彦（一八八二―一九七一）の二人をフト思い浮かべてみるだけで、もう少し長いスパンのメセナ論が必要だと知れる。そのように、たとえばボーリンゲン基金やメロン財閥（財団）のことが納得できれば、右ウィキペディアの記述もいきなり大変更を強いられるのである。アメリカでメセナが始まったのが一九六七年とウィキペディアは言うが、『ボーリンゲン』を読めば、まさしく同じ時期、一九六九年にボーリンゲン基金の活動は（法的にも）むしろ終ったことになっているので、ポール・メロンによるメセナ活動（一九三七―六九）がメセナ近代史記述からそっくり抜け落ちてしまっていることが判る。「メロン財団」やら「ポール・メロン」の項目は仲々充実しているウィキペディアにして、それと「メセナ」をつなぐセンスというか意力に欠けてしまっているのがいかにも惜しい。

そのポール・メロン（一九〇七―一九九九）だが、この『ボーリンゲン』の翻訳企画が頭の中で進行中だったので、アメリカの大財閥のトップ、ポール・メロンの訃報にぼくは敏感ならざるを得なかった。一九九九年二月の訃であったように思う。享年九十一。一九六九年という年はポールが引き継いで大きくした財団と姉アリサの率いていた財団が合併してアンドリュー・メロン財団となった年、とは『ボーリンゲン』の掉尾に語られる経緯だが、アメリカの四大財閥のひとつとも三大財閥のひとつも言われる巨大石油メジャーとして昨今では東シナ海の中国石油利権と背後でつながっているらしい、石原都知事による尖閣購入宣言など実はメロン財閥の思惑……とかとか、石油を握り、軍需産業を握るこの大財閥については日本人にとっても無視し難いもう一面の暗躍ぶりがほのみえる。マガイアーの『ボーリンゲン』は、世界の危機の救世主になって底抜けのお人好しを演じた一九四〇年代〜一九六〇年代のアメリカの国境を越えての文化事業を謳《うた》い上げる。ヴェトナムや中東でのしたい放題も、「九・一一」もまだ先のことだが、そういう暗黒の時代相の誘因もモルガン、ロックフェラー、そしてメロンという名のアメリカ巨大財閥にあるのはまぎれもない事実である。そこを知りながらどう本書を読むか。政財界と文化の関係やいかに、とか。

富豪の趣味と言えばそれまでながら、ポール・メロンが数々の勲章をもらったのは、ひとつにはこういうメセナ事業によるものだが（アメリカ国民芸術勲章、アメリカ芸術人道勲章）、もう片方では不敗の名馬ミルリークの馬主だったり、「ホースマンの鑑《かがみ》」と綽名されて競馬殿堂入りしていたりする競馬界の超名士でもある。こういう戦時には諜報活動で勲章をもらったり、競馬気違いだったりするポールのマッチョぶりはマガイアーの筆は一行も書かない。

その代り主役に選ばれるのがメアリー・コノーヴァー（一九〇四―一九四六）、のちのメアリー・メロンである。それほど精神文化に近い感性とも思えぬ明るく楽しい「お転婆さん」が一寸した友人関係をたぐってスイス人分析心理学者カール・グスタフ・ユング（一八七五―一九六一）の著作にふれ、ついにスイスに赴いて御本尊に遭う。そして、ユングのドイツ語本を片はしから英訳して世界に広めようという悲願を抱く。ニューヨークに第二のエラノスをつくろうとする。それがアスコーナに建つユングの安息所「ボーリンゲンの塔」に因《ちな》んで名付けられたボーリンゲン・ファウンデーション、「ボーリンゲン基金」である。

ユングの周辺はオルガ・フレーベ＝カプテイン（一八八一―一九六二）はじめ女丈夫の女《ユングフラウ》たちがかためているのは有名な話だ。この辺の話が大好きな種村季弘氏流に言えば「妣《はは》たちの世界」。歴史的に言えば十八世紀末フランス百科全書派を支えたサロン的世界。一文化全体を宥和し、連合する有機体に変性しようとする「アニマ」的世界がこうして二十世紀前半を宰領する。モンマルトルのキキ、アールデコのタマーラ・ド・レンピッカ、貸本店シェイクスピア・アンド・カンパニーのシルヴィア・ビーチ、大金持が本格的なメセナにはまったケースとして大汽船会社令嬢ナンシー・キュナード（一八九六―一九六五。「疾走せるミューズ」）、グッゲンハイム美術館にその名を残すペギー・グッゲンハイム（一八九八―一九七九）とかとかいろいろ挙げられるが、同時代人ということでこの女傑たちの中に是非メアリー・メロンをこれからは加えなければならないだろう。

なにしろユングに開眼したという点で他のマトロンたちと違っている。人と人が出会うことが集合的普遍的な霊性のしからしむるところであるらしいという事情と、いわば出会いという方法が、同時にそうした方法によって実現さるべき結果でもあるという格別二十世紀前半的な知のあり方にめざめたのだという言い方ができるかもしれない。一九六〇年代末に、たとえば半ば侮蔑的にニューエイジ運動と呼ばれる地点に到達して、いみじくも一九六九年のボーリンゲン基金終了と符節を合わせるかのごとくに結着していく知のあり方である。そこではユングの集合心理学とフレイザーの人類学が完璧に補完し合いつつ世界を巧みに説明する。第一次大戦の敗戦国ドイツ・オーストリア文化圏で、いま一度の総合を夢みる文化の欲望が個人の深層心理学と民俗《フォルク》の集合心理学をうむ。両者を一体化したひとつとみるこの見方は一方でナチズムをうむが、アビ・ヴァールブルクやユングの今みて危ういのはそのあたりである。

だからぼくなどに言わせると、ユングに凝りあげていたのが、ジョン・バレットとその周辺の意向でヨーロッパ系の文学作品に広く目配りするようになり、挙句は中東を中心に考古学的発掘事業に転じていったとして、別々の目標を次々に追っていったと淡々と報じるのみのマガイアーの、いかにもジャーナリスティックなライターということで、最初から集合心理学と人類学が文目《あやめ》分かぬ体《てい》でひとつのものだというこうした二十世紀前半の学知のありようをそっくりエラノス会議が「体現」せざるをえなかった事情を呑みこめて記述できていない点が、どうなんだろうとは思う。多分マガイアー一人の問題ではない。エラノス会議の出発が一九三三年という。終熄が一九八八年。そしてその間に問題の一九六九年。要するに、このひと塊の文化の時間が問題で、一九九〇年この方の、文化の表層ばかりに気をとられる批評と感覚の瀰漫《びまん》する中で、どうやら我々はメアリー・メロンが生きた四十二年間の人文学教養の時代の感性を実はもう根こそぎなくしてしまったのではなかろうか。二十世紀前半型とぼくが呼んでみた時代の感性を、である。

最初に言ったことに戻る。淡々と経緯を述べる本だけに逆に此方《こなた》の読み方次第だ。各分野に跨る世界的名士の名をたどるだけで二十世紀文化の消長が追えたことになる。新しい学知の創発は人と人の出会いがうむケミストリー（化学変化に擬される人間と人間の関係）だということを圧倒的に教えられる。世界は関係だということを人と人との関係を通して知るあり方がとても錬金術的だ。ユングは会議《ダーグンク》を必要としていた、出会いのアルケミアを。そのことを『ボーリンゲン』は、一ページ一ページ繰り続けていく作業の中で教える。

人的交流史の傑作だが、記述に大した戦略も機知もない。その点では敗者の歴史人類学をと自ら大呼した山口昌男氏の敗者文化史三部作と比ぶべくもない。『抱月のベル・エポック』（第二十回サントリー学芸賞受賞作）の岩佐壮四郎氏が、人的交流史とぼくが言っているものの模範である。

アメリカが急に田舎者文化から世界の文化的中心にのし上った、だから猫もシャクシも英語、英語ということになったタイミングの秘密がわかった。ヒトラー台頭にいたるユダヤ系知識人のアメリカ転出・亡命の結果だったことが改めて分かる。ボーリンゲン叢書の一覧表が巻末付録に出ているが一読震撼である。このうちの十冊二十冊が欠けても二十世紀人文学はないに等しい、と極言できる。アウエルバッハもエリアーデも読めない世界なんて……。コールリッジもヴァレリーも、いや『易経』も、『神曲』も読めなかったかもしれないとしたら……。本当に人類文化屈指の遺産と言う他ない！

大統領にやっぱり反知性主義と言うほかない人間がなって、アメリカは終っていき始めた。しかしでは知性的アメリカってあったのか。あったと言えるのは、移民を入れユダヤ人を入れたフィランスロピックなアメリカが存在したからで、それがメアリー・メロン、ポール・メロンのアメリカだったと、この本を読んだ後でならたしかに言える。この解題校正中に絶妙のタイミングで刊行された紀平英作氏の名著『ニュースクール』（岩波書店）も背中をおしてくれる。レヴィ＝ストロースやレオ・シュトラウスをナチス・ドイツからニューヨークへと救出したニュースクール（一九一九— ）がいかにアメリカのリベラリズムをつくっていったか。しかしそれらの果実もどうやら賞味期限切れだ、岐路！

この本を読みながら、たしかに終りかもと思ったのはアフガニスタンや中東での古遺跡がたどらされた運命である。バーミヤンで大石窟仏が爆破されたのがきっかり二〇〇一年。最近では武装集団ISによるパルミラ遺構の大爆破の映像には言葉を失ってしまった。藝大の平山郁夫画伯にバーミヤン修復でマグサイサイ賞が出たのが二〇〇一年、アンコール・ワット遺跡修復の上智大学の石澤良昭先生にマグサイサイ賞が出たのが今年二〇一七年。敬愛する前田耕作先生も頑張っている。

二十世紀の大きな流れが見えてきたのが一九八〇年代から千年紀があらたまる二〇〇〇年代頃にかけてだったのだとは言える。一番はじめに一見無雑作に列挙した洋書リストだが、人と人の出会いが新しい文化位相をつくりだしてきたことを記した本が皆一九八〇年代、一部は一九九〇年代初めに蝟集していることがわかる。どうしてそういう本が本棚のある場所に吹き溜ってきたか良くわからないと書いたが、どうやらぼくの意図や作為でそうなったわけではないらしい。

ぼくの貧しい書架を眺めるに、それ以前にもそれ以後の本たちにもこういう集まり方をしているものはない。二十世紀前半はそういう時代で、それが一段落したのが一九六九年で、それがそう見えてきたのがその後の二十年ほどで、そして、では今のぼくたちの時代の話なのだが……というのが現状。そこにどういう形で投げこんでみても面白い本が『ボーリンゲン』。書いた本人が淡々としている分、きみの「今」が映しだされて、それでこの本の評価も決まる。

ウィリアム・マガイアーは一九一七年、フロリダ生まれ。一九四八年、フリーの編集者としてボーリンゲン基金と係わる。『ユング著作集』編集長の他、『フロイト＝ユング往復書簡集』編集。『C・G・ユングは語る』をR・F・C・ハルと共編。すべてボーリンゲン叢書に入り、プリンストン大学から刊行されている。二〇〇九年死去。

観念の交流を人的交流を通して、というか両者を重ねて書く本に非常に興味を持っている。この〈高山宏セレクション〉の第一シリーズでも最後を飾ったのが、ヒストリー・オヴ・ジ・アイディアズ派のチャンピオン、マージョリー・ニコルソンの『ピープスの日記と新科学』なる典型的な人的交流史の名作であったことを思いだして欲しい。

もうひとつはヨーロッパの中心に位置しながら「月光派」ヨーロッパの隠れた入口でもあるスイスという文化地域に対する関心を「セレクション」第二シリーズの『道化と笏杖』から引き継いでいる。そのことにも留意あれ。スイス、とはそも何ぞ。あざやかな知的記号としての「スイス」とは。

今や、昔の二宮隆洋氏以上の伴走者となってくれている編集の藤原義也氏にはこの一巻のみか、二シリーズにわたる「セレクション」の、難物揃いの十巻全てにわたる洗練味あふれるチェックとコメントに対し、「本当に御苦労さま、ありがとう」と言わせていただきたい。

治安警察法の下の暗い時代にあって
知にアニマ的世界をつなげた
大妻コタカ先生（一八八四―一九七〇）に。

大妻女子大学創立（一九〇八）の
その鋭意と意力に。

二〇一七年九月十三日
学魔　識

高山宏セレクション〈異貌の人文学〉叢書口上

高山　宏

二十世紀、ふたつのグローバルな終末戦争を介してヒューマニティ即ち人間であることが問われ、それは同時にヒューマニティーズを名乗る人文諸学の死、ないし失効と考えられました。然し、このクリティカル（危機的）な時代はまさしくもうひとつの意味に於てクリティカル（批評的）な時代でもあり、かえって開ける展望、深まる洞察を通して未曾有に活力ある人文学をうんだのです。これが二十一世紀の難題を解く鍵を示してくれる財産だったはずなのですが、その半ばも紹介されない。無知のまま私たちはいよいよ迫りくる文明の終りに立ち向かおうとして右往左往しています。勿体ないではありませんか。二十世紀が誇る領域越えの知恵の書を新たな光を当てて復刊し、また新たに訳しては、知恵を望んでいる皆さんにお届けしたい。知恵よりは快楽をと仰有る感心な読書士も満足される読む喜びにも満ちた本ばかりです。

高山宏セレクション〈異貌の人文学〉

文学とテクノロジー
ワイリー・サイファー　野島秀勝訳
産業社会に反逆した芸術家たちもまた、テクノロジー思考に支配されていた。近代を蝕む「方法の制覇」「視覚の専制」をあばき、距離と疎外の問題を論じた文化史の名作。

ノンセンスの領域
エリザベス・シューエル　高山宏訳
『不思議の国のアリス』やエドワード・リアの戯詩は厳格なゲームの規則に支配されている。分析的知によって人間と世界を引き裂くノンセンスの正体を明らかにする。

オルフェウスの声
エリザベス・シューエル　高山宏訳
オルフェウスの神話に分断された世界を統合する詩の力を重ね合わせ、詩的思考が近代の分析的思考を克服し、人間を世界へと再び結びつける方法を探った画期的名著。

絶望と確信
グスタフ・ルネ・ホッケ　種村季弘訳
絶望と確信の間で揺れる世界舞台の上で、人間はどのような役を演じるのか。終末へ向かう絶望の中からマニエリスム的結合術によって確信に達する道を探る警世の書。

ピープスの日記と新科学
M・H・ニコルソン　浜口稔訳
ピープスの『日記』を通して、王立協会の科学者たち、顕微鏡や輸血実験、双底船の発明、科学ブームへの諷刺など、17 世紀英国〈新科学〉時代の諸相をいきいきと描く。

高山宏セレクション〈異貌の人文学〉

道化と笏杖

ウィリアム・ウィルフォード　高山宏訳

中世の愚者文学、シェイクスピア劇から20世紀の映画まで、秩序と混沌の間に立ち、世界を転倒させ祝祭化する元型的存在〈道化〉の正体を解き明かす名著、待望の復刊。

シェイクスピアの生ける芸術

ロザリー・L・コリー　正岡和恵訳

『パラドクシア・エピデミカ』の著者が、英国ルネサンス最大の作家にしてパラドキスト、シェイクスピアに取り組み、その文学世界を様々な角度から論じた画期的大著。

形象の力

エルネスト・グラッシ　原研二訳

論証では到達できない認識がある。反合理主義の系譜を古代ギリシアの雄弁術から辿り、形象の力の優位を説く、稀代の碩学による発見術原論にしてフマニスム復興宣言。

アレゴリー

アンガス・フレッチャー　伊藤誓訳

アレゴリーの宇宙的スケールを絢爛と語り、「思考の仲介者」として再評価。18世紀以来のシンボル優位に異議をとなえ、現代におけるアレゴリーの復権を謳った名著。

ボーリンゲン

ウィリアム・マガイアー　高山宏訳

世界的知性を集めたエラノス会議と、ユングに傾倒したアメリカの資産家が創設したボーリンゲン基金と出版活動。20世紀を変えた〈知〉が生成される現場を活写する。

訳者略歴

高山宏（たかやま ひろし）

一九四七年生まれ。東京大学大学院人文科学研究科修士課程修了。現在、大妻女子大学比較文化学部教授。翻訳家。著書に『アリス狩り』『目の中の劇場』『メデューサの知』『アレハンドリア』（青土社）、『殺す・集める・読む』（東京創元社）、『近代文化史入門』（講談社）、『風神の袋』『雷神の撥』（羽鳥書店）、訳書にコリー『パラドクシア・エピデミカ』、シューエル『ノンセンスの領域』『オルフェウスの声』、ウィルフォード『道化と笏杖』（白水社）、バルトルシャイティス『アナモルフォーズ』（国書刊行会）、シャーマ『レンブラントの目』（河出書房新社）、キャロル『不思議の国のアリス』（亜紀書房）他多数。

高山宏セレクション〈異貌の人文学〉

ボーリンゲン

過去を集める冒険

二〇一七年一一月一五日 印刷
二〇一七年一二月一〇日 発行

著者 ウィリアム・マガイアー
訳者 © 高山 宏
発行者 及川 直志
印刷所 株式会社 理想社
発行所 株式会社 白水社

東京都千代田区神田小川町三の二四
電話 営業部〇三（三二九一）七八一一
編集部〇三（三二九一）七八二一
振替 〇〇一九〇‐五‐三三二二八
郵便番号 一〇一‐〇〇五二
http://www.hakusuisha.co.jp

乱丁・落丁本は、送料小社負担にてお取り替えいたします。

株式会社 松岳社

ISBN978-4-560-08310-9

Printed in Japan

ウィリアム・マガイアー（William McGuire）

一九一七年、フロリダ州セントオーガスティン生まれ。フロリダ大学でジャーナリズムを学ぶ。卒業後は『ニューヨーカー』等で働き、一九四八年、フリーランスの編集者としてボーリンゲン基金と係わる。ボーリンゲン叢書の編集に携わり、ジョゼフ・キャンベル『千の顔をもつ英雄』（一九四九）など数々の名著を送り出した。英訳『ユング著作集』編集長をつとめ、『フロイト／ユング往復書簡集』（一九七四。邦訳・誠信書房／講談社学術文庫）やユングのセミナー本を編集、『C・G・ユングは語る』（一九七七）をR・F・C・ハルと共編。すべてボーリンゲン叢書に入り、プリンストン大学出版局から刊行された。同出版局を退職後、ボーリンゲン・プロジェクトの歴史『ボーリンゲン』を執筆、一九八二年に刊行（本書）。その他の著書に『詩の有利な立場』（一九八九）がある。二〇〇九年死去。

索　引

ア

『アイオーン』（ユング） *Aion: Researches into the Phenomenology of the Seif* 154, 207
アイスラー Eissler, Kurt R. 162–163
アイルランド Ireland 265, 269, 294
アインシュタイン Einstein, Albert 307
アヴァロン基金 Avalon Foundation 251, 292, 320, 325
アウエルスパーグ Auersperg, Hilda 102
アウエルバッハ Auerbach, Erich 165, 179, 222, 223, 251, 257
『アヴィセンナと幻視の物語』（コルバン） *Avicenna and the Visionary Recital* 180
『青白い炎』（ナボコフ） *Pale Fire* 300
アカマティス Akamatis, Ioannis 281
アクィナス Aquinas, Saint Thomas 110, 161
『悪魔の分け前』（ルージュモン） *The Devil's Share* 89, 96, 97, 100, 102, 266, 267
『アスクレピオス』（ケレーニイ） *Asklepios* 176, 287
アスコーナ Ascona 13, 23, 38–42, 48, 51, 54, 58, 60, 79, 95, 128, 147, 148, 151, 154, 157, 160, 171, 175, 212, 265, 272, 330; 口絵 8, 12, 31
アスター Astor, Alice 61
アダムズ，レオニー Adams, Léonie 240–242, 247
アダムズ二世，フレデリック Adams, Frederick B., Jr. 313, 319
アードマン Erdman, Jean 170, 209; 口絵 31
アドラー Adler, Gerhard 135–316, 147, 148, 150, 155, 159–162, 274; 口絵 44
アトランティス Atlantis 113, 114, 117–118
アバディ Abadie, M. J. 312
アブ・シンベル Abu Simbel 27, 121, 288–289, 321
『アフリカの民話と彫像』 *African Folktales and Sculpture* 198, 306, 329
アムッセン Amussen, Diane 227
アメリカの古典（プロジェクト） American Classics 226
アメリカン・インスティテュート・オヴ・グラフィック・アーツ American Institute of Graphic Arts 306–307; →「今年の五十冊」
アメリカン・スクール・オヴ・オリエンタル・リサーチ American Schools of Oriental Research 284, 286, 288
アメリカン・リサーチ・センター（エジプト） American Research Center in Egypt 288
『アモールとプシュケー』（ノイマン） *Amor and Psyche* 161
アラステア Alastair 41
アル＝ハッジャージ al-Hallāj, Husayn ibn Mansur 182–184
『アル＝ハッジャージの殉難』（マシニョン） *The Passion of Al-Hallāj* 184
アレクサンドリア大学 University of Alexandria 289
アレマン Allemann, Fritz 52
アレン Allen, T. G. 288
アングロ，ハイメ・デ Angulo, Jaime de 36, 111
アングロ（レルリ），ヒメーナ・デ Angulo（Roelli）, Ximena de 12, 37, 56–58, 62, 63, 65–67, 72, 76, 89, 120, 144, 145, 152, 160, 171–172, 273, 274; 口絵 29

アンダーウッド　Underwood, Paul A.　291–294; 口絵 59
アンダーソン　Anderson, Richard G.　313
アンタマイヤー　Untermeyer, Louis　244
アンダレッグ　Anderegg, Fred　206, 289, 293
アーント　Arndt, Walter　249, 302
『アンドレアス』（ホーフマンスタール） *Andreas*　220–221
アーノルド　Arnold, Melvin　314

イ

イェーガー　Jaeger, Werner　255
イェール大学　Yale University　23, 27, 29, 32, 58, 66, 67, 78, 85, 109, 121, 133, 143, 146, 204, 205, 207, 218, 288, 302, 314
イェール大学出版局　Yale University Press　78, 81, 130, 159, 322
イェール大学図書館　Yale University Library　54, 249, 312
『生ける象徴』（アドラー） *The Living Symbol*　161
『イーゴリ軍記』 *Igor Tale*　295–299
『意識の起源と歴史』（ノイマン） *The Origins and History of Consciousness*　161
イストミア　Isthmia　285
イズミル　Izmir　286, 287
イブン・ハルドゥーン『序説』 Ibn Khaldûn: *The Muqaddimah*　96–98, 121, 145, 182, 237
インカ　Inca　113, 196, 294
『インド・アジアの美術』（ツィンマー） *The Art of Indian Asia*　208, 329
『インドの芸術と文化に於る神話と象徴』（ツィンマー） *Myths and Symbols in Indian Art and Civilization*　96
『インドの哲学』（ツィンマー） *Philosophies of India*　167, 207
『イーリアス論』（ベスパロフ） *On the Iliad*　108, 129

ウ

ヴァイツマン　Weitzmann, Kurt　289, 291
ヴァイル　Weyl, Hermann　164
ヴァッサー・カレッジ　Vassar College　21–24, 26, 27, 36, 143; 口絵 3
ヴァール　Wahl, Jean　96, 129
ヴァレーズ　Varèse, Louise　216
ヴァレリー，アガーテ　Valéry, Agathe　229
ヴァレリー，フランソワ　Valéry, François　225, 226, 229
ヴァレリー，ポール　Valéry, Paul　17, 99, 158, 165, 218, 220, 222, 224–232, 235, 271, 273, 312, 321, 323; 著作集 17, 218, 224–232, 305, 306, 321, 323
「ヴァレリー界」 Valéryanum　230–231
ヴァレンティーナ　Valentina（Mrs. George Schlee）31
ヴァレンティノ　Valentino, Rudolph　116
ヴァレンティン　Valentin, Kurt　109
ヴァン・ドーレン，マーク　Van Doren, Mark　99, 112, 236
ヴァン・ドーレン，ポーラ　Van Doren, Paula　310
ヴィダル＝メグレ　Vidal-Mégret, Madame　230
ウィットカウアー　Wittkower, Rudolf　234
ウィットフォーゲル　Wittfogel, Karl　89
ウィナー　Winer, Bart　102, 266, 300, 301; 口絵 52
ウィネバゴ族　Winnebago　111–112, 197, 199
ウィラード　Willard, Marian　23
ウィリアムズ　Williams, William Carlos　242, 247
ウィルキンソン　Wilkinson, Elizabeth Mary　265
ウィルソン，エドマンド　Wilson, Edmund　226, 238, 297–303

ウィルソン，トマス　Wilson, Thomas　322
ウィルバー　Wilbur, Richard　249
ヴィルヘルム，ヘルムート　Wilhelm, Hellmut　176, 187, 210–211
ヴィルヘルム，リヒャルト　Wilhelm, Richard　37–38, 44, 82, 167, 177, 187, 210–212
ヴィロロー　Virolleaud, Charles　95
ウィンストン　Winston, Richard and Clara　154, 155, 223
ウィント　Wind, Edgar　57, 65–68, 76, 77, 88, 112, 145, 201, 270
ウェイイ　Veii　288
ウェイス　Wace, Alan J. B.　284–285
ウェイリー　Whalley, George　265
ヴェルブロフスキー　Werblowsky, R. J. Zwi　181, 182
ウェスコット　Wescott, Glenway　24, 216
ウェスリアン大学出版局　Wesleyan University Press　322
ヴェーユ　Weil, Simone　129
ヴェリタ，モンテ（真理の山）Verità, Monte, 41, 42; →モンテ・ヴェリタ（ホテル）
ヴェントリス　Ventris, Michael　285
『ウェン・フー（文賦）』 *Wen Fu*　239
ウォー　Waugh, Evelyn　290
ウォーカー　Walker, John　99, 252
ウォートン　Wharton, John F.　103, 106
ウォーバーグ（ヴァールブルク）研究所　Warburg Institute　67, 171, 201
ヴォルフ，エレナー　Wolff, Eleanor　228
ヴォルフ，クリスティアン　Wolff, Christian　10, 82
ヴォルフ，クルト　Wolff, Kurt　10, 15, 32, 34–36, 52, 53, 67, 81–84, 88–89, 93, 96, 98, 100, 108, 109, 120, 121, 123, 125, 128, 134, 150, 154, 156, 165, 168, 182, 202, 204, 208, 216, 220, 233, 256, 274, 277, 309, 310, 311, 325, 330; 口絵 24, 30
ヴォルフ，トニ　Wolff, Toni　32, 34–36, 52, 53, 56, 67, 136–138; 口絵 14
ヴォルフ，ヘレン　Wolff, Helen　9, 10, 82–83, 93, 108, 123, 125, 220, 274, 309, 310, 325, 330
ウォルポール Walpole, Horace　253
ウォレン，アン・ウェアリング　Warren, Anne Waring　312
ウォレン，ロバート・ペン　Warren, Robert Penn　240
ヴォロチョーヴァ　Volochova, Sonia　300
『兎の夫人』（ラヤード） *The Lady of the Hare*　126
『ウス・ルジーアダス』（カモンイス） *Lusiads*　271, 294
ウナス王　Unas, King　191, 192
『ウナスのピラミッド』 *The Pyramid of Unas*　191, 192, 193
ウナムーノ　Unamuno, Miguel de　218, 222, 271–276, 328; 著作集 218, 271–275

エ

『永遠回帰の神話』（エリアーデ） *The Myth of the Eternal Return*　179
『永遠の現在』（ギーディオン） *The Eternal Present*　253
エイケン　Aiken, Conrad　240
英国考古学協会　British Institute of Archaeology　284
英国美術プロジェクト　British Art Project　276, 314, 318, 321
エヴァンズ，ウォーカー　Evans, Walker　23, 198
エヴァンズ，ルーザー　Evans, Luther　240, 241, 242, 247, 248
『エウゲーニー・オネーギン』 *Eugene Onegin*　218, 228, 249, 266, 296–303, 306
『易経』 *The I Ching, or Book of Changes*　37–

38, 57, 65, 75, 78, 96, 97, 125–126, 138, 168, 174, 187, 210–212, 253, 305, 323, 329
『易経講義』（ヴィルヘルム） *Lectures on the I Ching: Constancy and Change* 212
『易経考究』（シチュトスキー） *Researches on the I Ching* 212
エジプト Egypt 27, 89, 96–97, 116, 118, 121, 188–194, 206, 288–290
「エジプト宗教のテキストと視覚表象」 "Egyptian Religious Texts and Representations" 192–193
エジプトの召使い像 Egyptian Servant Statues 118
エーデル Edel, Leon 236, 246, 328
エバー Eber, Irene 212
エプスタイン Epstein, Jason 226, 299
エラノス（会議，カーサ，基金） Eranos 13, 39, 43–45, 46–53, 55, 95, 112, 129, 138–139, 164–165, 166–167, 170–187, 226, 263, 270, 272, 276; 口絵 9–17, 29–42
エラノス・アルヒーフ Eranos Archive 39, 49, 59, 117, 160, 169, 171, 313
『エラノス年報』 *Eranos Jahrbücher* 50, 165, 169, 171, 207, 308
『エラノス年報精選論文集』 *Papers from the Eranos Year-books* 51, 165, 169–170, 172, 308
エラノス論文集 Eranos Papers; →『エラノス年報精選論文集』
エリアーデ Eliade, Mircea 167, 174, 176, 177–180, 269, 270, 329; 口絵 34
エリオット Eliot, T. S. 99, 173, 214, 218, 221, 222, 225–226, 228, 238, 240, 242, 244, 245, 246, 250, 257, 258, 269, 304, 305; 口絵 55
エリソフォン Elisofon, Eliot 198, 208
エンジェル Angell, Carol 312
『遠征』（ペルス） *Anabase* 214, 215

オ

『黄金の華の秘密』 *The Secret of the Golden Flower* 82, 130, 267
『王と遺骸』（ツィンマー） *The King and the Corpse* 304
オカムラ・ミホコ（岡村美穂子） Okamura, Mihoko 185; 口絵 32
オークス Oakes, Maud 12–13, 17, 23–25, 28, 29, 84–88, 94, 97, 107, 111–115, 116, 124, 140, 188, 189, 194, 196, 200, 294; 口絵 27
オーク・スプリング Oak Spring 55, 59, 68, 72, 90, 100, 120, 139–141, 143, 144, 214; 口絵 18
オグラディ O'Grady, Standish H. 294
オズボーン Osborn, Donald R. 320
オットー，ルドルフ Otto, Rudolf 43, 173
オットー，W・F Otto, W. F. 59
オッペンハイマー Oppenheimer, J. Robert 173, 313
オーデン Auden, W. H. 219, 228, 240, 245, 269
『音と象徴』（ツッカーカンドル） *Sound and Symbol* 128, 187
オニス，ハリエット・デ Onís, Harriet de 197, 274–275
オニス，フェデリコ・デ Onís, Federico de 197, 274–275
オピキヌス・ド・カニストリス Opicinus de Canistris 95
オボレンスキー Obolensky, D. 296
オールストン Alston, Robin 265
オルダム Oldham, Elizabeth 312
オルテガ・イ・ガセット Ortega y Gasset, José 103, 238, 271, 276
オールド・ドミニオン基金 Old Dominion Foundation 16, 64, 69, 75, 81, 92, 102, 107, 108, 112, 113, 117, 119, 120, 122–124, 143, 146, 147, 166, 251, 256, 292, 312, 313, 314,

320, 321, 323; 口絵 64
オールベリー　Allberry, Charles　51–52, 182
『音楽家としての人間』（ツッカーカンドル）*Man the Musician*　187

カ

『カイエ』（ヴァレリー）*Cahiers*　227, 228
『絵画と現実』（ジルソン）*Painting and Reality*　252
『絵画の道《タオ》』（マイ＝マイ・シー）*The Tao of Painting*　194, 306, 308, 329
カイザーリンク　Keyserling, Hermann　44, 181, 229
『芥子園画伝』*The Mustard Seed Garden Manual of Painting*　194
『回想・夢・瞑想』（ユング）*Memories, Dreams, Reflections*　131, 154, 156, 309, 311
ガウス・セミナー　Gauss Seminars　251, 276
カウリー　Cowley, Malcolm　103, 105–106, 142–143, 228, 248, 250
カーエン　Cahen, Roland　163–164, 321
カーシュ　Kirsch, James　45, 136
カズンズ　Cousins, Norman　247
『風』（ペルス）*Winds*　216, 218, 219
カーター，ジョン　Carter, John　230, 231
カーター，ハワード　Carter, Howard　116, 188
カネッティ　Canetti, Elias　271
カハリエ・ジャミィ　Kariye Djami　289–294; 口絵 58
カプテイン　Kapteyn, Albert　40
ガブリエッラ，カーサ　Gabriella, Casa　39, 40, 42, 49, 52, 56, 138–139, 148, 154, 166, 171, 173, 178, 187; 口絵 9, 40
ガボ　Gabo, Naum　253, 269
『神々は死なず』（セズネック）*The Survival of the Pagan Gods*　67, 201
『神の仮面』（キャンベル）*The Masks of God*　209
カミュ　Camus, Albert　219, 236
カーモディ　Carmody, Francis　70–71
カーラー　Kahler, Erich　81, 97, 108, 109, 220–224, 246, 322
ガリマール社　Gallimard et cie.　83, 109, 184, 225
カルース　Carruth, Hayden　236
ガーンジー　Garnsey, Gertrude G.　22, 31, 143
『感情転移の心理学』（ユング）*The Psychology of the Transference*　149
カントリル　Cantril, Hadley　162

キ

議会図書館　Library of Congress　16, 101, 113, 124, 163, 215, 216, 238–242, 246, 247, 249, 325
キーガン・ポール社　Kegan Paul　69, 131–136, 147–148, 152; →ラウトレッジ＆キーガン・ポール社
『北アメリカに収集された古代近東の印章集成』*Corpus of Ancient Near Eastern Seals in North American Collections*　127–128
ギッブ　Gibb, Andrew　67
ギーディオン　Giedion, Sigfried　253, 284, 307
キャンベル　Campbell, Joseph　11, 13, 62, 75, 77, 87–88, 96, 144, 160, 165, 167–170, 176, 187, 194, 195, 203, 204, 207–210, 247, 253, 270, 276, 313, 319, 321, 322, 324, 329; 口絵 31
キュブラー　Kubler, George　67
キリアクス，アスコーナの　Cyriacus of Ancona　282
ギリシア考古学協会　Greek Archaeological Society　285

「ギリシア宗教に於る元型的イメージ」（ケレーニイ）“Archetypal Images in Greek Religion” 176
『キリスト教の苦悶と信仰論』（ウムナーノ）*The Agony of Christianity* 275
キリスト教美術索引 Index of Christian Art 53
キルケゴール Kierkegaard, Søren 96, 275
ギルバート Gilbert, Stuart 228, 232, 233
ギルモア Gilimor, Vaun 10, 14, 16, 124–125, 156, 157, 175, 217, 233, 234, 264, 265, 273, 274, 296, 298, 299, 302, 319, 324–325, 330; 口絵 39, 65
キング King, Jeff 86–87, 94
キングズポート・プレス社 Kingsport Press 208, 293, 306, 307

ク

クィスペル Quispel, Gilles 164, 187; 口絵 30
グターマン Guterman, Norbert 109, 110
グッデナフ Goodenough, Erwin R. 176, 187, 200, 204–207, 277, 286
「グノーシスの車輪」“Gnostic wheel” 94
クーマラスワーミー，ドーニャ・ルイーサ Coomaraswamy, Doña Luisa 168, 208, 325
クーマラスワーミー，A・K Coomaraswamy, A. K. 75, 117, 167–168, 177, 194, 195, 208; 『論文集』『生涯と事跡』*Papers, Life and Work*, 168
クラカウアー Kracauer, Siegfried 147, 203, 246, 276, 313, 323
クラーク，エセル・バーネット Clark, Ethel Burnet 312
クラーク，エレナー Clark, Eleanor 216
クラーク，ケネス Clark, Kenneth 252, 253, 300
クラーク，バート Clarke, Bert 16, 260, 302, 306
クラーク＆ウェイ社 Clarke & Way 307
クラッチ Krutch, Joseph Wood 236
グラバー Grabar, Andre 295
クラムリッシュ Kramrisch, Stella 168, 195, 203
グリグソン Grigson, Geoffrey 263
クリシュナムルティ Krishnamurti, Jiddu 41, 87
クリステンセン Christensen, Merton 265
グリーン，ジュリアン Green, Julien 102
グリーン，ポール Green, Paul 240, 241, 247
クレイマー，ヒルトン Kramer, Hilton 232
クレイマー，S・N Kramer, S. N. 328
クレイン Crane, Mrs. Josephine 88
『グレコ＝ロマン時代のユダヤのシンボル』（グッデナフ）*Jewish Symbols in the Greco-Roman Period* 205–207, 287
クレス基金 Kress（Samuel H.）Foundation 292, 293
クレスウェル Creswell, K. A. C. 288
クレッチュマー Kretschmer, Ernst 45
『グレート・マザー』（ノイマン）*The Great Mother* 50, 160, 287
クルックホーン Kluckhohn, Clyde 87
クルティウス Curtius, Ernst Robert 222–223, 257
グローヴァー，ジャネット Glover, Janet 151; 口絵 45
グローヴァー，A・S・B Glover, A. S. B. 151, 152, 157, 259, 270; 口絵 45
クロウリー Crowley, Alice Lewisohn 32, 35
クロス Cross, H. Page 311
グロス，オットー Gross, Otto 41
グロス，ジェラルド・J Gross, Gerald J. 309, 310
クローチェ Croce, Benedetto 238, 247
クロッファー Klopfer, Donald 310
グロデッキ Grodecki, Louis 234

クンダリーニ・ヨーガ Kundalini Yoga 34, 61

ケ

ケアリー＝トマス賞 Carey-Thomas Award 325
ケアンズ，ハンティントン Cairns, Huntington 15, 81, 96–99, 102, 117, 119–124, 126, 128, 148, 168, 200, 213, 216, 217, 224–225, 230, 236–241, 243, 247, 248, 251, 252, 254–258, 269, 270, 276, 294, 298, 301, 313, 319, 324, 330; 口絵 23
ケアンズ，フローレンス・バトラー Cairns, Florence Butler 254
『芸術形式とヨーガ』（ツィンマー） *Kunstform und Yoga* 60
『芸術心理学』（マルロー） *The Psychology of Art* 232–233
『芸術とイリュージョン』（ゴンブリッチ） *Art and Illusion* 252, 253
『芸術と創造的無意識』（ノイマン） *Art and the Creative Unconscious* 161
『芸術の限界』 *The Limits of Art* 119, 224, 237, 238, 257
『芸術の要求』（ラファエル） *The Demands of Art* 110, 306, 323
ケイジン Kazin, Alfred 236
ケイン Cane, Melville 93, 130
ケインズ Keynes, Geoffrey 270
『劇的人間像』（ルージュモン） *Les Personnes du drame* 102
ケッペル Köppel, Emily 55
ケネディ Kennedy, John F. 327
『ゲームの規則』（ルージュモン） *The Rules of the Game* 102
ケリガン，アンソニー Kerrigan, Anthony 249, 271–275, 328; 口絵 57
ケリガン，エレイン Kerrigan, Elaine 272, 328; 口絵 57
ケレーニイ，カール Kerényi, Karl（or C.） 59–60, 69, 79, 144, 164–166, 176–178, 198, 270, 287; 口絵 37
ケレーニイ，マグダ Kerényi, Magda 176
元型象徴研究アーカイヴ Archive for Research in Archetypal Symbolism 171, 313, 321
『幻視者と夢想家』（セシル） *Visionary and Dreamer: Two Poetic Painters* 323
現代詩協会 Modern Poetry Association 238, 247
現代美術研究所 Institute of Contemporary Arts 269, 276

コ

ゴウル Goell, Theresa B. 284
コーク Corke, Hilary 228
国際応用心理学研究センター International Study Centre for Applied Psychology 162
国際ペンクラブ（PEN）翻訳部門賞 P. E. N. Medal for Translation 249
コーサ Cosa 288
『ゴシキヒワの象徴』（フリードマン） *The Symbolic Goldfinch* 112
『ゴシックのカテドラル』（ジムソン） *The Gothic Cathedral* 202
コッホ Koch, Rudolf 93–94
『固定観念』（ヴァレリー） *Idée Fixe* 228
古典古代研究ハルト基金 Fondation Hardt pour l'Etudé de l'Antiquite Classique 256
「今年の五十冊」 Fifty Books of the Year 208, 306, 323
コーニッシュ Cornish, Nellie 89
コーネル大学出版局 Cornell University Press 299
コノーヴァー，キャサリン Conover, Catherine（Mrs. Clarke Bunting） 20, 28
コノーヴァー，チャールズ Conover, Charles C. 20–21, 23, 140

コノーヴァー，パーラ・ペティ　Conover, Perla Petty　20, 140
コノーヴァー，メアリー・エリザベス　Conover, Mary Elizabeth　→メロン，メアリー・コノーヴァー
コバルービアス　Covarrubias, Miguel　113
コバーン，キャスリーン　Coburn, Kathleen　261–266, 268; 口絵 51
コーファー　Kauffer, E. McKnight　198, 211, 218, 225, 303–306, 315; 口絵 55
コーヘン　Cohen, Arthur A.　314
コーラ修道院　Monastery of the Chora; →カハリエ・ジャミィ
コラム　Collum, V. C. C.　47
コーラン　Koran　52, 183
コルティ　Corti, Walter Robert　172–173
コルバン　Corbin, Henry　165, 174, 176, 178, 180
コールマン　Coleman, Elliott　238, 244–245
コールリッジ，サミュエル・テイラー　Coleridge, Samuel Taylor　257, 261–267, 329;『著作集』*Collected Works*, 218, 265–267, 321;『友情』*The Friend*, 266;『探究精神』*Inquiring Spirit*, 236, 264;『ノートブック』*Notebooks*, 261–265, 266;『哲学的講義』*Philosophical Lectures*　262, 263
コールリッジ，G・H・B　Coleridge, G. H. B.　262, 263
コンクライト　Conkwright, P. J.　306, 323, 330
ゴンブリッチ　Gombrich, E. H.　252, 253

サ

ザウダーランダー，ヴォルフガング　Sauerlander, Wolfgang　11, 82–83, 109, 110, 255, 261, 271–274, 282, 283, 306, 310, 312, 324; 口絵 56
ザウアーランダー，ベアータ　Sauerlander, Beata; →ワクスタイン
『サタデー・レヴュー・オヴ・リテラチャー』*Saturday Review of Literature*　244–248, 250
サッチャー，ジョン・S　Thacher, John S.　292
サッチャー，S・G　Thatcher, S. G.　212
『ザ・ヌード』（クラーク）*The Nude: A Study in Ideal Form*　252, 253, 300, 308
ザノッティ＝ビアンコ　Zanotti-Bianco, Umberto　283
『サバタイ・ツェヴィ』（ショーレム）*Sabbatai Sevi: The Mystical Messiah*　182, 287
サーフ　Cerf, Bennett　310
『さまざまなアート』（ガボ）*Of Divers Arts*　253
サモトラケ　Samothrace　76, 277–282, 284; 発掘 277–282; 口絵 61–63
『サモトラケ研究』*Samothracian Reflections: Aspects of the Revival of the Antique*　282
サーモニー　Salmony, Alfred　209
サリヴァン＆クロムウェル　Sullivan & Cromwell　319–320
サルディス　Sardis　286–287; 口絵 60
サルトル　Sartre, Jean Paul　109
ザンカーニ・モントゥオーロ　Zancani Montuoro, Paola　283
サンセット・ヒル・スクール　Sunset Hill School　21, 143, 272; 口絵 2

シ

シー（施美美）Sze, Mai-mai　192, 194, 270
シェイバート　Schabert, Kyrill　11, 82, 309, 310
ジェイムズ　James, Henry　34, 82, 236, 243, 328, 330
シェークヴィスト　Sjöqvist, Erik　286
シェパード　Shepard, Donald D.　64, 65, 70–

72, 77, 81, 86, 93, 96, 97, 99, 102, 103, 120, 122–124, 138, 139, 146, 147, 166, 217, 251, 320
ジェミング　Gemming, Klaus　306
シェラード　Sherrard, Philip　269, 271
ジェルマン　Germain, André　41
シカゴ大学　University of Chicago　180, 202, 285
ジークムント・フロイト・アーカイヴズ　Sigmund Freud Archives　162–163
シケム　Shechem　287–288
『死者への七つの説教』（ユング）*Seven Sermons to the Dead*　68, 69
『自然現象と心の構造』（ユング/パウリ）*The Interpretation of Nature and the Psyche*　201
シチリア　Sicily　265, 283, 285, 286
シチュトスキー　Shchutskii, I. K.　212
『実験的探究』（ユング）*Experimental Researches*　155
ジッド　Gide, André　129, 130, 214, 217, 225, 231, 238
シットウェル　Sitwell, Edith　219, 304
シナイ　Sinai　283, 289, 293
『詩の芸術』（ヴァレリー）*The Art of Poetry*　227
シフラン，アンドレ　Schiffrin, André　310
シフラン，ジャック　Schiffrin, Jacques　11, 83, 100, 109, 125, 129, 203, 218, 225, 227, 233, 303, 306, 309, 310, 330; 口絵 24
ジムソン　Simson, Otto von　200, 202
シャーアー　Schaer, Hans　148, 161
ジャヴィッツ　Javits, Jacob K.　247
ジャケット＝ゴードン　Jacquet-Gordon, Helen　193
シャタック　Shattuck, Roger　228
シャピロ，カール　Shapiro, Karl　240–242, 244–245, 247
シャピロ，マイヤー　Schapiro, Meyer　67, 110, 147, 173
『シャーマニズム』（エリアーデ）*Shamanism: Archaic Techniques of Ecstasy*　180
シャラフ　Sharaff, Irene　195
シャールル　Scharl, Josef　82
シュヴァリエ　Chevalier, Haakon　102
シュタイナー　Steiner, Herbert　220, 221, 230
シュトラウス　Strauss, Richard　221
シュパイザー　Speiser, Andreas　55
シュペングラー　Spengler, Oswald　87, 128, 168
シュミット，アドルフ　Schmidt, Adolph　64
シュミット，マリ＝ジャンヌ　Schmid, Marie-Jeanne　31
ショー　Shaw, Stuart M.　280
ショアラー　Schorer, Mark　236
ジョイス　Joyce, James　87, 108, 222, 242
ジョヴァノヴィッチ　Jovanovich, William　310
『頌歌』（ペルス）*Eloges and Other Poems*　214, 215, 216
ジョースト　Joost, Nicholas　235
ショーネシー　Shaughnessy, Winifred　115; →ラムボーヴァ
ジョラス　Jolas, Eugene　65
ショーレム　Scholem, Gershom　158, 174, 176, 178, 180–182, 206, 287; 口絵 35
ジョーンズ，アーネスト　Jones, Ernest　156, 163
ジョーンズ，デイヴィッド　Jones, David　236, 271
ジョーンズ，ロバート・エドモンド　Jones, Robert Edmond　34, 35
ジョンズ・ホプキンズ大学シンポジウム　Johns Hopkins University symposium　10, 238, 261
ジョンソン　Johnson, Buffie　195
ジルソン　Gilson, Etienne　252

『神曲』*The Divine Comedy* 218, 237, 257–261
『神曲挿画入り手稿』*Illuminated Manuscripts of the Divine Comedy* 50, 260–261, 313, 323
シングルトン，チャールズ Singleton, Charles S. 218, 225, 249, 257–260; 口絵 49
シングルトン，ユーラ Singleton, Eula Duke 225, 259
『シンクロニシティ』（ユング）*Synchronicity* 154
ジンスナー Zinsner, Charles 124
神智学 Theosophy 40, 41, 42, 87, 94, 113, 116, 117
『心的エネルギー』（ハーディング）*Psychic Energy: Its Source and Goal* 126
『神秘的結合』（ユング）*Mysterium Coniunctionis* 154, 174, 177
シンプソン Simpson, William Kelly 288
『シンボリック・ライフ』（ユング）*The Symbolic Life* 154
心理学協会（チューリヒ）Psychological Club 31, 33, 34, 36, 53
『心理学的思考』*Psychological Reflections* 152, 158
『心理学と錬金術』（ユング）*Psychology and Alchemy* 130, 131, 148, 149, 151, 152
心理療法国際医学会 International Medical Society for Psychotherapy 45
『人類の基本的な神話』（キャンベル）*Basic Mythologies of Mankind* 209; →『神の仮面』『神話のイメージ』
『神話誌の科学をめぐるエッセー（神話学入門）』（ケレーニイ / ユング）*Essays on a Science of Mythology* 177
『神話，宗教，母権制』（バッハオーフェン）*Myth, Religion, and Mother Right* 204
『神話的パピルス』（ピアンコフ）*Mythological Papyri* 192
『神話のイメージ』（キャンベル）*The Mythic Image* 195, 209, 210

ス

スウィーニー Sweeney, James Johnson 198, 216
スキラ Skira, Albert 232, 233, 306
スコパス Skopas 279
スズキ・ダイセツ（鈴木大拙）Suzuki, D. T. 176, 184–186, 269, 329; 口絵 32
スタイン Stein, Leopold 155
スタインドルフ Steindorff, George 118
スターキー Starkie, Walter 275
スターン Stern, James and Tania 221
スティーヴンズ，ウォラス Stevens, Wallace 249
スティーヴンズ，ストダート Stevens, Stoddard M. 319–320, 323
ストック Stock, Noel 236
ストラヴィンスキー Stravinsky, Igor 229
ストレイチー，ジェイムズ Strachey, James 150
ストレイチー，リットン Strachey, Lytton 236
ストレート Straight, Beatrice 89
スナイダー Snyder, Gary 186
スノウ Snow, C. P. 52
スピンク Spink, Walter 208
スペシャル・パブリケーションズ Special Publications 197
スペンサー Spencer, Theodore 239, 240, 241
スペンダー Spender, Stephen 220–221, 269
スミス Smith, Harrison 250
スローン Sloane, William 104

セ

『生と死の道』（ラディン）*The Road of Life and Death* 112

『生の悲劇的感情』（ウナムーノ） *The Tragic Sense of Life* 275
『征服者メフメットとその時代』（バービンガー） *Mehmed the Conqueror and His Time* 282–283
セインツベリー Saintsbury, George 119, 238
『赤道の歌』（ペルス） *Song for an Equinox* 219
セシル Cecil, David 325
セズネック Seznec, Jean 67, 200, 201
セッションズ Sessions, Barbara 201
セフテル Szeftel, Marc 295, 296
セラ Cela, C. J. 273
『先史時代の壺器とエジプト文明』（ラファエル） *Prehistoric Pottery and Civilization in Egypt* 110
『先史時代の洞窟絵画』（ラファエル） *Prehistoric Cave Paintings* 109–110
セント・エリザベス病院 St. Elizabeths Hospital 241, 243, 244, 250
セント・ジョンズ・カレッジ Saint John's College 57, 64, 68, 128, 203
『禅と日本文化』（鈴木大拙） *Zen and Japanese Culture* 185, 329
『千の顔を持つ英雄』（キャンベル） *The Hero with a Thousand Faces* 11, 160, 168, 209, 305
ゼン・ブッディズム（禅） Zen Buddhism 184–186
全米図書賞 National Book Award 232, 249, 275

ソ

ソープ Thorp, Willard 240, 247
ソルター Salter, Stefan 303
『空飛ぶ円盤』（ユング） *Flying Saucers* 154
ソーンダーズ Saunders, E. Dale 200, 203

タ

『ダイアル』 *The Dial* 235
第一アメリカ・ゼン学会 First Zen Institute of America 186
『太陽神レー連禱』 *The Litany of Re* 193
『対話篇』（ヴァレリー） *Dialogues* 227
『立ち上るアウローラ』 *Aurora Consurgens* 161
ダニエルー Daniélou, Alain 200, 202–203
ターネル Turnell, Martin 228
『魂を求める現代人』（ユング） *Modern Man in Search of a Soul* 25, 26, 37, 130
タム Tamm, Edward A. 71, 72
タリアフェロ Taliaferro, R. C. C. 117
ダールバーグ，エドワード Dahlberg, Edward 272, 275
ダールバーグ，ローライン Dahlberg, R'line 272
ダレス Dulles, Allen W. 46, 79, 96
ダンテ Dante Alighieri 99, 219, 237, 257–260, 268; →『神曲』
ダンバートン・オークス Dumbarton Oaks 257, 291–293, 312; 口絵 59

チ

『易《チエンジ》——易経八講』（ヴィルヘルム） *Change: Eight Lectures on the I Ching* 187, 211
チザム Chisholm, Hugh 10, 146, 148, 218, 225, 226, 235, 304
チャタル・ヒュユク Catal Hüyük 284
チャーチル Churchill, Winston 215, 219
チャップマン Chapman, George 238–239
『チャップマンのホメーロス』 *Chapman's Homer* 237, 239
チャピン Chapin, Katherine Garrison; →ビドル，キャサリン
チャン，チェン＝チ *Chang, Chen-chi* 186

チャン・チュン＝ユアン（張鍾元） *Chang Chung-yuan* 186, 195; 口絵 38
『中世の言語と読者』（アウエルバッハ） *Literary Language and Its Public in Late Latin Antiquity and in the Middle Ages* 223
チョウ Chow, Maud T. 312
『彫刻芸術』（リード） *The Art of Sculpture* 252, 254
『沈黙の声』 *The Voices of Silence* 189, 233

ツ

ツタンカーメン Tut-Ankh-Amon 116, 191–192, 289
『ツタンカーメン聖骨祠』 *The Shrines of Tut-Ankh-Amon* 192
ツッカーカンドル Zuckerkandl, Victor 128, 174, 176, 187
ツィンマー，クリスティアーネ Zimmer, Christiane 46, 60, 62
ツィンマー，ハインリヒ Zimmer, Heinrich 43, 44, 51, 56, 57, 60–63, 65–68, 75–77, 81, 84, 87–88, 94, 96–97, 108, 124, 144, 146, 158, 165, 167–168, 176–178, 182, 185, 195, 199, 203–204, 207–209, 220, 222, 277, 304, 312, 321, 329; 口絵 10

テ

デイ Day, George Parmly 58, 66
デイヴィス Davis, Lambert 77
デイヴィッド David, Catherine 227
デイツ Deitz, Paula 227
『ティマイオス』と『クリティアス』（プラトン） *The Timaeus and the Critias* 94, 96, 116–117
テイヤール・ド・シャルダン Teilhard de Chardin, Pierre 173, 183
テイラー，ウィリアム Taylour, William 285
テイラー，トマス Taylor, Thomas 94, 116–117, 268, 269
テイラー，バジル Taylor, Basil 314
ティリヒ Tillich, Paul 66, 76, 145
『デイリー・ワーカー』 *Daily Worker* 244
ティンカー Tinker, Chauncey 67
デヴリン Devlin, Denis 217
『テスト氏』（ヴァレリー） *Monsieur Teste* 224, 227, 228, 232
哲学古典文庫 Library of Philosophical Classics 237
テート Tate, Allen 99, 216, 236, 238, 239–241, 250, 251, 257
デトワイラー Detweiler, A. Henry 286
デューク Duke, Geoffrey, Lord Coleridge 261
デューチン Duchin, Eddie 25
デューラー Dürer, Albrecht 201
デル Dell, W. S. 37
デール Dale, Chester 319
デルレート Derleth, Ludwig 41, 42, 172
「天才通り」 "Genius Row" 82, 93, 166; 口絵 20

ト

トインビー，アーノルド Toynbee, A. J. 98, 174, 185
トインビー，パジェット Toynbee, Paget 258, 260
『同時代のことども』（ユング） *Essays on Contemporary Events* 152
ドゥーセ文学館 Doucet（Jacques） Bibliothèque Littéraire 231
ドゥラ＝エウロポス Dura-Europos 205–206
トーチブックス Torchbooks 314–315
トッド Todd, Ruthven 268
ドッド・ミード社 Dodd, Mead and Company 130
トドス・サントス Todos Santos 114–115,

140 141, 189; 口絵 27
『トドス・サントスの二柱の十字架』(オークス) *The Two Crosses of Todos Santos* 12, 115, 196, 189
トマス Thomas, Eliazbeth 191
トムリン Tomlin, E. W. F. 328
トラスク Trask, Willard R. 179–180, 222, 223, 228, 275
『鳥』(ペルス) *Birds* 219, 306
ドリオトン Drioton, Etienne 190
トルコ遺跡・博物館管理局 Turkish Department of Ancient Monuments and Museums 292
ドルー大学 Drew University 288
トロイ Troy, William 67, 145

ナ

ナヴァホ族 Navaho 9, 12, 68, 86–89, 97, 111, 115, 196, 199, 329
『ナヴァホの宗教』 *Navaho Religion* 12, 118, 295
ナショナル・ギャラリー・オブ・アート(国立美術館) National Gallery of Art 28–29, 64, 80, 97, 99, 100, 112, 250–252, 268, 319
ナダル Nadal, Octav 231
ナチズム Nazism 45, 79
ナボコフ, ヴェラ Nabokov, Véra 297, 299
ナボコフ, ウラジーミル Nabokov, Vladimir 218, 228, 260, 266, 269, 295–303; 口絵 54
ナボコフ, ドミトリ Nabokov, Dmitri 297, 299

ニ

ニクヒラナンダ Nikhilananda, Swami 88, 209
ニコル Nicoll, Allardyce 239
ニーチェ Nietzsche, Friedrich 31, 34, 223, 275, 294
ニーフス Niehus, Walter 158
ニーフス=ユング Niehus-Jung, Marianne 155, 158
『ニューヨーカー』 *The New Yorker* 237, 295
ニューヨーク大学 New York University 12, 66, 76, 166, 199, 204, 234, 260, 277, 278, 279, 321
『人間と象徴』(ユング) *Man and His Symbols* 157

ヌ・ネ

ヌビア Nubia 288–289
ネーゲル Nagel, Hildegard 50, 51
ネムルト山《ダウ》 Nemrud Dagh 284
ネルヴァル Nerval, Gérard de 229
『年代記』(ペルス) *Chronique* 219, 306

ノ

ノイマン Neumann, Erich 50, 160–161, 164, 165, 173, 174, 176, 181, 287; 口絵 36
ノグチ Noguchi, Isamu 23, 235
ノージック Nozick, Martin 274, 275
ノックス Knox, Bernard M. W. 257
ノーデル Knodel, Arthur J. 220
ノーベル文学賞 Nobel Prize in Literature 109, 219, 271
ノーマン Norman, Dorothy 195
ノリン Norin, C. Arthur 323
ノル Knoll, Max 184

ハ

バー Barr, Stringfellow 57, 64, 65, 66, 77
ハイアー Heyer, Gustav-Richard 45; 口絵 14, 15
ハイラー Heiler, Friedrich 44
ハイト Heydt, Eduard von der 41, 96
ハインズ Hynes, Samuel 236
ハウ Howe, Irving 236

ハウアー Hauer, J. W. 44, 46, 61, 65
ハーヴァード大学 Harvard University 46, 67, 174, 184, 186, 201, 207, 255, 256, 259, 282, 286, 288, 291, 294, 296, 298, 299, 321
ハーヴァード大学出版局 Harvard University Press 119, 201, 257, 322
バウマン Baumann, Hans 32
バウラ Bowra, C. M. 61, 238, 270
パウリ Pauli, Wolfgang 201
パウンド Pound, Ezra 236, 239–248, 250
パエストゥム Paestum 283–284
ハガード Haggard, H. Rider 90
ハクスレー Huxley, Aldous 254, 304
ハーゲスハイマー Hergesheimer, Joseph 235, 238
ハーコート・ブレイス（アンド・ワールド）社 Harcourt, Brace（and World） 76, 77, 80, 100, 130, 310
バックマン Buckman, Gertrude 124
『発見されざる自己』（ユング） *The Undiscovered Self* 154
ハッセルリース Hasselriis, Mark 191, 194, 195, 203
ハッソン Husson, L. F 191, 192
ハッチンズ Hutchins, Robert M. 222
バッハオーフェン Bachofen, J. J. 165, 200, 204, 323
ハーディング Harding, M. Esther 29, 126, 161, 246
ハード Heard, Gerald 186
ハート＝デイヴィス Hart-Davis, Rupert 266
パトマン Patman, Wright 17, 325–327
パノフスキー，エルヴィン Panofsky, Erwin 67, 200–202, 278
パノフスキー，ドラ Panofsky, Dora 201–202
ハーパー Harper, George Mulls 269
ハーパー＆ロウ社 Harper & Row 314
バービンガー Babinger, Franz 165, 282–283, 287
『パブリッシャーズ・ウィークリー』 *Publishers Weekly* 123, 143, 325
ハマーショルド Hammarskjöld, Dag 219, 250
ハミルトン Hamilton, Edith 255, 256
ハームズ Harms, Ernest 207
ハモンド＝ハーウッド邸 Hammond-Harwood House 68
パラケルスス Paracelsus 132, 268;『パラケルスス選集』*Selected Writings*, 159
「客間の鬼ごっこ《パーラー・タグ》」“Parlor Tag” 25
ハラン遺跡 Harran 284
パリー Parry, Albert 299
ハル，ジョーン Hull, Joan Bowlby 149
ハル，R・F・C Hull, R. F. C. 134, 136, 148–157, 165, 175, 272, 273, 275; 口絵 31, 39, 57
ハルト Hardt, Kurd von 256
バレット，ウィリアム Barrett, William 244, 275
バレット，ジョン Barrett, John D., Jr. 10, 13–16, 23, 25–27, 85, 92, 98, 108, 110, 112, 115, 116, 121–125, 127–130, 134, 137–141, 142, 144–154, 156, 157, 159, 160, 163–166, 169, 170, 174–176, 178–180, 182–186, 188–190, 192, 198, 202, 205, 208–211, 213, 214, 216–220, 222, 223, 225, 226, 229–231, 233, 234, 248, 255, 256, 258, 264–268, 273–275, 277, 279, 280, 282, 283, 286, 288–290, 295, 296, 298, 299, 301, 302, 304, 305, 307, 310, 312, 313, 315, 317, 319, 322–324, 327, 328, 330; 口絵 6, 33, 39, 65, 66
ハワード Howard, Richard 219
バンクロフト Bancroft, Mary 47
パンセオン・ブックス Pantheon Books 9–12, 81–84, 89, 93, 100, 109, 120–121, 123, 124, 127, 133, 142, 154, 166, 186, 197, 208,

211, 216, 246, 263, 271, 272, 304, 309–311, 314, 323, 325; 口絵 24; →ヴォルフ，クルト
バータイン，エレナー　Bertine, Eleanor　29, 30, 126
バンティング　Bunting, Mrs. Clarke; →コノーヴァー，キャサリン
『パンドラの箱』（パノフスキー）*Pandora's Box*　202
ハンバーガー　Hamburger, Michael　221
ハンナ　Hannah, Barbara　32, 35, 36, 45, 130, 149
ハンフマン　Hanfmann, George M. A.　286
ハンフリーズ　Humphreys, Christmas　185

ヒ

ピアポント・モルガン図書館　Pierpont Morgan Library　127, 313
ピアンコフ　Piankoff, Alexandre　189–193, 206, 288, 290; 口絵 28
『ヒエーロン』（レーマン）*The Hieron*　280, 323
『ピザン・キャントウス』（パウンド）*Pisan Cantos*　241, 243, 244
ビザンティン協会　Byzantine Institute　190, 290–292
「美術と詩に於る創造的直観」Creative Intuition in Art and Poetry　251–252
ヒックマン　Hickman, William C.　283
ヒッチコック，イーサン　Hitchcock, Ethan　90
ヒッチコック，ジョアンナ　Hitchcock, Joanna　227
『ビューティウェイ』（ワイマン）*Beautyway: A Navaho Ceremonial*　196
ビドル，キャサリン　Biddle, Katherine Garrison Chapin　216, 217, 240; 口絵 47
ビドル，フランシス　Biddle, Francis　215, 216; 口絵 47
ビートン　Beaton, Cecil　61
『批評講義』*Lectures in Criticism*　10, 238
ビーブ　Beebe, Lucius　24–25
秘密教団　Arcane School　42
ヒューズ　Hughes, E. R.　239
ピュロス　Pylos　285
ビラ　Villa, José Garcia　236
ピラミッド文書　Pyramid Texts　89, 96, 97, 118, 190, 191, 277, 288
ヒリヤー　Hillyer, Robert　244–248, 250
ヒル　Hill, Jerome　85
ビール　Beale, Mrs. Truxton　257
ビンガー　Binger, Carl　143
ヒンクル　Hinkle, Beatrice M.　26
『ヒンドゥー汎神論』（ダニエルー）*Hindu Polytheism*　203
ヒンマン　Hinman, Charlton　236

フ

「ファイヴ・イヤー・プラン（五年計画）」"Five-Year Plan"　102–106, 122, 142
ファーガソン　Fergusson, Francis　229, 251
ファベール・デュ・ファウア　Faber du Faur, Curt von　82
ファラー　Farrar, John　50, 58
ファラー・アンド・ラインハート社　Farrar and Rinehart　50, 58, 130
ファラー・ストラウス・アンド・ヤング社　Farrar, Straus and Young　104
ファン・ウァヘーレン，アン・モイヤー　van Waveren, Ann Moyer　25, 28, 29, 30, 38, 43, 85
ファン・ウァヘーレン，エルロ　van Waveren, Erlo　28, 29, 38, 39, 43, 52
フィアズ＝デイヴィッド　Fierz-David, Linda　161
フィッシャー　Fisher, Irving　246
フィッツジェラルド　Fitzgerald, Robert　219, 228, 249, 257, 259

『「フィネガンズ・ウェイク」を解く合鍵』（キャンベル／ロビンソン） *A Skeleton Key to Finnegans Wake* 88, 96
フィリッポス二世 Philip II of Macedonia 278, 279
フィンレー Finley, David E. 112, 251, 252
フーヴァー Hoover, J. Edgar 71
フェイドラー Feidler, Ernest 124
フェラン Phelan, Kappo 120, 124
フォイ Foye, Edward J. 256
フォークナー Faulkner, William 105
フォーダム Fordham, Michael 133–136, 138, 147, 148–150, 155, 157; 口絵 44
ブオナユーティ Buonaiuti, Ernesto 44
フォーロ・ロマーノ Roman Forum 288
ブキャナン Buchanan, Briggs 127
プーシキン Pushkin, Aleksandr; →『エヴゲーニー・オネーギン』
『二人，父祖に戻る所』 *Where the Two Came to Their Father* 84, 87, 96, 97, 113, 209, 210
仏教（ブッディズム） Buddhism 184–186, 203
プッサン Poussin, Nicolas 253
フット Foote, Mary 28, 32, 34–35, 52, 55, 137
ブーバー Buber, Martin 41, 46, 181
フラー，チャールズ Fuller, Charles 23
フラー，マーガレット Fuller, Margaret 95
ブライスデル研究所 Blaisdell Institute 186
ブラウン，アンダー Braun, Andor 208, 227, 255, 293, 306
ブラウン，カーター Brown, Carter 252
ブラウン，カール・スタンレー Brown, Karl Stanley 23, 24
ブラウン，ジョン・ニコラス Brown, John Nicholas 292
ブラウン，メアリー・コノーヴァー Brown, Mary Conover; →メロン，メアリー・コノーヴァー
ブラックマー Blackmur, R. P. 236, 238, 247, 251
プラトン Plato 55, 99, 117, 119, 237, 254–256, 268, 269, 306, 330;『ティマイオス』と『クリティアス』 *The Timaeus and the Critias*, 94, 97, 116–117; →『プラトン対話篇集成』
『プラトン』（フリードレンダー） *Plato* 254–255
『プラトン対話篇集成』 *The Collected Dialogues of Plato* 255–256, 306
プラトンの学園（アカデミア） Platonic Academy 172–173
フランク Frank, Joseph 224, 229, 236
フランクリン，セシル Franklin, Cecil A. 131, 148, 311
フランクリン，ノーマン Franklin, Norman 148, 311
ブランダイス Brandeis, Irma 257
フランツ Franz, Marie-Louise von 32, 35, 59, 161, 194
ブラント Blunt, Anthony 234, 253, 270
ブリーガー Brieger, Peter 260, 261
プリツァーク Pritsak, Omeljan 296
ブリティッシュ・スクール（ローマ） British School at Rome 288
ブリティッシュ・スクール・オヴ・アーケオロジー British School of Archaeology 285
フリードマン Friedmann, Herbert 112, 124
フリードレンダー Friedländer, Paul 254–255
プリンストン大学 Princeton University 53, 168, 171, 183, 184, 247, 251, 276, 286, 289, 291, 324; 口絵 65
プリンストン大学出版局 Princeton University Press 16, 179, 204, 211, 223, 233, 252, 260, 265, 275, 314, 315, 320, 322–325, 330

ブル　Bull, Ludlow　89, 118
プルヴェール　Pulver, Max　59
ブルース　Bruce, Ailsa Mellon　251, 320
ブルックス　Brooks, Ernest, Jr.　10, 14, 143, 146, 147, 150, 163, 166, 213, 286, 312, 313
ブルニエ　Burnier, Raymond　203
フルマン　Fourment, Gustave　231
ブルム　Blum, Léon　216
ブルーメンサール　Blumenthal, Joseph　306
ブレイク　Blake, William　267–268, 321; →『ブレイクと伝統』
『ブレイクと伝統』（レイン）*Blake and Tradition*　252, 267–270, 323, 329
フレイザー，ジェイムズ　Frazer, James George　135, 168
フレイザー，ジェシー　Fraser, Jessie E.　171, 313
フレクスナー　Flexner, Abraham　146, 213, 257, 307
ブレステッド　Breasted, James Henry　89, 97, 118, 227
ブレステッド二世　Breasted, James H., Jr.　118
プレストン，ケリソン　Preston, Kerrison　270
プレストン，ジョン・ハイド　Preston, John Hyde　103, 105, 142
フレーベ，イヴァン　Froebe, Iwan　40
フレーベ＝カプテイン，オルガ　Froebe-Kapteyn, Olga　23, 38–44, 46–53, 55–60, 65, 71–75, 79–80, 86, 95–96, 117, 138, 139, 148, 151, 159, 160, 164, 166–167, 169–176, 178–181, 183–188, 198, 205, 261, 269; 口絵 13, 16, 30, 40
フロイト　Freud, Sigmund　11, 26, 33, 35, 135, 143, 150, 155, 156, 162–163, 165, 168, 205, 207, 229, 264
『フロイト／ユング往復書簡集』*The Freud/Jung Letters*　156, 296, 324
ブロコウ　Brokaw, R. Miriam　223
プロゴフ　Progoff, Ira　187
ブロック　Block, Marguerite　62
ブロックウェイ　Brockway, Wallace　15, 16, 150, 168, 192, 201, 203, 205, 234, 237, 259, 264, 266, 267, 298, 323
ブロックハースト　Brockhurst, Gerald　31, 312; 口絵 1
ブロッホ　Broch, Hermann　107–109, 124, 128, 129, 220, 221, 246, 304; 口絵 25
ブロディ　Brody, Daniel　50
ブロニアー　Broneer, Oscar　285
『文章術』（ルー・チー）*The Art of Letters*　239
分析心理学協会（ニューヨーク）*Analytical Psychology* Club of New York　29, 50, 51, 53, 57, 62, 79, 277, 313
『分析心理学ジャーナル』*Journal of Analytical Psychology*　155

へ

ペアロフ　Parelhoff, A. D.　244–245
ベイコン　Bacon, Leonard　246
『ベイ詩篇歌集』*Bay Psalm Book*　218
ベイヤー　Bayer, Herbert　305
ベイリー，アリス　Bailey, Alice　23, 42–44, 54, 178–179
ベイリー二世，ハーバート　Bailey, Herbert S., Jr.　16, 323
ベイリー島（メイン州）Bailey Island　29, 126
ヘイワード　Hayward, John　226, 267
ベインズ，ケアリー　Baynes, Cary F.　32, 36–39, 50, 52–53, 57, 62, 65, 72, 75, 78, 79, 111, 125, 134, 138, 162, 187, 210–212, 246; 口絵 14
ベインズ，H・ゴドウィン　Baynes, H. Godwin　37, 67, 136
ベスパロフ　Bespaloff, Rachel　108, 129–130

ベッカー　Becker, John　23–24, 85, 121
ベック　Baeck, Leo　164, 180–181
ヘッテンシュヴィラー　Hättenschwiler, Alphonse　95, 130, 131
ベネディクト　Benedict, Ruth　76, 145
ペール　Peyre, Henri M.　238
ペルス　Perse, St.-John;『詩選集』*Collected Poems*, 219;『書簡集』*Letters*, 220; →レジェ，アレクシ
ヘレニズム研究センター　Center for Hellenic Studies　256–257
ペンシルヴァニア大学　University of Pennsylvania　195, 237, 242, 288
ヘンダーソン　Henderson, Joseph L　32, 246
ベンツ　Benz, Ernst　185, 187
ベンツィガー　Bänziger, Hans　187
『変容の象徴』（ユング）*Symbols of Transformation*　226
ヘンリー　Henley, Eugene　32
『ヘンリー・ムアの元型的世界』（ノイマン）*The Archetypal World of Henry Moore*　161

ホ

ホア　Hoare, Elizabeth　312
ボアズ　Boas, George　200–201, 204
ホイットモア　Whittemore, Thomas　121, 190, 290–292
ホイル　Hoyle, Fred　157
ホイールライト　Wheelwright, Philip　308
『ポエトリー』（雑誌）*Poetry*　216, 235, 238, 243, 247
ボーガン　Bogan, Louise　240, 247
ホーキンズ　Hawkins, Ernest　291, 292
ボスマー　Bothmer, Bernard V.　193, 288; 口絵 28
ポーター　Porter, Katherine Anne　228, 240
ホッティンガー　Hottinger, Mary　221
ボーバー　Bober, Harry　234, 260
ホーフマンスタール，フーゴー・フォン　Hofmannsthal, Hugo von　60, 61, 108, 158, 218, 220–222, 224, 326
ホーフマンスタール，ライムント・フォン　Hofmannsthal, Raimund von　61, 221
『ポポル・ヴフ』*Popol Vuh*　114, 124, 197, 273
ポメ　Pomés, Mathilde　273
ホメーロス　Homer　129, 237, 239
ポラーダ，イーディス　Porada, Edith　127–128, 277
ポラーダ，ヒルダ　Porada, Hilda　127
『ホラポロのヒエログリフィカ』*The Hieroglyphics of Horapollo*　200
ボーリンゲン（ユングの塔）Bollingen, Jung's tower at　13, 19–20, 54, 69, 137, 196; 巻頭写真 , 口絵 7
ボーリンゲン英国美術基金 Bollingen Foundation for British Art　276, 314
ボーリンゲン・エジプト探険　Bollingen Egyptian Expedition　190–193
ボーリンゲン基金（1941–42）Bollingen Foundation　64–66
ボーリンゲン基金（1945–）（歴史）Bollingen Foundation　9, 11, 13–16, 123–124, 144, 145–147, 153, 166, 236–237, 240, 246, 249, 265, 276, 310–327, 329; 口絵 20, 64
ボーリンゲン基金（新）Bollingen Fund　324
ボーリンゲン詩大賞　Bollingen Prize in Poetry　237, 239–249, 251
ボーリンゲン出版（1940–41）Bollingen Press　56–59
ボーリンゲン叢書（歴史）Bollingen Series　9–11, 80, 84, 88, 90–94, 96–98, 122–124, 314–315, 317, 321–324, 328–329; 口絵 67
「ボーリンゲンの輪」"Bollingen wheel"　93–94, 304

ボーリンゲン翻訳大賞　Bollingen Prize in Translation　249, 302
ポリネシア　Polynesia　199, 294
『ポリフィルス狂恋夢』 *The Dream of Poliphilo*　161
ポール　Paul, David　227, 228, 259
ポルトマン　Portmann, Adolf　164, 174; 口絵 41
ホルトン　Holton, Gerald　174
ポール・メロン英国美術基金　Paul Mellon Foundation for British Art　276, 314
ポール・メロン英国美術センター　Paul Mellon Centre for British Art　314
ホルロイド　Holroyd, Michael　236
ホワイト　White, Victor　164
ホワイトヒル　Whitehill, Walter Muir　17, 184, 326–327

マ

マイアー　Meier, Fritz　187
マイヤーホフ　Meyerhoff, Hans　255; 口絵 50
マイルズ　Miles, Suzanne W.　199–200
マイロナス　Mylonas, George　285
マウンテン・レイク　Mountain Lake　62
マガイアー，アン　McGuire, Anne　273
マガイアー，ウィリアム　McGuire, William　9–14, 152, 155, 156, 157, 301, 302, 303, 312, 315; 口絵 50
マクドナルド，ウィリアム　McDonald, William A.　285
マクドナルド，ドワイト　Macdonald, Dwight　129, 244
マクドナルド，A・W　MacDonald, A. W.　186
マグナ・グレキア協会　Società Magna Grecia　284
マクニール　McNeile, Mrs. Hector; →ギルモア
マクマナウェイ　McManaway, J. O.　236
マクリーシュ　MacLeish, Archibald　215–216, 218, 220, 239, 240, 247, 250
マクレディ　McCredie, James R.　280
マコーミク　McCormick, Edith Rockefeller　36
マコーミク神学校　McCormick Theological Seminary　288
マーサー　Mercer, S .A. B.　288
マシニョン，ジュネヴィエーヴ　Massignon, Genevieve　184
マシニョン，ダニエル　Massignon, Daniel　184
マシニョン，ルイ　Massignon, Louis　51–52, 95, 158, 164, 176, 180, 182–184, 287, 322; 口絵 34
マジェフスキ　Majewski, Lawrence　292
マシューズ，ジャクソン　Mathews, Jackson　162, 219, 224–228, 230, 232, 249, 259, 269, 273, 276, 312, 323; 口絵 48
マシューズ，マーシール・デューク　Mathews, Marthiel Duke　224–225, 227, 234, 259; 口絵 48
マシューソン，ルース　Mathewson, Ruth　300
マシューソン，ルーファス　Mathewson, Rufus　300, 302
マダリアーガ　Madariaga, Salvador de　173, 229, 275
マッカーシー　McCarthy, Mary　129
マーティン　Martin, P. W.　162
「魔法のパイロット」 "The Magic Pilot"　89
マリタン　Maritain, Jacques　251–252, 257, 269
マリニーヌ　Malinine, Michel　290
マール，エミール　Mâle, Emile　233–234, 313
マール，ジルベルト　Mâle, Gilberte　234
マルロー　Malraux, André　129, 130, 173, 232

–233, 306
マン，クリスティン　Mann, Kristine　29, 36, 37, 95
マン，トマス　Mann, Thomas　59, 97, 109, 176, 215
マンテーニャ　Mantegna, Andrea　282
マンハイム　Manheim, Ralph　156, 165, 176, 180, 204, 223, 228, 275, 282; 口絵 48

ミ

ミシガン大学　University of Michigan　206, 289
ミシガン大学出版局　University of Michigan Press　322
ミドルトン　Middleton, Christopher　221
ミーニュ　Migne, J. P., Patrologiae　238
ミネソタ大学　University of Minnesota　285
『ミメーシス』 *Mimesis*　179, 223, 257
ミュア，ウィラ　Muir, Willa　236, 271
ミュア，エドウィン　Muir, Edwin　236, 271
ミュケーネー　Mycenae　284–285
ミルズ　Mills, Betty　57, 65, 70, 93

ム

ムア　Moore, Marianne　228, 235, 242, 269, 305
『無意識の心理学』（ユング） *Psychology of the Unconscious*　26, 130, 133
ムエイスケン　Muijsken, Gertrude　40
『ムードラ』（ソーンダーズ） *Mudrā*　203
ムラノ・センチュウ（村野宣忠） Murano, Senchu　186

メ

メアリー・コノーヴァー・メロン教育推進基金　Mary Conover Mellon Fund for the Advancement of Education　143
メイス　Meiss, Millard　260, 261
メイソン　Mason, Herbert　183, 184
メイヤー　Mayor, Hyatt　77
メトキテス　Metochites, Theodore　293
メフメット二世　Mehmed II　282–283, 287, 290
メラート　Mellaart, James　284
メリディアン・ブックス　Meridian Books　314
メリデン・グラヴュール・カンパニー　Meriden Gravure Company　307
メロン，キャサリン（キャシー） Mellon, Catherine（Cathy）28, 31, 101, 140, 143, 196, 312; 口絵 8
メロン，アンドリュー・W　Mellon, Andrew W.　27, 28, 64, 319, 326
メロン，ティモシー　Mellon, Timothy　79, 144
メロン，ノーラ　Mellon, Nora McMullen　26
メロン，ポール　Mellon, Paul　11, 13, 15–17, 20, 25, 26–31, 34, 49, 51–55, 57–59, 61, 64, 66, 68, 72, 77, 80, 86, 99, 102, 103, 115, 120, 121, 123, 126–127, 139–140, 142–144, 146–148, 162, 164, 166, 170, 213, 217, 218, 230, 246, 251, 257, 307, 312, 313, 315–319, 324; 口絵 5, 8, 10, 66
メロン，メアリー・コノーヴァー　Mellon, Mary Conover　12–14, 16, 19–40, 47, 49–59, 61, 63, 64–81, 83–84, 85–86, 88–95, 100–104, 106, 107, 111, 117–123, 125, 130–134, 137–141, 142–145, 152, 159, 161, 170, 176, 182, 194, 197, 202, 210, 213, 216–217, 261, 269, 272, 276–277, 303, 312; 口絵 1–4, 8, 11, 18, 19
メロン，レイチェル・ランバート・ロイド　Mellon, Rachel Lambert Lloyd　166, 311
メロン基金（アンドリュー・W） Mellon（Andrew W.）Foundation　249, 251, 320, 325; 口絵 64
メンケン　Mencken, H. L.　98, 99, 238, 330

モ

モイテシア　Moitessier, Gunvor　208
モイヤー　Moyer, Ann; →ファン・ウァヘーレン，アン・モイヤー
モニエ　Monnier, Adrienne　226
モノー　Monod, Julien P.　230–231
『物語の内面化』（カーラー）*The Inward Turn of Narrative*　109, 223
モハメド・サイエド　Mohamed Sayed　27; 口絵 5
モルガンティーナ　Morgantina　285
モンテ・ヴェリタ（ホテル）Monte Verità　39, 40, 41, 96

ヤ

ヤコービ，フェリックス Jacoby, Felix　321
ヤコービ，ヨランダ　Jacobi, Jolande　152, 158–161, 163, 165, 171, 245; 口絵 15
ヤーコブソン　Jakobson, Roman　119, 294–296, 298
ヤッフェ　Jaffé, Aniela　154, 155, 309, 328; 口絵 57
ヤング，スタンレー　Young, Stanley　12, 76–77, 80–81, 89–94, 96, 100, 102–104, 107–109, 120–124, 130, 131, 142, 199; 口絵 21
ヤング，ミセス・スタンレー　Young, Mrs. Stanley; →ロス，ナンシー・ウィルソン

ユ

ユネスコ　UNESCO　162, 288–289
ユリアナ女王　Juliana, Queen　171
ユルチェンコ　Yurchenco, Henriette　113
ユング，エンマ　Jung, Emma　32, 35, 36, 67, 162; 口絵 43
ユング，C・G　Jung, C. G.　13, 15, 17, 19–20, 26, 29–39, 44–49, 51–56, 58, 59, 61, 66, 68–69, 72–75, 77–79, 85, 87, 95, 101, 125, 126, 130–135, 137–138, 144, 147–149, 151–153, 155–159, 172–175, 177–179, 188, 193, 196, 198, 201, 204–207, 222, 229, 245, 246, 257, 264, 267–268, 270, 280, 287, 289, 305, 309, 311, 328, 329; 著作集 13, 131–137, 144, 147–154, 158, 305, 308, 321;『書簡集』*Letters*, 155–156, 313; セミナー 28, 29, 32–36, 61, 111, 158, 322; 口絵 13, 14, 29, 43
ユング基金（ニューヨーク）Jung（C. G.）Foundation　171, 321
ユング研究所（チューリヒ）Jung（C. G.）Institute　36, 159, 162, 171, 177
ユング・コデックス　Jung Codex　290
『ユング心理学の中の宗教と魂の癒し』（シャーアー）*Religion and the Cure of Souls in Jung's Psychology*　148

ヨ

『ヨーガ』（エリアーデ）*Yoga: Immortality and Freedom*　180
『四人の聖人。三幕劇』*Four Saints in Three Acts*　25
『ヨーロッパ文学とラテン中世』（クルティウス）*European Literature and the Latin Middle Ages*　222

ラ

ライス・デイヴィズ　Rhys Davids, Mrs.　44, 47
ライン社　Rhein Verlag　50
ラインズ　Lynes, George Platt　24; 口絵 4
ラヴ　Love, Iris C.　280
ラウトレッジ＆キーガン・ポール社　Routledge and Kegan Paul　133, 134, 151, 154, 263, 266, 311, 314; →キーガン・ポール社
ラス　Russ, Nancy　313
ラス・カサス　Las Casas, Bartolome de　200, 294

ラズロ　Laszlo, Violet de　134, 136, 150, 207, 299
ラティモア　Lattimore, Richmond　249
ラディン，ドリス・ウッドワード　Radin, Doris Woodward　178
ラディン，ポール　Radin, Paul　17, 87, 107, 111–112, 115, 119, 124, 145, 176, 178, 182, 186, 194, 197–199, 203, 226, 247, 276, 298, 312, 313, 321; 口絵 26
ラーナー　Rahner, Hugo　164
ラファエル　Raphael, Max　107, 109–110, 124, 145, 247, 277
ラムセス六世　Ramesses VI　189–192
『ラムセス六世の墓陵』 *The Tomb of Ramesses VI*　192
ラムボーヴァ　Rambova, Natacha　13, 94, 107, 113–118, 124, 188–197, 200, 269, 288; 口絵 28
ラヤード　Layard, John　126, 187; 口絵 36
ランサム　Ransom, John Crowe　238
ランダム・ハウス　Random House　99, 232, 310, 314, 323
ランド　Rand, Paul　305

リ

リヴィアー　Riviere, Diana　155
リチャーズ　Richards, I. A.　239, 267
リッター　Ritter, Mary Curtis　16, 313, 324–325
リッチマン　Richman, Robert　269
リッツェマ　Ritsema, Rudolf　174, 187
リップマン　Lippmann, Walter　215
リード　Read, Herbert　15, 110, 133–136, 138, 147–152, 154, 156, 157, 162, 174–176, 185, 186, 213, 223, 229, 238, 247, 252, 254, 261, 263, 264, 267–276, 323; 口絵 39, 46
リプシー　Lipsey, Roger　168
リーブリング　Liebling, A. J.　237
リングストローム　Ringstrom, Algot　306
リンディ　Lindey, Alexander　247

ル

ルー・チー（陸機）Lu Chi　239
ルイス，ウィルマース・シェルダン　Lewis, Wilmarth Sheldon　253
ルイス，シンクレア　Lewis, Sinclair　236
ルイス，ナフタリ　Lewis, Naphtali　280
ルイス，ピエール　Louys, Pierre　231
ルイス，C・S　Lewis, C. S.　270
ルヴェルダン　Reverdin, Olivier　256
ルーク　Rooke, Barbara　266
ルージュモン　Rougemont, Denis de　89, 96, 97, 99–105, 124, 142, 145, 214, 220, 266, 267, 313; 口絵 22
ルーズヴェルト，エレナー　Roosevelt, Eleanor　57
ルーズヴェルト，フランクリン・D　Roosevelt, Franklin D.　28, 57, 215
ルーセル　Rousselle, Erwin　44
『流謫』（ペルス）*Exile and Other Poems* 215–219, 234

レ

『霊魂彷徨』 *The Wandering of the Soul*　193
レイシー　Lacy, Allen　275
霊性研究教団　School of Spiritual Research　23, 43, 44
レイチャード　Reichard, Gladys A.　13, 86, 118, 295
レイン　Raine, Kathleen　102, 117, 168, 176, 187, 236, 252, 267–270, 328, 329; 口絵 53
レヴィ　Levy, Ernst　202
レヴィ＝ストロース　Lévi-Strauss, Claude　119
レオパルディ　Leopardi, Giacomo　294
レジェ，アレクシ・サン＝レジェ（サン＝ジョン・ペルス）Leger, Alexis St. Leger (St. John Perse)　12, 101, 183, 214–220,

224, 229, 232, 234, 235, 238, 258, 269, 306, 320; 口絵 47
レジェ，ドロシー・ミルバーン・ラッセル Leger, Dorothy Milburn Russell 219; 口絵 47
レックスロス Rexroth, Kenneth 17, 329
レナード Leonard, Craigh 70
レーマン，カール Lehmann, Karl 76, 204, 206, 277–284; 口絵 63
レーマン，フィリス Lehmann, Phyllis Williams 279–284; 口絵 62
レーマン＝ハウプト Lehmann-Haupt, Hellmut 83
レールモントフ Lermontov, Mihail 299
レルリ，ウィル Roelli, Will 273
レルリ，ヒメーナ Roelli, Ximena; →アングロ，ヒメーナ・デ
『錬金術とオカルト』（ユング） *Alchemy and the Occult* 312
錬金術文庫 Library of Alchemy 131, 132, 161
連邦技術学校（ETH） Eidgenössische Technische Hochschule; → ETH 講義

ロ

ローウェル Lowell, Robert 240, 241, 242, 244, 249, 259
ロウラー Lawler, James R. 228, 229, 231
ロークビー Rokeby 28, 30; →オーク・スプリング
ロシター Rossiter, A. P. 265
ロス，ナンシー・ウィルソン Ross, Nancy Wilson 23, 25, 42, 43, 76, 80, 85, 111, 186, 267; 口絵 21
ロス，マーヴィン Ross, Marvin C. 328
ローゼンウォールド Rosenwald, Lessing 248
ローゼンタール Rosenthal, Franz 237
ローゼンフェルド Rosenfeld, Paul 97, 107–108, 124, 145
ロダス Rodas, Flavio 114, 124, 197
ロックフェラー財団 Rockefeller Foundation 49, 53, 72, 108, 145
ロビンソン Robinson, Henry Morton 88, 96
ローマ・アメリカン・アカデミー American Academy at Rome 288, 321
ロヨラ Loyola, Saint Ignatius 34
『ロリータ』（ナボコフ） *Lolita* 298, 300
ロリンズ Rollins, Carl Purington 254, 306
『論語』 *Analects* 228

ワ

ワイコフ Wyckoff, George 64, 123
ワイマン Wyman, Leland C. 196
ワイリー Wylie, Philip 248
ワイルダー Wilder, Thornton 220, 221, 244
ワクスタイン Wachstein, Beata 312
ワーサム Wertham, Fredric 248
『わたし』（ヴァレリー） *Moi* 227
ワッツ Watts, Alan 17, 186, 327
ワトキンズ Watkins, Vernon 221
ワームザー Wormser, Rene 301
『我れらが主ドン・キホーテ』（ウナムーノ） *Our Lord Don Quixote* 275
1–2–3 クラブ 1–2–3 Club 68

※

A・W・メロン美術講義 Mellon（A. W.） Lectures in the Fine Arts 250–254, 268, 276, 322
『C・G・ユングの心理学』（ヤコービ） *The Psychology of C. G. Jung* 159
『C・G・ユングの心理学に於る複合/元型/象徴』 *Complex/Archetype/Symbol in the Psychology of C. G. Jung* 159
ETH 講義（ユング） ETH Lectures 33–34, 53
FBI（連邦捜査局） FBI 71–72, 75

H・ウォルフ・ブック・マニュファクチャリング・カンパニー H. Wolff Book Manufacturing Company 307

付　録

ボーリンゲン叢書

二つ目の年号は第二版の刊行年を示す。括弧の刊記がない書目は 1989 年現在，未刊であることを示す。［邦訳はボーリンゲン版を底本としないものも含む］

I Where the Two Came to Their Father—Jeff King, Maud Oakes, Joseph Campbell（1943; 1969）
II The Devil's Share—Denis de Rougemont, translated by Haakon Chevalier（1944）
III Plato: The Timaeus and the Critias—the Thomas Taylor translation, introduced by R. C. Taliaferro（1944）※『ティマイオス・クリティアス』（プラトン全集 12），種山恭子・田之頭安彦訳，岩波書店，1975.
IV Prehistoric Cave Paintings—Max Raphael, translated by Norbert Guterman（1945）
V The Road of Life and Death—Paul Radin, foreword by Mark Van Doren（1945）
VI Myths and Symbols in Indian Art and Civilization—Heinrich Zimmer, edited by Joseph Campbell（1946）※『インド・アート——神話と象徴』ハインリッヒ・ツィンマー，宮元啓一訳，せりか書房，1988.
VII The Symbolic Goldfinch—Herbert Friedmann（1946）
VIII Prehistoric Pottery and Civilization in Egypt—Max Raphael, translated by Norbert Guterman（1947）
IX On the Iliad—Rachel Bespaloff, translated by Mary McCarthy, introduced by Hermann Broch（1947）
X Psychic Energy: Its Source and Its Goal［Transformation］—M. Esther Harding, foreword by C. G. Jung（1948; 1963）※『心的エネルギー』上・下，M・エスター・ハーディング，織田尚生他訳，人文書院，1986.
XI The King and the Corpse—Heinrich Zimmer, edited by Joseph Campbell（1948; 1956）
XII The Limits of Art—edited by Huntington Cairns（1948）
XIII Egyptian Servant Statues—James H. Breasted, Jr.（1948）
XIV Corpus of Ancient Near Eastern Seals in North American Collec-

tions—edited by Edith Porada and Briggs Buchanan

Vol. 1: The Collection of the Pierpont Morgan Library（1948）

Vol. 2: Stamp Seals and Finger Rings

XV Exile and Other Poems—St.-John Perse, translated by Denis Devlin（1949; 1953）

XVI Lectures in Criticism—R. P. Blackmur, Benedetto Croce, Henri M. Peyre, John Crowe Ransom, Herbert Read, Allen Tate; edited by Elliott Coleman, introduced by Huntington Cairns（1949）

XVII The Hero with a Thousand Faces—Joseph Campbell（1949; 1968）※『千の顔をもつ英雄』上・下，ジョゼフ・キャンベル，平田武清・浅輪幸夫監訳，人文書院，1984.／『千の顔をもつ英雄』上・下，ジョーゼフ・キャンベル，倉田真木・斎藤藤代・関根光宏訳，ハヤカワ文庫，2015.

XVIII Navaho Religion—Gladys A. Reichard（1950: 1963, introduced by Oliver La Farge）

XIX 1: The I Ching, or Book of Changes—the Richard Wilhelm/Cary F. Baynes translation, foreword by C. G. Jung（1950; 1961; 1967, preface by Hellmut Wilhelm）※参考：『易経』上・下，高田眞治・後藤基巳訳，岩波文庫，1969.

2: Lectures on the I Ching: Constancy and Change—Richard Wilhelm, translated by Irene Eber（1979）

XX The Collected Works of C. G. Jung—edited by Gerhard Adler, Michael Fordham, Herbert Read, and（executive editor）William McGuire, translated by R. F. C. Hull（except vol. 2）※C・G・ユング著作集。邦訳は一巻が単行本として刊行されているもののみ挙げたが，他の巻も多くの収録論文が翻訳されている。

Vol. 1: Psychiatric Studies（1957）

Vol. 2: Experimental Researches—translated by Leopold Stein and Diana Riviere（1973）

Vol. 3: The Psychogenesis of Mental Disease（1960）

Vol. 4: Freud and Psychoanalysis（1961）

Vol. 5: Symbols of Transformation（1956; 1967）※『変容の象徴』野村美紀子訳，筑摩書房，1985.／ちくま学芸文庫，1992.

Vol. 6: Psychological Types（1971）※『心理学的類型』Ⅰ・Ⅱ，高橋義孝他訳，人文書院，1986，1987.

Vol. 7: Two Essays on Analytical Psychology（1953; 1966）

Vol. 8: The Structure and Dynamics of the Psyche（1960: 1969）

Vol. 9, i: The Archetypes and the Collective Unconscious（1959; 1968）

Vol. 9, ii: Aion: Researches into the Phenomenology of the Self（1959; 1968）※『アイオーン』野田倬訳，人文書院，1990.

Vol. 10: Civilization in Transition（1964; 1970）

Vol. 11: Psychology and Religion: West and East（1958; 1969）

Vol. 12: Psychology and Alchemy（1953; 1968）※『心理学と錬金術』Ⅰ・Ⅱ，池田紘一・鎌田道生訳，人文書院，1976.

Vol. 13: Alchemical Studies（1967）

Vol. 14: Mysterium Coniunctionis（1963; 1970）※『結合の神秘』Ⅰ・Ⅱ，池田紘一訳，人文書院，1995, 2000.

Vol. 15: The Spirit in Man, Art, and Literature（1966）

Vol. 16: The Practice of Psychotherapy（1954; 1966）

Vol. 17: The Development of Personality（1954）

Vol. 18: The Symbolic Life（1976）

Vol. 19: General Bibliography—compiled by Lisa Ress（1979）

Vol. 20: General Index—compiled by Barbara Forryan and Janet M. Glover（1979）

Vol. A: The Zofingia Lectures（1983）

XXI　Religion and the Cure of Souls in Jung's Psychology—Hans Schaer, translated by R. F. C. Hull（1950）

XXII　Essays on a Science of Mythology—C. G. Jung and C. Kerényi, translated by R. F. C. Hull（1949; 1963）※『神話学入門』C・G・ユング&カール・ケレーニイ，杉浦忠夫訳，晶文社，1975.

XXIII　The Hieroglyphics of Horapollo—translated by George Boas（1950）

XXIV　The Psychology of Art—André Malraux, translated by Stuart Gilbert（1950）

Vol. 1: Museum without Walls

Vol. 2: The Creative Act

Vol. 3: The Twilight of the Absolute

Revision, in 1 vol.: The Voices of Silence（reprint, 1978）

※『東西美術論 1　空想の美術館』アンドレ・マルロオ，小松清訳，新潮社，1957.／『東西美術論 2　芸術的創造』新潮社，1957.／『東西美術論 3　絶対の貨幣』新潮社，1958.

XXV The Dream of Poliphilo—Linda Fierz-David, translated by Mary Hottinger, foreword by C. G. Jung（1950）

XXVI Philosophies of India—Heinrich Zimmer, edited by Joseph Campbell（1951）

XXVII The Two Crosses of Todos Santos—Maud Oakes, introduced by Paul Radin（1951）

XXVIII Paracelsus: Selected Writings—edited by Jolande Jacobi, translated by Norbert Guterman, foreword by C. G. Jung（1951; 1958）※『自然の光』パラケルスス，ヨラン・ヤコビ編，大橋博司訳，人文書院，1984.

XXIX The Art of Letters: Lu Chi's "Wen Fu," A.D. 302 —E. R. Hughes, forenote by I. A. Richards（1951）

XXX Papers from the Eranos Yearbooks—edited by Joseph Campbell, translated by Ralph Manheim and R. F. C. Hull　※参考：『エラノス叢書』全 11 巻別巻 1（7・11 巻は欠番），平凡社，1990–1995.

Vol. 1: Spirit and Nature—Ernesto Buonaiuti, Friedrich Dessauer, C. G. Jung, Werner Kaegi, C. Kerényi, Paul Masson-Oursel, Fritz Meier, Adolf Portmann, Max Pulver, Hugo Rahner, Erwin Schrödinger, Walter Wili（1954）

Vol. 2: The Mysteries—Julius Baum, C. G. Jung, C. Kerényi, Hans Leisegang, Paul Masson-Oursel, Fritz Meier, Jean de Menasce, Georges Nagel, Walter F. Otto, Max Pulver, Hugo Rahner, Paul Schmitt, Walter Wili（1955）

Vol. 3: Man and Time—Henry Corbin, Mircea Eliade, C. G. Jung, Max Knoll, G. van der Leeuw, Louis Massignon, Erich Neumann, Helmuth Plessner, Adolf Portmann, Henri-Charles Puech, Gilles Quispel, Hellmut Wilhelm; introduced by Henry Corbin（1957）

Vol. 4: Spiritual Disciplines—Rudolf Bernoulli. Martin Buber, C. M. von Cammerloher, T.-W. Danzel, Friedrich Heiler, C. G. Jung, C. Kerényi, John Layard, Fritz Meier, Max Pulver, Erwin Rousselle, Heinrich Zimmer; introduced by Mircea Eliade（1960）

Vol. 5: Man and Transformation—Ernst Benz, Henry Corbin, Jean Daniélou, Mircea Eliade, G. van der Leeuw, Fritz Meier, Adolf Portmann, Daisetz T. Suzuki, Paul Tillich. Lancelot Law Whyte, Heinrich Zimmer（1964）

Vol. 6: The Mystic Vision—Ernesto Buonaiuti, Friedrich Heiler, Wilhelm Koppers, Lous Massignon, Jean de Menasce, Erich Neumann, Henri-Charles Puech, Gilles Quispel, Erwin Rousselle, Boris Vysheslawzeff, Heinrich Zimmer（1968）

XXXI C. G. Jung: Psychological Reflections: A［New］Anthology of His Writings［1905–1961］—edited by Jolande Jacobi［and R. F. C. Hull］（1953; 1970）

XXXII African Folktales and Sculpture—edited by Paul Radin and James Johnson Sweeney（1952; 1964）

XXIII Hugo von Hofmannsthal: Selected Writings

Vol. 1: Selected Prose—translated by Mary Hottinger and Tania & James Stern, introduced by Hermann Broch（1952）

Vol. 2: Poems and Verse Plays—translated by John Bednall, Arthur Davidson, Michael Hamburger, John Mander, Christopher Middleton, Stephen Spender, Vernon Watkins, introduced by Michael Hamburger, preface by T. S. Eliot（1961）

Vol. 3: Plays and Libretti—translated by Michael Hamburger, Christopher Holme, Christopher Middleton, Willa Muir, Alfred Schwarz, Vernon Watkins, Nora Wydenbruck, introduced by Michael Hamburger（1963）

※参考：『ホーフマンスタール選集』全4巻，河出書房新社，1972–1974.

XXIV Winds—St.-John Perse, translated by Hugh Chisholm（1953; 1961）※『風』サン＝ジョン・ペルス，有田忠郎訳，書肆山田，2006.

XXXV The A. W. Mellon Lectures in the Fine Arts:

1952: Creative Intuition in Art and Poetry—Jacques Maritain（1953）

1953: The Nude: A Study in Ideal Form—Kenneth Clark（1956）※『ザ・ヌード——理想的形態の研究』ケネス・クラーク，高階秀爾・佐々木英也訳，美術出版社，

1971.／ちくま学芸文庫，2004.

1954: The Art of Sculpture—Herbert Read（1956; 1961）※『彫刻とは何か』ハーバート・リード，宇佐美栄治訳，日貿出版社，1995.

1955: Painting and Reality—Etienne Gilson（1957）※『絵画と現実』エティエンヌ・ジルソン，佐々木健一他訳，岩波書店，1985.

1956: Art and Illusion—E. H. Gombrich（1960; 1961）※『芸術と幻影——絵画的表現の心理学的研究』E・H・ゴンブリッチ，瀬戸慶久訳，岩崎美術社，1979.

1957: The Eternal Present—S. Giedion

Vol. 1: The Beginnings of Art（1962）※『永遠の現在——美術の起源』ジークフリート・ギーディオン，江上波夫・木村重信訳，東京大学出版会，1968.

Vol. 2: The Beginnings of Architecture（1964）

1958: Nicolas Poussin—Anthony Blunt, 2 vols.（1967）

1959: Of Divers Arts—Naum Gabo（1962）

1960: Horace Walpole—Wilmarth Sheldon Lewis（1961）

1961: Christian Iconography: A Study of Its Origins—André Grabar（1968）

1962: Blake and Tradition—Kathleen Raine, 2 vols.（1968）; abridged edition: Blake and Antiquity（1977）※『ブレイクと古代』キャスリーン・レイン，吉村正和訳，平凡社，1988.（簡約版 Blake and Antiquity の翻訳）

1963: The Portrait in the Renaissance—John Pope-Hennessy（1966）※『ルネサンスの肖像画』ジョン・ホープ＝ヘネシー，中江彬・兼重護・山田義顕訳，中央公論美術出版，2002.

1964: On Quality in Art—Jakob Rosenberg（1967）※『美術のみかた——傑作の条件』ヤーコブ・ローゼンバーグ，猿田量他訳，講談社，1983.

1965: The Origins of Romanticism—Isaiah Berlin ※参考：『バーリン選集 3　ロマン主義と政治』福田歓一・河合秀和編，岩波書店，1984.

1966: Visionary and Dreamer: Two Poetic Painters, Samuel Palmer and Edward Burne-Jones—David Cecil（1969）

1967: Mnemosyne: The Parallel between Literature and the Visual Arts—Mario Praz（1970）※『記憶の女神ムネモシュネ』マリオ・プラーツ，前川祐一訳，美術出版社，1979.／『ムネモシュネ』マリオ・プラーツ，高山宏訳，ありな書房，1999.

1968: Imaginative Literature and Painting—Stephen Spender

1969: Art as a Mode of Knowledge—J. Bronowski

1970: A History of Building Types—Nikolaus Pevsner（1976）※『建築タイプの歴史』全2巻，ニコラウス・ペヴスナー越野武訳，中央公論美術出版，2014, 2015.

1971: Giorgio Vasari: The Man and the Book—T. S. R. Boase（1979）

1972: Leonardo da Vinci—Ludwig H. Heydenreich

1973: The Use and Abuse of Art—Jacques Barzun（1974）

1974: Nineteenth-Century Sculpture Reconsidered—H. W. Janson

1975: Music in Europe in the Year 1776—H. C. Robbins Landon

1976: Reflections on Classical Greek Art—Peter von Blanckenhagen

1977: The Sack of Rome, 1527—André Chastel, translated by Beth Archer（1982）※『ローマ劫掠——一五二七年，聖都の悲劇』アンドレ・シャステル，越川倫明他訳，筑摩書房，2006.

1978: The Rare Art Traditions—Joseph Alsop（1982）

1979: Cézanne and America—John Rewald（1989）

1980: Principles of Design in Ancient and Medieval Architecture—Peter Kidson

1981: Palladio in Britain—John Harris

1982: The Burden of Michelangelo's Painting—Leo Steinberg

1983: The Shape of France—Vincent Scully

1984: Painting as an Art—Richard Wollheim（1987）

1985: The Villa in History—James S. Ackerman

1986: Confessions of a Twentieth-Century Composer—Lukas Foss

1987: Imago Dei: The Byzantine Apologia for the Icons—Jaro-

slav Pelikan

1988: Art and the Spectator in the Italian Renaissance—John Shearman

1989: Intermediary Demons: Ornament as Mediation—Oleg Grabar

XXXVI European Literature and the Latin Middle Ages—Ernst Robert Curtius, translated by Willard R. Trask (1953; with an introduction by Peter Godman, 1990) ※『ヨーロッパ文学とラテン中世』E・R・クルツィウス，南大路振一他訳，みすず書房，1971.

XXXVII Jewish Symbols in the Greco-Roman Period—Erwin R. Goodenough

Vols. 1–3: The Archeological Evidence from Palestine and the Diaspora (1953)

Vol. 4: The Problem of Method: Symbols from Jewish Cult (1954)

Vols. 7–8: Pagan Symbols in Judaism (1958)

Vols. 9–11: Symbolism in the Dura Synagogue (1964)

Vol. 12: Summary and Conclusions (1965)

Vol. 13: Indexes and Maps (1968)

Abridged edition, edited, with a foreword, by Jacob Neusner (1989)

XXXVIII The Survival of the Pagan Gods—Jean Seznec, translated by Barbara Sessions (1953) ※『神々は死なず——ルネサンス芸術における異教神』ジャン・セズネック，高田勇訳，美術出版社，1977.

XXXIX The Art of Indian Asia—Heinrich Zimmer, completed and edited by Joseph Campbell, 2 vols (1955; 1960)

XL Egyptian Religious Texts and Representations—translated and supervised by Alexandre Piankoff

Vol. 1: The Tomb of Ramesses VI—edited by N. Rambova, 2 vols. (1954)

Vol. 2: The Shrines of Tut-Ankh-Amon—edited by N. Rambova (1955)

Vol. 3: Mythological Papyri—edited, with a chapter on symbolism, by N. Rambova, 2 vols. (1957)

Vol. 4: The Litany of Re (1965)

Vol. 5: The Pyramid of Unas (1968)

Vol. 6: The Wandering of the Soul—completed by Helen Jacquet-Gordon（1974）

XLI Chapman's Homer—edited by Allardyce Nicoll, 2 vols.（1956）

XLII The Origins and History of Consciousness—Erich Neumann, translated by R. F. C. Hull, foreword by C. G. Jung（1954）※『意識の起源史』上・下，エーリッヒ・ノイマン，林道義訳，紀伊國屋書店，1984, 1985.

XLIII Ibn Khaldûn: The Muqaddimah—translated by Franz Rosenthal, 3 vols.（1958; 1967）; one-vol. abridgment by N. J. Dawood（1969）※『歴史序説』全3巻，イブン＝ハルドゥーン，森本公誠訳，岩波書店，1979–1987.／岩波文庫，全4巻，2001.

XLIV Sound and Symbol—Victor Zuckerkandl

Vol. 1: Music and the External World—translated by Willard R. Trask（1956）

Vol. 2: Man the Musician—translated by Norbert Guterman（1973）

XLV The Collected Works of Paul Valéry—edited by Jackson Mathews

Vol. 1: Poems—translated by David Paul and James R. Lawler, annotated by James R. Lawler（1971）

Vol. 2: Poems in the Rough—translated by Hilary Corke, introduced by Octave Nadal（1969）

Vol. 3: Plays—translated by David Paul and Robert Fitzgerald, introduced by Francis Fergusson and Igor Stravinsky（1960）

Vol. 4: Dialogues—translated by William McCausland Stewart, prefaced by Wallace Stevens（1956）

Vol. 5: Idée Fixe—translated by David Paul, introduced by Philip Wheelwright（1965）

Vol. 6: Monsieur Teste—translated and introduced by Jackson Mathews（1973）

Vol. 7: The Art of Poetry—translated by Denise Folliot, introduced by T. S. Eliot（1958）

Vol. 8: Leonardo, Poe, Mallarmé—translated by Malcolm Cowley and James R. Lawler（1972）

Vol. 9: Masters and Friends—translated by Martin Turnell, introduced by Joseph Frank（1968）

Vol. 10: History and Politics—translated by Denise Folliot and Jackson Mathews, introduced by François Valéry and Salvador de Madariaga（1962）
Vol. 11: Occasions—translated by Roger Shattuck and Frederick Brown, introduced by Roger Shattuck（1970）
Vol. 12: Degas, Manet, Morisot—translated by David Paul, introduced by Douglas Cooper（1960）
Vol. 13: Aesthetics—translated by Ralph Manheim, introduced by Herbert Read（1964）
Vol. 14: Analects—translated by Stuart Gilbert, introduced by W. H. Auden（1970）
Vol. 15: Moi—translated by Marthiel and Jackson Mathews（1975）
A: Pata Valéry: An Antnology—selected and introduced by James R. Lawler（1977）
※参考：『ヴァレリー全集』全12巻・補巻2，筑摩書房，1977–1979.

XLVI The Myth of the Eternal Return—Mircea Eliade, translated by Willard R. Trask（1954）※『永遠回帰の神話——祖型と反復』ミルチャ・エリアーデ，堀一郎訳，未來社，1963.

XLVII The Great Mother—Erich Neumann, translated by Ralph Manheim（1955; 1963）※『グレート・マザー——無意識の女性像の現象学』，エリッヒ・ノイマン，福島章他訳，ナツメ社，1982.

XLVIII The Gothic Cathedral—Otto von Simson, appendix by Ernest Levy（1956; 1962; with new introduction, 1988）※『ゴシックの大聖堂——ゴシック建築の起源と中世の秩序概念』O・G・フォン・ジムソン，前川道郎訳，みすず書房，1985.

XLIX The Tao of Painting, with a translation of the Mustard Seed Garden Manual of Painting—Mai-mai Sze appendix by Ernest Levy（1956; 1963）; the Mustard Seed Garden Manual of Painting（1977）※参考：『新訳 芥子園画伝』新藤武弘訳，日貿出版社，1985.

L The Notebooks of Samuel Taylor Coleridge—editted by Kathleen Coburn（each vol. in 2 parts）
Vol. 1: 1794–1804（1957）
Vol. 2: 1804–1808（1961）

Vol. 3: 1808–1819（1973）
Vol. 4: 1819–1826, coedited by Merton Christensen（1989）
Vol. 5: 1827–1834, coedited by Merton Christensen and Anthony J. Harding

LI The Interpretation of Nature and the Psyche—C. G. Jung and W. Pauli, translated by R. F. C. Hull and Priscilla Silz（1955）※『自然現象と心の構造——非因果的連関の原理』C・G・ユング＆W・パウリ，河合隼雄・村上陽一郎訳，海鳴社，1976.

LII Pandora's Box—Dora and Erwin Panofsky（1956; 1962）※『パンドラの箱——神話の一象徴の変貌』ドラ＆エルヴィン・パノフスキー，阿天坊耀他訳，美術出版社，1975.

LIII Beautyway: A Navaho Ceremonial—edited by Leland C. Wyman, with contributions by Berard Haile and Maud Oakes（1957）

LIV Amor and Psyche—Erich Neumann, translated by Ralph Manheim（1956）※『アモールとプシケー』エリック・ノイマン，河合隼雄監訳，紀伊國屋書店，1973.

LV Eloges and Other Poems—St.-John Perse, translated by Louise Varèse（1956）

LVI Yoga: Immortality and Freedom—Mircea Eliade, translated by Willard R. Trask（1958; 1969）※『ヨーガ』（エリアーデ著作集第9巻・第10巻），ミルチャ・エリアーデ，せりか書房，立川武蔵訳，1978, 1981.

LVII Complex/Archetype/Symbol in the Psychology of C. G. Jung—Jolande Jacobi, translated by Ralph Manheim, foreword by C. G. Jung（1959）

LVIII Mudrā—E. Dale Saunders（1960）

LIX Plato—Paul Friedländer, translated by Hans Meyerhoff
Vol. 1: An Introduction（1958; 1969）
Vol. 2: The Dialogues, First Period（1964）
Vol. 3: The Dialogues, Second and Third Periods（1969）

LX Samothrace—edited by Karl Lehmann and Phyllis Williams Lehmann
Vol. 1: The Ancient Literary Sources—edited and translated by Naphtali Lewis（1958）
Vol. 2, i: The Inscriptions on Stone—P. M. Fraser（1960）
Vol. 2, ii: The Inscriptions on Ceramics and Minor Objects—

Karl Lehmann（1960）

Vol. 3: The Hieron—Phyllis Williams Lehmann, 3 vols.（1969）

Vol. 4, i: The Hall of Votive Gifts—Karl Lehmann（1962）

Vol. 4, ii: The Altar Court—Karl Lehmann and Denys Spittle（1964）

Vol. 5: The Temenos—Phyllis Williams Lehmann and Denys Spittle, 2 vols.（1982）

Vol. 6: The Anaktoron, The Sacristy, and the Early Strata beneath the Rotunda of Arsinoe and the Anaktoron

Vol. 7: The Rotunda of Arsinoe

Vol. 8: The Buildings on the Western Hill

Vol. 9: The Structures on the Eastern Hill

Vol. 10: The Propylon of Ptolemy II—Alfred Frazer（1989）

Vol. 11: Sporadic Finds and the Nekropoleis—Elsbeth B. Dusenberry

Vol. 12: The History and Religion of the Sanctuary of the Great Gods

LXI Essays of Erich Neumann

Vol. 1: Art and the Creative Unconscious—translated by Ralph Manheim（1959）※『芸術と創造的無意識』エーリッヒ・ノイマン，氏原寛・野村美紀子訳，創元社，1984.

Vol. 2: Creative Man: Five Essays—translated by Eugene Rolfe（1979）

Vol. 3: The Place of Creation—translated by various hands（1989）

LXII 1: Change: Eight Lectures on the I Ching—Hellmut Wilhelm, translated by Cary F. Baynes（1960）

2: Researches on the I Ching—Iulian K. Shchutskii, translated by William L. MacDonald, Tsuyoshi Hasegawa, and Hellmut Wilhelm, introduced by Gerald W. Swanson（1979）

LXIII The Living Symbol—Gerhard Adler（1961）※『生きている象徴』ゲルハルト・アードラー，氏原寛・多田建治訳，人文書院，1979.

LXIV Zen and Japanese Culture—D. T. Suzuki（1959）※『禅と日本文化』鈴木大拙，北川桃雄訳，岩波新書，1940.

LXV Archetypal Images in Greek Religion—C. Kerényi, translated by Ralph Manheim, except Vol. 5

Vol. 1: Prometheus（1963）※『プロメテウス——ギリシア人の解した人間存在』カール・ケレーニイ，辻村誠三訳，法政大学出版局，1972.

Vol. 2: Dionysos（1976）※『ディオニューソス——破壊されざる生の根源像』，カール・ケレーニイ，岡田素之訳，白水社，1993.

Vol. 3: Asklepios（1959）※『医神アスクレピオス——生と死をめぐる神話の旅』カール・ケレーニイ，岡田素之訳，白水社，1997.

Vol. 4: Eleusis（1967）

Vol. 5: Zeus and Hera—translated by Christopher Holme（1975）

LXVI Avicenna and the Visionary Recital—Henry Corbin, translated by Willard R. Trask（1960）

LXVII Seamarks—St.-John Perse, translated by Wallace Fowlie（1958; 1958）

LXVIII The Archetypal World of Henry Moore—Erich Neumann, translated by R. F. C. Hull（1959）

LXIX Chronique—St.-John Perse, translated by Robert Fitzgerald（1961）

LXX The Kariye Djami—Paul A. Underwood（1960, except Vol. 4）

Vol. 1: Historical Introduction and Description of the Mosaics and Frescoes

Vol. 2: The Mosaics

Vol. 3: The Frescoes

Vol. 4: Studies in the Art of the Kariye Djami—Otto Demus, Sirarpie Der Nersessian, André Grabar, Jacqueline LaFontaine-Dosogne, John Meyendorff, Ihor Ševčenko, Paul A. Underwood（1975）

LXXI 1: The Collected Dialogues of Plato—edited by Edith Hamilton and Huntington Cairns（1961）※参考：『プラトン全集』全15巻，岩波書店，1974–1976.

2: The Complete Works of Aristotle, in the Oxford Translation, edited by Jonathan Barnes, 2 vols.（1984）※参考：『アリストテ

レス全集』全 17 巻，岩波書店，1968–1973.

LXXII Pushkin's Eugene Onegin—transiated, with commentary, by Vladimir Nabokov, 4 vols.（1964; 1971; abridged edition, 1981）※参考：『完訳エヴゲーニイ・オネーギン』アレクサンドル・プーシキン，小沢政雄訳，群像社，1996.（ナボコフ註釈版の翻訳ではない）

LXXIII Hindu Polytheism—Alain Daniélou（1964）

LXXIV Literary Language and Its Public in Late Latin Antiquity and in the Middle Ages—Erich Auerbach, translated by Ralph Manheim（1965）※『中世の言語と読者——ラテン語から民衆語へ』エーリヒ・アウエルバッハ，小竹澄栄訳，八坂書房，2006.

LXXV The Collected Works of Samuel Taylor Coleridge—edited by Kathleen Coburn and Bart Winer

- Vol. 1: Lectures 1795: On Politics and Religion—edited by Lewis Patton and Peter Mann（1971）
- Vol. 2: The Watchman—edited by Lewis Patton（1970）
- Vol. 3: Essays on His Times—edited by David V. Erdman, 3 vols.（1978）
- Vol. 4: The Friend—edited by Barbara Rooke, 2 vols.（1969）
- Vol. 5: Lectures 1808–1819: On Literature—edited by Reginald A. Foakes
- Vol. 6: Lay Sermons—edited by R. J. White（1972）
- Vol. 7: Biographia Literaria—edited by James Engell and W. Jackson Bate（1982）※『文学的自叙伝——文学者としての我が人生と意見の伝記的素描』S・T・コウルリッジ，東京コウルリッジ研究会訳，法政大学出版局，2013.
- Vol. 8: Lectures 1818–1819: On the History of Philosophy—edited by Kathleen Coburn
- Vol. 9: Aids to Reflection—edited by John B. Beer
- Vol. 10: On the Constitution of the Church and State—edited by John Colmer（1976）
- Vol. 11: Shorter Works and Fragments—edited by Heather Jackson and J. R. de J. Jackson
- Vol. 12: Marginalia—edited by George Whalley and Heather Jackson, 5 vols.（1980–）
- Vol. 13: The Logic—edited by J. R. de J. Jackson

Vol. 14: Table Talk—edited by Carl Woodring（1988）※参考：『コールリッジ談話集』S・T・コールリッジ，野上憲男訳，旺史社，2001.
Vol. 15: Opus Maximum—edited by Thomas McFarland
Vol. 16: Poetical Works—edited by J. C. C. Mays ※参考：『コウルリッジ全詩集』S・T・コウルリッジ，野村孝司訳，晃学出版，2012.

LXXVI Shamanism: Archaic Techniques of Ecstasy—Mircea Eliade, translated by Willard R. Trask（1964）※『シャーマニズム』ミルチャ・エリアーデ，堀一郎訳，冬樹社，1974.／ちくま学芸文庫，全2巻，2004.

LXXVII Aurora Consurgens—Marie-Louise von Franz, translated by R. F. C. Hull and A. S. B. Glover（1966）

LXXVIII The Demands of Art—Max Raphael, translated by Norbert Guterman, introduced by Herbert Read（1968）

LXXIX The "I" and the "Not-I"—M. Esther Harding（1965）

LXXX The Divine Comedy—translated, with commentary, by Charles S. Singleton（each vol. in 2 parts）
Vol. 1: Inferno（1970）
Vol. 2: Purgatorio（1973）
Vol. 3: Paradiso（1975）
※『神曲』地獄篇・煉獄篇・天国篇，ダンテ・アリギエリ，原基晶訳，講談社学術文庫，2014.／他

LXXXI Illuminated Manuscripts of the Divine Comedy—Peter Brieger, Millard Meiss, and Charles S. Singleton, 2 vols.（1969）

LXXXII Birds—St.-John Perse, translated by Robert Fitzgerald（1966）※『鳥』サン＝ジョン・ペルス，有田忠郎訳，書肆山田，2008.

LXXXIII The Inward Turn of Narrative—Erich Kahler, translated by Richard and Clara Winston, introduced by Joseph Frank（1973）

LXXXIV Myth, Religion, and Mother Right—J. J. Bachofen, translated by Ralph Manheim, introduced by Joseph Campbell and George Boas（1967）※参考：『母権制――古代世界の女性支配 その宗教と法に関する研究』上・下，J・J・バハオーフェン，吉原達也・平田公夫訳，白水社，1992, 1993.

LXXXV Selected Works of Miguel de Unamuno—edited by Anthony Kerrigan, Martin Nozick, Federico de Onis, Herbert Read, and Allen

Lacy, translated by Anthony Kerrigan

Vol. 1: Peace in War—introduced by Allen Lacy（1983）

Vol. 2: The Private World—introduced by Allen Lacy（1984）

Vol. 3: Our Lord Don Quixote—introduced by Walter Starkie（1967）※『ドン・キホーテとサンチョの生涯』（ウナムーノ著作集 2），佐々木孝訳，法政大学出版局，1972.

Vol. 4: The Tragic Sense of Life in Men and Nations—introduced by Salvador de Madariaga and William Barrett（1972）※『生の悲劇的感情』（ウナムーノ著作集 3），神吉敬三・佐々木孝訳，法政大学出版局，1975.

Vol. 5: The Agony of Christianity and Essays on Faith（1974）※『キリスト教の苦悶』ミゲル・デ・ウナムーノ，神吉敬三・佐々木孝訳，法政大学出版局，1992.

Vol. 6: Novela / Nivola—introduced by Anthony Kerrigan and Jean Cassou（1976）

Vol. 7: Ficciones—introduced by Martin Nozick（1976）

※参考：『ウナムーノ著作集』全 5 巻，法政大学出版局，1972–1975.

LXXXVI Two Addresses—St.-John Perse, translated by W. H. Auden and Robert Fitzgerald（1966）

LXXXVII 1: St.-John Perse: Collected Poems（1971）

2: St.-John Perse: Letters—translated and edited by Arthur J. Knodel（1979）

LXXXVIII Thomas Taylor the Platonist: Selected Writings—edited by Kathleen Raine and George Mills Harper（1969）

LXXXIX Coomaraswamy（1977）

Vols. 1–2: Selected Papers—edited by Roger Lipsey

Vol. 3: His Life and Work—Roger Lipsey

XC Emile Mâle: Studies in Religious Iconography—edited by Harry Bober, translated by Marthiel Mathews

Vol. 1: Religious Art in France: The Twelfth Century—consulting editor, Louis Grodecki（1978）※『ロマネスクの図像学』上・下，エミール・マール，田中仁彦他訳，国書刊行会，1996.

Vol. 2: Religious Art in France: The Thirteenth Century—consulting editor, S. M. Crosby（1984）※『ゴシックの図像

学』上・下，エミール・マール，田中仁彦他訳，国書刊行会，1998.

Vol. 3: Religious Art in France: The Late Middle Ages—consulting editor, Colin Elster（1986）※『中世末期の図像学』上・下，エミール・マール，田中仁彦他訳，国書刊行会，2000.

Vol. 4: Religious Art after the Council of Trent

XCI 1: Creative Imagination in the Ṣūfism of Ibn 'Arabī—Henry Corbin, translated by Ralph Manheim（1969）

2: Spiritual Body and Celestial Earth—Henry Corbin, translated by Nancy Pearson（1977）

XCII Samothracian Reflections: Aspects of the Revival of the Antique—Phyllis Williams Lehmann and Karl Lehmann（1973）

XCIII Sabbatai Ṣevi: The Mystical Messiah—Gershom Scholem, translated by R. J. Zwi Werblowsky（1973）※『サバタイ・ツヴィ伝——神秘のメシア』上・下，ゲルショム・ショーレム，石丸昭二訳，法政大学出版局，2009.

XCIV The Freud / Jung Letters—edited by William McGuire, translated by Ralph Manheim and R. F. C. Hull（1974）※『フロイト/ユング往復書簡集』上・下，ウィリアム・マグァイア編，平田武靖訳，誠信書房，1979・1987.／『フロイト＝ユンク往復書簡』上・下，W・マクガイアー，W・ザウアーレンダー編，金森誠也訳，講談社学術文庫，2007.（抄録版）

XCV C. G. Jung: Letters—selected and edited by Gerhard Adler in collaboration with Aniela Jaffé, translated by R. F. C. Hull

Vol. 1: 1906–1950（1973）

Vol. 2: 1951–1961（1975）

Abridged edition（1984）

XCVI Mehmed the Conqueror and His Time—Franz Babinger, transiated by Ralph Manheim, edited by William C. Hickman（1978）

XCVII 1: C. G. Jung Speaking—edited by R .F. C. Hull and William McGuire（1977）

2: C. G. Jung: Word and Image—edited by Aniela Jaffé, translated by Krishna Winston（1979）※『ユング——そのイメージとことば』アニエラ・ヤッフェ編，氏原寛訳，誠信書房，1995.

XCVIII The Passion of Al-Hallāj—Louis Massignon, translated by Her-

bert Mason, 4 vols.（1982）

XCIX C. G. Jung: Seminars

1. Dream Analysis, 1928–1930—edited by William McGuire（1984）※『夢分析』Ⅰ・Ⅱ，C・G・ユング，入江良平訳，人文書院，2001, 2002.

2. Nietzsche's Zarathustra, 1934–1939—edited by James L. Jarrett, 2 vols.（1988）

3. Analytical Psychology, 1925.—edited by William McGuire（1989）

4. Children's Dreams, 1936–1941—edited by Lorenz Jung ※『子どもの夢』Ⅰ・Ⅱ，C・G・ユング，氏原寛監訳，人文書院，1995

5. To be designated

C The Mythic Image—Joseph Campbell, assisted by M. J. Abadie（1974; reduced monochrome edition, 1981）※『神話のイメージ』ジョーゼフ・キャンベル，青木義孝訳，大修館書店，1991.

ボーリンゲン奨学金受給者

名前のあとの括弧内の数字は初めて受給された年。アステリスク（＊）は特別プログラム。受給の理由となった業績内容は極力簡単に記述。

［A］

Stephen I. Abrams　スティーヴン・エイブラムズ（1959）：実験心理学（オックスフォード大学）の研究。

William R. B. Acker　ウィリアム・アッカー（1956）：中国初期文書の翻訳。中国哲学・美術の本。

Phyllis Ackerman　フィリス・アッカーマン（1957）：ペルシア，シュメールの美術と宗教の諸研究。

Bruno Adler　ブルーノ・アドラー（1959）：美術史と美学理論の著述。

Gerhard Adler　ゲルハルト・アドラー（1954）：分析心理学の研究と著述。

Irving E. Alexander　アーヴィング・アレグザンダー（1954）：発達心理学の研究。

Andrew Alföldi　アンドリュー・アルフェルディ（1959）：古代君主制の研究。

John Alford　ジョン・アルフォード（1951）：人工物の機能の研究。

Reginald E. Allen　レジナルド・アレン（1965）：プラトン『パルメニデス』翻訳と注解。

Emmanuel G. Anati　エマニュエル・アナーティ（1961）：先史・前史のヨーロッパ美術研究。

Valborg V. Anderson　ヴァルボーグ・アンダーソン（1963）：ユング派視点からのワーズワース研究。

Germán Arciniegas　ヘルマン・アルシニエーガス（1948）：ヴェスプッチー族論。

William Arrowsmith　ウィリアム・アロウスミス（1957）：ギリシア悲劇におけるヒロイズム研究。

Erich Auerbach　エーリヒ・アウエルバッハ（1952）：中世文学のシンボリズムおよびリアリズムの研究。

［B］

Hans Bänziger　ハンス・ベンツィガー（1952）：個性化過程の研究。。

Frederick P. Bargebuhr　フレデリック・バーゲブーア（1957）：ビザンティンにおける世俗化運動と 11 世紀スペインの回教徒・ユダヤ教グループの影響。

William Carroll Bark　ウィリアム・バーク（1962）：ローマ対ビザンティンのテオパスキタイ（神受難）論争の研究。

David Baumgardt　デイヴィッド・バウムガルト（1951）：近代的倫理学史。
Walter K. Beckett　ウォルター・ベケット（1961）：アイルランド音楽発達史。
Ernst Benz　エルンスト・ベンツ（1958）：キリスト教の幻視者と幻視についての著述。
Richard Bernheimer　リチャード・バーンハイマー（1951）：表象の位相についての本。
Rachel Bespaloff　ラシェル・ベスパロフ（1947）：時間とその美学との関連研究。
Elias J. Bickerman　エライアス・ビッカーマン（1959）：ローマ帝国没落史。
Margarete Bieber　マルガレーテ・ビーバー（1948）：ヘレニズム彫刻の著述。
Gertrud Bing　ゲルトルート・ビング（1963）：ウォーバーグ研究所（ロンドン）の祖アビ・ヴァールブルクの生涯と事跡の研究。
Richard P. Blackmur　リチャード・ブラックマー（1957）：アメリカ，ヨーロッパ，中東の文化的条件の違い研究。
Herbert Block　ハーバート・ブロック（1964）：中世モンテ・カシーノの研究。
Harold Blum　ハロルド・ブラム（1957）：フランス，スペインの旧石器時代洞窟絵画の研究。
Harry Bober　ハリー・ボーバー（1952）：(1)ウォーバーグ研究所の後援を得た，ラテン中世の占星術的，神話誌的手稿のカタログ制作。(2)中世のイメジャリーと象徴としての一貫性を持つその多様な変奏。
Yves Bonnefoy　イヴ・ボンヌフォア（1962）：19世紀フランス詩における言葉の力の研究。
Stephan F. Borhegyi　ステファン・ボルヘギ（1951）：マヤ考古学と文化の調査。
Bernard V. Bothmer　バーナード・ボスマー（1955）：後期エジプト彫刻の集成。
Hedwig S. Boye　ヘトヴィヒ・ボイエ（1948）：犯罪の心理学的側面。
Irma Brandeis　アーマ・ブランダイス（1955）：ダンテ『神曲』の構造研究。
Hermann Broch　ヘルマン・ブロッホ（1945）：心理学と哲学の著作。
Maurice Bröens　モーリス・ブレーエンス（1961）：中世ヨーロッパ農村の死者崇拝の考古学的研究。
Frank E. Brown　フランク・ブラウン（1962）：イタリアのコーサの初期ロマン共和市の考古学的研究。
Milton W. Brown　ミルトン・ブラウン（1960）：ジェイムズ・マクニール・ホイッスラー研究。
Robert S. Brumbaugh　ロバート・ブラムボー（1957）：プラトン『パルメニデス』の中世写本研究。
Giorgio Buchner　ジョルジョ・ブクナー（1958）：イスキア島の古代ギリシア墓地の研究。

Cottie A. Burland　コティ・バーランド（1956）：古代メキシコの「ラウド写本」評釈。

［C］

Lydia Cabrera　リュディア・カブレーラ（1962）：キューバのオリシャ教団の僧侶，儀礼，占卜の方法の著述。

＊Roland Cahen　ロラン・カーエン（1597）：C・G・ユング著作の仏訳。

Nicilas Calas　ニコラス・カラス（1949）：マドリッドのプラド美術館のヒエロニムス・ボス『悦楽の園』研究。

Joseph Campbell　ジョゼフ・キャンベル（1947）：ハインリヒ・ツィンマーの遺稿からの4巻本の編集と出版作業。

Elias Canetti　エリアス・カネッティ（1955）：著書『群衆と権力』。

Rudolph Carnap　ルドルフ・カールナップ（1953）：確率論の著述。

Edmund S. Carpenter　エドマンド・カーペンター（1961）：極地方美術。殊にコペンハーゲンとレニングラードのコレクションに就て。

Hayden Carruth　ヘイドン・カルース（1962）：アルベール・カミュの，とりわけ哲学的重要性の研究。

Chen-chi Chang　チェン＝チ・チャン（1955）チベット仏教修道僧ミラレパの『十万歌』の翻訳。

Chung-yuan Chang　チュン＝ユアン・チャン（1953）：「創造性とタオイズム――中国哲学・美術・詩」の出版企画。

Tze-Chiang Chao　ツェ＝チャン・チャオ（1960）：『易経』の新訳と評釈。

Anne Chapman　アン・チャップマン（1595）：ホンデュラスのインディオ，ヒカケ族の神話フィールドワーク。

Lucile Charles　ルシール・チャールズ（1953）：原始的ドラマの心理学調査。

Milciades Chaves　ミルシアデス・チャベス（1952）：コロンビアのアボリジナル文化の神話研究。

Emile M. Cioran　エミール・シオラン（1960）：ユートピア思想と時間の経験の諸研究。

Charles Upson Clark　チャールズ・クラーク（1953）：アメリカ初期文明の未発表資料のヨーロッパ各アーカイヴズの探査。

David R. Clark　デイヴィッド・クラーク（1957）：劇作家としてのW・B・イェイツの展開研究。

Robert A. Clark　ロバート・クラーク（1954）：分析心理学研究。

Felix M. Cleve　フェリックス・クリーヴ（1955）：ギリシアの前プラトン哲学の著述。

Edith McK. Cobb　イーディス・マッコブ（1961）：知覚の自然史に果たす美学的論理の研究。

Lucy Kramer Cohen　ルーシー・コーエン（1955）：哲学者，法学者フェリックス・S・コーエンの著作集出版作業。

Carvel Collins　カーヴェル・コリンズ（1964）：ウィリアム・フォークナー評伝。

Walter W. S. Cook　ウォルター・クック（1849）：中世スペイン美術論。

Doña Luisa Coomaraswamy　ドーニャ・ルイーサ・クーマラスワーミー（1952）：A・K・クーマラスワーミー諸著作の出版準備。

Henry Corbin　アンリ・コルバン（1959）：イランの宗教的意識の現象学研究。

Walter R. Corti　ウォルター・コルティ（1959）：プラトン・アカデメイアの発達と影響の研究。

Pascal Covici, Jr.　パスカル・コヴィチ2世（1963）：アメリカ文学における感覚論的主題の研究。

K. A. C. Creswell　K・A・C・クレスウェル（1955）：エジプトの回教建築の著述と，イスラーム建築・美術・工芸の書誌制作。

［D］

Marie-Magdeleine Davy　マリ＝マグデレーン・デイヴィー（1962）：中世のシンボリズムと幻視文学を中世心理学との関係で研究。

Warren L. d'Azevedo　ウォレン・ダゼヴェード（1960）：カリフォルニアとネヴァダのワショ族の文化の研究。

Inez de Beauclair　イネス・ド・ボークレア（1954）：西南部中国の民族誌研究に基づく著述。

Horst de la Croix　ホルスト・ド・ラ・クロワ（1966）：ルネサンスのイタリア（1450-1550）の軍事建築の研究。

Violet de Laszlo　ヴィオレ・ド・ラズロ（1955）：「芸術の下部構造」（仮題）の研究。

Ella C. Deloria　エラ・デロリア（1953）：ダコタ原住インディアンの宗教研究。

Giorgio de Santillana　ジョルジォ・デ・サンティリャーナ（1961）：ルネサンス初期の芸術思想と科学思想の関係の研究。

Charles de Tolnay　カルロイ・トルナイ（1949）：ミケランジェロ論5巻本。

Stanley Diamond　スタンレー・ダイアモンド（1959）：アシャンティ族（ガーナ）の民間伝統の研究。

David Diringer　デイヴィッド・ディリンガー（1955）：イングランドとヨーロッパ大陸の挿画入り手稿の調査。

Robert Y. Drake, Jr.　ロバーロ・Y・ドレイク2世。英国コメディ・オブ・マナー

ズの調査。

Ursula Dronke　アーシュラ・ドロンケ（1962）：13世紀アイスランドの英雄詩集成，『歌謡エッダ』の校訂版。

James E. Duffy　ジェイムズ・ダフィー（1962）：ポルトガルの海外進出がその生活，その思想に及ぼした影響の研究。

Georges Dumézil　ジョルジュ・デュメジル（1952）：ペルーの比較宗教学調査。

［E］

Leon Edel　レオン・エーデル（1959）：ヘンリー・ジェイムズ書簡集編集。

Emma J. Edelstein　エンマ・エーデルスタイン（1955）：エーリヒ・フランク教授によるピュタゴラス手稿翻訳・編集。

Anton Ehrenzweig　アントン・エーレンツヴァイク（1957）：創造活動の心理学調査。

Philipp K. Eidmann　フィリップ・エイドマン（1956）：日本仏教史。

Mircea Eliade　ミルチャ・エリアーデ（1951）：哲学・神話学・比較宗教学の調査と著述。

David V. Erdman　デイヴィッド・アードマン（1966）：ブレイクの筆跡と彫刻研究。彼の『ノートブック』のファクシミリ新版のための。

Robert C. Euler　ロバート・オイラー（1955）：北西アリゾナの先史文化研究。

［F］

Charles L. Fabri　チャールズ・ファブリ（1957）：インド美術史。

William R. Farmar　ウィリアム・ファーマー（1955）：カムランのエッセネ派共同体の歴史をめぐるパレスティナ考古学調査と最近の写本の発見およびそれらとキリスト教起源との関連の研究。

Geoge E. Fay　ジョージ・フェイ（1958）：メキシコ西岸の先史文化の考古学的調査。

Ernest T. Ferand　アーネスト・フェランド（1953）：即興音楽の研究。

Walter J. Fischel　ウォルター・フィッシェル（1947）：⑴ イブン・ハルドゥーンの自伝の翻訳。⑵「エジプトのイブン・ハルドゥーン――その人間，その学問，1383-1406」という論文。

Robert S. Fitzgerald　ロバート・フィッツジェラルド（1965）：『イーリアス』の韻文訳。

Wen（Chin）Fong　ウェン・フォン（1957）：仏教僧の絵画モノグラフ。

Anthony Forge　アンソニー・フォージ（1962）：東ニューギニアで今なお伝統芸術をうみ続ける最後の一族のアートの分析。

Guy Jean Forgue　ガイ・フォーグ（1960）：H・L・メンケン研究。
Joseph Frank　ジョゼフ・フランク（1963）：ドストエフスキー作品の同時代的文化背景の調査。
Waldo Frank　ウォルドー・フランク（1955）：「人間の再発見」という論文。
*Jessie E. Fraser　ジェシー・フレイザー（1951）：エラノス・アルヒーフ——元型的シンボルを示しているらしいあらゆるカテゴリー，あらゆる民族，あらゆる時代の芸術作品を撮影した写真コレクション——の編集・カタログ化，そして拡張。
Svend Frederiksen　スヴェンド・フレデリクセン（1960）：エスキモーの宗教信仰の研究。
Paul Friedländer　パウル・フリードレンダー（1949）：プラトン，ギリシア神話学についての著作群。
Walter Friedländer　ヴァルター・フリードレンダー（1947）：美術論数著，プッサン論，カラヴァジョ論を含む。
*Olga Froebe-Kapteyn　オルガ・フレーベ＝カプテイン（1947）：アスコーナにて開催のエラノス年次会議の宰領。エラノス・アルヒーフの監督と『エラノス年報』からの精選論文集編集。

［G］
Karl Geiringer　カール・ガイリンガー（1948）：(1) バッハ一族の全家族史。(2) 同時代小作曲家たちがベートーヴェンの楽曲に及ぼした影響。
Marija Gimbutas　マリーヤ・ジムブタス（1953）：「東欧の先史時代」の本。
Theresa B. Goell　テレサ・ゲル（1960）：(1) 東トルコのネムルト・ダウのアンティオコス1世墓の発掘報告の本。(2) ユーフラテス流域サモサタの予備的測量事業。
Irving Goldman　アーヴィング・ゴールドマン（1960）：ポリネシアにおけるステータス競争と社会進化の関係研究。
Kurt Goldstein　カート・ゴールドスタイン（1957）：人間の性質についての著述。
Erwin R. Goodenough　アーウィン・グッデナフ（1948）：ギリシア・ローマ時代のユダヤのシンボルについての著述。
Claireve Grandjouan　クレレーヴ・グランジュアン（1958）：1世紀から5世紀にかけてのローマのテラコッタ小像の類別カタログ。
Brooke Grundfest　ブルック・グランドフェスト（1958）：南プロヴァンスの村の住民たちの民話，宗教儀式，世界観の研究。
Gotthard Gunther　ゴットハルト・グンター（1954）：非アリストテレス論理学の著作。

Norbert Guterman　ノルベルト・グターマン（1964）：美学理論を中心にしたF・W・J・フォン・シェリング研究。

［H］

Clara S. Hall　クララ・ホール（1962）：メキシコ渓谷テオティフアカンの壁画芸術の年代別・様式的研究。

Michael Hamburger　マイケル・ハンバーガー（1959）：（1）フーゴー・フォン・ホーフマンスタール作品の批評。（2）ヘルダーリンの詩の翻訳と1850年以後の現代文学の批評。

George M. A. Hanfmann　ジョージ・ハンフマン（1956）：ギリシア芸術と文化の歴史。

Eta Harich-Schneider　エタ・ハリッチ＝シュナイダー（1962）：徹底した資料本位初の日本音楽史。

Errol E. Harris　エロール・ハリス（1960）：現代科学の方法の哲学的研究，同結果の解釈。

Molly Harrower　モリー・ハロワー（1951）：心理学診断技術の基本概念を示そうとする著作。

Van Austin Harvey　ヴァン・オースティン・ハーヴェイ（1961）：1834年以降の宗教信仰に歴史的（即ち聖書的）批評の与えた影響の研究。

Arnold Hauser　アーノルド［アルノルト］・ハウザー（1959）：西欧美術における精神的危機の表現としてのマニエリスムの著作。

Frank Hawley　フランク・ホウレー（1961）：日本創生を語る9世紀の神話『古事記』の翻訳。

Gerald Heard　ジェラルド・ハード（1955）：心理的訓練のアジア的方法と，その人類史の心理学に対する意味の研究。

Joseph L. Henderson　ジョゼフ・L・ヘンダーソン（1958）：（1）C・G・ユングの示した入社の元型の研究。（2）基本的元型パターンからする文化諸相の分析研究。（3）1957年のヒューストン大学リチャード・I・エヴァンズ教授によるユングとの対談の一時間フィルム群の編集および濃縮作業。

N. I. Harescu　N・I・ハレスク（1958）：ラテン詩学，ラテン文学起源論。

Josehp Hergesheimer　ジョゼフ・ハーゲスハイマー（1947）：自伝，文学研究。

Charlton Hinman　チャールトン・ヒンマン（1956）：ファースト・フォリオ約80点の写しを校合してシェイクスピア劇本文を研究。

Gerald Holton　ジェラルド・ホールトン（1963）：近代科学の主題的要素の研究。

Michael F. Holroyd　マイケル・ホルロイド（1965）：リットン・ストレイチー著作再評価とブルームズベリー・グループの再解釈。

Irving Howe　アーヴィング・ハウ（1959）：アメリカ文学における反復される社会的・神話的諸主題。

Thalia P. Howe　サリア・ハウ（1962）：ペルセウス，テセウス，そしてイアソンの英雄神話を最初期の出所から紀元前 4 世紀まで追う研究。

Samuel Hynes　サミュエル・ハインズ（1964）：イングランド，1895-1914 のインテレクチャル・ヒストリーの研究。

［J］

Jolande Jacobi　ヨランダ・ヤコービ（1952）：（1）分析心理学研究。（2）無意識の絵画のアーカイヴ。

Paul Jacobsthal　ポール・ジェイコブスタール（1953）：イギリス諸島のケルト美術の著作。

Michael Hamilton Jameson　マイケル・ジェイムソン（1958）：古典期ギリシアの供犠研究。

Klaus W. Jonas　クラウス・ヨナス（1961）：（1）ヘルマン・ブロッホの文学的事跡。（2）イェールにおけるクルト・ヴォルフ・アーカイヴの調査。

David Jones　デイヴィッド・ジョーンズ（1961）：美学論。

［K］

Erich Kahler　エーリヒ・カーラー（1947）：（1）人間意識の進化と変容に関する著述。（2）物語の内面化の研究。

Eithne Wilkins Kaiser & Ernest Kaiser　エイスネ・ウィルキンズ・カイザーとアーネスト・カイザー（1954）：ローベルト・ムージル作品の翻訳と編集。

Alfred Kallir　アルフレッド・カリア（1954）：アルファベットの精神発生学的起源についての調査。

Hans Kayser　ハンス・カイザー（1957）：「オルフィコン，調和のシンボリズム」という著述。

Alfred Kazin　アルフレッド・ケイジン（1959）：1920 年以後のアメリカ文学研究。

Hans Kelsen　ハンス・ケルゼン（1952）：哲学と宗教における正義という観念の研究。

*F. L. Kenett　F・L・ケネット（1955）：イタリア，フランスの彫刻写真総覧。

Carlo Kerényi　カール・ケレーニイ（1947）：ギリシア神話における元型的なイメージや状況をめぐる諸著作。

Edith Kern　イーディス・カーン（1966）：コンメーディア・デラルテと現代演劇におけるメタファーの具体化の研究。

Frederick J. Kiesler　フレデリック・J・キースラー（1948）：建築デザインの基本

的問題の著作。

Diana V. W. Kirkbride　ダイアナ・カークブライド（1963）：新石器時代村落の考古学調査。

Ernst Kitzinger　エルンスト・キッツィンガー（1964）：ヴィルヘルム・R・W・ケーラーによる中世書巻挿絵についての注釈死後出版。

Rivkah Schärf Kluger　リヴカー・クルーガー（1960）：ギルガメッシュ叙事詩に対するユング心理学的立場からの総括的コメンタリー。

Max Knoll　マックス・ノル（1955）：(1) C・G・ユングによる心的エネルギー観念の神経生理学的側面と時間との関係の研究。(2) 生理学的にうみだされる元型諸パターンの研究。

Ursula Knoll　アースラ・ノル（1950）：ユカタン，オアハカ，チアパスのインディオの儀礼研究。

Bernard M. W. Knox　バーナード・ノックス（1960）：ソポクレス悲劇の諸研究。

Heige Kökeritz　ヘルゲ・ケーケリッツ（1958）：ゲルマン基語段階以後の英語史。

Siegfried Krakauer　ジークフリート・クラカウアー（1949）：映画の美学的意味の著作。

Samuel Noah Kramer　サミュエル・クレイマー（1953）：シュメールの文学的遺物の翻訳・解釈。

*Stella Kramrisch　ステラ・クラムリシュ（1953）：インド思想の宗教的シンボリズムの著作のための調査。

Henry Kraus　ヘンリー・クラウス（1966）：12～13 世紀フランス教会の建設・装飾に対する中産階級の支援の研究。

Alex D. Krieger　アレックス・クリーガー（1962）：更新世後期の気象，環境変化と人々の文化の南北アメリカにおける総合の著作。

James Kritzeck　ジェイムズ・クリツェック（1965）：12 世紀アラビア語のラテン語訳『トレートゥム文集』の研究。

Joseph Wood Krutch　ジョゼフ・クラッチ（1953）：西洋人の現在の態度をめぐる一巻。

［L］

Lotte M. Labowsky　ロッテ・ラボウスキ（1961）：『中世プラトニズム大全』についての著作。

Ernest R. Lacheman　アーネスト・ラッチマン（1961）：古代イラン・フリル文明の研究。

Gerhart B. Ladner　ゲルハルト・ラドナー（1962）：『教皇図像』，中世ローマ教皇たちの同時代肖像の研究。

Renée B. Lang　ルネ・ラング（1954）：ライナー・マリア・リルケとフランス文学との関係研究。

Juan Larrea　フアン・ラレーア（1951）：サンティアーゴ・デ・コンポストラの宗教的神話についての著述。

John Layard　ジョン・ラヤード（1954）：ニューヘブリディーズのマレクラへのフィールドワークによる人類学的研究。

Peter H. Lee　ピーター・リー（1962）：朝鮮思想の発展に重要な李朝初期の頌徳歌の研究・翻訳。

Alexis Saint-Leger Leger　アレクシ・レジェ（1946）：詩分野。

Phyllis W. Lehmann　フィリス・レーマン（1961）：ルネサンスの商人人文学者キリアクス・アンコニターヌスの研究。

Marcel Leibovici　マルセル・レイボヴィチ（1956）：(1) シカゴ大学東洋研究所の楔形文字宗教文書の本。(2) シュメール占星術の調査。

A. Lemozi　A・レモージ（1955）：フランス，クニャック洞窟の先史時代の絵画と碑文についての本。

Adolf F. Leschnitzer　アドルフ・レシュニッツァー（1952）：ゲーテ伝説の研究。

Alexander Lesser　アレグザンダー・レッサー（1961）：「交易と分業」という，メキシコ北部のインディアンの社会進化の研究。

Ferdinand D. Lessing　ファーディナンド・レッシング（1959）：ラマ教カルトの研究と仏教用語辞典の準備。

Aline Lion　アリーン・ライオン（1961）：哲学研究。「新個人主義への方途」。

*Aschwin Lippe　アシュウィン・リップ（1958）：故宮博物院［北京］所蔵，現在の台北故宮博物院所蔵の中国絵画の研究。

James T. C. Liu and Hui-chien Liu　ジェイムズ・リュー、フィ＝チェン・リュー（1958）：宋代中国のインテレクチャル・ヒストリーの協同調査計画。

Wu-chi Liu ウ＝チ・リュー（1949）：孔子と中国文学研究。

George R. Loehr　ジョージ・ローアー（1960）：1715-1766 在北京のイエズス会アーティスト，ジェゼッペ・カスティリョーネの生涯と事跡研究。

Christopher Logue　クリストファー・ローグ（1960）：『イーリアス』の翻訳。

Francisco García Lorca　フランシスコ・ガルシア・ロルカ（1955）：ロルカ作品のクリティカル・エディション。

Margaret Lowenfeld　マーガレット・ローウェンフェルド（1956）：幼時投影検査法「ローウェンフェルド・ワールドテクニック」に基づく著述。

Edward E. Lowinsky　エドワード・ロウィンスキー（1953）：ルネサンスと初期バロック宗教音楽の諸相の研究。

Allen Ludwig　アレン・ルードヴィグ（1962）：1653-1800 のニューイングランド

の墓石のアイコノグラフィーとアイコノロジーの研究。

Nancy O. Lurie　ナンシー・リュリ（1957）：長老たちが回顧するウィネバゴ族の記録書きとり。

Cora E. Lutz　コーラ・ラッツ（1966）：10世紀北ヨーロッパの教師をめぐる著作。

Justine Lynn　ジャスティン・リン（1958）：ロビンソン・ジェファーズの詩の研究。

［M］

Alexander W. MacDonald　アレグザンダー・マクドナルド（1961）：ネパールの鳥，その訓練，その芸域の研究。

Vivienne C. Mader　ヴィヴィエンヌ・メイダー（1963）：ハワイの伝統的歌舞の個人的唱法の採譜永久記録。

Ernst M. Manasse　エルンスト・マナッセ（1960）：フランスのプラトニズム研究概観。

Mordecai Margalioth　モーデカイ・マーガリオス（1965）：『秘密の書』他1世紀頃の魔術書を扱った科学的エディション。

Jacques Maritain　ジャック・マリタン（1953）：道徳哲学の論文。

Alice Lee Marriot　アリス・マリオット（1955）：一人のホピ・インディアン女性の伝記。

Alexander Marshack　アレグザンダー・マーシャック（1965）：上部旧石器時代の記数法の調査。

Jackson Mathews　ジャクソン・マシューズ（1951）：英訳ポール・ヴァレリー著作集編集。

Colin McPhee　コリン・マクフィー（1949）：バリの音楽についての本。

Fritz Meier　フリッツ・マイアー（1953）：「イスラム幻視文書」についての本。

James Mellaart　ジェイムズ・メラート（1962）：トルコのチャタル・ヒュユクの考古学調査。

Dorothy Menzel　ドロシー・メンゼル（1964）：ペルーの後期インカの壺器研究。

Samuel A. B. Mercer　サミュエル・マーサー（1955）：古代エジプト，バビロニアの二元論的宇宙観の研究。

Suzanne W. Miles　スーザン・マイルズ（1956）：マヤ高地の歴史・宗教・神話の分析的総合と解釈。

Perry Miller　ペリー・ミラー（1957）：アメリカにおける投映された精神生活としての歴史調査。

Lucius G. Moffatt　ルシウス・モファット（1955）：フアン・ルイス『良き恋の書』の決定版。

Marijan Molé　マリヤン・モレ（1955）：ゾロアスター神話に関わるパフレヴィ語文書の編集と解釈。
Sheila E. Moon　シーラ・ムーン（1956）：ナヴァホ・インディアンの創世神話解釈の本。
Marianne Moore　マリアン・ムア（1949）：詩作品。
Frank V. Morley　フランク・モーレー（1962）：古代地中海からメキシコ，カリフォルニアに西漸した活動や観念の発達の研究。
Hallam L. Movius, Jr.　ハラム・モヴィウス２世（1952）：旧石器時代芸術の調査。
Edwin Muir　エドウィン・ミュア（1957）：スコットランドのバラッド詩とそのキリスト教・異教起源の研究。
Willa Muir　ウィラ・ミュア（1959）：(1) エドウィン・ミュアによるスコットランド・バラッド詩研究の完成。(2) エドウィン・ミュア回顧。
Thomas Munro　トマス・マンロー（1957）：『芸術の形式』なる美学論著作。
Senchu Murano　センチュウ・ムラノ（1960）：『英訳法華経』。
Bernard S. Myers　バーナード・マイヤーズ（1950）：ドイツ表現主義研究。

［N］
Lydia Nadejena　リュディア・ナデエーナ（1957）：ロシア中世絵画の前蒙古段階の研究。
Milton C. Nahm　ミルトン・ネイム（1950）：創造者としてのアーティスト研究，批評におけるオリジナリティの研究。
Erich Neumann　エーリヒ・ノイマン（1948）：『グレート・マザー』著作。他の元型研究。
Julie Neumann　ユーリエ・ノイマン（1964）：エーリヒ・ノイマンの論文編集。
Isamu Noguchi　イサム・ノグチ（1946）：「余暇の研究——その環境，その文化史との関係」。

［O］
Maud Oakes　モード・オークス（1942）：合衆国南西部と中央アメリカのインディアン・インディオ調査。
Anita R. Orientar　アニタ・オリエンタール（1956）：「古ドイツ芸術の500年——表現の研究」の著述。

［P］
Judith Perlzweig　ジュディス・パールツヴァイク（1962）：紀元前４世紀のパンアテナイア祭受賞アンフォラの，アテネの宗教，芸術，政治との関係をたどる

研究。

Lotte Brand Philip　ロッテ・フィリップ（1965）：ヒエロニムス・ボス研究。

*Alexandre Piankoff　アレクサンドル・ピアンコフ（1948）：ラムセス6世の墓，古代エジプトの他の墓からの文書の記録と翻訳。

Shlomo Pines　シュローモ・パインズ（1961）：英語によるアラブ・ユダヤ中世哲学通史。

Renato Poggioli　レナート・ポッジョリ（1960）：パストラル詩，パストラル的理想の研究。

Richard Poirier　リチャード・ポイリャー（1962）：クーパー以後のアメリカ小説と，文体，形式，人物におけるそのモデルとの関係研究。

Edith Porada　イーディス・ポラーダ（1947）：北米各コレクション所蔵の古代近東の印章の集成，準備と編集。

Udo Posch　ユド・ポッシュ（1959）：ノガイ語，カザフ語文献の翻訳。

Peter John Powell　ピーター・パウエル（1961）：北シャイアン族の太陽の舞の研究と書きとり。

Norman T. Pratt　ノーマン・プラット（1962）：セネカ演劇とそれが西欧演劇にもたらした変化の総合研究。

Alex S. Preminger　アレックス・プレミンガー（1962）：『プリンストン詩学百科』編集。

Ira Progoff　アイラ・プロゴフ（1952）：ユング心理学研究。

Frederic Prokosch　フレデリック・プロコッシュ（1956）：ノヴァーリスの詩の研究と翻訳。

［Q］

Gilles Quispel　ヒレス・クィスペル（1948）：（1）グノーシス派ヴァレンティヌスとその学派研究。新発見のグノーシス文書の編集。（2）1945年に上エジプトのナグハマディで発見された「トマス福音書」の評釈付き新訳。

［R］

Doris Woodward Radin　ドリス・ラディン（1961）：ポール・ラディン博士の論文の刊行とアーカイヴへの収蔵準備。

Paul Radin　ポール・ラディン（1944）：アメリカ人類学の厖大著作。

Kathleen J. Raine　キャスリーン・レイン（1953）：（1）ウィリアム・ブレイクの予言的シンボリズムについての本の完成。（2）トマス・テイラーの研究とトマス・テイラー選集。（3）詩作。

*Natacha Rambova　ナターシャ・ラムボーヴァ（1946）：比較象徴学の材料収集。

『エジプト宗教のテキストと視覚表象』編集。

Max Raphael　マックス・ラファエル（1945）：芸術理論の本。

Kenneth E. Read　ケネス・リード（1959）：ニューギニアのグフク・ガマ族の文化の研究。

Konstantin Reichardt　コンスタンティン・ライハート（1955）：ルーン文学研究。

Karl Reinhardt　カール・ラインハート（1952）：ホメーロス問題の研究。

Philip Blair Rice　フィリップ・ライス（1952）：批評の哲学についての本。

William J. Richardson　ウィリアム・リチャードソン（1962）：研究「ハイデッガー——現象から思考へ」。

Edwin M. Ripin　エドウィン・リピン（1965）：15 世紀における弦キーボード楽器の発達とキーボード音楽の発達の関係の研究。

Rudolf Ritsema　ルドルフ・リッツェマ（1962）：『易経』における元型的状況のシステムへの評釈。

David M. Robb　デイヴィッド・ロブ（1949）：絵画における西洋憧憬の伝統の本。

Laurance P. Roberts　ローランス・ロバーツ（1966）：日本の博物館・美術館案内。

Paul Roche　ポール・ロッシュ（1958）：詩と演劇の媒体としての英語とギリシア語の違いの追求。ギリシア劇の翻訳。

Flavio Rodas N.　フラビオ・ロダス・N（1946）：キチェ・インディオ語からの『ポポル・ヴフ』スペイン語訳。

Jakob Rosenberg　ジェイコブ・ローゼンバーグ（1956）：1390 年から印刷術発明までのゴシック木版の研究書。

Paul Rosenfeld　ポール・ローゼンフェルド（1943）：文学ジャンルの進化の研究。

Franz Rosenthal　フランツ・ローゼンタール（1949）：イブン・ハルドゥーンの「諸族の歴史」の『序説』翻訳。

Marvin C. Ross　マーヴィン・ロス（1957）：ビザンティン美術の調査・著述。

Ralph Gilbert Ross　ラルフ・ギルバート・ロス（1958）：美学論。

Benjamin Rowland, Jr.　ベンジャミン・ロウランド 2 世（1960）：西洋美術の古典的伝統の調査。

Ralph L. Roys　ラルフ・ロイス（1962）：マヤ原語からの植民地時代文書「バカブの儀式」書きとり，英訳，注付き。

Joseph Rykwert　ジョゼフ・リュクワート（1966）：定礎儀礼との関係でみるローマ，エトルリア都市計画の研究。

Charles Ryskamp　チャールズ・リュスカンプ（1965）：ウィリアム・クーパー全書簡集。

[S]

Maria Santangelo　マリア・サンタンジェロ（1958）：サトリクムの考古学的著作。

Meyer Schapiro　マイヤー・シャピロ（1954）：10世紀から12世紀末に到る南仏手稿の絵画・線描・装飾の集成。

Gustav P. Schmaltz　グスタフ・シュマルツ（1957）：分析心理学症例の本。

Heinrich Schneider　ハインリヒ・シュナイダー（1952）：入手不可能だったG・E・レッシング関連の手稿材料の研究。

Gershom Scholem　ゲルショム・ショーレム（1963）：(1) 17世紀・18世紀におけるサバタイ・ツェヴィ周辺の神秘的メシアニズム運動の著作。(2) 後期カバラ主義の文献と発展の研究。

France V. Scholes　フランス・スコールズ（1962）：フェルナンド・コルテスの生涯と時代の著作。

Mark Schorer　マーク・ショアラー（1960）：シンクレア・ルイスの作品研究。

Carl Schuster　カール・シャスター（1952）：作品「タイヨウチョウ――ユーラシアとオセアニアのデザイン比較研究」。

Vincent Scully　ヴィンセント・スカリー（1957）：古代と古典期のギリシア神殿の建設設計に具体化された意味の研究。

Berta Segall　ベルタ・シーガル（1949）：エジプトにおけるヘレニズム文明を芸術に見る著作。

Philip O. A. Sherrard　フィリップ・シェラード（1962）：ビザンティン思想へのプラトニズムの影響の研究。

Regina Shoolman　レジーナ・シュールマン（1949）：18世紀芸術論。

Shirley Kling Silver　シャーレー・シルヴァー（1960）：ローランド・B・ディクソンがのこしたシャスタ族インディアンのテキストの出版。

John J. Simons　ジョン・シモンズ（1958）：イェルサレムと周辺地域の地誌調査に基づく聖書研究。

Otto von Simson　オットー・フォン・ジムソン（1952）：ゴシック伽藍の研究。

Irving Singer　アーヴィング・シンガー（1958）：(1) 現代文学における現実の感覚についての本。(2) 現代文学における愛の観念についての著作。

Harry Slochower　ハリー・スロチャワー（1950）：古典的名作文学にみる神話的パターンの研究。

H. Roy W. Smith　H・ロイ・スミス（1962）：紀元前4世紀南イタリアの骨壺絵画の研究。

Morton Smith　モートン・スミス（1946）：ギリシア・ローマ魔術史。

Gary S. Snyder　ゲアリー・スナイダー（1965）：日本の臨済宗セクトの現代修行生活の研究。

Francisco de Solano Perez-Lila　フランシスコ・デ・S・ペレス＝リーラ（1961）：司教ディエゴ・デ・ランダの「ユカタン事情」手稿をスペイン各アーカイヴにて調査。

Martin S. Soria　マルティン・ソリア（1951）：16世紀～18世紀のラテンアメリカ絵画・彫刻をめぐる本。

Walter Spink　ウォルター・スピンク（1964）：4世紀から8世紀に到るインド美術の発展の研究。

Walter T. Stace　ウォルター・ステイス（1956）：宗教的意識の性質・成長の調査と著述。

Rolf A. Stein　ロルフ・スタイン（1954）：半ば民衆的，半ばラマ教的なゲサルの叙事詩をチベットで調査。

William Bysshe Stein　ウィリアム・スタイン（1954）：ハーマン・メルヴィルの詩研究。

Leon Steinberg　レオ・スタインバーグ（1962）：ローマ・バロックの代表的建築家フランチェスコ・ボルロミーニの多層的シンボリズムの研究。

George Steindorff　ジョージ・スタインドーフ（1946）：コプト語文法とコプト語・コプト文学関係書。

Herbert Steiner　ヘルベルト・シュタイナー（1957）：フーゴー・フォン・ホーフマンスタールの生涯研究。

Guy Stern　ガイ・スターン（1962）：『ノイエ・メルクール』誌（1914-1925）とヨーロッパ文学史の中でのその役割の研究。

Noel Stock　ノエル・ストック（1961）：イタリア・チロル地方のブルンネンブルク城のエズラ・パウンド書簡・書きものの分類と編集。

Anthony Storr　アンソニー・ストー（1962）：C・G・ユングの分析心理学による創造過程の研究，とりわけ文学と音楽における。

Walter A. Strauss　ウォルター・ストロース（1962）：1800年以降の近代詩におけるオルフェウス主題。

Michael Sullivan　マイケル・サリヴァン（1953）：中国初期風景画研究。

Daisetz T. Suzuki　ダイセツ・スズキ（1956）：鈴木大拙による禅の「問答」の本。説明付き。禅ブッディズムの語彙集も。

Gerald Sykes　ジェラルド・サイクス（1958）：科学的心理学の文学的評価。

Mai-mai Sze　マイ＝マイ・シー（1950）：清初（1679-1701）に発行された『芥子園画伝』の翻訳と評釈。

［T］

Allen Tate　アレン・テート（1952）：ダンテの中世的シンボリズムを背景に現代

の詩的想像力のありようを研究。

＊Basil Taylor　バジル・テイラー（1962）：ポール・メロン英国美術基金の出発点となった一連の研究計画推進の顧問（支援は1964年にオールド・ドミニオン基金が引き継ぐ）。

Rosa C. P. Tenazas　ローサ・テナーサス（1966）：東南アジア諸民族の前史時代の倉庫と海上活動の研究。

Paul Tolstoy　ポール・トルストイ（1957）：文化史からの樹皮布生産量の研究。

E. W. F. Tomlin　E・W・F・トムリン（1960）：生物学の形而上学的意味を研究した「生命の概念」。

Willard Trask　ウィラード・トラスク（1954）：(1) 中世ポルトガル，ガリシアの詩の翻訳と研究。(2) 原始的詩のアンソロジー。

William Troy　ウィリアム・トロイ（1952）：アメリカ文学の伝統の研究。

［V］

Mark Van Doren　マーク・ヴァン・ドーレン（1953）：詩作。

Peter Viereek　ペーター・フィアリーク（1963）：ニーチェ，シュテファン・ゲオルゲ研究に関する翻訳・調査。

José Garcia Villa　ホセ・ガルシア・ビラ（1952）：詩論の著作。

Werner Vordtriede　ヴェルナー・フォルトリーデ（1962）：ドイツ・ロマン派が用いたシンボル，シンボリックなモティーフの研究。

［W］

Alan J. B. Wace　アラン・ウェイス（1958）：エーゲ海考古学の調査・研究。

Charles R. Walker　チャールズ・ウォーカー（1960）：上演のためのソポクレス『オイディプス王』の新訳。

Jennifer A. W. Warren　ジェニファー・ウォレン（1963）：ペロポネソス半島の貨幣貯蔵と古代シキュオーンにおける貨幣鋳造の研究。

R. Gordon Wasson　ゴードン・ワッソン（1963）：原始宗教における向精神薬物の役割の研究。

Alan Watts　アラン・ワッツ（1951）：(1) 東洋の霊的理論の著作。(2) 中国哲学と現代行動科学の示すある観念の関係の研究。

Schuyler W. J. Watts　シャイラー・ワッツ（1965）：斜字体ハンドライティングに基づく20世紀英国のハンドライティング改革史。

Alexander Wayman　アレグザンダー・ウェイマン（1958）：哲学，神話，宗教のチベット語史料の翻訳と調査。

Adolf Weis　アドルフ・ヴァイス（1960）：美術の中の聖母像のシンボリズム研

究。

René Wellek　ルネ・ウェレック（1963）：ウェレック『近代批評史』の第 3，第 4 巻。

Gene Weltfish　ジーン・ウェルトフィッシュ（1958）：(1)「ネブラスカの平原民スキディ・ポーニー・インディアンの生活」という著述。(2) 文化全体をその総合機能によって数学的に地図化する方法の展開。

Marian B. Wenzel　マリアン・ヴェンツェル（1960）(1) ボスニア，ヘルツェゴヴィナの中世墓石の調査。(2) 2〜3 世紀ローマの神秘主義カルトの研究。アプレイウス『黄金のロバ』の図像学的分析付き。

Helmut Wilhelm　ヘルムート・ヴィルヘルム（1955）：(1)「19 世紀中国の思潮」の著作。(2)『易経』研究。

Samuel Frederic Will, Jr.　サミュエル・ウィル 2 世（1963）：古代ギリシア文学における自我の歴史。

Stanley T. Williams　スタンレー・ウィリアムズ（1956）：イタリア文化のアメリカ文学への影響研究。

Elizabeth B. Willis　エリザベス・ウィリス（1952）：(1) 日本の民俗・大衆芸術調査。(2) インド土着の衣服芸術とテクスタイル芸術の研究。

Paul Winter　ポール・ウィンター（1958）：(1)「ルカ福音書によるキリスト降誕と幼年時代の物語の起源と構造」の著述。(2) イエスの裁きの研究に係わる歴史的，神学的，文化的問題の調査。

Emanuel Winternitz　エマヌエル・ヴィンターニッツ（1964）：音楽家レオナルド・ダ・ヴィンチの研究。

Robert Erich Wolf　ローベルト・ヴォルフ（1692）：16〜17 世紀の音楽の文化史としての，そして同時代の思潮・他の芸術との関係の研究。

Werner Wolff　ヴェルナー・ヴォルフ（1955）：「シンボルの世界」という著述。

［Y・Z］

Edith Hoffman Yapou　イーディス・ヤプー（1960）：19 世紀絵画の主題の，特に古代的象徴の変容との係わりでの研究。

Wolfgang Yourgrau　ヴォルフガング・ユールグラウ（1960）：常数とは何かの研究。

Victor Zuckerkandl　ヴィクター・ツッカーカンドル（1946）(1) 音楽というものの性質研究。(2) ベートーヴェンの小曲集を基に試みられた音楽における創造過程の研究。

資料と謝意

この記事全体最大の資料はワシントンDCのアメリカ議会図書館原稿部門（Manuscript Division）にボーリンゲン基金がおさめた基金文書である。インタヴューはとりわけポール・メロン，ジョン・D・バレット，ハンティントン・ケアンズと。ボーリンゲン叢書の書物，それから私自身の回想と書きもの。それ以外の資料，どうしてもここにはこれという取材源は以下のとおりである。

I

ユングがボーリンゲン・タワーについて：From *Memories, Dreams, Reflections by C. G. Jung*, recorded and edited by Aniela Jaffé（copyright © 1961, 1962, 1963 by Random House Inc.; published by Pantheon Books, a Division of Random House）, p. 226.

ポール・メロンがメアリー・メロンについて：From his foreword to the *Bollingen Foundation Report 1945–1965.*

メアリー・コノーヴァーの家族と少女時代：Interview with and letters and photographs from Mr. and Mrs. Clarke S. P. Bunting, Kansas City（she is Mary's sister Catherine）. Interview with Mr. and Mrs. Milton McGreevy, Kansas City. Genealogical data from the Missouri Valley Room（Marjorie Kinney, head）, Kansas City Public Library, and articles in the Kansas *City Star*. Documents, photographs, and information from the Sunset Hill School, courtesy of Michael C. Miller and Janet Altmann. A Letter from Mrs. David Mayer, Chicago（Jane Rothschild, Mary's classmate at the Sunset Hill School）.

ヴァッサー校でのメアリー：Interviews with and letters and photographs from Gertrude G. Garnsey, Seneca Falls, N.Y. Interviews with and letters from other classmates: Dorothy Reid Kittell, Margaret Louchheim Meiss, Margaret Walker Spofford, Elizabeth Hyde Brownell, Florence Clothier Wislocki. At Vassar College, the Alumnae and Alumni Office（especially Mary Gesek, who provided a copy of the *Vassarion* yearbook and photocopies of clippings）and Harold B. Kristjansen, Registrar.

ニューヨークのメアリー：Letters from Mrs. Karl S. Brown, Washington, D.C.; Gould B. Martin, Dundee, N.Y.; the Alumni Records Office of Yale University; and the Office of the Registrar, Columbia University. Interview with and letters from John Becker, London and New York, and his short story, "Lorie," in *Jaimie: Jn Autobiographical Novel*（Boston, 1981）. "Parlor Tag" in *Vanity Fair*, May 1935. Interviews with Maud Oakes, John Barrett, Paul Mellon（including his account of first meeting Mary Conover）, Nora Fuller, Glenway Wescott, Monroe Wheeler, and Erlo and Ann van Waveren.

ポール・メロン：Interviews with and letters and documents from him and also from

Thomas E. Beddall, Washington, D.C. John Barrett's words are from an article in *Apollo Magazine*, 1963. Details from the *New Yorker*（"Talk of the Town"）, Oct. 5, 1963; David E. Koskoff, *The Mellons*（New York: Crowell, 1978）; and Burton Hersh, *The Mellon Family*（New York: Morrow, 1978）.

ニューヨークとスイス，1937–1940：*Bulletin* and other papers of the Analytical Psychology Club of New York, in the Kristine Mann Library, courtesy of Doris Albrecht. Seminars of C. G. Jung: "New York Seminar," Oct. 1937; *Psychological Analysis of Nietzsche's Zarathustra*, ed. Mary Foote, 1938, 1939; *Process of Individuation: Exercitia Spiritualia of St. Ignatius Loyola*（ETH Lectures）, trans. Barbara Hannah, 1939–40. Edward Foote, "A Report on Mary Foote," *Yale University Library Gazette*, Oct. 1974, pp. 225–30, and "Who Was Mary Foote," *Spring, An Annual of Archetypal Psychology and Jungian Thought*, 1974（Zurich）, pp. 256–68. Barbara Hannah, *Jung: His Life and Work*（New York: Putnam, 1976）. Letters from B. Hannah. Interviews with Cary F. Baynes, Ascona, and Ximena de Angulo Roelli, Cavigliano; Barbara Howes, New York; and Erlo and Ann van Waveren, New York.

オルガ・フレーベ＝カプテインとエラノス：Mrs. Froebe's papers at Casa Gabriella, near Ascona. Interviews with Rudolf Ritsema, Ascona; and Adolf Portmann, Basel. Letters from and interview with Mrs. Froebe's niece, Polly Kapteyn Brown, Portland, Maine, who lent publications（in Dutch）concerning Albert Kapteyn and Gertrud Kapteyn-Muysken, which were kindly translated for me by Belia Gordenker. *Monte Verità: Berg der Wahrheit*（Milan, 1978）, catalogue of an exhibition supervised by Harald Szeemann, which opened in Ascona, July 1978; in the catalogue, especially an article on Olga Froebe-Kapteyn by Sybille Rosenbaum-Kroeber. Robert Landmann, *Monte Verità, Ascona. Die Geschichte eines Berges*, 3rd ed.（Ascona, 1934）. Curt Riess, *Ascona, Geschichte des seltsamsten Dorfes der Welt*（Zurich, 1964）. Unpublished memoir of Olga Froebe-Kapteyn, kindly translated for me by Ralph Freedman. Interviews with and letters from Magda Kerényi and Bernard V. Bothmer. D. Jost, *Ludwig Derleth*（Stuttgart, 1965）. Christine Derleth, *Das Fleischlich-geistige: Meine Erinnerungen*（Bellnhausen liber Gladbach, 1973）. Robert Faesi, *Erlebnisse Ergebnisse*（Zurich, 1963）. Alastair: Interview with Geoffrey Wolff, and his book *Black Sun*（New York, 1976）. *Yoga: International Journal for the Scientific Investigation of Yoga*, ed. H. Palmié, vol. 1, no. 1（1931）. Interview with and letters from Mary Bancroft, New York. Pan American World Airways, Public Communications office. Jung's comment on Otto Gross in Ascona, from an unpublished letter to Fritz Wittels, Jan. 4, 1935, in the S. E. Jelliffe papers, Library of Congress, quoted by courtesy of Franz Jung. John S. Conway, *The Nazi Persecution of the Churches*（London, 1968）, pp. 105–8, on. J. W. Hauer. Geoffrey C. Cocks, "Psyche and Swastika," Ph.D. diss., UCLA, 1975. Olga Froebe-Kapteyn's correspondence with Eleanor Roosevelt, Nov.-Dec. 1940, courtesy of Franklin D. Roosevelt Library, Hyde Park, N.Y., and National Archives. Roosevelt's address on Nov. 11, 1940, *Public Pa-*

pers and Addresses of Franklin D. Roosevelt, comp. by Samuel L. Rosenman (New York, 1941). Letter about Albert Kapteyn from H. Church, General Executive, Westinghouse Brake and Signal Co., Chippenham, England. James Webb, *The Occult Establishment* (La Salle, III., 1976), pp. 52–55, on Derleth.

アリス・ベイリー：Papers in Olga Froebe-Kapteyn's files. Interviews with Nancy Wilson Ross and Erlo van Waveren. Letters from Mrs. Foster Bailey, Lucis Trust, New York. Alice A. Bailey, *The Unfinished Autobiography* (New York, 1951). B. F. Campbell, *Ancient Wisdom Revived: A History of the Theosophical Movement* (Berkeley, 1980).

ユングからジェイムズ・カーシュ宛書簡：May 26, 1934, in *C. G. Jung: Letters*, ed. G. Adler and A. Jaffé, vol. 1 (copyright © 1973 by Princeton University Press). Allen W. Dulles's letter of Feb. 17, 1950 (to Paul Mellon), quoted by permission of his executor, William G. Pierce. Interview with Christiane Zimmer, New York. Interview with and letter from Mary Bancroft, New York. Letters from the Rockefeller Foundation. *Eranos Jahrbiücher*. Hildegard Nagel, report on Eranos 1938 in Papers of the Analytical Psychology Club of New York, 1939. Charles Allberry: Letters from C. P. Snow, London; and S. W. Grose and J. H. Plumb, Cambridge. Paul Mellon's memory of Jung in 1940 from remarks in *Cari Gustav Jung...A Memorial Meeting*, New York, Dec. 1, 1961. (Analytical Psychology Club of New York, Inc., 1962).

C・G・ユング，メアリー・コノーヴァー・メロン往復書簡：Franz Jung と Paul Mellon の引用許可あり。A file of correspondence from the Bollingen Press and Foundation of 1940–1942, preserved by Ximena de Angulo Roelli, has been drawn upon with her permission; it includes letters between her, Mary Mellon, Jung, Cary F. Baynes, Olga Froebe-Kapteyn, Yale University Press, and others. Other correspondence was kindly made available by Yale University Press, courtesy of Chester Kerr and Ann Bujalski.

カール・ケレーニイ：Interview with and letters from Magda Kerényi, Ascona. *C. G. Jung: Letters*, May 2, 1943.

ハインリヒ・ツィンマー：Interviews with Christiane Zimmer and Joseph Campbell, New York, and Violet de Laszlo, Zurich. C. G. Jung, appendix on Zimmer in *Erinnerungen, Träume, Gedanken* (Zurich, 1963), flot in English ed. *Two Papers by Henry R. Zimmer* (New York, 1944). Various issues of the *Bulletin* of the Analytical Psychology Club of New York: Zimmer's talks and news items about him. Ludwig Edelstein, preface to Zimmer, *Hindu Medicine* (Baltimore, 1948). Cecil Beaton, *The Years Between: Diaries 1939–44* (London, 1965). Michael McKnight, "Eiders and Guides: A Conversation with Joseph Campbell," Parabola, vol. 6, no. 1 (Feb. 1980), and original transcript (May 1979). Zimmer letters in Ximena de Angulo Roelli's papers. Letter from Mai-mai Sze. Details from Columbiana Collection (Paul R. Palmer, Curator), Columbia University. Letter from Professor Gerald Chapple, McMaster University.

II

（最初の）ボーリンゲン基金：Papers filed in Paul Mellon's office in Washington, D.C.（courtesy of Thomas H. Beddall), and at The A. W. Mellon Foundation（courtesy of Kenneth Herr). Papers from Yale University Press（courtesy of Chester Kerr and Ann Bujalski). Letter from LeBoeuf, Lamb, Leiby & Mac Rae, New York. Certificate of Incorporation, New York Department of State, Albany. Interviews with Paul Mellon and Stringfellow Barr, Kingston, N.J. Interviews with and documents from Ximena de Angulo Roelli. Reports of the Old Dominion Foundation. Correspondence of Mary Mellon and C. G. Jung quoted with permission of Paul Mellon and Franz Jung. Francis Carmody's letter to Mary Mellon, about May 15, 1942; Mary's letter to Jung, May 25, 1942; and Donald Shepard's letter te Jung, June 30, 1942–quoted by permission of Paul Mellon, Federal Bureau of Investigation, Washington, D.C., file on Olga Froebe-Kapteyn（furnished, with deletions, under the Freedom of Information-Privacy Acts). Allen W. Dulles's letter of Feb. 17, 1950（to Paul Mellon), quoted by permission of his executor, William G. Pierce.

オルガ・フレーベ＝カプテイン：Her papers at Casa Gabriella. Letters in the *Bulletin* of the Analytical Psychology Club of New York.

スタンレー・ヤング：Interview with and photographs, letters, and documents from Nancy Wilson Ross, Old Westbury, N.Y. Letters from Robert Giroux, of Harcourt, Brace and Giroux.

ポール・メロン：His record of his United States Army career.

クルト・ヴォルフ，ヘレン・ヴォルフと仲間たち：Interview with and letters and documents from Helen Wolff, New York. Letters of the Wolffs to Elisabeth Mayer, courtesy of ber daughter Beata Sauerlander. Letters from Steven Schuyler and Gertrude Buckman. Helen Wolff, "Kurt Wolff—Lebensdaten" in *Kurt Wolff: Autoren, Bücher, Abenteuer*（Berlin, 1965). Bernhard Zeller and Ellen Otten, eds., *Kurt Wolff: Briefwechsel eines Verlegers 1911–1963*（Frankfurt, 1966). Hellmut Lehmann-Haupt, *The Book in America*, 2nd ed.（New York, 1951), pp. 352–53. Interviews with Wolfgang and Beata Sauerlander（New York). Seasonal catalogues of Pantheon Books. Interview with André Schiffrin, New York. Obituary note on Jacques Schiffrin in *Publishers Weekly*, Dec. 2, 1950. Letters from Fanny Kallir, New York; and Hubertus Prinz zu Löwenstein, Munich. Kurt Wolff's letter to Mary Mellon, Apr. 22, 1943, by permission of Helen Wolff.

モード・オークス：Interviews with and letters and photographs from her, Carmel, California. Interviews also with Nancy Wilson Ross, John Barrett, Paul Mellon, and Joseph Campbell. Numerous letters from Maud Oakes to Mary Mellon, Stanley Young, and John Barrett, in Bollingen archives, including a biographical sketch. Interview with and letter from Henriette

Yurchenco, New York.

ジョゼフ・キャンベル：Interviews with and letters from him, New York. Michael McKnight, "Elders and Guides: A Conversation with Joseph Campbell," *Parabola*, vol. 6, no. 1（Feb. 1980）, and original transcript（May 1979）. Donald Newlove, "The Professor with a Thousand Faces," *Esquire*, Sept. 1977.

「魔法のパイロット」：Documents in files of Paul, Weiss, Rifkind, Wharton & Garrison, New York（courtesy of Joan Daly）. Interview with and documents from Beatrice Straight, New York.

メアリー・メロンがボーリンゲン叢書について書いた文：1943, by permission of Paul Mellon. ボーリンゲンの輪：Rudolf Koch, *Book of Signs*（London, 1930; reprinted by Dover Publications）. Letters from Gilles Quispel, Utrecht; Elaine Pagels, New York; and Mark Hasselriis, New York. Jung on mandalas: *Memories, Dreams, Reflections*（New York, 1963）, pp. 195–99. Maud Oakes's letter to Mary Mellon, July 27, 1943, by permission of Maud Oakes.

アルフォンス・ヘッテンシュワイラー：Letters from the Swiss Federal Department for Foreign Affairs, Bern, and Franz Jung. *Eranos Jahrbücher*. Olga Froebe-Kapteyn's papers at Casa Gabriella.

ハンティントン・ケアンズ：Interviews with and letters and documents from him, Kitty Hawk, N.C. Lewis Nichols, "In and Out of Books," *New York Times Book Review*, July 10, 1960. William H. Nolte, "Portrait of a Civilized Man," *American Spectator*, March 1979. A. J. Toynbee, *A Study of History*, 2nd ed., vol. 3（London, 1935）, 322. Documents from the National Gallery of Art, courtesy of Robert Amory, Jr., and Theodore Amussen. Cairns with John Walker, *Masterpieces of Painting from the National Gallery of Art*（New York, 1944）. Cairns with Allen Tate and Mark Van Doren, *Invitation to Learning*（New York, 1941）. George E. Saintsbury, *French Literature and Its Masters*, ed. Cairns（New York, 1945）.

ドニ・ド・ルージュモン：Interview with and documents from him, Saint-Genis-Pouilly, France. Rougemont, *Journal des deux mondes*（Paris, 1948）, pp. 179–83, quoted（in trans. by Paula McGuire）with the author's permission. Chronology in *Denis de Rougemont: l'Ecrivain l'Européen*, Festschrift（Neuchâtel, 1976）. José Ortega y Gasset, "Ideas de los castillos: Los Criados," in *Obras Completas*, vol. 2, 4th ed.（Madrid, 1957）, located through kindness of Julián Marías and Martin Nozick; Rougemont's French ed., *Essais espagnols*, trans. Mathilde Pomés（Paris, 1932）.

五年計画：Interviews with and letters from Rougemont; Malcolm Cowley, Sherman, Conn.; and Nancy Wilson Ross. Documents in files of Paul, Weiss, Rifkind, Wharton, & Garrison, New York（courtesy of Joan Daly）. Malcolm Cowley, *The Faulkner-Cowley File*（New York, 1966）.

Ⅲ

ポール・ローゼンフェルド：His obituary in the *New York Herald Tribune*, 22 July 1946.

ヘルマン・ブロッホ：Theodore Ziolkowski, *Hermann Broch*（Columbia Essays on Modem Writers, New York, 1964）. Max Raphael: Letters from Ilse Hirschfeld, Robert S. Cohen, Meyer Schapiro, Norbert Guterman. Herbert Read's introduction to *The Demands of Art*（Bollingen Series LXXVII）. Erich Kahler: Conversations with Alice Kahler.

ポール・ラディン：Interviews with Doris Radin, Berkeley; Mary Curtis Ritter, Gien Gardner, N.J.; Maud Oakes, Nancy Wilson Ross, and John Barrett. Cora Du Bois, "Paul Radin: An Appreciation," in *Culture in History: Essays in Honor of Paul Radin*, ed. Stanley Diamond（New York, 1960）, including a bibliography of writings by Radin.

ナターシャ・ラムボーヴァ：Interviews with and letters and documents from Maud Oakes; Katherine Peterson, Pasadena; Anne Wollen, Monrovia, Cal.; Donald Hansen and Mark Hasselriis, both New York.

ブレステッド：Letters from James H. Breasted, Jr.

ボーリンゲン叢書事務所：Interviews with Helen Wolff and Wolfgang Sauerlander; letters from Gertrude Buckman.

ジョン・バレット：Interviews with him and Paul Mellon. Documents of the Co-ordinating Committee of French Relief Societies.

（第二の）ボーリンゲン基金：Papers on file in Paul Mellon's office, Washington, D.C., especially the Certificate of Incorporation. Much information on the organization and business of the Foundation is from the Minutes of the Board of Trustees and the Finance Committee, in the Bollingen Archives, Library of Congress.

ヴォーン・ギルモア：Interviews with and letters from Gilberte Manoha, Charlotte Devree, Eugene Blanc, Jr., John M. Hodgman, Felisa Garcia, and John Barrett, ail New York. Edith Porada: Interview with and letters from her, New York.

ユング大患, 1944：Letter from Franz Jung.

キーガン・ポール：Files for the Coliected Works of Jung, and Herbert Read's editorial files, in the office of Routledge & Kegan Paul, London. Norman Franklin の御厚意による。氏は手紙と会話でいろいろ教示くださった。

ハーバート・リード：Interviews with Benedict Read and Piers Paul Read. George Woodcock, *Herbert Read: The Stream & The Source*（London, 1972）. "Herbert Read—His Life and Work," in *A Tribute to Herbert Read 1893–1968*（Bradford, Yorks., 1975）. Robin Skelton, ed., "Sir Herbert Read... A Memorial Symposium," comprising *The Malahat Review*, no. 9（Jan. 1969）. Unpublished correspondence of Herbert Read and Naum Gabo, by courtesy of Miriam Gabo. Quotations from Read's unpublished letters by permission of Benedict Read.

マイケル・フォーダムとゲルハルト・アドラー：Interviews with and letters from them. Papers at Routledge & Kegan Paul. Fordham's remarks in obituary notice of Jung, *The Lancet*, June 17, 1961.

R・F・C・ハル：Obituary notices by Fordham, Adler, and myself in *Journal of Analytical Psychology*（Jan. 1976）. My article was based on interviews with and letters from Birthe-Lena Hull, Joan Hull, Jennifer Savary, and Tristram Hull.

メアリー・メロン他界：Interviews with John Barrett and Paul Mellon. Maud Oakes's letter to Cathy Mellon in the Bollingen Archives, Library of Congress; quoted with her permission. Interview with Maud Oakes.

Ⅳ

メアリー・コノーヴァー・メロン基金：Interview with Gertrude G. Garnsey. Articles on the Fund and the Advisory Program in *Vassar Alumnae Magazine*（June 1949）. Letter from Mrs. Cari Binger. Memorial Science Building at the Sunset Hill School: Documents and photographs from the School, courtesy of Michael Miller.

メアリー・メロンの同プログラムへの計画：Interviews with and letters from Ximena de Angulo Roelli, Cavigliano.

フィリップ・ホイールライト："Aesthetic Surface and Mythic Depth," *The Sewanee Review*, April 1957.

ヒュー・チザム："Plaza's Poet"（Talk of the Town）, *New Yorker*, Aug. 8, 1942. Letter from William H. Chisholm. Obituary article, *New York Times*, 16 Nov. 1972.

アーネスト・ブルックス２世：Letter from him. Article in *Who's Who in America*, 1968. Siegfried Kracauer: Martin Jay, "The Extraterritorial Life of Siegfried Kracauer," *Salmagundi*, nos. 31–32（fall 1975/winter 1976）. Obituary article, *New York Times*, Dec. 28, 1966.

ユング計画：Papers in files of Routledge & Kegan Paul, London, courtesy of Norman Franklin.

ウォラス・ブロックウェイ：Interview with Bart Winer, New York. Letter from Mortimer J. Adler.

A・S・B・グローヴァー：Interviews with Janet Glover, London; Harold Edwards, Newbury, Berks; Margaret Clark, Norman Franklin, and Dieter Pevsner, London.

C・G・ユング書簡：to John Barrett, Feb. 11, 1954, and to R. F. C. Hull, Aug. 15 and Oct. 1, 1958, in *C. G. Jung: Letters*, ed. G. Adler and A. Jaffé, vol. 2（copyright © 1975 by Princeton University Press. Hull's last days: Details from my obituary in *Journal of Analytical Psychology*（Jan. 1976）.

ヨランダ・ヤコービ："Jolande Jacobi: Zum 80. Geburtstag," *Neue Zürcher Zeitungii, March 25, 1970. Obituary notice by M. Jacoby in Journal of Analytical Psychology*（Jan. 1974）.

David Holt, foreword to Jacobi, *Masks of the Soul* (London and Grand Rapids, Mich., 1976), and Judith Hubback's review of that book in *Journal of Analytical Psychology*, Oct. 1977.

エーリヒ・ノイマン：Interview with Gerhard Adler, London. Adler's obituary article in *Spring*, 1961, reprinted with revisions in Neumann, *Creative Man: Five Essays* (Bollingen Series LXI:2).

ロラン・カーエン：Interview with him, Paris.

ラルフ・マンハイム：Interview with him, Paris. Manheim, "In the Translator's Kitchen," *Times Literary Supplement*, Sept. 18, 1970. Jack Monet, article on Manheim, *International Herald Tribune* (Paris), March 27, 1972.

オルガ・フレーベ＝カプテイン：Her papers at Casa Gabriella. Interview with Rudolf Ritsema, Ascona. Memorial service: Joseph Campbell, foreword to *Man and Transformation* (Papers from the Eranos Yearbooks, 5; Bollingen Series XXX, 1964). Jung's letter to Olga Froebe, Sept. 27, 1943, quoted in *C. G. Jung: Word and Image*, ed. Aniela Jaffé (Bollingen Series XCVII:2), pp. 183–84.

ジョゼフ・キャンベル：Interview with and letters from him, New York.

ヒメーナ・デ・アングロ・レルリ：Interviews with and letters from her, Cavigliano. Quotation from her 1950 article with her permission.

カール・ケレーニイ：Interviews with and letters from Magda Kerényi, Ascona. *Mythology and Humanism: The Correspondence of Thomas Mann and Karl Kerényi* (Ithaca, 1975), preface by the translator, Alexander Gelley.

ミルチャ・エリアーデ：Letter from him. Eliade, No Souvenirs: Journal, 1957–1969, trans. Fred H. Johnson, Jr. (New York, 1977); earlier part in Fragments d'un journal (Paris, 1973). Willard R. Trask: Obituary article in *New York Times*, Aug. 12, 1980. Interview with Grace Schulman.

アンリ・コルバン：Interview with Henry and Stella Corbin, Paris.

ゲルショム・ショーレム：Interview with Gershom and Fania Scholem, Zurich; letters from Scholem. David Biale, *Gershom Scholem: Kabbalah and Counter-History* (Cambridge, Mass., 1979). Scholem, *From Berlin to Jerusalem: Memories of My Youth*, trans. Harry Zohn (New York, 1980). Scholem, letter to Aniela Jaffé, May 7, 1963, about Jung and Baeck, quoted in her *From the Lite and Work of C. G. Jung* (New York, 1971). Letters from R. J. Zwi Werblowsky.

ルイ・マシニョン：Interview with and letter from Daniel Massignon, Paris. Herbert Mason, translator's introduction to Massignon, *The Passion of Al-Hallāj* (Bollingen Series XCVIII).

ダイセツ・スズキ（鈴木大拙）：*The Eastern Buddhist*, N.S. (Kyoto), vol. 2, no. 1 (Aug. 1967), special issue in memory of Suzuki, with reminiscent articles by Ernst Benz, Her-

bert Read, and others, and chronology.

ヘルムート・ヴィルヘルム：Interview with him, Seattle.

アレクサンドル・ピアンコフ：Interviews with Helene Piankoff and Gamil Mokhtar, Luxor; Labib Habichi, Cairo; Michel Malinine, Paris; Bernard V. Bothmer, Cairo and New York; and Helen Jacquet-Gordon, Cairo. Obituary article, *Bulletin de l'Institut français d'archéologie orientale*（Cairo）, 65（1967）.

エジプト探険隊：Interviews with Elizabeth Thomas, Princeton; Mark Hasselriis, New York; L. F. Husson, Lancaster, Pa.; Bernard V. Bothmer, Cairo; and Maud Oakes, Carmel, Cal.

ラムボーヴァ生徒：Mai-mai Sze: Interview with Mai-mai Sze and Irene Sharaff, New York. Stella Kramrisch: Interview with and letters from Stella Kramrisch, Philadelphia. Joseph M. Dye, biographical note preceding "A Bibliography of the Writings of Stella Kramrisch," *Marsyas*（New York）, 17（1974–75）. Interviews with Dorothy Norman, East Hampton; Buffle Johnson, New York; and Mark Hasselriis, New York. Rambova's manuscript: Interviews with Donald Hansen, Mai-mai Sze, and Anne Wollen.

アーウィン・R・グッデナフ：Interviews with and letters from Cynthia Goodenough, Cambridge, Mass.; Evelyn Pitcher, Belmont, Mass.; and Fred Anderegg, Princeton. First quotation from Goodenough, *Toward a Mature Faith*（New Haven, 1955）, p. 34. Obituary article in the *New York Herald Tribune*, March 22, 1965.

キャンベル：Interview with and letters from him.

『易経』：Interviews with Cary F. Baynes and Ximena de Angulo Roelli; Hellmut Wilhelm, Seattle. W. McGuire, "The 'I Ching' Story," Princeton Alumni Weekly, May 7, 1974.

V

アレクシ・レジェ：Interviews with and letters from Dorothy Leger, Giens and Washington; Arthur J. Knodel, Los Angeles; and Archibald MacLeish, New York. MacLeish, "Souvenir de Perse," *La Nouvelle Revue Française*, Feb. 1976. Knodel, *St.-John Perse: A Study of His Poetry*（Edinburgh, 1966）. Letter from Louise Varèse.

フーゴー・フォン・ホーフマンスタール：Interview with Christiane Zimmer, New York. E. R. Curtius: Arthur R: Evans, Jr., "Ernst Robert Curtius" in *On Four Modern Humanists*, ed. Evans（Princeton, 1970）.

ジャクソン・マシューズとヴァレリー企画：Interviews with and letters from Marthiel Mathews, Westminster, Md. Interviews with John Barrett, David Paul, London; Paula Deitz, New York; and François Chapon, Bibliothèque Littéraire Jacques Doucet, Paris. Hilton Kramer, article in the *New York Times*, March 12, 1971.

エミール・マール：Interviews with Gilberte Mâle, Paris; John Barrett, Marthiel Mathews, and Margot Cutter, Princeton.

ケアンズの構想：Interviews with him. Bollingen Prize for Poetry and Ezra Pound: Interviews with Archibald MacLeish; Karl Shapiro, Davis, Cal.; Willard Thorp, Princeton; and Cairns. Huntington Cairns's papers in the Manuscript Division, Library of Congress. *The Case Against the "Saturday Review of Literature"*（Chicago, 1949）. *Annual Report of the Librarian of Congress for the Fiscal Year Ending June 30, 1949*（Washington, 1950）. Robert Hillyer, "Treason's Strange Fruit" and "Poetry's New Priesthood," *Saturday Review of Literature*, June 11 and 18, 1949. Malcolm Cowley, "The Battle over Ezra Pound," *The New Republic*, Oct. 3, 1949. Noel Stock, *The Life of Ezra Pound*（New York, 1970）. Letters from Donald Gallup, Yale University Library; and J. Kellum Smith, Jr., The Andrew W. Mellon Foundation. Interview with Omar Pound, Princeton.

A・W・メロン美術講義（起源）：Interviews with Paul Mellon; also Joseph Frank and Cornelia Borgerhoff, Princeton.

ハルト基金：Interview with Olivier Reverdin, Geneva. Visit to the Fondation. Center for Hellenic Studies: Reports of the Old Dominion Foundation. Interviews with Huntington Cairns. Letter from Paul Mellon.

チャールズ・S・シングルトン：Interviews with him, Westminster, Md.; and with David Paul, London.

キャスリーン・コバーン：Interview with and letters from her, Princeton. Interviews with Bart Winer and George Whalley, London. Coburn, *In Pursuit of Coleridge*（London and Toronto, 1978）. Coburn, ed., *Inquiring Spirit*（New York, 1951）.

バート・ウィナー：Interview with him.

キャスリーン・レイン：Interview with and letters from her, London. Raine, *The Land Unknown*（New York, 1975）and *The Lion's Mouth*（New York, 1978）. Unpublished letters of Raine in Herbert Read's papers, University of Victoria, B.C.

ウナムーノ計画：Interviews with and letters from Anthony Kerrigan and Martin Nozick, New York. Correspondence between Edward Dahlberg and Kerrigan, courtesy of the latter. Correspondence between Wolfgang Sauerlander and Kerrigan, courtesy of Beata Sauerlander. Charles DeFanti, *The Wages of Expectation: A Biography of Edward Dahlberg*（New York, 1978）.

ハーバート・リード：*A Tribute w Herbert Read*（Bradford, Yorks., 1975）and *The Malahat Review*, cited in chap. 3.

カール・レーマン，フィリス・レーマンとサモトラケ計画：Interviews with and letters from Phyllis Lehmann, Princeton. Karl Lehmann, *Samothrace: A Guide to the Excavations and the Museum*, 4th ed.（New York, 1975）. Visit to Samothrace.

パエストゥム：Interview with Paola Zancani Montuoro, San Agnello, Napoli. Visit to Paestum.

ミュケーネーとA・J・B・ウェイス：Interview with Helen Wace, Athens. Helen Wace et al., *Mycenae Guide*（Athens, 1971）. Visit to Mycenae.

チャタル・ヒュユク：James Mellaart, *Catal Hüyük, a Neolithic City in Anatolia*（London, 1967）.

サルディス：Letters and publications from George Hanfmann. Interview with D. G. Mitten, Athens. Interviews with Mehmet Cemal Bolgil, Istanbul; Teoman Yalcinkaya, Izmir; John Barrett; and Donald Hansen. Visit to Sardis and the other sites near Izmir. For this and other classical sites, *The Princeton Encyclopedia of Classical Sites*（Princeton, 1976） was useful, and Harriet Anderson was specially helpful.

カハリエ・ジャミィ：Interview with and letters from Irene Underwood, Washington, D.C. Interview with Michel Malinine, Paris; Lawrence Majewski, New York; and Fred Anderegg, Princeton. Evelyn Waugh, *When the Going Was Good*（London, 1946）. Obituary article on Thomas Whittemore, *New York Times*, June 9, 1950. Information from Fanny Bonajuto, Washington. Obituary article on Paul A. Underwood, *Dumbarton Oaks Papers*, 23–24（1969–70）. Visit to the Kariye Djami.

ロマーン・ヤーコブソン：Letters from him.

ウラジーミル・ナボコフ：Interviews with and letters from him and Véra Nabokov, Montreux. *The Nabokov-Wilson Letters*, ed. Simon Karlinsky（letters of Wilson copyright © 1979 by Elena Wilson, Executrix of the Estate of Edmund Wilson; letters of Nabokov copyright © 1979 by Véra Nabokov, Executrix of the Estate of Vladimir Nabokov）, with permission also of the publisher, Harper & Row, Publishers, New York, Professor Karlinsky, and Mrs. Nabokov. Nabokov's letters to the Bollingen editors copyright © 1982 by Véra Nabokov, Executrix of the Estate of Vladimir Nabokov.

E・マクナイト・コーファー：Interviews with Bernard Waldman, Grace Schulman, and Bart Winer, New York. Documents from Mr. Waldman and Mrs. Schulman. Obituary articles, *London Times*, Sept. 29, 1954（before death）; *New York Times*, Oct. 23, 1954. *The Journal of the Royal Society of Arts*, Oct. 29, 1954.

メリデンの彫版師たち：Interview with Harold Hugo and John Peckham, Meriden, Conn.

フィリップ・ホイールライト："Aesthetic Surface and Mythic Depth," *The Sewanee Review*（Apr. 1957）.

VI

ヘレン・ヴォルフとクルト・ヴォルフ：Interview with and letters from Helen Wolff. Mary Curtis Ritter: Interview with her.

ポール・メロンによる撤収宣言（1963年12月12日）：氏による許可あって引

用。Bollingen Library, Torchbooks: Letters from Melvin Arnold and Hugh Van Dusen. Stoddard M. Stevens: Interview with him, Short Hills. Wright Patman: Waldemar A. Nielsen, *The Big Foundations* (New York, 1972). Patman's statement before the House Committee on Ways and Means, Feb. 18, 1969. Kenneth Rexroth: *American Writing* (New York, 1970), article on the Bollingen Series, 1967. Huntington Cairns, *The Bollingen Adventure* (Princeton, 1969), privately published booklet of the speech he first wrote for Nov. 10, 1969, and typescript of the speech he gave. Princeton University Press release, Jan. 23, 1982, on Bollingen Fund allocation.

もっと個人的な謝意を。時間を，歓待を，その他特別な手助けをいただいた諸兄諸姉に。ジョン・バレットは何度もグリニッジの御宅に呼んでいただき，長い議論の相手になってくれたし，本書をいろいろな段階で読んでくれた。最終段階は勿論である。1981年6月28日逝去。ポール・メロンも議論と質疑応答のための時間をめいっぱいとってくれたし，多くの手紙に返事をくれ，記録や写真を提供してくれたし，本書原稿にも目を通してくれた。ハンティントン・ケアンズはキティホークで，モード・オークスはカーメルで歓待してくれ，役に立ってくれた。カンザスシティではミルトン・マクグリーヴィ夫妻が気持ちよく仕事させてくれた。ソルトレイクシティのヘンリー・ディンウーディ，モンロヴィアのカール・ウォレン夫妻，パサデナのキャサリン・ピーターソンの諸氏も同様である。プリンストン大学出版局では局長のハーバート・ベイリー2世の御高配で半年の休暇と旅費をいただいてヨーロッパでの調査が可能になったというばかりではなく，とにかくプリンストンですごく働きやすくしていただけた。

故ヴォーン・ギルモアは大変な関心をこの計画に寄せてくれ，存命なら大変な情報源になっていただけたはずの人である。写真を提供していただいた以上に基金を恵んでいただいたお蔭で私は家族連れ旅行をさらに延長することができた。1976年9月，女史の訃報を私はサモトラケで聞いた。そのサモトラケでも他のいずこでもギリシアで私はフィリス・W・レーマン，ジェイムズ・マクレディ両氏の御好意に甘えた。トルコ行きにタラット・S・ハルマンのまことに有難いお力添えは必須だったし，その点ではカナン・ディプカヤ，ジョージ・ハンフマン両氏も同じである。エジプトではバーナード・V・ボスマーの非常な御配慮に，またルクソールのシカゴ・ハウスのことではケント・ウィークス，スーザン・ウィークスに感謝する。イングランドでは，ジェフリー・ルイス，ラファエラ・ルイスがオックスフォード近くの御宅を私の家族に使わせていただいた。ノーマン・フランクリンにはラウトレッジ＆キーガン・ポール社で特権的に働ける期間を延長させていただいた。フランスでは，ラルフ・マンハイム，メアリー・マンハイム夫妻にパリで特段の御心遣いをたまわったし，「葡萄棚」邸ではドロシ

ー・レジェに歓待をたまわった。スイスでは，エラノス基金のルドルフ・リッツェマ，カテリーネ・リッツェマ夫妻が，私の家族がエラノスのカーサ・シャンティで雨のひと月を過ごす間，大きな気配りをいただき，助かった。カヴィリヤーノではヒメーナ・デ・アングロ・レーリの助力が有難かったし，フランツ・ユング御夫妻はアスコーナにお見えになった時にもキュスナハトにおいても心からの歓待をいただいた。チューリヒでは，ハンス・カレール博士の御夫妻，ニック・ハルト夫妻，マーク・ハル夫妻の歓待が有難かったし，アニエラ・ヤッフェの御手をわずらわせてしまった。議会図書館で何週も調べものをした時，御宅を開放していただいたレジェ夫人の親切は忘れがたい。議会図書館手稿部のスタッフの皆様には御協力，御親切に感謝する。プリンストン大学出版局の私の原稿整理をしていただいたロバート・ブラウン，私の秘書をつとめていただいたフローレンス・スレードの両氏に感謝したい。ペンズ・ネックであろうとどこであろうとずっと力になってくれたポーラ・マガイアーとメアリー・マガイアーにも照れずにありがとうと言っておこう。

1982 年 2 月 12 日　　　　W・McG

図版一覧

巻頭口絵　Jung's tower at Bollingen. Leni Iselin

1 Mary Mellon, 1938. Oil on canvas, by Gerald L. Brockhurst. *Courtesy of Paul Mellon*
2 Mary Conover, graduate of the Sunset Hill School, 1921. *Courtesy of the Sunset Hill School*
3 Mary as song leader at Commencement, Vassar, 1926. *Courtesy of Gertrude Garnsey*
4 Mary Conover Brown, photographed by George Platt Lynes, about 1934. *Courtesy of John Barrett*
5 Paul Mellon with the dragoman Mohamed Sayed, Luxor, March 1935. *Courtesy of Nancy Wilson Ross*
6 John Barrett, Venice, about 1935. *Courtesy of John Barrett*
7 Jung's tower at Bollingen as it appeared at about the time of the Mellons' visit in 1938. *Courtesy of the Jung family*
8 Mary, Paul, and Cathy at Ascona, 1939. *Eranos Foundation*
9 Casa Eranos and Casa Gabriella from Lake Maggiore. *Pancaldi, Ascona*
10 Paul Mellon and Heinrich Zimmer, Eranos 1939. *Eranos Foundation*
11 Mary Mellon with two Eranos guests, 1939. *Eranos Foundation*
12 Ascona. *William McGuire*
13 Olga Froebe-Kapteyn and C. G. Jung, Eranos 1933. *Eranos Foundation*
14 An Eranos picnic, 1935: Heyer, Jung, Cary Baynes, and Toni Wolff. *Eranos Foundation*
15 Jolande Jacobi and Gustav Heyer, Eranos 1935. *Eranos Foundation*
16 Symbolic device at Casa Eranos, by Olga Froebe. *N. T. Gidal*
17 *Genio loci ignoto*: "To the unknown genius of this place." *N. T. Gidal*
18 Mary Mellon at Oak Spring, around 1944. *"Darling," Middlebury, Virginia, courtesy of Gertrude Garnsey*
19 Mary, around 1946. *Courtesy of John Barrett*
20 "Genius Row." 41 Washington Square South is the second house from the right. Drawing by Edward C. Caswell, *The Villager*, September 25, 1947
21 Stanley Young and Nancy Wilson Ross, Rome, 1945. *Toni Frizzell, courtesy of Nancy Wilson Ross*
22 Denis de Rougemont, New York, 1942. *Kate Weissmann*
23 Huntington Cairns, late 1940s. *Beville, National Gallery of Art*
24 Kurt Wolff and Jacques Schiffrin in the Pantheon office, about 1946. *Courtesy of Helen Wolff*

25 Hermann Broch, late 1940s. *Courtesy of Vaun Gillmor*
26 Paul Radin, early 1940s. *Courtesy of Melba Phillips*
27 Maud Oakes at Todos Santos, 1946. *Hans Namuth*
28 Bernard V. Bothmer, Alexandre Piankoff, Helene Piankoff, and Natacha Rambova at the temple of Edfu, south of Luxor, January 1950. *L. F. Husson*
29 Ximena de Angulo and C. G. Jung, Eranos 1950. *Eranos Foundation*
30 Olga Froebe, Kurt Wolff, and Gilles Quispel, Eranos 1950. *Eranos Foundation*
31 Joseph Campbell, Jean Erdman, R. F. C. Hull, and Jeremy Hull, on the Piazza, Ascona, 1954. *Eranos Foundation*
32 D. T. Suzuki and Mihoko Okamura, Eranos 1953. E*ranos Foundation*
33 John Barrett, Eranos 1956. *Eranos Foundation*
34 Mircea Eliade and Louis Massignon, Eranos 1956. *Eranos Foundation*
35 Gershom Scholem, Eranos 1958. *N. T. Gidal*
36 John Layard and Erich Neumann, Eranos 1958. *N. T. Gidal*
37 Karl Kerényi, Eranos 1958. *Eranos Foundation*
38 Chung-yuan Chang lecturing, Eranos 1958. *N. T. Gidal*
39 Conversation at the Albergo Tamaro, Eranos 1958: （from left） Herbert Read, Vaun Gillmor, R. F. C. Hull, and John Barren. *N. T. Gidal*
40 Olga Froebe at Casa Gabriella, 1958. *N. T. Gidal*
41 Adolf Portmann, second director of Eranos, 1974. *Luciano Soave*
42 The Round Table, 1975. *Luciano Soave*
43 Emma Jung and C. G. Jung at Bollingen, 1954. *William McGuire*
44 Gerhard Adler, Hella Adler, Frieda Fordham, and Michael Fordham, at the Adlers' cottage in Oxfordshire, late 1950s. *William McGuire*
45 A. S. B. Glover and Janet. Glover at the British Museum, 1965. *Elizabeth Oldham*
46 Herbert Read and the Yorkshire moors, 1964. *William McGuire*
47 Dorothy Leger, Francis Biddle, Alexis Leger, and Katherine Biddle at "Les Vigneaux," October 1960. *Dalmas, courtesy of Mme Alexis Leger*
48 Ralph Manheim, Marthiel Mathews, Mary Manheim, and Jackson Mathews, Paris, around 1958. *William McGuire*
49 Charles S. Singleton, around 1960. *Courtesy of C. S. Singleton*
50 William McGuire and Hans Meyerhoff, Bad Godesberg, 1963. *Mary Meyerhoff*
51 Kathleen Coburn working on the Notebooks—a recent photograph. *David Lloyd, courtesy of Kathleen Coburn*
52 Bart Winer, London, early 1970s. *Courtesy of Bart Winer*
53 Kathleen Raine, London, early 1950s. *Courtesy of Kathleen Raine*

54 Vladimir Nabokov, Montreux, about 1970. *Courtesy of Véra Nabokov*

55 T. S. Eliot and E. McKnight Kauffer, about 1949. *Courtesy of Vaun Gillmor*

56 Wolfgang Sauerlander, Munich, 1965. *Paula McGuire*

57 Bi Hull, Anthony Kerrigan, Aniela Jaffé, R. F. C. Hull, and Elaine Kerrigan, Palma de Mallorca, 1962. *Courtesy of Bi Hull*

58 The Kariye Djami, Istanbul, with the rebuilt minaret at left, 1976. *William McGuire*

59 Paul Underwood, Dumbarton Oaks, 1960. *Courtesy of irene Underwood*

60 Sardis: the apse of the Roman synagogue, before restoration. *Sardis Expedition, Harvard University*

61 The sanctuary at Samothrace: the Hieron, 1976. *William McGuire*

62 Phyllis Williams Lehmann at the excavation, Samothrace, 1964. *Nicholas Ohly*

63 Karl Lehmann, aboard ship en route to Samothrace, 1947. *Phyllis W. Lehmann*

64 140 East 62nd Street: the three joined houses, headquarters of the Bollingen Foundation and the Old Dominion Foundation from 1949 to 1969 and thereafter of the Andrew W. Mellon Foundation. *J. Kellum Smith, Jr.*

65 Vaun Gillmor and John Barrett, Princeton University, 1971. *William McGuire*

66 John Barrett and Paul Mellon, Antigua, mid-1970s. *Courtesy of Paul Mellon*

67 Bollingen Series, 1982. *Howard Allen, courtesy of Paul Mellon*